選択本願念仏集私講

大塚靈雲

法藏館

選択本願念仏集私講＊目次

はじめに　3

一　『観経』の経意　4

第一章　道綽禅師立聖道浄土二門、而捨聖道、正帰浄土之文　8

一　標章　8

二　本文段　8

三　私釈段　12

（一）教相判釈　12　（二）宗名　15

（三）正依の経論　16　（四）師資相承　18

四　第一章のむすび　21

第二章　善導和尚立正雑二行、捨雑行、帰正行之文　23

はじめに　23

一　標章　24

二　本文段　25

三　私釈段　26

（一）正雑二行…称名正行…　26　（二）「正定業」観　28

（三）正雑二行の相対　30　（四）五番相対　31
（五）往生の行　33
四　本文段　33
五　私釈段　35
六　第二章のむすび　35

第三章　弥陀如来、不以余行為往生本願、唯以念仏為往生本願之文　37

はじめに　37
一　標章　38
二　本文段　39
三　私釈段　41
（一）はじめに…総別二種の願…　41　（二）第一問答…弥陀如来成仏の次第…　42
（三）第二問答…勝劣・難易の二義…　44
《勝劣の義》　45　《念仏一行》　47
《余行について…第四重の選択…》　50　《難易の義》　51
《非本願の諸行を廃捨し、本願の称名念仏一行を選択する》　53
（四）第三問答…本願の成就・未成就…　55　（五）第四問答…念声是一…　56
（六）第五問答…乃至と下至…　57　（七）第十八願の願名　59

四　第三章のむすび　59

第四章　三輩念仏往生之文　64

はじめに　64
一　標章　64
二　本文段　66
三　私釈段　68
（一）第一問答…三輩ともに一向専念無量寿仏…　68
（二）第二問答…廃立・助正・傍正の三義…　69
《第一廃立の義》　69　《廃立の真意》　72
《第二助正の義》　76
(1)　同類の善根を以て念仏を助成する　76
(2)　異類の善根をもって念仏を助成する　81
《第三傍正の義》　84
（三）第三問答…『観経』の九品と『無量寿経』の三輩…　86
四　第四章のむすび　90

第五章　念仏利益之文　96
はじめに　96
一　標章　96
二　本文段　97
三　私釈段　99
（一）第一問答…念仏一行の讃歎…　99
（二）念仏に約して三輩を分別する　101
《一念とは》　104　《無上功徳》　105
四　第五章のむすび　106
第六章　末法万年後余行悉滅特留念仏之文　109
はじめに　109
一　標章　110
二　本文段　110
三　私釈段　111
（一）第一問答…此経と念仏との止住の相違…　111
（二）四種を対比して念仏の特留を説く　114
（三）第二問答…念仏を止住する根拠…　117

（四）第三問答…正像末法滅に通ず…　120
四　第六章のむすび　120
第七章　弥陀光明不照余行者、唯摂取念仏行者之文　122
はじめに　122
一　標章　123
二　本文段　125
（一）第一『観経』第九真身観の文　127　（二）第二『定善義』の文　129
（三）第三『観念法門』の文　132
三　私釈段　133
四　第七章のむすび　139
第八章　念仏行者必可具足三心之文　146
はじめに　146
一　標章　148
（一）「必可具足」のこと　149
二　本文段　153
（一）第一『観経』散善段上品上生の文　154

《散善の典拠》　154　《散善の義意…散善顕行縁の道筋…》　157
（二）第二『散善義』三心釈の文　169
《はじめに》　169　《十一門料簡》　171
《三心の根拠》　173
《本文の下し訓みとその理解》　179
(1)　至誠心釈　179
(2)　深心釈　193
(3)　回向発願心釈　212
(4)　総結　230
（三）第三『往生礼讃』三心釈の文　232
三　私釈段　236
（一）はじめに　236　（二）法然の三心釈　238
（三）三心釈のむすび　245
四　第八章のむすび　246

第九章　念仏行者可行用四修法之文　257

はじめに　257
一　標章　258

二　本文段　258
（一）第一『往生礼讃』の文　259
（二）『西方要決釈疑通規』の文　264
三　私釈段　269
四　第九章のむすび　272

第十章　弥陀化仏、来迎不讃歎聞経之善、唯讃歎念仏之行之文　275
はじめに　275
一　標章　276
二　本文段　276
（一）第一『観無量寿経』の文　276
（二）第二『散善義』の文　277
三　私釈段　280
四　第十章のむすび　283

第十一章　約対雑善讃歎念仏之文　287
はじめに　287
一　標章　288
二　本文段　289
（一）第一『観無量寿経』流通分第五段　290

（二）『散善義』第四流通分「王宮流通分」第五段　291
⑴　王宮流通の前四段　291　⑵　本文段第二文　王宮流通の第五段　298
三　私釈段　303
（一）第一問答　303　（二）第二問答　308　（三）第三問答　311
四　第十一章のむすび　317

第十二章　釈尊不付属定散諸行唯以念仏付属阿難之文　321
はじめに　321
一　標章　322
二　本文段　324
（一）第一『観無量寿経』流通分第六段　324
（二）『散善義』第四流通分「王宮流通分」第六段　325
三　私釈段　327
（一）定散について……定善……　328
（二）定散について……散善……　331
《三福》　331　《第一問答》　338　《第二問答》　338　《法然の教判　その一》　345
《九品》　349　《法然の教判　その二》　352
（三）念仏について　354

《第三問答》　357　《第四問答》　360
《廬山寺草稿本第十二章第五問答の意図》　366
《定善》　370　《散善》　372
四　第十二章のむすび　377

第十三章　以念仏為多善根、以雑善為小善根之文　382
はじめに　382
一　標章　384
二　本文段　384
（一）『阿弥陀経』　384　（二）善導『法事讃』　387
三　私釈段　389
四　第十三章のむすび　392

第十四章　六方恒沙諸仏、不証誠余行、唯証誠念仏之文　395
はじめに　395
一　標章　396
二　本文段　399
（一）『観念法門』　399　（二）『往生礼讃』後序　401

（三）『往生礼讃』日中礼讃の文　402　（四）『散善義』深心釈の就人立信の文　403
（五）『法事讃』　405　（六）『浄土五会法事讃』　406
三　私釈段　408
《第一問答》　408　《第二問答》　409
四　第十四章のむすび　411

第十五章　六方諸仏護念念仏行者之文　414
はじめに　414
一　標章　415
二　本文段　416
（一）『観念法門』の文　416　（二）『往生礼讃』の文　418
三　私釈段　419
四　第十五章のむすび　425

第十六章　釈迦如来以弥陀名号慇懃付属舎利弗等之文　427
はじめに　427
一　標章　428
二　本文段　431

（一）『阿弥陀経』流通分の文　431　（二）『法事讃』の文　432
三　私釈段　434
（一）総釈　434
（二）八種の選択本願念仏について　435
《四経による八種選択》　439　《三聖による八種選択》　439
（三）八種選択の結論　440
《『選択集』の構図》　441
（四）三重の選択（三選の文・略選択）　442
（五）善導崇拝…『選択集』撰述の基本的態度…　443
第一問答　「遍依善導一師」論…浄土一宗を立てた善導による…　444
第二問答　三昧発得の得否…三昧発得者である善導を採る…　445
第三問答　師の善導によって、弟子の懐感によらない　446
第四問答　師の道綽は三昧発得者ではないから依用しない…『新修往生伝』の採用…　448
（六）法然における善導とその著書『観経疏』への憑依　451
（七）法然が善導の三昧発得の文を『選択集』に引用した真意　453
《善導三昧発得の意義》　459　《三昧発得の諸相》　461
《法然における善導観・『観経疏』観》　464　《『選択集』撰述の霊瑞》　469
《法然の三昧発得》　474　《『選択集』撰述の動機》　477

《『選択集』の行方》　482

終章　選択本願念仏集　南無阿弥陀仏　往生之業念仏為先　488

はじめに　488
一　選択本願念仏集　488
二　南無阿弥陀仏　490
三　往生之業念仏為先　492

あとがき　497

凡　例

一、本書における『選択本願念仏集』の底本は「延応本」を使用している。基本的に「復元根源正本『選択本願念仏集』」（西山浄土宗宗務所　平成十年十一月二十六日発行）を使用したが、諸処の訓み・ルビの誤りは私に訂正して、本文引用の際には原則的に下し読みを掲載した。今回本書において「延応本」を使用した理由は、筆者は「根源正本」を「九条兼実進覧本」と考えているからであり、また「往生院本」を使用しない理由は、奥書である筆写年の最後に削り取られた「銘」を持つからであり、更に「元久元年十二月十七日　源空」付けの銘そのものが現学会で法然直筆と確定したものではなく、また銘そのものも「元久元年」のものと考えていないからである。往生院本『選択集』そのものを法然滅後の成立と考えている。

一、引用文は基本的に常用漢字を使用した。難字・異字などは正字に改めている。

一、浄土三部経の引用は基本的にワイド版岩波文庫『浄土三部経』上下を用いている。ただしその下し読みについては「禅林図書館」発行の『観経四帖疏』を用いている。

一、善導等の著述に関しては基本的に『浄土宗全書』を用い、「禅林図書館」発行の『観経四帖疏』を併用している。諸師の文献については『浄土宗全書』と『大正新脩大蔵経』によった。

一、本書において使用した基本資料・引用書は、つぎの略称表記を用いた。

『大正新脩大蔵経』……『大正蔵』、大正新脩大蔵経刊行会　大蔵出版

『浄土宗全書』……『浄全』、山喜房仏書林　昭和四十五～七年

『昭和新修法然上人全集』……『法全』、平楽寺書店　昭和四十九年再刊

『法然上人伝全集』……『法伝全』、法然上人伝全集刊行会　昭和四十二年増補再版
『選択本願念仏集』……『選択集』、法藏館　昭和五十五年十一月
『法然上人行状絵図』……『行状絵図』
『真宗聖教全書』……『真聖全』、大八木興文堂
一、辞典に関してはつぎのものを使用した。
『望月仏教大辞典』、『仏教大辞彙』、『仏教語大辞典』（中村元著）、『浄土宗大辞典』、『大漢語林』（大修館書店）、『広辞苑』（岩波書店）
一、参考図書や論文については、本文の「注」に記している。先行する『選択集』研究図書・論文をここに挙げると枚挙に遑がないが、代表的『選択集』図書については参考にさせていただいたことを記し置く。

選択本願念仏集私講

はじめに

法然上人（一一三三～一二一二、以下敬称を略す）は、その主著『選択本願念仏集』（以下『選択集』）において自ら「選択本願念仏集　南無阿弥陀仏　往生之業念仏為先」と揮毫する。

各章の標章・本文・私釈の三段、全十六章より構成される『選択集』は、いわばこの二十一文字を敷衍したものに他ならない。選択された本願としての念仏とは何か、南無阿弥陀仏とは何か、往生の業である念仏とは何かと、劈頭二十一文字の教義的本質とその真意を常に念頭に置きつつ、更に『選択集』各章の次第によって、法然がこの『選択集』において常にそして生涯、主題とした名号・念仏一行と諸行（余行）との関係性を追いながら、その両者をどのように捉えているのかを考察してみる。

『選択集』を概観して感ずることは、法然は各十六章の標章によって自らの意図を表記し、各章の本文段にそれぞれ『無量寿経』（三～六章）『観無量寿経』（七～〔九〕～十二章）『阿弥陀経』（十三〔十四・十五〕～十六章）と次第して経文を引用し、(1) その経意を必ず善導の『四帖疏』『具疏』を補うことによって標章のもつ概意と意図を証左し、本文段に引用する経釈の経意釈意を私釈にわたって論証し、善導の解釈に則って自らの釈義を述べていることに気づかされることである。

したがって法然の浄土教学は究極、善導の浄土教学の敷衍といって過言ではない。更に善導の浄土教学はまた畢竟、『観経』教学の構築といって過言ではない。経・釈・私釈にわたって、法然がどのような形で善導浄土教を受容し、また念仏義を形成していったのかを『選択集』一書を通じて、絶えず諸行（余行）と比較する念仏の語義の概念を把握しつつ考えてゆく。

第三章において、念仏一行を最易最勝の行であるがゆえに極善最上の法であると位置づけ、なお第十六章に至ってその行法は釈迦・弥陀・諸仏の三聖同心によって選択された真実の仏道であると規定する。

『選択集』各章と要章には、諸行・雑行・助業・余行などの用語で論じられる念仏一行以外の「行」論が述べられている。そのさまざまな用語で示される行と念仏一行とを対比することによって、従来論じられている法然の念仏観が、「選択廃立されて確立された念仏一行が真に行法としての価値に留まるものであるかどうか」を検証してみようとする。(2)

一　『観経』の経意

法然は、善導の宗教的人格とその教学によって日本に浄土教を導入し定着させた。善導なくして法然はなく、善導の浄土教なくして浄土宗の確立はないのである。

法然が浄土宗立教開宗の根拠とした善導『散善義』の文、

「仏告阿難汝好持是語」といふより已下は、正しく弥陀の名号を付属して遐代に流通することを明かす。上来、定散両門の益を説くと雖も、仏の本願に望むれば、意、衆生をして一向に専ら弥陀仏の名を称せしむるに在り。(3)

は、『観経』一経のみならず釈尊一代の教説が、阿弥陀仏の本願の願意に照らし合わすのならば、「弥陀仏の名を称せしむる」ことにあると見た善導の洞察力を意味し、この文に共感した法然は、『観経』の二面性、

『観経』は即ち観仏三昧を以て宗と為し、亦念仏三昧を以て宗と為す。一心廻願して浄土に往生するを体と為す。(4)

に改めて気づいたのである。『観経』正宗分の定散二善十六観の所説なくして、流通分の経説（汝、好くこの語を持て。この語を持てとは、即ち是れ無量寿仏の名を持てとなり）は出てこないし、流通分の経説の仏意を通した善導のこの釈意なくして『無量寿経』第十八願の願意が開顕することはない。また耆闍会における阿難の復説もないのである。

「弥陀の名号を付属して」「衆生をして一向に専ら弥陀仏の名を称せし」め、「遐代に流通すること」が釈尊の真意と見た善導は、三経（『無量寿経』『観無量寿経』『阿弥陀経』）ともに未来世一切衆生への流通と見た。

この阿難への付属・流通を主題としたのが、

（一）『選択集』第四章「三輩念仏往生の文」の結文（観経の意、初めには広く定散の行を説きて普く衆機に逗じ、後には定散二善を廃して念仏一行に帰せしむ。所謂る「汝好く是の語を持て」等の文、是れなり）であり、

（二）第十二章「釈尊、定散の諸行を付属せずして、唯だ念仏を以て阿難に付属したまへる文」であり、

（三）第十六章「釈迦如来、弥陀の名号を以て慇懃に舎利弗等に付属したまふ文」に引く善導『法事讃』（世尊の説法、時、将に了りなむとして、慇懃に弥陀の名を付属したまふ）である。

法然における『選択集』の重要な主題の一つとして、未来への流通は阿難への名号付属・念仏付属にあったことを、法然がいかに力説しているかが、この章の多さと要章によっても明らかに理解されるところである。(5)

註

（1）各章の標章のつぎに引文される本文段の経論釈書はつぎのようである。

第一章『安楽集』上
第二章『観経疏散善義』・『往生礼讃』
第三章『無量寿経』上・『観念法門』・『往生礼讃』
第四章『無量寿経』（引用の経典名はない）
第五章『無量寿経』下・『往生礼讃』
第六章『無量寿経』下
第七章『観無量寿経』・『観経疏定善義』・『観念法門』
第八章『観無量寿経』・『観経疏散善義』・『往生礼讃』
第九章『往生礼讃』・『西方要決釈疑通規』
第十章『観無量寿経』・『観経疏散善義』
第十一章『観無量寿経』・『観経疏散善義』
第十二章『観無量寿経』・『観経疏散善義』
第十三章『阿弥陀経』・『法事讃』

第十四章『観念法門』・『往生礼讃』・『観経疏散善義』・『法事讃』・『浄土五会法事讃』
第十五章『観念法門』・『往生礼讃』
第十六章『阿弥陀経』・『法事讃』

（2）その結果、『選択集』とその後に表れてくる法然晩年の念仏思想が、その有力な門弟である善慧房証空（一一七七～一二四七）の初期教学にどのような形で影響を与え、その念仏観へと形成させていったのかを考察してゆく。

（3）『散善義』（『浄全』第二巻七一頁下）

（4）『玄義分』（『浄全』第二巻三頁下）

（5）各章の分量（〇の数字は章を表す。石井教道編『昭和新修法然上人全集』に換算した場合：合計三九・一頁）
①二・八　②三・六　③四・六　④二・六　⑤一・〇　⑥一・四　⑦一・一　⑧六・一　⑨一・六　⑩〇・六　⑪二・三　⑫五・三　⑬〇・七　⑭一・二　⑮〇・八　⑯三・四
頁数をもって重要な章を推し量るのは早計かもしれないが、これによっても一往法然が、どの章に重きを置いたかが客観的に判断される。

第一章　道綽禅師立聖道浄土二門、而捨聖道、正帰浄土之文

道綽禅師、聖道・浄土の二門を立てて、
而も聖道を捨てて、正しく浄土に帰する文

一　標章

第一章聖浄二門章の標章を「道綽禅師立聖道浄土二門、而捨聖道、正帰浄土之文（道綽禅師、聖道・浄土の二門を立てて、而も聖道を捨てて正しく浄土に帰する文）」とする。

この標章の意図するところは、先ず道綽（五六二～六四五）禅師の『安楽集』[1]の教相判釈を依用して、自らもこの教相判釈を援用することを宣言していることである。更にその教判によって一代仏教を聖道と浄土の二門に分類し、今はこの二門のなか正しく浄土門に帰することを表明した標章となっている。

二　本文段

本文段は、『安楽集』上巻の一書をもってする。自らの立脚する教判を宣明するには、この一書で十分である。二書を用いると、法然が意図する教判の概念が拡散する。

更に、本文段には経証を引くことはできない。本来教相判釈というものは、中国の道安によってはじめて提唱された釈尊一代仏教の体系論であって、中国仏教の特質である。それ以後に続く仏教者が、自らの拠って立つ宗旨を一つあるいは数種の経典または論書を根拠において他の経論を従属せしめる体系であるから、経典による論証はない。

したがって法然は新たな自らの教判を立てるか、浄土教祖師の誰かの教判を援用しなければならない立場に立つわけである。もし法然がまったく新たに自らの教判を立てる場合には、明確に規定された新しい言語体系による理論が必要になってくる。第一章の主題の一つである教判は、自らの教判への導入を果たすことを目的として本文段に用いるのであるから、一つの浄土宗教判としての蓋然性を示すものであればよかったのである。

そうであるならば、なぜはじめから善導『玄義分』第三宗旨門と(2)『般舟讃』(3)に示される二蔵二教判(4)の教判を用いなかったのかという疑問を生ずるが、以下の論証にも示されるように、善導の浄土教が確立されるのは師である道綽の『安楽集』の教判なくしてありうるものではないから、法然は善導浄土教への導入を果たすべく道綽の教判をここに用いたのである。したがってこの第一章はあくまで、法然の浄土教を確立させ、更に善導浄土教への導入を果たすための序章という位置づけがなされるのである。

『安楽集』所引の箇所は、一つの問答によって道綽の教判観を明らかにするところである。すなわち問として、

一切衆生に皆仏性有り。遠劫より以来、多仏に値ふべし。何に因りてか今に至るまで、なほ自ら生死に輪廻して、火宅を出でざるや。

と請問する。この問のテーマは衆生の機根観である。先ず衆生は本来仏性を有するものであるとの規定である。更に現在の衆生の実体である。仏性をもちながら、また多仏に値いながら、どのような理由で生死に輪回し火宅を出ること（出離解脱）ができなかったのであろうかというのである。その問に『大集月蔵経』を引用し、次のように答えつつ教相判釈を披述する。

大乗の聖教に依るに、良《まこと》に二種の勝法を得て、以て生死を払はざるに由りてなり。ここを以て火宅を出でず。何者をか二と為る。一には、謂はく聖道、二には、謂はく往生浄土なり。その聖道の一種は、今の時には証し難し。一には、大聖を去ること遥遠なるに由り、二には、理深く解微なるに由る。この故に『大集月蔵経』に云はく。「我が末法の時の中の億々の衆生、行を起こして道を修せむに、未だ一人として得る者有らず」と。当今は末法、これ五濁悪世なり。ただ浄土の一門のみ有りて通入すべき路なり。この故に『大経』に云はく。「もし衆生有りて、たとひ一生悪を造るとも、命終の時に臨むで、十念相続して我が名字を称せむに、もし生ぜずば正覚を取らじ」と。（中略）ここを以て諸仏の大慈、勧めて浄土に帰せしめたまふ。たとひ一形悪を造れども、ただ能く意を繫けて専精に常に能く念仏すれば、一切の諸障、自然に消除して、定めて往生することを得。何ぞ思量せずして、都て去《ゆ》く心なきや」と。

本文段における『安楽集』の問答は、あくまで衆生が生死に輪回する理由を質した問に対して答えているだけであるが、そのテーマとしては大変大きなものがある。いわゆる仏教の根本的でなお根源的な命題である衆生の解脱への解答である。それを『安楽集』を引用して論証していこうとする法然の教判論であり、解答でもある。

この一文のなかで明かされる教判を、法然は自らの教判として導入を試みている。すなわちその教判とは、大乗仏教（大乗聖教）を二種の勝法（聖道・往生浄土）に分類し、その聖道を採らない理由として「一に大聖釈尊が涅槃をとられてから遥遠であり、二にその真理は深くその解《さとり》もまた微妙であり」、当今は五濁悪世の末法であり機根が劣っているから証することは難しいとする。したがって通入すべき路は「浄土の一門」だけとなり、その論拠に『安楽集』所引の『無量寿経』第十八願の意訳「若有衆生、縦令一生造悪、臨命終時、十念相続、称我名字、若不生者、不取正覚」を用いる。衆生の出離解脱は「能く意を繋けて専精に常に能く念仏」することである、と。

ここでは大乗の聖教があるので、一代仏教のもう一方に小乗の聖教があることを想起させる。したがって『安楽集』教判の図式としてはつぎのようになる。

一代仏教
- 小乗聖教
- 大乗聖教
  - 聖道
  - 往生浄土

この本文段では、第十八願の願文の意訳とその道綽の私釈「但能繋意専精常能念仏」を予説的に引用するだけで、名号・称名念仏の明確な定義は私釈段とともに見いだすことはできない。第一章では教判だけが主題であることが看取できる。

三　私釈段

（一）教相判釈

法然は先ず「夫れ立教の多少、宗に随ふて不同なり」とし、有相宗（法相宗）・無相宗（三論宗）・華厳宗・法華宗（天台宗）・真言宗それぞれの教判を引く。続いて、

今、此の浄土宗は、若し道綽禅師の意に依らば、二門を立てて而も一切を摂す。所謂る聖道門・浄土門是れなり。

法然の教判は道綽『安楽集』に引く聖浄二門教判を継承することを規定する。しかし本文段に引用した『安楽集』を見てもわかるように、厳密にいえば決して教判を意図した文意ではないことが判然とする。続いて、

且く浄土宗に就いて略して二門を明かさば、一には聖道門、二には浄土門なり。

初めに聖道門といは、之に就いて二有り。一には大乗、二には小乗なり。

この法然の私釈段では、道綽の教判をそのまま継承していないことがわかる。すなわち浄土宗における教判は、先ず一代仏教を聖道門と浄土門に分類し、更に聖道門を大乗と小乗に分類する。この理解は道綽とは逆である。以下

法然の私釈にしたがって図示するとつぎのようである。

- 仏教
  - 聖道門（難行道）（三乗）
    - 大乗……顕教・密教、権大乗・実大乗等……歴劫迂廻の行（真言・仏心・天台・華厳・三論・法相・地論・摂論）
    - 小乗……声聞縁覚の断惑証理・入聖得果の道（倶舎・成実・諸部の律宗）
  - 往生浄土門（易行道）（浄土）
    - 正明往生浄土教……三経（浄土の三部経）一論
    - 傍明往生浄土教……四十華厳経・法華経・随求陀羅尼経儀軌・仏頂尊勝陀羅尼経
      大乗起信論・究竟一乗宝性論・十住毘婆沙論・摂大乗論釈

凡そ此の『（安楽）集』の中に、聖道・浄土の二門を立つる意は、聖道を捨てて浄土門に入らしめむが為なり。此れに就いて二の由《ゆへ》有り。一には、大聖を去れること遥遠なるに由る。二には、理深く解微なるに由る。

法然は、『安楽集』に二門を立てる意図は浄土門に帰入させるためだとし、その理由として『安楽集』の二つの理由を引く。過去の論師のなかにもこのように二門を分かって教判を施した者があるとし、この道綽だけではなく、曇鸞・天台智顗・迦才・慈恩窺基などの諸師の名を挙げている。先ず曇鸞の『往生論註』を引き、つぎのように結ぶ。

此の中に、難行道といは、即ち是れ聖道門なり。易行道といは、即ち是れ浄土門なり。難行・易行、聖道・浄土、其の言異なりと雖も、其の意是れ同じ。天台[5]・迦才[6]、之に同じ。知るべし。

この釈義によって法然は、難行道と聖道門、易行道と浄土門とを融合させている。つぎに慈恩大師窺基の『西方要決釈疑通規』本文とその後序を引き、つぎのように結ぶ。

此の中に三乗といは、即ち是れ聖道門の意なり。浄土といは、即ち是れ浄土門の意なり。三乗・浄土、聖道・浄土、其の名異なりと雖も、其の意、亦た同じ。浄土宗の学者、先づ須く此の旨を知るべし。

として法然は、難行道と聖道門と三乗、易行道と浄土門と浄土とを融合させ同義語としている。法然は余談的に、曇鸞が四論の講説を捨てて浄土教に帰し、道綽が涅槃宗の広業を閣き西方の行を弘めたように、「須く聖道を棄てて浄土に帰すべし」と、末代の頑魯の者に勧めている。また『浄土宗大意』には、

浄土宗のこころは、聖道・浄土の二門をたてて、一代の諸教をおさむ。聖道門といふは、娑婆の得道なり。自力断惑出離生死の教なるがゆへに、凡夫のために修しがたし、行じがたし。浄土門といふは、極楽の得道なり。他力断惑往生浄土門なるがゆへに、凡夫のためには修しやすく、行じやすし。その行といふは、ひとへに凡夫のためにおしえたまふところの願行なるがゆへなり(7)。

と、凡夫にとって他力断惑往生浄土するための行は易勝性をもつものでなければならない。しかし選取されたその往生浄土門といえども、「正明往生浄土之教」であって「傍明往生浄土之教」ではない。この二重の廃立は、末法下機の者にとって行そのものが成就できるかできないかという価値判断において判定された難易の教判である。難

行としての聖道門を廃捨した理由は、「今時難証。一由去大聖遥遠。二由理深解微[8]」という道綽の意を継承するものであり、法然における末法観と下機としての自覚がそこに存在する。

(二) 宗名

法然は八宗九宗においてそれぞれ宗の名を立てることはあるけれども、「未だ聞かず、浄土の家に於て其の宗の名を立つることをば」とし、どうして「浄土宗」というのかと設問する。それに対して証拠として新羅元暁の『遊心安楽道[9]』、慈恩大師窺基『西方要決釈疑通規[10]』、迦才『浄土論[11]』を挙げている。ただ法然は「諸宗の立教は、正しく今の意に非ず」とする。

今参考に、善導『散善義』には宗名とはいい難いけれども「真宗叵遇」といい、法然の宗名について閲説したものには、『阿弥陀経釈』に「善導和尚往生浄土宗[12]」とあり、『逆修説法』にも同文がある（初七日の条）。

法然における浄土宗立教開宗の宣言ともいえるものに、文治六年（一一九〇）二月東大寺での浄土三部経の講説がある。その『無量寿経釈』につぎのようにある。

> 二つには立教開宗と云ふは、亦分かって二と為す。一には諸宗の立教の不同、二には正しく二教を立つ。（中略）二に正しく二教を立つとは、（道）綽禅師の意は、略して二教を立てて、以て仏教を判ず。一には聖道の教、二には浄土の教なり[13]。

ここでは先の道綽自らの文義における図式とは異なり、法然の領解により一代仏教を先ず聖道教と浄土教の二教に判じていることが読み取れる。

(三) 正依の経論

立教の宗名「浄土宗」は、聖浄二門のなか「往生浄土門」であることを先ず定義し、その往生浄土門とは「正明往生浄土之教・傍明往生浄土之教」であるとする。そのなか専ら「正しく往生浄土を明かすの教」を宗旨としたのが浄土宗であり、その教えは三経一論(康僧鎧訳『無量寿経』・畺良耶舎訳『観無量寿経』・鳩摩羅什訳『阿弥陀経』『往生論』)によって明らかにされるとする。

ここで一つの問答を設けて、「三部経の名、亦た其の例有りや」とし、法華・大日・鎮護国家・弥勒のそれぞれの三部経を挙げる。そしてつぎのように結ぶ。

今は唯だ是れ弥陀の三部なり。故に浄土の三部経と名づく。弥陀の三部は是れ浄土の正依経なり。

法然がこの三部の経典を選定した理由として『阿弥陀経釈』には、この三部経を「決定往生極楽所依教」とする拠り所に六つの理由を挙げている。しかし直接的な拠り所としては善導『定善義』真身観の三縁釈、『散善義』の深心釈、『観念法門』の摂生増上縁釈・証生増上縁釈などに引用された三経に、念仏による往生を証明していることから選定したものであろう。法然が正依一論として選定した世親の『往生論』については、自らそれに関説していない。

ところで、法然における三経の相対的関係はどのようなものであろうか。『選択集』には第十六章私釈段に「三経共に念仏を選びて以て宗致とす」とのみいっている。

先立つ『無量寿経釈』では、往生教を根本と枝末に分類し、『無量寿経』を根本・正往生教・有所往生教・往生具足教、余経を枝末・傍往生教・無所往生教・往生不具足教と相対的に対比している[14]。これらは、先のように正明往生浄土之教・傍明往生浄土之教へとその概念を吸収させていくものであろうし、三経のなかにおいても根本・枝末の関係を成立させるものである。

更にその類型のなかで、根本・枝末に言及しているのが『逆修説法』である。

次に双巻無量寿経とは、浄土の三部経の中には、猶この経を根本と為るなり。其の故は一切の諸善は、願を根本とす[15]。

今浄土を宗とせむ人は、この経（『無量寿経』）によって四十八願の法門を持つべきなり。この経を持つとは、則ち弥陀の本願を持つ者なり。即ち法蔵菩薩の四十八願の法門なり。その四十八願の中に、第十八の念仏往生の願を以て本体と為るなり。かるがゆえに善導の曰く。「弘誓多門四十八、偏標念仏最為親云々」。念仏往生とは、源とこの本願より起これり。しかれば観経・弥陀経、説く所の念仏往生の旨も、乃至余の諸経の中に説く所も、皆この経に説く所の本願を以て根本と為るなり[16]。

いわゆる『無量寿経』を根本とし、『観経』『阿弥陀経』乃至余経を枝末とする考え方が、『選択集』以前に明確に法然の意図として内在していたという事実である。このことについては、第十二章にて詳述をしたい。

(四) 師資相承

第一章の最後に法然は、浄土宗の師資相承について「聖道家に諸宗に各師資相承有り」と質疑を設ける。ここでは代表的な天台宗(『内証仏法相承血脈譜』)と真言宗(『付法伝』)の二宗の師資相承を挙げ、「自余の諸宗、又各相承血脈有り。而るに、今言ふ所の浄土宗に師資相承血脈の譜有りや」と設問する。これに対して法然はつぎのように結ぶ。

聖道家の血脈の如く、諸土宗に亦た血脈有り。但し浄土一宗に於て、諸家亦た不同なり。所謂る廬山の慧遠法師、慈愍三蔵、道綽・善導等、是れなり。

今且く道綽・善導の一家に依りて師資相承の血脈を論ぜば、此れに亦た両説有り。

一には、菩提流支三蔵・慧寵法師・道場法師・曇鸞法師・大海法師・法上法師〈已上『安楽集』に出でたり〉。

二には、菩提流支三蔵・曇鸞法師・道綽禅師・善導禅師・懐感法師・小康法師〈已上『唐』『宋』両伝に出でたり〉。

ここに法然独自の見解であるが、中国浄土教の浄土教家三流を挙げている。いわゆる廬山流と慈愍流と道綽・善導流の浄土教である。『仏祖統記』第二十六[17]には、「蓮社七祖」として円悟(慧遠)、光明(善導)、般舟(承遠)、五会(法照)、台岩(小康)、智覚(永寿)、円浄(省常)を挙げ、また宗暁は『楽邦文類』第三[18]に「蓮社継祖五大法師」として善導・邦照・小康・省常・宗賾を挙げ、『安楽集』下[19]には菩提流支・慧寵・道場・曇鸞・大海・法上の六人の大徳を挙げている。

いずれにしてもこの『仏祖統記』『楽邦文類』、それに道綽・善導流の浄土教の師資相承血脈の両説のなかの第一説『安楽集』下巻にもよっていないのであるから、その第二説『唐』と『宋』の両伝によって法然が作為した系譜であることに変わりはない[20]。

更に教判を用いるときは『安楽集』を引用し、相承血脈譜を用いるときに『安楽集』を用いていないということは、全面的に道綽教学を継承するものではないという法然思想の一端を垣間見ることである。

ところで、このような血脈譜を『選択集』以前の著書には、どのような表現で根拠を与えているのであろうか。

宗の名をたつることは、天台・法相等の諸宗みな師資相承による。しかるに浄土宗に師資相承血脈次第あり。いはく、菩提流支三蔵・慧寵法師・道場法師・曇鸞法師・（大海禅師）・法上法師・道綽禅師・善導禅師・懐感法師・小康法師等なり。菩提流支より法上にいたるまでは、道綽の『安楽集』にいだせり。自他宗の人師すでに浄土一宗となづけたり。浄土宗の祖師また次第に相承せり[21]。

このように『逆修説法』（法然聖人御説法事）の頃には、『安楽集』を典拠としつつも、『選択集』のように「此れに亦た両説有り」として二説を列記するほどの明確な血脈を考えていなかったことになる。

それよりも東大寺講説（文治六年・一一九〇）といわれる三部経釈の一つ『阿弥陀経釈』には、

爰に善導和尚往生浄土宗に於ては、経論有ると雖も習学するに人無く、疏釈有ると雖も鑚仰するに倫無し。然れば則ち相承血脈の法有ることなし。面授口決の儀にあらず。唯浅く仏意を探り疎かに聖訓を窺ふ[22]。

として、相承血脈さえ否定しているし、浄土宗の血脈は面授口決の儀ではないとまでいう。しかしながらこのような法然の認識を強制的に外圧によって変化させる事態となってくる。立教開宗にあたって、師資相承の血脈譜もないような宗旨は認めることはできない、という旧仏教教団からの攻撃である。度重なる念仏停止と論難の嵐のなかで、法然はこのような攻撃に対して回避しなければならない必然性と、立宗の確実な基盤の強固が求められたのである。このようなことから法然は、先の『逆修説法』の『安楽集』による九師相承を挙げるに至ったのである。

醍醐本『法然上人伝記』に、晩年の法然はつぎのように述懐している。

我、浄土宗を立つる意趣は、凡夫往生を示さむが為なり。若し天台の教相に依らば、凡夫往生を許すに似ると雖も、浄土を判ずること至りて浅薄なり。若し法相の教相に依らば、浄土を判ずること甚深なりと雖も、全く凡夫往生を許さざるなり。諸宗の所談、異なると雖も、惣じて凡夫浄土に生ずと云ふ事を許さず。故に善導の釈義に依るに、浄土宗を興さむ時、即ち凡夫報土に生ずと云ふ事顕かなり。爰に人多く誹謗して云く。「宗義を立てずと雖も、念仏往生を勧むべし。今宗義を立つる事は、唯勝他の為なり云々。」若し別宗を立てざれば、何をか凡夫報土に生ずるの義を顕すや。[23]（筆者下し読み）

すべての凡夫が漏れることなく、弥陀の報土に往生することができるような素晴らしい教えを、どうして宗旨として立てないでおられようか。「わざわざお宗旨など立てなくとも」などの、そのような有象無象の助言などの声を聞く耳は、確信を得た法然にはなかったのである。

四　第一章のむすび

『選択集』は念仏の一義を開顕しようとして編集された著書である。その念仏こそがすべての衆生が往生するための行業であり、『選択集』撰述の意図は往生の行業としての「念仏」義を開顕することに他ならない。法然はこの一書において、釈尊一代の教説を「行」(24)の体系という教相判釈のなかで捉えようとした。

第一章の主題は、法然における仏教観である。その一代仏教のなかで、自らが開宗した宗旨がどのような位置づけをなすものであり、それに付随する宗名、正依経論の選定、更に師資相承の血脈譜であった。そして教判を用いて往生浄土門・正明往生浄土之教へと帰入を果たし、善導浄土教・法然選択思想への導入を果たすべく役割を担うのが、この第一章である。

註

(1)『大正蔵』第四十七巻、『浄全』第一巻所収。

(2)『浄全』第二巻三頁下

(3)『浄全』第四巻五三〇頁上

(4)善導の頓漸二教判は、浄影寺慧遠と嘉祥大師吉蔵の二教判の系譜を引く。法然における頓漸二教判は『無量寿経釈』(『法全』六八頁)に見受けられる。

(前略)天台真言皆な頓教と名づくと雖も、惑を断ずるが故に猶是れ漸教なり。いまだ惑を断ぜずして三界の長迷を出過するが故に、此の教(往生浄土の法門)を以て頓中の頓とするなり。

(5)『十疑論』に曇鸞の二道判を援用して「漏の凡夫無上菩提心を発し、浄土に生ぜむと求むること有れば、常に念仏するが故に、煩悩を伏滅して浄土に生ずることを得」と述べる。
(6) 『浄土論』下に「若し自ら定慧分有るを知らば、則ち此の方に於いて道を修して無上菩提を求む。若し自ら定慧分なきを知らば、則ちすべからく浄土の行を修し、浄土の中につきて無上菩提を求むべし」とある。
(7) 『西方指南抄』下本(『法全』四七二頁)
(8) 『法全』三一一頁
(9) 『浄全』第六巻六二五頁
(10) 『浄全』第六巻六〇五頁
(11) 『浄全』第六巻六二七頁
(12) 『法全』一四五頁
(13) 『法全』六七頁
(14) 『法全』六八頁一三
(15) 『法全』二五一頁六
(16) 『法全』二五二頁九
(17) 『大正蔵』第五十一巻二六〇頁
(18) 『浄全』第六巻一〇七〇頁
(19) 『浄全』第一巻六九四頁下
(20) 現今我われが相承している血脈譜は第二説であるが、『選択集』を見る限りこの第二説を法然自ら採用しているとはどこにも書いていない。
(21) 『法然聖人御説法事』(『法全』一七二～一七三頁)
(22) 『法全』一四五頁一六
(23) 『法伝全』七七五頁。『拾遺古徳伝』(覚如)にも同文あり(『法伝全』六二六頁)。
(24) この行とは、行因であり、行業であり、行成であり、そして正行である。この行に対する観方は、章を追うごとに大きく変容してゆく。

第二章　善導和尚立正雑二行、捨雑行、帰正行之文

善導和尚、正雑二行を立てて、雑行を捨てて正行に帰するの文

はじめに

聖浄二門章は教相判釈を主題とする。その本文段において道綽が『安楽集』に引く『無量寿経』の第十八願文（若有衆生、縦令一生造悪、臨命終時、十念相続、称我名字、若不生者、不取正覚）を法然は引用するだけで、名号や称名念仏に対する明確な定義は私釈段とともに見いだすことはできない。ただその本文の「十念相続して我が名字を称せんに」と「常に能く念仏すれば」とにおいて、予説はする。

第一章では、法然立教開宗の宗名「浄土宗」は、聖浄二門のなか「往生浄土門」であることを先ず定義し、その往生浄土門とは「正明往生浄土之教・傍明往生浄土之教」のなか専ら「正明往生浄土之教」を目的とした宗旨であり、その教えは三経一論によって明らかにされるとした。

この三部経に示された「正しく往生浄土を明かすの教え」が、実はこの第二・二行章では正明往生浄土之教である浄土宗が用いるところの、衆生にとって往生浄土のための「行」を明らかにする教えに他ならなかったことを、法然は示すのである。第二章の章題に「善導和尚立正雑二行、捨雑行、帰正行之文」と標して、浄土宗の正所依経

典「浄土三部経」は「正明往生浄土之教」であり、その教えとは衆生往生のための「正行」を説くことであるとするのである。

第二章は、第一章に明らかにした仏教教判と師資相承を更に浄土教教判へと深めることを意図しているから、本文段に経証を引くことはない。ここでは浄土宗の教判を善導一師とその釈疏によって決定させ、その意図のなかで浄土宗依用の教行、すなわち正定業を位置づけるのが目的である。したがって第三章以降は、位置づけられた正定業を、第九章に『西方要決釈疑通規』、第十四章に『浄土五会法事讃』を引く以外は、すべて浄土三部経と善導一師の釈疏による。これによって法然の教判は、善導以外の人師によることがまったくないことが明白である。

この『選択集』は選択廃立の論理で貫かれているが、特にこの第一・第二の章は教判と師資を表に立てるところから、三重の選択の論理の展開が鮮明である。

一　標章

第二章正雑二行章の標章を「善導和尚立正雑二行、捨雑行、帰正行之文（善導和尚、正雑二行を立てて、雑行を捨てて正行に帰するの文）」とする。

標章の意図するところは、先の三部経に示される「正しく往生浄土を明かす（浄土宗）の教え」が、衆生のための往生浄土の教えを説くものであったことを示し、その教えは善導とその著書を指南として明かされることを宣言する。善導によると、三部経には正行とともにさまざまな雑行が教行として説かれている。では衆生にとって往生浄土のための教行とは何かと問うに、不湛の行である雑行を捨てて、弥陀所願の正行に帰することであるとするのである。この標章によって衆生が修すべき教行が確定されたこととなり、第一章の教判より一歩進んだ教判が示されたこととなる。

二　本文段

本文段では善導『散善義』三心釈のなか、第二深心釈のなかに就人立信釈と就行立信釈とが説かれているが、その就行立信（行に就きて信を立つ）釈の文を引用する。

この本文段に引用された就行立信釈の内容はつぎのようである。先ず「行」を正行と雑行の二種に分類する。その正行を「専ら往生経の行に依りて行ずる者、是れを正行と名づく」と定義し、往生経（浄土三部経）に説かれる行によって行ぜられるものを正行とした。その正行とは五種の正行を意味し、「一心専念弥陀名号、行住坐臥不問時節久近、念念不捨者、是」を正定業とし、その正定業である根拠は「順彼仏願故」であるからだとした。そして他の前三後一の正行を助業とした。これを図示するとつぎのようである。

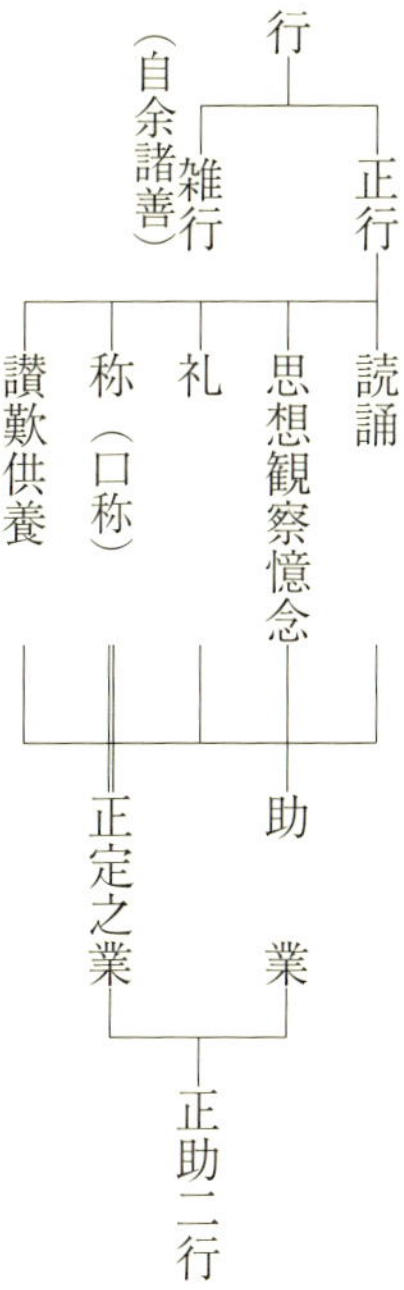

善導はそれに続いて正行を「無間」の行、雑行を「疎雑之行」とに対比して述べるなか、正行を正定業と助業と

に分けているにもかかわらず、一括して表現するときは「正助二業」と呼ばずに、「正助二行」といっていることにここでは留意しておきたい。

三　私釈段

(一) 正雑二行…称名正行…

第二章に法然は、「行」を基本的にどのような言葉で把握し取り扱っているのであろうか。第二章では、凡夫が通入すべき浄土への「正明往生浄土之教」である浄土三部経に説かれる行として、正雑の二行を立てる。

法然は、垢障の凡夫が阿弥陀仏の本願である称名念仏によって、願力に乗じて等しく報土に往生することができるとする善導の説（五乗斉入）を継承し、その根拠を同じく善導の『散善義』と『往生礼讃』の深心釈をもって証左する。善導のこの「就行立信」釈をうけて、法然はつぎのように簡潔に整理する。

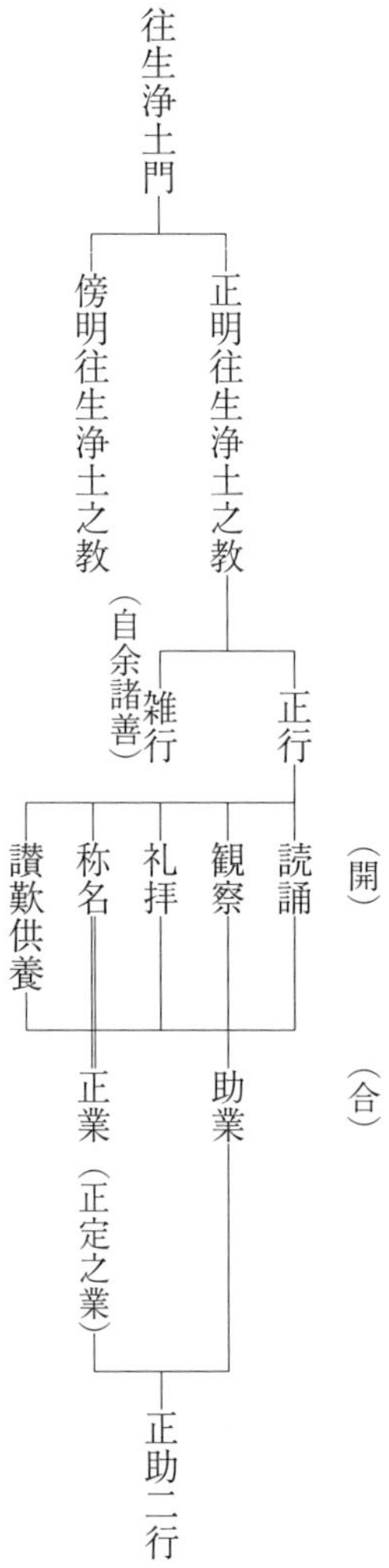

法然は第二章私釈段に入り、本文の善導の釈解を更に深く掘り下げる。

先ず就行立信釈の文に対し、（一）往生の行相と（二）二行の得失があるとする。その「往生の行相」については「依善導和尚意（善導和尚の意に依）」る。行相としての五種正行については、善導には未整理な語彙の状況を、法然は「一読誦正行、二観察正行、三礼拝正行、四称名正行、五讃歎供養正行」と整理し、各善導の釈文によってその五種を定義する。

第一に読誦正行とは「専ら『観経』等を読誦する」こと、第二に観察正行とは「専ら彼の国の依正二報を観察する」こと、第三に礼拝正行とは「専ら弥陀を礼する」こと、第四に称名正行とは「専ら弥陀の名号を称する」こと、第五に讃歎供養正行とは「専ら弥陀を讃歎し供養する」こととした。このなか讃歎と供養とを開けば六種正行になるけれども、「今は合の義に依る」から五種とする。

そのなか称名正行を「専称弥陀名号（専ら弥陀の名号を称する）」と規定し、善導の称名正行の釈文「若口称即一心専称彼仏」を引き、「以上五種之中第四称名（上の五種の中の第四の称名を以）」って善導に倣い「正定之業」とした。その証左に善導の「一心専念……」の文を引く。

ここで法然の表記として注目されることは、助業を規定するなかで、「第四の口称を除きての外の、読誦等の四種を以て助業と為」というように、法然にとって「称名正行」とは、①専ら弥陀の名号を称することであり、②五種のなかの第四の称名であり、③第四の口称であり、④この章の第一問答において正定業を問うなかで「称名念仏」と表記していることである。これらのことから二行章における法然の「称名正行」は、位相として正行の第四位に位置づけられ、行相は口称であり、概念として称名念仏と同義語とする。

この第一問答のなかで、称名正行である称名念仏が正定業である所以は、善導が単に「一心専念弥陀名号、行住坐臥不問時節久近、念念不捨者、是名正定之業、順彼仏願故（彼の仏の願に順ずるが故に）」としたのに対し、法然はその善導の文を同じく正定業としての根拠として一義として引き、続けて第一問答を設け「意の云く」として第二義を付加しているのである。すなわち「称名念仏は是れ彼の（阿弥陀）仏の本願の行」であるから正定業なのだとした。これは善導の一義を透過した解釈である。「意の云く」として、往生の行相を明かすところで述べた「善導和尚の意に依」ったように善導にこの第二義も仮託しているが、明らかに法然による第二義である。それであるから「修之者乗彼仏願必得往生（これを修する者は、彼の仏の願に乗じて必ず往生することを得）」と結論づけるのである。

ここに称名念仏は、阿弥陀仏が本願として成就したところの行としての、仏願に裏打ちされた性格をもち、その仏願に乗托することによって衆生の往生が決定することとなる。

ここで注意しなければならないのは、この問答の答意の次第として、第二章では称名念仏を、

（一）「仏の本願の行」としての法蔵菩薩の因位の願意・中間の行相ということと、

（二）「之（称名念仏）を修するもの」とし、また「二行の得失」の五番相対にいう「正助二行を修する」という表現に表れているように衆生往生の行相としての口称、

の二面性を看取することができることである。

(二)「正定業」観

第二章に説かれる「行」とは往生浄土門に説かれる諸行を経て、「正しく往生浄土を明かす教」の浄土三部経に説かれた二行に他ならない。この浄土正依経には、しかしながら正行と自余諸善である雑行とが併説されてある。善導が就行立信釈において、行を正雑二行と正助二行に分類したのは、衆生の信（安心）の行法として、その行法

が本願であるか非本願であるかの価値判断があったからである。
正行とりわけ正定業である「口称」「一心専称彼仏」が、決定往生の業因であることを示すのがその主眼ではあるが、法然は正定業を、第一章の教判を経て、第二章の二段による行分別（選択）を経た、三段階で「行」として助する全般的な性格をもたしめていることを見逃してはならない。
私釈段に入って法然は大凡、善導の『散善義』就行立信釈にて往生の行相を、『往生礼讃』にて正雑二行の得失をそれぞれ典拠として組織づけた。
善導をうけて五種正行を正助に分類することは、すでに『無量寿経釈』をはじめとした先行の文献に見られる。法然の「正定業」観を見るとつぎのようである。

念仏を以て正定の業と為す。但し正定とは、法蔵菩薩二百一十億の諸仏の誓願海の中に於て、念仏往生の願を撰定し給う。故に定と云ふなり。念仏は亦是れ正中の正なり、読誦等は是れ正中の助なり。(1)

この正行につきて、ふさねて二種とす。一には一心にもはら弥陀の名号をとなえて、たちゐおきふしよるひるわするることなく、念念にすてさるを、正定の業となつく。かの仏の願によるがゆへにと申て、念仏をもて、まさしきさためたる往生の業にたてて、礼誦等によるおは、なつけて助業とすと申て、念仏のほかの礼拝や読誦や観察や讃嘆供養なとおは、かの念仏者をたすくる業と申候なり。(2)

念仏往生は諸行往生にすくれたることおほくの義あり。一には因位の本願なり。いはく弥陀如来の因位、法蔵菩薩のとき、四十八の誓願をおこして、浄土をまふけて、仏にならすと願したまひしとき、衆生往生の行をたてて、えらひさためたまひしに、余行をはえらひすてて、たた念仏の一行を選定して、往生の行にたてたまへり。(3)

などと示すように、法蔵菩薩の因位発願に誓願され、中間修行に万行された衆生の決定往生のための願行具足の行業・業因を指す。したがって正定業とは、本質的に衆生が往生するための手段的行法ではなく、仏辺に成就された決定往生の行業との認識である。これが「本願の念仏には、ひとりだちをせさせて助をささぬ(4)」正定業の性格である。

(三) 正雑二行の相対

続いて法然は、五種の正行に相対させて五種の雑行(読誦雑行・観察雑行・礼拝雑行・称名雑行・讃歎供養雑行)を置く。先ず雑行とは、善導の釈を引き「此の正助二行を除きて已外の自余の諸善を悉く雑行と名づく」と規定する。更にまた「意の云はく」として、ここでは雑行そのものは無量であるとして、つぶさに述べることはしていない。その末尾に、「此の外に、亦布施・持戒等の無量の行有り。皆、雑行の言に摂尽すべし」として、聖道門の諸行として代表的な六波羅蜜をもここでは雑行の範疇に帰せしめている。

法然の「行」観の特色であるが、ここでも雑行を規定するに「自余の諸善」といって、決して雑行のもっている特性を全面に否定し廃捨しているわけではない。廃捨しなければならない理由は、法蔵菩薩の、衆生の機根を見据えた因中の願行にあったのである。雑行は仏願に順ずるものではないとともに、衆生を救済するために本願を成就しなければならなかった万行の誓願行でもあった。

この正雑二行の相対もつぎに挙げる『往生礼讃』の文と同様に、二行の得失の前段に入れなければならないものである。正行と雑行を相対させることによって、正行の絶対的優位性を示し、更に雑行を修するものには往生の不可性を示し、二行の得失を判ずるのである。

(四)五番相対

二行章本文段に引く就行立信釈の、法然のもう一つの理解「二行の得失を判ず」とは、善導『散善義』の雑行を定義した続きの文であり、深心釈の結文を引用し、往生の行に対して得失という価値判断をする。

「若し前の正助二行を修するは、心常に親近して憶念断へず。名づけて無間と為。若し後の雑行を行ずるは、即ち心常に間断す。回向して生ずることを得べしと雖も、衆て疎雑の行と名づく(5)」といふ、即ち其の文なり。

以下この文の意図するところを法然は「正雑二行に就いて五番の相対有り」として、五種の翻対を挙げている。「一は親疎対、二は近遠対、三は有間無間対、四は回向不回向対、五は純雑対」である。

この五番相対を述べるについて、法然の表現に気をつけたい。この翻対では、正行と雑行との得失という優劣の対比が問題であるから当然ではあるが、五番ともに「正助二行を修する者は」として正定業・助業を一括して「正助二行」と善導に倣い表記し、そして雑行と相対する。したがってこの五番相対は、あくまで正助二行と雑行との相対的価値判断が目的であり、「得」正助二行の良いところ、「失」雑行の欠けているところといった比較の域を出るものではない。まして、正行のなか第四称名正定業の絶対的優位性を表現するものではないことに留意しなければならない。往生業を示し導かんがための教判の域を出るものではない、ということである。

先ず親疎対では、親を「正助二行を修する者は、阿弥陀仏に於て甚だ以て親昵《しんじつ》為り」と定義し、『定善義』の親縁釈を引いて補強する。それに対し疎とは「雑行なり」とし、親縁釈の正反対の表現を用いて「故に疎行と名づく」とする。

二の近遠《ごんのん》対では、近を「正助二行を修する者は、阿弥陀仏に於て甚だ以て隣近為り」と定義し、同じく『定善義』の近縁釈を引く。それに対し遠とは「雑行なり」とし、同じくその釈の反対の表記をする。この二つの翻対について法然は、「但し親近の義は是れ一なるに似たりと雖も、善導の意、分ちて二と為。其の旨『疏（定善義）』の文に見えたり。故に今、引き釈する所なり」として、似通った概念ではあるけれども善導の意に倣って二分するという。

三の有間無間対では、無間を「正助二行を修する者は、弥陀仏に於て憶念間断せず」と定義し、それに対して有間は雑行であり、内容はその逆である。これは先に引用した『散善義』の文にいう「雑行を行ずるは、即ち心常に間断す」というのがそれである。

四の回向不回向対では、先ず不回向を「正助二行を修する者は、縦令《たと》ひ別して回向を用ゐざれども、自然に往生の業と成る」と定義し、『玄義分』第六和会経論相違門のなかの第五会通別時意釈の文（第四問答の答）「今此の『観経』の中に、十声仏を称するは、即ち十願十行有りて具足せり。云何が具足する。南無と言は、即ち是れ帰命、亦是れ発願回向の義なり。阿弥陀仏と言は、即ち是れ其の行なり。斯の義を以ての故に、必ず往生することを得」を引証する。それに対し回向は、「雑行を修する者は、必ず回向を用ゐる時に往生の因と成る。若し回向を用ゐざる時には往生の因と成らず。故に回向して生ずることを得」なければならないとする。五の純雑対では、先ず純を「正助二行を修する者は、純ら是れ極楽の行なり」と定義し、雑は「是れ純ら極楽の行に非ず。人天及以び三乗に通ず。亦たは十方浄土に通ず」とする。以下には第二問答を設けて純雑の証拠を挙げている。現代人の感覚としては果たしてこのような問答に意味があるのかと疑問をもたざるをえないが、当時の人びとには真剣な議論であったのであろう。締めくくりとして、「茲に因りて今善導和尚の意、且く浄土の行に於いて純雑を論ずるなり」と結ぶ。

そして結論として「然れば西方の行者、須く雑行を捨てて正行を修すべし」と言い切る。

（五）往生の行

第二章の教判を補強する意図であろうか、「往生の行に於いて二行を分つこと、善導一師のみに限らず」として、道綽[6]の念仏往生と万行往生、懐感[7]の念仏往生と諸行往生、更に恵心[8]も第八念仏の証拠と第九往生の諸行「之に同じ」として三師の例を引く。「三師、各二行を立てて往生の行を摂すること、甚だ其の旨を得たり。自余の諸師は然らず。行者応に之を思ふべし」と二章を結ぶ。

四　本文段

『選択集』十六章のなかで、本文段・私釈段を二箇所もつのはこの第二章だけである。善導『往生礼讃』[9]前序の文を長文にわたって引く。四得十三失を示すために、また善導の正行の十即十生と雑行の千中無一の考え方を示すために全文を引く。

若し能く上の如く念々相続して、畢命を期と為る者は、十は即ち十ながら生じ、百は即ち百ながら生ず。何を以ての故に。外の雑縁無く正念を得るが故に、仏の本願と相応するが故に、教に違せざるが故に、仏語に随順するが故なり。

若し専を捨てて雑業を修せむと欲する者は、百の時に希に一二を得、千の時に希に五三を得。何を以ての故に。雑縁乱動して正念を失するに由るが故に、仏の本願と相応せざるが故に、教と相違するが故に、仏語に順ぜざるが故に、係念相続せざるが故に、憶念、間断せるが故に、回願、慇重真実ならざるが故に、貪瞋諸見の煩悩来りて間断するが故に、慚愧悔過有ること無きが故なり。

亦、相続して彼の仏恩を念報せざるが故に、心に軽慢を生じて、業行を作すと雖も常に名利と相応するが故に、人我自づから覆ふて、同行善知識に親近せざるが故に、楽ふて雑縁に近づきて、往生の正行を自障障他するが故なり。

何を以ての故に。余、比日自ら諸方の道俗を見聞するに、解行不同にして専雑異なり有り。但使し、意を専らにして作さしむる者は、十は即ち十ながら生ず。雑を修する不至心の者は、千が中に一も無し。此の二行の得失、前に已に弁ずるが如し。

仰ぎ願はくば、一切の往生人等、善く自ら思量せよ。已に能く今身に彼の国に生ぜむと願ぜむ者は、行住坐臥に必ず須く心を励まし、己を剋して昼夜に廃すること莫く、畢命を期と為べし。正しく一形に在りて小苦に似如れども、前念に命終し後念に即ち彼の国に生ず。長時永劫に常に無為の法楽を受け、乃至成仏までに生死を逕ず。豈に快きに非ずや、知るべし。

善導は専修に四得を挙げ、雑修には十三の失を列挙している。この四得と十三失の得失については可逆があることはいうまでもない。

五　私釈段

此の文を見るに、弥よ須く雑を捨てて専を修すべし。豈に百即百生の専修正行を捨てて、堅く千中無一の雑修雑行を執せむや。行者、能く之を思量せよ。

と、善導の『往生礼讃』に対して結ぶ。この文によっても正行と雑行との軽重優劣の相対的比較に留まっていて、「専修正行」の表現にも端的に表れているように、百即百生の正行を親・近・無間・不回向・純なるがゆえにいかに専修せしめるかといったところに主眼が置かれている。称名が正定業である原理については、なお第三章を待たなければならない。法然による選択教判の締めくくりをなしている。

六　第二章のむすび

法然においては、「二行得失」に示される五番相対の第二章までは教判の論理のなかで、聖道門の諸行と浄土門の諸行、正行と雑行、正定業と助業など相対的関係性に表記している。しかし念仏と諸行との関係においては、明らかに念仏は「全非比校也[10]」として同次元に扱うものではない。第三章以降、第四章の「異類善根・同類善根」に示される助業観、第十二章の廃立・開閉などの用語によって示される相対的な表記も、絶対的な価値をもつ念仏の殊勝性を「順彼仏願故。意云称名念仏是彼本願行也[11]」の論理で明らかにするものである。

註

(1) 『無量寿経釈』(『法全』八一頁一三)
(2) 「大胡太郎実秀へつかはす御返事」(『法全』五二三頁一二)
(3) 『法然聖人御説法事』『西方指南抄』(『法全』一八四頁一二)
(4) 「善勝房伝説の詞」(『法全』四六二頁六)
(5) 『浄全』第一巻五八頁下一一〜一三
(6) 『安楽集』巻下(『浄全』第一巻六九六頁)
(7) 『浄土群疑論』巻五(『浄全』第六巻七三頁)
(8) 『往生要集』巻下ノ本(『浄全』第十五巻一二八〜一三〇頁)
(9) 『浄全』第四巻三五六頁下一二〜三五七頁下一
(10) 『選択集』第七章私釈段末尾(『浄全』第一巻四九頁上一一・『法全』三三八頁一二)
(11) 『選択集』第二章私釈段第一問答の答意(『法全』三一四頁一六)

第三章　弥陀如来、不以余行為往生本願、唯以念仏為往生本願之文

弥陀如来、余行をもって往生の本願としたまわず。
ただ念仏をもって往生の本願としたまえるの文

はじめに

『選択集』は念仏の一義を開顕しようとして編集された著書である。念仏こそが衆生の往生を証する行業であり、『選択集』撰述は衆生の往生を顕証するための行業として、「本願念仏」義を開顕することにある。法然は第一第二の章の導入を通して釈尊一代の教説に導き入れ、更にその出世本懐の教説が弥陀の願意に契合し、衆生往生のための「行」法の体系という教相判釈のなかで捉えようとした。

第一章では、道綽の教相判釈を援用し『安楽集』を引用して一代仏教を「二種の勝法」として捉え、聖道は「一由去大聖遥遠、二由理深解微」がゆえに、また『大集月蔵経』を引用して「我末法時中」なるがゆえに証し難いとし、したがって「当今は末法、是五濁悪世なり。唯だ浄土の一門のみ有りて、通入すべき路なり」とする。

二章では、一章で分類した正明往生浄土之教である三経一論に説かれる往生の行法を明らかにする。善導『散善義』の就行立信釈を根拠に、「行に二種有り」として、往生行を二種に分類する。

この両章いずれの私釈も、「往生の行相」を経て正定業である称名正行が確立され、善導『往生礼讃』の「十即

十生、百即百生」を引用して「二行の得失」を判じ、正行の「百即百生専修正行」としての四得へと導かれていく。いわゆる行相・得失の二種の廃立を通した正行・正定業の確立である。

第三章はその称名正行が正定業であるところの根拠を明示する。

また第三章から第十六章は、往生行としての称名を選択した根拠は浄土三部経であり、称名念仏こそ弥陀・釈迦・諸仏の随自意真実の法門であることを、善導の釈義を典拠として述べる。

一　標章

第三章本願章の標章(1)を「弥陀如来、不以余行為往生本願、唯以念仏為往生本願之文（弥陀如来、余行をもって往生の本願としたまわず。ただ念仏をもって往生の本願としたまえるの文）」とする。

標章で、一・二章では善導にも、この書の法然にも用いられなかった名目《みょうもく》が突然使われることに驚きを覚える。それは「余行」である。阿弥陀仏にとって余行は往生の本願ではなく、ただ念仏が往生の本願であるとする。では諸行でも雑行でも助業でもないこの「余行」とは、どのような概念をもった名目なのであろうか。前章までに述べられた三重の選択のなかで使用されなかったこの「余行」は、標章を見る限りその対比する名目は「念仏」である。では反対に余行に対比される「念仏」とは、この第三章にどのように法然は表現しているのであろうか。

第二章で明らかにした正定業とは、どのような原理をもつものであり、なぜこの「称名念仏」が正定業であるのか。なぜこの正定業が衆生にとって往生の業因となり、衆生の往生を決定せしめるものであるのか。更に正定業として本来その原理がもつ意味を明らかにするのが、本章である。

二　本文段

法然は『無量寿経』によって三・四・五・六の四章、『観無量寿経』によって七・八・九・十・十一・十二の六章、『阿弥陀経』の意によって十三・十四・十五・十六の四章によって、念仏一行が弥陀釈迦諸仏によって選択された衆生往生の行業であることを立証していく。そしてこの第三章は基本的には、第二章の第一問答「答曰、順彼仏願故、意云、称名念仏是彼仏本願行也、故修之者乗彼仏願必得往生也。其本願義至下可知」をうけて開かれたものと考えられる。いわゆる弥陀本願の「義意」の開顕である。

法然は本文段では、『無量寿経』巻上の第十八願文と、善導『観念法門』摂生増上縁に引く第十八願の釈文と、『往生礼讃』末尾の第十八願の釈文を引用する。

設我得仏十方衆生至心信楽欲生我国乃至十念若不生者不取正覚（設ひ我、仏を得たらむに、十方の衆生、至心に信楽して、我が国に生ぜむと欲して乃至十念せむ。若し生ぜずは正覚を取らじ）

若我成仏十方衆生願生我国称我名字下至十声乗我願力若不生者不取正覚（若し我れ仏に成らむに、十方の衆生、我が国に生ぜむと願じて、我が名字を称すること下十声に至るまで、我が願力に乗じて若し生ぜずは正覚を取らじ）

若我成仏十方衆生称我名号下至十声若不生者不取正覚。彼仏今現在世成仏当知本誓重願不虚衆生称念必得往生

（若し我れ成仏せんに、十方の衆生、我が名号を称すること下十声に至らむに、若し生ぜずは正覚を取らじ。彼の仏、今、現に世に在して仏に成りたまへり。当に知るべし、本誓の重願虚しからず、衆生称念すれば、必ず往生することを得）

善導には第十八願の釈文がもう一箇所ある。『玄義分』七門中の第六和会経論相違門のなか第六会通二乗種不生釈に引用された釈文である。その第一問答の「弥陀浄国ははた是れ報なりや、是れ化なりや」の問に対して、「是れ報にして化にあらず」として、『大乗同性経』の「西方安楽阿弥陀仏は是れ報仏報土なり」と『無量寿経』のこの願文の釈文を引き、「今既に成仏し給う。即ち是れ酬因の身なり」と結ぶ一段である。

若我得仏十方衆生称我名号願生我国下至十念若不生者不取正覚（若し我れ仏を得たらむに、十方の衆生、我が名号を称して、我が国に生ぜむと願じて、下十念に至るまで、若し生ぜずは正覚を取らじ）

法然はなぜ前の二文に先立ってこの『玄義分』の一文を引かなかったのであろうか。『玄義分』の文には「称我名号…下至十念」といって先の二文のように「十声」と解釈していないからか。『観念法門』『往生礼讃』の文と合わせもった文意であることからか、それならばここに二文を引くこともないであろう。なぜ三文のなか『疏』の文を引かずに、『具疏』の二文だけを引いたのか、なぜ三文ともに引証しなかったのか。この愚問に正解を与えてくれる法然自身の答はないのであろうか。

三　私釈段

（一）はじめに…総別二種の願…

法然は、願文にない善導のそれぞれの解釈「称我名字、下至十声、乗我願力」と「称我名号、下至十声……衆生称念、必得往生」をどのように理解するのであろうか。

法然は私釈段において先ず、総別二種の願のなか総願を四弘誓願とし、別願の事例として釈迦の五百大願・薬師の十二上願・弥陀の四十八願を挙げる。『無量寿経』に説く四十八願は「弥陀の別願」とする。

願は、大乗の菩薩が将来必ず仏陀に成ろうとするとき発さなければならない、成就したあかつきの仏格を形成する大きな志願をいう。いかなる菩薩もこの総別二種の願を発さなければならないと同時に、中間の行としてその願を成就するための計り知れない時をかけた万行を完遂するための修行を必要とする。

総願とは「衆生無辺誓願度、煩悩無辺誓願断、法門無尽誓願知、無上菩提誓願証」をいい、衆生を化益するための広大な自利利他の行を伴う願である。したがって別願は、そのような普遍的な広大無辺の内容をもった総願を成就するための、その菩薩に応じた特有の願というものが必要不可欠であり、菩薩によってそれぞれ発されるからさまざまな内容をもっている。第一番に掲げられた菩薩究極の目的である利他、いわゆる一切の衆生を救済するという具体的な方法を、この別願に表明しなければならないのである。その別願をもって菩薩仏陀の特徴とする。

善導の疏から別願の内容をいい表す文を二、三引けばつぎのようである。

菩薩の道を行じ給ひし時、四十八願を発し一一に願じて言く。若し我れ仏を得たらむに、十方の衆生、我が名号を称して、我が国に生ぜむと願じて、下十念に至るまで、若し生ぜずは正覚を取らじ、と。今既に成仏し給ふ。即ち是れ酬因の身なり(2)。

四十八願より荘厳起こる。諸の仏刹に超へて最も精たり(3)。

四十八願、茲に因って発す。一一の誓願は衆生の為なり(4)。

(二) 第一問答…弥陀如来成仏の次第…

第一問答を設け、「弥陀如来は何れの時、何れの仏の所に於て此の願を発したまへるぞや」と問を起こし、『無量寿経』の経説に添ってその答を抄出し、法蔵菩薩が成仏に至る因位と中間の次第を明かす。その因中にはすでに「超へて無上殊勝の願を発し」、「五劫を具足して思惟し、荘厳仏国の清浄の行を摂取し」て、願行が成就されて、阿弥陀仏として成仏している次第を明かす。

更に『無量寿経』の異訳『大阿弥陀経』(『平等覚経』亦復之に同じ)を引き、法蔵菩薩因位のとき四十八願を発す次第は選択の過程であったことを引証する。この引用は成仏の次第を述べるとともに、明らかに法然自らの選択の論理を論証するための引用として価値があり、後にいう本願の成立と成就は弥陀による選択であったことを証左している。

法然は、『大阿弥陀経』に説かれた「選択(5)」の語を取りあげ、法蔵の因位の次第がまさしく「選択」の次第であるとし、その「選択」とは「取捨の義」であるとする。更に『無量寿経』にいう「摂取」と言葉は異なるけれども、意味するところは同義であるとする。世自在王仏から二百一十億の諸仏の浄土を観見し本願として摂取した方法は、悪を捨て善を取り、醜を捨て好を取り、不清浄の行を捨て清浄の行を取り、麁を捨て妙を取るという二者択一の選択構造である。

この選択の字義を索くと、「選」とは「えらぶ」とあり、細意は「よる、える、よりわける、数多い中からえりぬく」であり、「択」とは「えらぶ」とあり、その細意は「えりとる、よいものを選び取る、えりわける、区別する」とある。いずれにしても選択とは、選ぶことであり、数多いなかからよいものを選び取ることである。

選択摂取を証左するために、四十八願のなか第一無三悪趣の願・第二不更悪趣の願・第三悉皆金色の願・第四無有好醜の願、そして「第十八の念仏往生の願」をとって例証する。とりわけ第十八願では詳細に「前の布施・持戒・忍辱・精進・禅定・般若、菩提心・六念・持経・持呪、起立塔像・飯食沙門・孝養父母・奉事師長などの種々の行、其の国の仏名を称するなどの諸行を選び捨てて、専称仏号を選び取」っているのが、法蔵菩薩が本願を建立する「選択」の本質なのであるとする。

これによって法然は、第十八願を最勝の本願であると考えていたことがわかる。このことは次の第二問答以下の論理の展開においてなお鮮明になる。『選択集』第六章（特留念仏章）私釈段にも引用する善導の『法事讃』の要文とその続きに、

「弘誓多門にして四十八なれども、偏に念仏を標して、最も親しと為。人、能く仏を念ずれば、仏、還りて念じたまふ。心を専にして仏を想へば、仏、人を知りたまふ(6)」と已上。故に知りぬ。四十八願の中に、既に念仏

往生の願を以て本願の中の王と為。[7]

と、第十八念仏往生の願を「本願の中の王」といい切っているところに表れている。このような考え方の根底には、善導『玄義分』「会通別時意」釈があることは至極当然であり、『往生礼讃』の前序にも名号による摂化を称える。

今此の『観経』の中の十声の称仏は即ち十願十行有りて具足す。云何んが具足する。南無と言うは即ち是れ帰命、亦是れ発願廻向の義。阿弥陀仏と言う即ち是れ其の行なり。斯の義をもっての故に必ず往生を得。[8]

諸仏の所証は平等にして是れ一なれども、若し願行を以て来し収むるに、因縁なきにあらず。然るに弥陀世尊、本発の深重誓願、光明名号を以て十方を摂化す。[9]

(三) 第二問答…勝劣・難易の二義…

第二問答の問意は、法蔵が世自在王仏のところにおいて二百一十億の諸仏の国土を聞き覩見したとき、「麁悪を選び捨てて善妙を選び取」った道理は理解できるが、ではなぜ「第十八の願に、一切の諸行を選び捨てて、唯偏へに念仏の一行を選び取りて、往生の本願と為たまふ」のかと設問する。

この文意では、「一切の諸行」と「念仏の一行」が対比する文言である。

この問に対し法然は答として、「聖意測り難し。輒く解するにあたわず」としながらも、「今試みに二義を以て之を解せむ。一には勝劣の義、二には難易の義」として、本願に念仏の一行が選取された二つの根拠と、勝義と易義との殊勝性を強調してゆくのである。

《勝劣の義》

先ずはじめに答意の一義として、本願に念仏の一行が選取された根拠に「勝劣の義」を挙げる。答文は「初めに勝劣といは、念仏は是れ勝、余行は是れ劣なり」と、先ず定義する。この前後の法然の文について、論理の展開と飛躍があることを指摘しておきたい。

先の問意においては、(一)一切の諸行と念仏の一行が対比されていたが、答には(二)念仏と余行とに置き換えられている点である。ここに一切の諸行から余行への飛躍があり、一切の諸行を包摂した余行への論理の展開がある。「余行」のいわば予説である。にもかかわらず法然は、念仏の一行の殊勝性を説明するに及んで、問の(三)「念仏の一行」が答では「念仏」に置き換えられ、更に「所以は何ん。名号は、是れ万徳の帰する所なり」と、再び(四)その念仏が「名号」へと置き換えられてくるのである。

すなわち念仏の一行から念仏、そして念仏から名号へと置換された名号は、「万徳の帰する所」であるから本願として選び取られたのであるとする。その名号には、

弥陀一仏の所有《あらゆ》る四智・三身・十力・四無畏等の一切の内証の功徳、相好・光明・説法・利生等の一切外用の功徳、皆悉く阿弥陀仏の名号の中に摂在せり。故に、名号の功徳、最も勝れたりと為。

と、名号がすべての功徳を摂在せしめている、そのような殊勝性をもって本願としたのであるとする。したがって

「名号の功徳」はもっとも勝であると同時に、余の一切の功徳に勝れているとする。

この勝劣の義において法然が意図するところは、先に本願の根拠として善導が記した「順彼仏願故」の他に、法然が付加した「彼の仏の本願の行なり」としての法蔵菩薩の因位の願意・中間の行相としての願行を経て、その果上に成就した仏格・仏身に与えられた果号としての「名号」の、その殊勝性を指摘している点にある。

更に、教判を意図した第一・第二章の選択の論理のなかで進められてきた、五種正行としての第四位の称名が、本願として原理的根拠をもちうるのは「名号」であるからである。先の第二章で法然は「称名正行」が「①専ら弥陀の名号を称すること、②五種のなかの第四の称名、③第四の口称、④〈称名念仏〉と表記している」と述べた。これらのことから「称名正行」は、「位相として正行の第四位に位置づけられ、行相は口称であり、概念として称名念仏と同義語」であるともいっておいた。

いずれにしても、称名念仏と同義語の概念をもつ称名正行は、往生浄土門がもちうる「行」論あるいは行体系の教判の論理展開のなかでは、行相の口称という地位に留まらざるをえない。その称名正行の四つの定義のなかで、すべて「称」という行相で示さざるをえないのが第二章までの教判なのである。

本章第二問答は、その行相としての称名の、本願としての原理的根拠が名号にあることを示すところにある。そのようなところから、従来「諸行」として表現してきた種々の行法をここで整理しておくとともに、更に先に予説されていた余行について考えてみたいのである。問意の「一切の諸行」から答意の「余行」へ置換された余行である。

法然にとって先ず一代仏教を分別するなか「聖道門の諸行」が廃捨され、つぎに浄土門の諸行のなか「傍明往生浄土之教」が廃捨され、つぎに正明往生浄土教のなかに説かれる「雑行」が廃捨され、更に五種正行のなか前三後一の「助業」が傍らにされた。したがって、第三章標章にいう余行とは、聖道門の諸行・傍明往生浄土之教・雑行・助業を包括するすべての行法を指す名目であろう。その余行に対比する名目は、第二章にいう行相としての第四「称名」正行ではなく、第三章標章にいう「念仏」なのである。その念仏を今、第二章までには出ることのない名目である第二問答の問の文に使用される「念仏一行」で表記している。

《念仏一行》

では、この「念仏一行」とは何であろうか。今後の『選択集』の展開のなかで明らかにされるところであるが、今章までの論意で少し整理しておく。

先ず『観経』流通分第六段の教説、いよいよ『観経』一経の教説が終わり、世尊が阿難に対してこの『観経』を付属し未来への流通を果たしめようとしたとき、図らずも世尊は今まで説き来たった正宗分十六観を付属せずに、「無量寿仏の名を持」すること、いわゆる阿弥陀仏の名号だけを付属流通したのである。経文はつぎのようである。

仏、阿難に告げたもう、「汝よ、好くこの語を持て。この語を持てとは、すなわちこれ、無量寿仏の名を持てとなり。」（ワイド版岩波文庫『浄土三部経』下八〇頁一五）

善導はこの経文に対して『散善義』につぎのように解釈する。いわゆる法然にとって立教開宗の文となった箇所である。

「仏告阿難汝好持是語」といふより已下は、正しく弥陀の名号を付属して遐代に流通することを明かす。上来、定散両門の益を説くと雖も、仏の本願に望むれば、意、衆生をして一向に専ら弥陀仏の名を称せしむるに在り。(10)

善導はこの経意を、世尊は阿難に対して「弥陀の名号を付属して遐代に流通することを明か」したのだと受け取った。更に上来、定善・散善の両門を説き来たって観仏三昧・念仏三昧の両益を併説してきたけれども、世尊はいよいよ付属流通に至って、『観経』一経の真意を韋提希いち人の救済においていたのではなく、未来世一切の衆生に蒙らせることにおいていたことを本懐として明示したのである。すべからく未来世のすべての衆生は、五濁悪世の不善の凡夫(11)である。よくよく考えてみるならば、そのような未来世一切の衆生の救済を、阿弥陀仏の本願の願意という立場から鳥瞰したとき、この阿弥陀仏の名号を称えしめること以外にないのだと、善導は確信し領解したのである。

このことはすでに『観経』下品上生と下品下生に説かれていたことである。

(この)智者、また、(その人に)教えて、合掌・叉手して〈南無阿弥陀仏〉と称えしむ。仏の名を称うるがゆえに、五十億劫の生死の罪を除く。(中略)「善男子よ、汝、仏の名を称うるがゆえに、もろもろの罪を消滅す。われ、来りて汝を迎う」と。(ワイド版岩波文庫『浄土三部経』下七五頁一六〜七六頁五)

(かの)善友、告げていう、「汝よ、もし(仏を)念ずることあたわざれば、まさに無量寿仏(の名)を称うべし」と。かくのごとく、至心に、声をして絶えざらしめ、十念を具足して、〈南無阿弥陀仏〉と称えしむ。仏

の名を称うるがゆえに、念々の中において、八十億劫の罪を除き、（以下略。同七八頁八～一二）

法蔵菩薩の発願の次第を再び思い起こしたい。法蔵の救済の対象と目的は「十方（一切の）衆生」とその救済であった。その救済方法は「乃至十念」である。その別願の総意は第十八願に代表される。この因位の別願を成就し酬因せんがために、末代一切の衆生になりかわってなすところの中間の果てしない兆載永劫の万行修行が完遂されて、今果上としての果号〈南無阿弥陀仏〉の名号に成就したのである。このところを善導は『玄義分』に、

今此の『観経』の中の十声の称仏は、即ち十願十行有りて具足す。云何が具足する。南無と言ふは即ち是れ帰命、亦是れ発願回向の義、阿弥陀仏と言ふは即ち是れ其の行なり。斯の義を以ての故に必ず往生を得。(12)

と領解し、果号〈南無阿弥陀仏〉の名号には、「十願十行」という仏が成就すべき完全な願行が具足されているのである。衆生が発すべき願意としての意楽も、まして衆生が自らの往生のために行じなければならない行も、すべてが仏辺に願行具足の果体果号の名号のうえに成就されている。それだからこそ「斯の義を以ての故に必ず往生を得」ることができるのである。

この名号は、衆生の往生と法蔵の成仏が具体的に同時一体に成就した原理を表した果号である。この大きな二つの内実を包含した原理をいかに衆生のうえに成就するのか、といったとき、願文には「乃至十念せむ」という。善導はこの第十八願を三様に釈して、「我が名字を称すること下十声に至るまで、我が願力に乗じて」、「我が名号を称すること下十声に至らむに」、「我が名号を称して、我が国に生ぜむと願じて、下十念に至るまで」と受領し、阿

弥陀仏の名号（名字）を下十声称すること、とした。その結果、衆生の「称念」あるところに弥陀の「願力に乗じて」往生することが具現することとなる、というのである。

ここに原理としての名号とその行相としての称名念仏という、二つの概念をもったものを「念仏の一行」と、法然は善導の『疏』を通じて表現しているのである。これは善導が単に「順彼仏願故（かの仏の願に順ずるが故に）」といったのに対して、法然はその言葉を継いで「意の云はく、称名念仏は、是れ彼の仏の本願の行なり」と謳った、二つの大きな原則が願行具足といった形で表されたものである。

したがって念仏一行は、衆生の往生が称名という行相に表れたことを意味し、弥陀の正覚が衆生の往生として成就したことに他ならない。

《余行について…第四重の選択…》

つぎになぜ余行が、本願として選取されなかったかの理由として、「余行は然らず。各の一隅を守る。是こを以て劣なりと為」とする。以下法然は、その理由を家屋の構造材の譬喩をもって詳説する。勝劣の結びはつぎのようである。

仏の名号の功徳は、余の一切の功徳に勝れたり。故に劣を捨て勝を取りて、以て本願と為たまふか。

ここでは名号と余行とを対比させ、勝劣の義を結ぶ。

この勝劣の義においては、第十八願文「若不生者、不取正覚（若し生ぜずは正覚を取らじ）」の原理的構造である、衆生の往生と弥陀の正覚という二者を同時一体に成就させた、十劫正覚の果体果号としての〈南無阿弥陀仏〉名号の殊勝性を指摘することが目的であった。

称名念仏の根源的な根拠である名号は、このように法蔵菩薩における因位・中間の十願十行がことごとく摂在し、すでに果上の名号として十劫の昔に成就されてある。今その果号を、本願の願文に「乃至十念」として衆生のうえに具現しなければならなかったのである。したがってその名号は、「万徳の帰する所」であり、一切の内証・外用が「皆ことごとく阿弥陀仏の名号の中に摂在」していることから、「名号の功徳、最も勝れたり」なのである。

それに対して、このような原理をもつ名号に対比する余行は、三重[13]の選択を経て、なお選択される第四重の選択ともいえる概念をもつ。

『選択集』第二章の「行」教判の段階にいう正行としての第四位「称名」正行をも包括した、いわゆる衆生が往生のために行じなければならない行として示された行位・行相の概念をもつ自力「余行」を廃捨し、第三章に説かれる果上果体の本質として表される仏号に衆生の往生と仏の正覚が一体に成就された、救済原理としての「名号」と、その救済の原理が「彼の仏の願に順」じ「彼の仏の本願の行」として「乃至十念」の称名念仏に出づる他力「念仏一行」への摂取選択である。

そのような構造をもつものが余行である。したがって余行の対比する概念は、念仏一行である。

《難易の義》

つぎに第二問答の「何が故ぞ、第十八の願に、一切の諸行を選び捨てて、唯だ偏へに念仏の一行を選び取りて往生の本願と為たまふや」と問うた、法然の「試みに二義を以て之を解」する第二義の「難易の義」について考えてみる。

先ず難易の義を、「念仏は修し易く、諸行は修し難し」と定義する。勝劣の義では名号（念仏）と余行との対比関係であったが、再び念仏と諸行との対比関係に置き換えられている。これは問意の「一切の諸行」の諸行を使ったものであろう。本願に念仏の一行を選取したのは、衆生の置かれるあらゆる条件を五劫思惟に勘案したとき、「乃至十念」を善導が「称我名字下至十声乗我願力」、「称我名号下至十声」、「称我名号願生我国下至十念」と領解し、『観経』の経説の次第とその善導の領解を通して、法然は修するうえでの難易に配分したものである。

法然は念仏がなぜ「修し易」いのかの問に、善導『往生礼讃』前序の問答と[14]『往生要集』念仏証拠門の[15]二文をもって引証する。

問ふて曰はく、何が故ぞ、観を作さしめずして直ちに専ら名字を称せしむるは、何の意か有る。

答へて曰はく、乃ち衆生、障り重くして境細く心麁けれれば、識颺り神飛んで観成就し難きに由りてなり。是こを以て大聖悲憐して直ちに勧めて専ら名字を称せしむ。正しく称名易きに由るが故に、相続して即ち生ず。

問ふて曰はく、一切の善業各の利益有り、各の往生を得。何が故ぞ、唯だ念仏の一門を勧むるや。

答へて曰はく、今、念仏を勧むることは、是れ余の種々の妙行を遮せむとには非ず。只是れ男女貴賤・行住坐臥を簡ばず、時処諸縁を論ぜず。之を修するに難からず。乃至臨終に往生を願求するに、其の便宜を得ること念仏には如かざればなり。

この二文によって「専ら名字を称」することの易勝性を補完する。観を勧めずに直ちに専ら名字を称えさせることにはどのような意図があるのか、との設問に善導は、釈尊は末代衆生の機根に「悲憐して直ちに勧めて専ら名字を称」させるのだとした。その理由は「正しく称名は易」く修することができるからである。善導は『観経』流通分のごとく、大聖釈尊の仏「意」として「名字を称する」ことにその本意を認めていた。法然はそこに念仏の易勝性を追認したのである。その結論として、つぎのように結ぶ。

故に知りぬ。念仏は易きが故に一切に通ず。諸行は難きが故に諸機に通ぜず。然れば則ち、一切衆生をして平等に往生せしめむが為に、難を捨て易を取りて本願としたまへるか。(16)

法蔵因中の願行の次第に選択の意志を読みとった法然は、その二義として仏格・仏身に与えられた名号の殊勝性を、衆生を往生させる願意に契合したとき、ここに一切衆生の救済のためには易勝性としての称名念仏（念仏一行の具現化）に転回せざるをえない必然性を発見したのである。したがって「名字（名号）を称する」が「称名」となり、その私釈に至って標章の「念仏」、更には『選択集』内題の「往生之業念仏為先」と契合するのである。

《非本願の諸行を廃捨し、本願の称名念仏一行を選択する》

法然は更にその易勝性を確認するために数箇の諸行と対比する。すなわち多数と少数とを対比しつつ、そのいずれをとっても数ということについては漏れる人がいる限り、諸行（余行）なのである。その少数とは造像起塔・智慧高才・多聞多見・持戒持律の者であり、多数とは貧窮困乏・愚鈍下智・少聞少見・破戒無戒の者である。この少数の者を救うための本願とすれば救済される者は圧倒的に少ないであろうし、さりとてたとえ多数の者を救うことをもって本願を建立したとしても、そのような「上の自余の諸行等」を成しうる者は少なく、法蔵の志願としては不完全なのである。結果的に「往生を得る者は少なく、往生せざる者は多からむ」となる。この節のむすびとして、つぎのように言う。

弥陀如来、法蔵比丘の昔、平等の慈悲に催されて、普く一切を摂せむが為に造像・起塔等の諸行を以て往生の本願としたまはず。唯だ称名念仏の一行を以て其の本願としたまへるなり。

法蔵はその発願に、普遍的に一切の衆生を救済摂取するために、あらゆる一切の諸行（余行）を廃捨して、称名念仏一行をもって本願としたのだと、法然は明言する。ここに従来述べてきた、仏願の一切衆生の救済という願意に順ずるものとして、更に阿弥陀仏果上の本願として成就され、その救済摂取が称名念仏の一行によって顕現し成就するところの「本願の行」としての「称名念仏一行」である。第二章までの教判の領域で使用された浄土宗依用の正行第四位の称名正行が、改めて仏願に契順し仏の本願の行としての称名という、原理がもつ往生の顕在化としての「称名念仏一行」の成立である。

ここに法然は、「称名念仏一行」という新たな名目を使用することにより、勝劣・難易の二義を結ぶにあたって、名号・称名の殊勝性と易勝性を確立し、ここに使用する複合語としての「称名念仏一行」が生きてくるのである。

法然が念仏思想の展開のなかで、名字・名号から称名に至ったことは、他の法語や建久九年以降の三昧発得などによっても確認することができる。「大胡太郎実秀へつかはす御返事」に載せる「声につきて決定往生の思いをなす[17]」などはその最たるものであろう。

これを証左する一つの文として法照禅師の『浄土五会法事讃[18]』を引く。

彼の仏の因中に弘誓を立てたまへり。名を聞きて我を念ぜんものは総て迎来せむ。貧窮と富貴とを簡ばず、下智と高才とを簡ばず、多聞と浄戒を持するを簡ばず、破戒と罪根の深きとを簡ばず、但回心して多く念仏せしむれば、能く瓦礫をして変じて金と成さしむ。

（四）第三問答…本願の成就・未成就…

第三問答では、つぎのように問を起こす。

一切の菩薩、其の願を立つと雖も、或ひは已に成就せる有り、亦、未だ成就せざる有り。未審し、法蔵菩薩の四十八願、已に成就せりとや為む、将た未だ成就せずとや為む。

問に対し法然は、「法蔵の誓願、一々に成就したまへり」と結する。四十八願がすでに成就されていることを証するなかで、極楽界のなかには三悪趣もなく、悪趣に更ることもなく、また三十二相を成就しているばかりでなく、はじめの無三悪趣の願から最後の得三法忍の願に至るすべての誓願が成就していることをいい、更に「凡そ四十八願をもて浄土をば荘厳せり。華池・宝閣、願力に非ずといふこと無し」とし、第十八の念仏往生の願だけがどうして「孤り」成就されていないといえようか、「独り」疑惑すべきなのかと結んでいる。その証左に『無量寿経』巻下念仏往生の願成就の文[19]とともに、一々の願の終わりに「若し爾らずば正覚を取らじ」と、善導『往生礼讃』後序を引いて補完する。[20]

諸有る衆生、其の名号を聞きて信心歓喜して、乃至一念も至心に回向して彼の国に生ぜむと願ずれば、即ち往生することを得て不退転に住す。（願成就文）

彼の仏、今現に世に在して成仏したまへり。当に知るべし、本誓重願、虚しからず。衆生称念すれば必ず往生することを得。[21]

この問答の最後に法然は、「而るに阿弥陀仏、成仏したまひしより已来、今に於て十劫なり。成仏の誓ひ、既に以て成就したまへり。当に知るべし、一々の願、虚しく設くべからず」と結ぶ。

（五）第四問答…念声是一…

第三章に第四問答を設けて、本文段に引用した『無量寿経』と善導の『観念法門』『往生礼讃』との字句の相異を質す。問として先ず、

『経』には十念と云ひ、『釈』には十声と云ふ。念声の義、如何。

と。法然の答は実に明快である。「念声是一（念と声とは是れ一なり）」。しかしどうしてそのようなことが知られる

のかと自問して、つぎのようにいう。

本来この「十念」は『無量寿経』第十八願を出所にした問題であるべきところであるが、法然はその解答に『観経』下品下生の「令声不絶、具足十念、称南無阿弥陀仏、称仏名故、於念念中、除八十億劫生死之罪（声をして絶へざらしめて、十念を具足して、南無阿弥陀仏と称せしむ。仏名を称するが故に、念念の中に於て、八十億劫の生死の罪を除く）」を経証として引く。確かにこの文を見る限り、法然が言うように「声即ち是れ念、念則ち是れ声」として明証であるが、『無量寿経』の質疑に『観経』をもって解決し、善導『観念法門』『往生礼讃』第十八願の釈文の理解を継承していることに注意しておきたい。すなわち善導も法然も『観経』を論義の中心に置き、法然は善導とその教義を透過して『観経』畢竟三経を見ているということである。

更にその経証・論証として、『大集経』[22]日蔵分と懐感の『釈浄土群疑論』[23]を引き、「念は即ち是れ唱なり」と断言する。「称」を「唱」へ置き換えていることが気になるが、いずれにしても異字同義である。

（六）第五問答…乃至と下至…

第三章の最後に問答を設けて、同じく本文段引用の経釈の字句の相異を質す。

『経』には乃至と云ひ、『釈』には下至と云ふ。其の意、如何。

此の質に対しても法然の答は明快である。「乃至と下至と、其の意、是れ一なり」。『経』の「乃至」は「多より少に向かふ」言葉であり、多は「上一形を尽くす」ことであり、少は「下十声一声等に至る」意味である。また

『釈』の「下至」の「下」は「上に対する」言葉であり、下は「下十声一声等に至る」ことであり、上は「上一形を尽くす」意味とする。

この例証に宿命通の願文、その他の五つの神通の願、光明無量の願、寿命無量の願の八願を引き、それらの願文のなかにも「下至」の文言があることからも判然とするという。結論として法然は、つぎのように結ぶ。

今此の願の乃至といは、即ち是れ下至なり。是の故に、今善導の引き釈する所の下至の言、其の意相違せず。

現代の我われにとっては、このような問答を問題化しなければならないほど重要な内容とは思われないのであるが、当時の人びとにとっては経釈の相違は大変な問題であったのであろう。そこのところを一々会通していかなければならないのも大変な作業である。

このところの風情を伝えている法然の法語の一節を記しておく。

口にも名号をとなへ、こころにも名号を念することなれは、いつれも往生の業にはなるへし。たたし仏の本願の称名の願なるかゆへに、こえをあらわすへきなり。かるかゆへに経にはこゑをたえす十念せよとゝき、釈には称我名号下至十声と釈したまへり。わかみみにきこゆるほとおは、高声念仏にとるなり。譏嫌をしらす、高声なるへきにはあらす、地体はこゑをいたさむとおもふへきなり。(24)

（七）第十八願の願名

第三章を終えるにあたって法然は、第十八願の願名について言及する。いわゆる善導が第十八願の願意をどのように捉え、また諸師はどのように捉えているかの相違である。

善導と諸師と、其の意同じからず。諸師の釈には別して十念往生の願と云へり。善導は独り総じて念仏往生の願と云へり。諸師の別して十念往生の願と云へるは、其の意即ち周からず。然る所以は、上は一形を捨て、下は一念を捨つるが故なり。善導の総じて念仏往生の願と言へるは、其の意即ち周し。然る所以は、上は一形を取り、下は一念を取るが故なり。

善導には直接的に念仏往生の願と命名したところは窺えないものの、その釈文より上は一生涯より下は臨終の一念に至るまでの念仏であることは言をまたない。確かに諸師のように「十念往生」といい切ってしまうと、願文の「乃至」、願成就文の「一念」の経意が受け取られていないし、上は一形も下の一念も包括することはないから、たいへん狭義な意味となり願意を損ねる。それに対する善導の「念仏往生[25]」の願といったときには、願意を商量していて総括した願名となる。

四　第三章のむすび

衆生救済の原理（若不生者）と弥陀正覚の原理（不取正覚）とがいい表されているのが、第十八願の願文であった。その二つは十劫の昔にすでに成就され、「彼仏今現在世成仏（彼の仏、今現に世に在して成仏したまへり）」している。弥陀は衆生の往生をどのような形に顕現し顕在しようとしたのか。善導は願文の「乃至十念」を「我が名字（号）を称すること下十声」と領解して、その経証に『観経』流通の文をもってした。すなわち阿難への名号の付属と流通である。善導はこの流通の文を釈して、

「仏告阿難汝好持是語」より已下は正しく、弥陀の名号を付属して、遐代に流通せしめ給ふことを明かす。上来定散両門の益を説くと雖も、仏の本願に望むれば、意、衆生をして一向に専ら、弥陀仏の名を称せしむるに在り。(26)

といい、一端釈尊によって正宗分定散の諸行が否定廃捨され、名号一行が阿難に付属流通されたわけである。しかし原理としてのこの名号は、衆生救済のなかで顕在化、具現化、行相化されなければならないのである。その転換を善導は、弘願仏辺よりの声として聞いたのである。なぜ釈尊が説相として『観経』散善に十声の称仏を経相として予説しておいたのか、をである。名号の行相化、すなわち称名念仏である。それが仏意・願意の原理である「順彼仏願故」としての「仏の本願に望むれば」であり、その本意である行相としての「衆生をして一向に専ら、弥陀仏の名を称せしむる」ことであると受領した。そこのところを、

今此の観経の中の十声の称仏は、即ち十願十行有りて具足す。云何んが具足する。南無と言ふは即ち是れ帰命、亦是れ発願回向の義、阿弥陀仏と言ふは即ち是れ其の行なり。斯の義を以ての故に必ず往生を得。(27)

といって、名号の原理としての内実の定義となり、往生の行相として顕在する称仏には完全な形で「十願十行」が具足しているから、衆生の往生が具現するのであるという。法蔵の因中の願行が完全な形で摂在し、その原理を顕現せしめたのが名号である。

第三章は『選択集』の本論である。『無量寿経』の原理を『観経』の経相によって解決をはかるという重層的な取り扱いをし、三昧発得者としての善導の釈文を論証として構築したところに大きな特色がある。「称名念仏の一行」[28]という新たな名目は、第四章以降の展開のなかで更に明確にその内実を表現することとなる。

註

（1）標章の名は諸師によって異なる。『選択密要決』は「本願念仏章」、行観『選択本願念仏集秘鈔』は「念仏本願ノ章」、堯恵『選択私集鈔』は「本願章」。
（2）『玄義分』（『浄全』第二巻一〇頁下一三）
（3）『往生礼讃』（『浄全』第四巻三七〇頁下五）
（4）『般舟讃』（『浄全』第四巻五三〇頁下八）
（5）『浄全』第一巻一〇五頁上に三箇所使用されている。『平等覚経』（『浄全』第一巻六二頁上）には選択が一箇所、選は二箇所使用する。
（6）『法事讃』（『浄全』第四巻八頁下七）
（7）『法全』三二六頁一五
（8）『玄義分』（『浄全』第二巻一〇頁下）
（9）『往生礼讃』（『浄全』第四巻三五六頁下六）
（10）『散善義』（『浄全』第二巻七一頁下）

(11) 此の観経の定善及び三輩上下の文意を看るに、総て是れ仏、世を去り給ひて後の五濁の凡夫なり。但縁に遇ふに異なり有るを以て、九品をして差別せしむることを致す。(『玄義分』〈『浄全』第二巻八頁上一三〉)今時の善悪の凡夫をして同じく九品に沾《うるほ》し、信を生じて疑いなく、仏願力に乗じて悉く生ずることを得しめむと欲す。(『玄義分』〈『浄全』第二巻八頁下二〉)如来、此の十六観の法を説き給ふことは、但、常没の衆生の為にして大小の聖に于《おいて》せずといふことを証明す。(『玄義分』〈『浄全』第二巻九頁上一〇〉)

(12) 『玄義分』(『浄全』第二巻一〇頁上~下、経論相違和会門第五会通別時意釈の第四問答の答意の文)

(13) 聖道門・浄土門の第一重の選択、傍明往生浄土之教・正明往生浄土之教と正行・雑行の第二重の選択、助業・正定業の第三重の選択。

(14) 『往生礼讃』(『浄全』第四巻三五六頁上)

(15) 『浄全』第十五巻一二八頁

(16) 『法全』三二〇頁三

(17) 『浄全』第九巻五五二頁、御消息『浄全』同六四一頁、浄土宗略抄『浄全』同五二一頁

(18) 『浄全』第五巻六八六頁

(19) ワイド版岩波文庫『浄土三部経』上一八六頁

(20) 『浄全』第四巻三七六頁上

(21) 同右

(22) 『大正蔵』第十三巻二八五頁

(23) 『浄全』第六巻一〇六頁

(24) 『十二問答』「善勝房との問答」第六問答の答文(『法全』六三五頁)

(25) この念仏往生の願を「称名往生の願」といっては、また却って狭義な願意理解・偏執な釈文領解に逆戻りしないであろうか。繰り返し述べることであるが、第二章私釈段第一問答において法然が、「何が故ぞ五種の中に独り称名念仏を以て正定の業と為るや」と問うたのに対して、「彼の仏の本願に順ずるが故に。意の云はく、称名念仏は、

是れ彼の仏の本願の行なり」として、数ある仏教の教行のなかで、数度の選択を経て最終的に正定業へと教判を導いてきた。この称名念仏である正定業が正定業である所以は、一つに「仏の本願に順ずる」からであり、二つに「仏の本願の行」であるからである。称名念仏が本願の願意に順ずることは願文に「乃至十念」とあり、善導が「我が名字を称すること下十声に至る」「我が名号を称すること下十声に至」と領解していることによって受領できる。しかし第二意の「仏の本願の行」としての称名念仏をどのように理解すればいいのであろうか。この理解の一つに、「仏の本願に裏打ちされた行」というものがあろう。二つに「法蔵菩薩が本願、とりわけ第十八願を成就するために一切の六度万行を修することによって得られた果上の行体。その行体を衆生救済の手だてとして乃至十念と表出せしめた行」というものである。

善導の一意、法然の二意、いずれをとっても仏辺からの理由づけである。第二章の第二本文段に引かれた『往生礼讃』の文「十即十生、百即百生」の四得として（一）仏辺に三縁が成就されていて雑縁がない（二）弥陀の本願と相応する（三）釈尊の流通の文に相違することがない（四）釈尊の讃歎・留教・付属の仏語に随順する、このような弥陀の二得、釈尊の二得といった仏辺に「十願十行有りて具足」成就された教行を、教判段階で衆生が往生するための教行として受領するのは早計である。仏辺に成就された教行であるから、「之を修する者は、彼の仏の願に乗じて必ず往生する」ことができるわけで、第二章はまだ本願の義趣が明かされていないから、どこまでも教判の域を出るものではない。第三章の標章にいう「念仏」は、本文・私釈に至ってはじめて称名の祖型原体として名号が在ることに気づかしめられる。そして一切の教行（余行）が廃捨された、その究極の対比概念が「念仏の一行」であった。法然の勝劣・難易の二つの教判を経て確立されたのが「称名念仏の一行」である。このような一連の脈絡と二聖の意図をもつ「称名念仏の一行」を、単に衆生往生の教行とし、行相行位に収斂せしめ「称名往生の願」と命名するのは余りにも浅薄ではないか。

(26)『浄全』第二巻七一頁下一

(27)『浄全』第二巻一〇頁上一六～下二

(28)『選択本願念仏集』は「選択本願念仏」であり、決して「選択本願称名」でも「選択本願口称」でもない。またそれは「往生之業念仏為先」と標する所以でもある。

第四章　三輩念仏往生之文

はじめに

第四章「三輩念仏往生之文」は、称名念仏と『無量寿経』『観経』に説かれる余行[1]（のみならず、包括する行位としての五種正行・助業・雑行・傍明往生浄土之教・浄土門の諸行）とを対照し、その関係性を明らかにする章であり、第三章の標章「余行と念仏」との対比をうけた論述の展開である。

後に考察するところであるが、この三輩段の経意と善導の意図は、修するところの行の浅深による分類ではなく、機縁による分類であることが窺われる。法然は念仏一行の立論を『無量寿経』三輩段の文によって明らかにしてゆく。

一　標章

第四章の標章を「三輩念仏往生之文（三輩念仏往生の文）」とする。

この標章から窺われる法然の意図は、『無量寿経』の三輩段と『観経』の三輩九品との整合性を問うとともに、その三輩段に説かれる浄土門の諸行（余行）と念仏との関わりである。更に三輩の経説を通じて、念仏の一行による往生のみを説くことが目的であることを明らかにする。

ここに三輩の字義を明らかにしておく。『仏教語大辞典』によると「三種に類別される人たち。三種のともがら。『無量寿経』に、阿弥陀仏の浄土に往生する人びとを、行いの浅深によって上中下の三つに区別したもの」として、各その三輩の内容を経文に添って説明している。『浄土宗大辞典』にも「浄土往生を願うものを、その根性と往生に必要な実践の浅深に応じて三種の別があることを明らかにしたもの」とし、『無量寿経』下巻の三輩段に添って上輩・中輩・下輩の三輩の内容を経文に順じてそれぞれ五句・七句・三句に分かって説明している。

善導は『観念法門』の摂生増上縁に、機根の不同についてつぎのようにいう。

此の経（『無量寿経』）の下巻の初めに云く。仏、説き給うは、一切衆生、根性不同にして上中下有り。其の根性に随って、仏皆勧めて、専ら無量寿仏の名を念ぜしむ。其の人、命終わらむと欲する時、仏と聖衆と自ら来りて迎接して、尽く往生を得しむ、と。(5)

法然はこの釈をうけて今章に、三輩段における念仏と諸行との取り計らいを、三義の義趣を設けて説明する。特に菩提心を発すことなどを否定することは仏教の根幹にかかわることでもあり、第十九願(6)との関わりから、このような章の設定とともに三義のはからいをもってしたと考えられる。

二　本文段

『選択集』では各章の本文段に必ず引用経論の出所を明らかにしているが、この第四章のみには本文段の最初にその引用文の当該箇所である「無量寿経下云」[7]の引用経論の明示がない。これは、確かに引用されている経典は『無量寿経』下巻に他ならないが、諸行が説かれているのは決してこの『無量寿経』の引用箇所である三輩段だけではない。『観経』第十四観から第十六観に至る散善観にも同じく諸行が説かれているのであるから、法然が「無量寿経下云」の六文字を敢えて記さなかった理由は、この引用文によって二経を代表せしめているという意図があったのだと理解される。いわゆる『無量寿経』三輩段と『観経』三輩九品の会通である。

煩瑣になることを危惧しつつ、この一段も重要な教義内容を含むので本文段の全文をここに載せる。

仏、阿難に告げたまはく、「十方世界の諸天人民、其れ心を至して彼の国に生ぜむと願ずること有らむに、凡そ三輩有り。

其の上輩といは、家を捨て欲を棄てて沙門と作り、菩提心を発して一向に専ら無量寿仏を念じ、諸の功徳を修して彼の国に生ぜむと願ず。此等の衆生、寿終わる時に臨みて、無量寿仏、諸の大衆と其の人の前に現じたまふ。即ち彼の仏に随ふて其の国に往生す。便ち七宝の華の中より自然に化生して、不退転に住す。智慧勇猛にして神通自在なり。是の故に阿難、其れ衆生有りて今世に於て無量寿仏を見たてまつらむと欲はば、無上菩提の心を発し功徳を修行して、彼の国に生ぜむと願ずべし。」

仏、阿難に語りたまはく、「其の中輩といは、十方世界の諸天人民、其れ心を至して彼の国に生ぜむと願ずること有りて、行じて沙門と作りて大きに功徳を修すること能はずと雖も、当に無上菩提の心を発して、一向に専ら無量寿仏を念じ、多少善を修して斎戒を奉持し、塔像を起立し、沙門に飯食せしめ、繒《かとり》を懸け、灯を燃し、華を散らし、香を焼きて、此れを以て回向して彼の国に生ぜむと願ず。其の人、終わりに臨みて、無量寿仏、其の身を化現す。光明相好、具に真仏の如くして、諸の大衆と其の人の前に現ず。即ち化仏に随ふて、其の国に往生して不退転に住す。功徳、智慧、次いで上輩の如し。」

仏、阿難に告げたまはく、「其の下輩といは、十方世界の諸天人民、其れ心を至して、彼の国に生ぜむと欲することと有らむに、仮使《たと》ひ諸の功徳を作ること能はずとも、当に無上菩提の心を発して、一向に意を専らにして、乃至十念、無量寿仏を念じたてまつりて其の国に生ぜむと願ずべし。若し深法を聞きて、歓喜信楽して疑惑を生ぜずして、乃至一念、彼の仏を念じたてまつりて、至誠心を以て其の国に生ぜむと願ず。此の人、終わりに臨みて、夢のごとくに彼の仏を見たてまつりて、亦た往生することを得。功徳、智慧、次いで中輩の如し。」と。

この三輩に共通して確かに「一向専念無量寿仏」とあるが、なぜ「念仏の一法に付て何ぞ三品を分つ」のかとの疑問に、法然は『無量寿経釈』に、先の標章のところで記した善導の釈文をうけてつぎのように答えている。

此こに且く三義有り。一には返数の多少に約す。二には時節の長短に約す。三には観念（安心）の浅深に約す。(8)

この理解は『観経釈』[9]にも見られる。

三　私釈段

この私釈段には全部で三つの問答が設けられている。法然は、念仏と余行との関係を三義（廃立・助正・傍正）をもって明らかにする。

（一）第一問答…三輩ともに一向専念無量寿仏…

先ず第一問答では、上輩には「念仏の外に亦た捨家棄欲等の余行」があり、中輩には「亦た起立塔像等の余行」があり、下輩には「亦た菩提心等の余行」が説かれているけれども、どうして「唯だ念仏往生」といえるのかと問を起こす。この問に対し法然は、『無量寿経』を所引した先にも引いた善導の『観念法門』をもって、先ず解答を与える。この段もそうであるが、法然は経意の不審を必ず善導の領解を通して答える。

善導和尚の『観念法門』に云はく、「又此の経（『無量寿経』）の下巻の初めに云はく。仏、一切衆生の根性、不同にして上中下有りと説きたまふ。其の根性に随ふて、仏、皆勧めて専ら無量寿仏の名を念ぜしめたまふ。其の人、命終わらむと欲る時に、仏、聖衆と自ら来りて迎接して、尽く往生することを得しめたまふ[10]」と。

とし、各上・中輩では「一向専念無量寿仏」、下輩では「一向専意乃至十念念無量寿仏」といって、「三輩ともに念仏往生」と説いているからである、とのみ答える。しかし善導の釈意では、『無量寿経』願成就文が、三輩ともどもなぜ余行を棄てて念仏のみを勧めた経意として受け取ったかが、明らかではない。

すなわち「一向専念無量寿仏」以外に、上輩には四句（捨家棄欲而作沙門・発菩提心・修諸功徳・願生彼国）、中輩には六句（発無上菩提之心・多少修善奉持斎戒・起立塔像・飯食沙門・懸繒燃灯散華焼香・以此回向願生彼国）、下輩には二句（発無上菩提之心・願生其国）の余行が説かれてあるにもかかわらず、なぜ三輩ともに「一向専念無量寿仏」といい切れるのか、というものである。

（二）第二問答…廃立・助正・傍正の三義…

そこで第二問答では、確かに第一問答の答では余行と念仏との関係性が解決されていないので、再び「何ぞ余行を棄てて唯だ念仏といふ」のかと設問する。『無量寿経』『観経』にはさまざまな諸行が説かれている。衆生の往生にとって不必要なものであるのならば、なぜ説かれる必要があるのかとの必然の問である。いわゆる、善導浄土教・法然浄土宗における浄土門の諸行、畢竟余行[11]の取り扱いをここに当然提示しなければならないのである。

これに対し法然は「此に三の意有り」として、廃立・助正・傍正の三義をもって明らかにする。

《第一廃立の義》

先ず第一に廃立（諸行を廃して念仏に帰せむが為に、而も諸行を説く）の義では、法然が立教開宗の文とした善導『散善義』結釈の文（『観経』流通分の「汝よ、好くこの語を持て。この語を持てとは、すなわちこれ、無量寿仏の名を持てとなり」を解釈した文）をはじめて引き、上来、定散両門の益を説くと雖も、仏の本願に望むるに、意、衆生をして一向に専ら弥陀仏の名を称せしむるに在り。[12]

と、『無量寿経』の問題点を『観経』の注釈である善導の『散善義』によって解答を与えている。[13] いわゆる正宗分定散二善十六観を如説修行の観仏三昧観としては否定し、未来世一切の衆生に対して開かれた十願十行が具足している弥陀とその浄土の、念仏三昧の諸荘厳の顕現として受領したのである。この報身として依正二報を成就した阿弥陀仏は、自らの本願にどのような形で未来世一切の凡夫を救済すべきかと思惟したとき、釈尊をして『観経』正宗十六観を説かせて自らの依正を顕現せしめ、『観経』の結論として阿難に「無量寿仏の名を持」することをもって付属流通せしめたのである。そのような善導の『観経』観そのままを継承し、弥陀の願成就が『観経』正宗十六観に顕照し、その究極に釈尊をして名号の付属流通といった願意に到達すると、法然は領解したのである。そのような仏意と願意の顕彰という視点から、衆生の往生の顕現した行相（一向に専ら弥陀仏の名を称せしむる）と法然は眺めているのである。

今法然は右の『散善義』の文に続き、この善導の「釈の意に准《なぞら》へて且く之を解せば、上輩の中に菩提心等の余行を説」いているけれども、第十八願の願意（上の本願）に望んで考えれば、その仏の「意、唯だ衆生をして弥陀の名を称せしむるに在」るのだと捉える。

更に法然の答は明快である。「而るに本願の中には更に余行無し」。確かに王本願とした第十八願のなかには、決して余行などは寸分も説かれていない。まさしく法然の廃立は願意に基づく選択の義である。最後に「三輩共に上の本願に依るが故に、一向専念無量寿仏と云ふ」と結する。願意から考えたとき余行の入る余地はなく、願成就文の三輩に「一向専念無量寿仏」といってあるのは、そのような理由からであると押さえる。

続いてこの「一向」について言及する。先ずインドにある寺の形態を三種に分け、一つに一向大乗寺、二つに一向小乗寺、三つに大小兼行寺とする。このことから考えられることは、「大小の両寺には一向の言有り。兼行の寺には一向の言無し」で、至極当然なことである。このことから願文・願成就文のなかに「もし念仏のほかにまた余行を加」えるようなことになっていたならば、「一向」という言葉はなかったであろう。もし三種の寺に準じていうのならば、念仏と余行を兼ねるならば「兼行」といわなければならない。今は「すでに一向と云」っているのであるから、「余行を兼ね」ていないことは明らかなことである、と。

このような解釈は現代の我われにとっては余り意味のなさない議論のように感ずるが、現在の浄土真宗・真宗の宗派名が江戸時代以前には一向宗といわれていたことを勘案すると、この一向という言葉そのものにたいへん重要な意味をもっていたことを改めて感じさせてくれる。一向とは字義に、「ひたすらなこと。純粋なこと。一途。心を他に向けずひたすらなこと。ひたむきなこと[14]」とあり、余を混えない純一なことである。

第一章・第二章と次第してすでに余行を説き、また願成就文においてもさまざまな余行が前後に説かれていた。今廃立の段を締めくくるにあたって、それらはすべて廃捨されて、ここに「一向専念無量寿仏」に帰するものであるという。このことから明らかに知られることは、浄土門の「諸行を廃して唯だ念仏を用ゐる」ことであった。そうでないと、「一向」という言葉が置かれている理由もなくなるし、書かれている以上消しようがないではないか、というのである。

これは『観経』の定善を「観」とすることと、散善の観にさまざまな余行が説かれていても、流通に至って散善どころかすべての観が否定されて、阿難に名号が付属されたことと近似している。よくよく考えれば、それらすべての六度万行という余行は、究極「言阿弥陀仏者即是其行」として弥陀の名号に帰結してゆくのである。

では『無量寿経』にしても『観経』にしても、なぜ浄土門の諸行をも含めた余行が説かれているのか、説かれなければならないのか。それもなぜ廃するために説かれたのであろうか。

再び、法然がその答に『観経』と善導の『疏』をもってしていることに思いを馳せたい。法然にとって『観経』の問題点はすべて善導の宗教的人格とその著書によって解決がはかられている。『無量寿経』との相違もすべてである。

《廃立の真意》

法蔵菩薩はその因位に十方の衆生を救済すべく四十八の別願を建立した。なかんずく第十八念仏往生の願を建立した。更にその別願に酬因すべく、中間に六度万行という果てしない一切の教行を、救うべき一切の衆生になりかわって兆載永劫にわたって完遂したのである。今その菩薩は、阿弥陀仏という仏になって十劫の昔より「今現在説法」しておられる。

その阿弥陀仏が、釈尊の手によって『無量寿経』に『観経』に、そして『阿弥陀経』に説かれているのである。『無量寿経』には法蔵の成仏の因果と衆生の往生する因果とが説かれ、『観経』には成就された果上の阿弥陀仏の依正二報とその土に往生する一切衆生の往生相が説かれている。

弥陀にとって弥陀が弥陀たる究極の目的は、一切衆生の往生である（若不生者、不取正覚）。その衆生の往生と往生相を釈尊は、どのような形で示そうとしたのであろうか。更に弥陀の正覚とそのはたらき（往生の手だて）を、どのような形で釈尊は伝えようとしたのであろうか。この一点に照準を合わせたのが善導である。いわずもがな釈尊は正覚者である。釈尊は正覚者として「仏語」を語り、そして弥陀の教行を伝えたのである。

さて『観経』の劇的な経相を思い起こしてみよう。更にこの『観経』が劇的な経相をもっていることを発見した（古今楷定）善導の、その著書を通した『観経』観に思い至ってみよう。

経典は中国の道安が発見したように、必ず序分・正宗分・流通分という三段によって構成されている。大乗経典の大きな目的の一つは未来への流通である。したがって必ず釈尊は、対告衆に対して説き来たった教経を付属し、そして未来に対して流通せしめるよういい渡すのである。『観経』の場合は阿難への付属流通である。

『観経』正宗分に長々と定散二善十六観を説き終えた釈尊は、今王宮会の人びとに得益を与える。そしてつぎに流通分に至っては、いよいよ阿難が重要な二つの事項を尋ねるのである。


　世尊よ、そもいかんがこの経を名づくべきや。この（説）法の要、そもいかんが受持すべきや。（ワイド版岩波文庫『浄土三部経』八〇頁）

いわゆる一つは経名、二つはこの経の詮要である。この問に対して釈尊は先ずこの『経』に対し「観極楽国土・無量寿仏・観世音菩薩・大勢至菩薩」と「浄除業障、生諸仏前」の二つの経名を与える。そして更に言葉を次いで、阿難の第二の問に対して答を与える。

　汝よ、好くこの語を持て。此の語を持てとは、すなわちこれ、無量寿仏の名を持てとなり。（ワイド版岩波文庫『浄土三部経』八〇頁一五）

この釈尊の仏語に対して、善導はつぎのように理解をする。くどいようであるが、重ねてこの廃立の義を法然が定義するために論証として用いた善導『散善義』流通分結釈の文を引く。

「仏告阿難汝好持是語」といふより已下は、正しく弥陀の名号を付属して遐代に流通することを明かす。上来、定散両門の益を説くと雖も、仏の本願に望むれに、意、衆生をして一向に専ら弥陀仏の名を称せしむるに在り。

韋提希の前に開かれた散善顕行縁と定善示観縁は、今韋提希の示観の領解（他力への回心）を経て、「もし仏の滅したまいし後、もろもろの衆生ら、濁悪・不善にして、五苦に逼められんに、いかんぞ、はた阿弥陀仏の極楽世界を見ん」（ワイド版岩波文庫『浄土三部経』五〇頁）との韋提希の請求に対して、釈尊は未来世一切の衆生に出世の本懐である正宗十六観を開示した。であるのに釈尊は、なぜ自らの仏語である正宗を阿難に付属せずに「無量寿仏の名」を付属したのであろうか。

善導の理解はこのようである。確かに正宗分を見るとき「『観経』は即ち観仏三昧を以て宗と為、亦念仏三昧を以て宗と為」していることは判然としている。しかし助業の観察である、観仏三昧をもって末代の凡夫に説のごとく修して往生を求めよといっても、それは不堪の行であり不可能である。したがって念仏三昧をもって宗致とすることが求められる。その根拠は『無量寿経』に説く弥陀成仏の本源である本願、とりわけ第十八願にあり、その覚体である果号がすでに「名声十方に超え」(15)て、願成就文においても「その（無量寿仏の）名号」(16)に原理化している。(17)念仏の源は名号である。十願十行の具足体が名号であり、名号に原理化せしめた覚体・仏体こそ衆生の往生が成就された本源であり、衆生往生の成就こそ弥陀成仏の絶対条件である。今その覚体は十劫の昔に成就し、名号として十方世界に超響しているのである。

『観経』において釈尊は、正宗に説いた弥陀正覚の、因位・中間・果上として次第したあかつきに成就した依正二報の内実を今且く閣き、阿難に名号のみを付属した。今且く閣かれた正宗とは、未来世一切の衆生になりかわって積植し完成された願行の発露である。発露された正宗は、釈尊の仏意としては弥陀の依正を観照するものであり、未来の衆生にとっては極楽の依正として欣慕し、流通の名号へ通入するための仏語の定散となるのである。そのような役割をもった正宗を今且く閣き、釈尊は、「仏の本願に望む」で願意のしからしむ「乃至十念」へと、更に自らの仏意として「衆生をして一向に専ら弥陀仏の名を称せしむる」ことに具象顕現させたのである。そのことを「念仏三昧」というのである。善導は、先に引用した第三宗旨門に先立って、正宗分の十六の「観」の領解を第二釈名門につぎのようにいう。

観と言ふは照なり。常に浄信心の手を以て、以て智慧の輝きを持して、彼の弥陀の依正等の事を照らす。(18)

正宗分にいう観とは、観仏三昧の衆生が修すべき観察の観ではなく、「照」の意味である、という。しかし照だけでは意味不明であるから、言葉を次いで説明を加える。すなわち、回心（示観の領解）がもたらされた韋提希によって未来への開示がはかられ、衆生の救いが現成したように、清浄の信心をもつ担い手をして今まさにその智慧の輝きは「かの弥陀の依正」二報を照らすのである、というのである。したがってこの観とは、釈尊の智慧による煩悩具足の未来の衆生に対して弥陀の依正荘厳を観照するための法門であったことがわかる。

では今且く閣かれた正宗は、つぎにどのような役割を担って再生されるのであろうか。一つに、釈尊の仏語を通して弥陀の正覚の内実が依正として顕現するということである。二つに、釈尊の出世本懐としての教説は、この正宗を通して衆生に弥陀の果号である名号に通入させるための仏語であるということ。三つに、衆生は釈尊によって説かれた依正を欣慕して弥陀に帰入してゆく、そのような手だてをもっているということである。

したがってこの付属は、完全な否定のうえでの廃捨・廃立ではないことに気づくであろう。

また法然も、第一章で廃捨した聖道門の諸行も「二種の勝法」といって教えそのものが「劣法」とはいっていないし、第二章で廃捨した雑行も「自余の諸善」といって「諸悪」とはいっていない。また闇いた助業も三縁が成就されているとはいえ、正定業を助することにおいてはじめてその業が成就することをもって、正助二行とその分を保たせている。決してすべての教行を廃捨したわけではない。法然のいう、時機を鑑みての尺度がそこにあるのである。廃立のこのような意図を、つぎの助正と傍正の義が明らかにする。

《第二助正の義》

つぎに、「何ぞ余行を棄てて唯だ念仏と云ふや」の問に答えた、念仏と余行との関係を位置づける第二の義である。第二助正（念仏を助成せむが為に而も諸行を説く）の義では、「此れに亦た二の意有り」としてつぎのように二つに分類をする。すなわち同類の善根と異類の善根とが念仏に対比し、助成するというものの見方である。

一には同類の善根を以て念仏を助成し、二には異類の善根を以て念仏を助成す。

(1)　同類の善根を以て念仏を助成する

善導和尚の『観経の疏』（「散善義」）の中に、五種の助行を挙げて念仏の一行を助成する、是れなり。具に上の正雑二行の中に説くが如し。

この法然の文言のいう「同類の善根を以て念仏を助成」するの「同類の助成」とは、善導『散善義』就行立信釈に明かしていることであるが、「五種の助行を挙げて念仏の一行を助成する」ことであるという。

ここに再び『選択集』における新たな名目が見いだされる。五種の助行である。この「五種の助行」とは何であろうか。一般的には、前三の読誦・観察・礼拝と後一の讃歎と供養とを分けた五つを指す助業であるという。もしそのように考えるのであれば、正行には違いないのであるし、片や正定業といっているのであるから、なぜ「五種の助業」といわないのであろうか。察するに、「五種の助業」といわない法然の意としては、正定業を「五種の」正行（助業）にて「助」するところの「行」という意味をもたせたかったからであろうか。しかし法然自ら第二章には「今は合の義に依る。故に五種と云ふ」といっているのであるから、讃歎と供養とを離して考えることはありえない。

ここに讃歎供養を分割せずに、第四位の称名正行をも取り込んで五種の助行に包括するとするならば、明らかにこの称名正行は単に衆生の行として称する「口称」の概念をもち、法然浄土宗教判（第一・第二章のなかで語られる教判）のなかではまったく閣かれる「助行」となる。文相通り称名を入れて五種の助行とするとき、別立する所詮の「念仏一行」こそ余行によって助成される所助としてまったく異なった価値をもつ。

法然の右の文言より五種の助行に対比する名目は、念仏の一行である。したがって五種正行のなか第四位の称名正行をも包括した「五種の助行（四種は助業という）」は、「念仏の一行[19]」を助成することとなる。第一章・第二章の浄土宗教判のなかでは、自力に修するところの凡夫不堪の「行」は徹底して廃捨された。ここに五種の助行とは、三縁が成就し、直接阿弥陀仏に関する行業というところから、念仏の一行を助成することによってのみその功能を認められたことが判明する。このところを法然は、「具に上の正雑二行の中に説くが如し」といって、まだ本願章に入る以前の教判の段階で示した、廃捨されなければならない自力所修の教行であるというのである。

ここに同類の善根とは、三縁という阿弥陀仏との直接関係において念仏の一行を助成する五種の助行をいうのであって、五種にかかわる勝易の正行を同類の善根という。このようなことから、念仏の一行に機縁をもたらす助行であれば同類の善根と呼称されていいのである。反対に機縁をもたらさない、阿弥陀仏にまったく関係のない善根は異類の善根といわざるをえない。したがって「助行」そのものは五種にかかわらず、念仏の一行を助することにおいて、その内容が雑行や諸行や余行にまで拡大する要素をはらんでいる。

このことは、三義を述べ終えたむすびのなかの助正を定義するなかで、「念仏の正業を助けむが為に、諸行の助業を説けるなり」という文言に端的に表れている。正定業である念仏の一行を助成するために助業である諸行を説いた、というのである。善導・法然においては、助業は前三後一の四種の正行であったはずであるが、ここでは廃捨されたはずの諸行にまでその助成の義意が拡大している。

以下、法然は三輩にわたって、正行である念仏の一行と五種の助行との正助関係を述べる。

先づ[20]上輩に就きて正助を論ぜば、「一向に専ら無量寿仏を念ず」といは、是れ正行なり、亦た是れ所助なり。「家を捨て欲を棄てて沙門と作り、菩提心を発す」と等いは、是れ助行なり、亦た是れ能助なり。謂はく「往生の業には念仏を本と為」。

正行である念仏の一行（一向に専ら無量寿仏を念ず）が、能助である五種の助行によって「所助」となり、助成されることになる。そうなると五種の助行と念仏一行が、能助と所助との対比した関係に置かれる。したがって能助である称名助行も所助である念仏一行を詮顕することとなる。この表記は第二章（二行章）に引文した『散善義』において善導が、五種正行を正定業と助業に分けたのにもかかわらず、一括して表現するときは正助二業と呼ばずに、「正助二行」といったことにも符合する。

ここで当然気になることでもあり重要なことは、先にもいっておいたように、右の法然の文言にいう「助行」は「五種の助行」の概念には入らない要素をもっていることである。すなわち捨家・棄欲・作沙門・発菩提心・修諸功徳・願生彼国などを助行といい、それらは念仏の一行を助するところの「能所」となるという。

このような法然の概念規定から窺われることは、念仏一行を助成する助行は五種の助行のみならず、すべての諸行に拡大する、ということである。したがって、念仏の一行だけを「正行（正定業）[21]」といって、他のすべての諸行を「助行（ここでは余行の概念と軌を一にする）」とし、その内容を拡大している。穿った考え方をするまでもなく、願行が具足成就された「即是其行」の念仏の一行（一向に専ら無量寿仏を念ず）の前には、すべての助行（余行）が念仏の一行を能助する行として受け取られている、ということである。それらすべての助行（余行）は当然のことながら、法蔵菩薩が因位における「十方衆生」の「若不生者」のために、中間に積植した六度万行に他ならないとともに、果上の正宗定散二善（願力所成）でもある。一端廃捨し閣かれたこれら助行が今、念仏の一行を助成するための能助として生かされていることに気づくであろう。

このような意味から、『往生要集』に載せる「往生之業念仏為本」を引き、衆生の往生の業として念仏の一行がその本源・根本にあるのだ、と結ぶ。

以上のような論理の展開を補足するように、つぎのような一文によって能助する助行を「助成」の域に留めている。

故に、一向に念仏を修せむが為に、家を捨て欲を棄てて沙門と作り、又、菩提心を発す等なり。就中に出家発心と等いは、且く初出、及以び初発を指す。念仏は是れ長時不退の行なり。寧ろ念仏を妨礙すべけむや。

一向に念仏を修するために、それらの助行があったのである。とりわけてそれらの助行は「且く」念仏に機縁せしめた取っ掛かり（初出、及以び初発を指す）であり、念仏そのものは生涯にわたる不退の行であって、どちらかといえば助行が念仏を妨礙するようなことがあってはならない、という。

中輩の中に、亦た起立塔像、懸繒、燃灯、散華、焼香等の諸行有り。是れ則ち念仏の助成なり。其の旨『往生要集』に見えたり。謂はく、助念方法の中の方処・供具等、是なり。

つぎに中輩には「起立塔像懸繒燃灯散華焼香等」の諸行を助行（能助）とし、念仏（所助）を助成するものと位置づける。なぜこれらの諸行が念仏を助成するものであるかの旨は、『往生要集』大文第五助念方法[22]のなかの「方処供具[23]」などに詳しく述べられているから、と。これらの諸行も同じく五種の助行の枠を超えたものである。

下輩の中に亦発心有り。亦念仏有り。助正之義前に准じて知るべし。

下輩にあっては発心を助行として、それぞれ念仏を助成するものとして位置づけている。このように念仏の一行と諸行を、助正の義趣の関係のなかでその役割を位置づける。

(2) 異類の善根をもって念仏を助成する

この項に敢えて記述しなかった「二には異類の善根を以て念仏を助成す」を、法然はどのように考えているのであろうか。なぜ異類の善根について言及しなかったのであろうか。また同類と異類の助成について、『選択集』以前の法然はどのように考えていたのであろうか。

基本的には、異類の善根については教判の章である一・二章ですでに意を尽くして述べているので、本章の私釈段において言及しないのは当然のことと考えられる。念仏の一行に機縁をもたらすことのない、阿弥陀仏とはまったく関係のない異類の善根は、項目だけを挙げて記することをしなかったのであろう。しかしこのような異類の善根であっても、法蔵菩薩中間の六度万行であり、通所求としての十方所現の浄土に他ならない。自力所執の前には且く廃捨されなければならない諸行ではあっても、いずれそのような異類の善根は仏意のなかで念仏の一行を助成し詮顕するはたらきをもつ助行として生かされてくるのである。

では、『選択集』以前の著書によって、法然の異類の善根に対する考え方を見てみる。『無量寿経釈』に、

二に異類の善とは、是れ『往生要集』の意也。彼の集の中に十門を立てて、念仏往生を釈す。且く其の中の第

四は正修念仏、第五は助念方法なり云々。正修念仏とは、此れに五念門有り。其の中の第四観察門は正しく是れ念仏門也云々。助念方法に七有り。其の七とは云々。且く第七の惣結要行に「上諸門中等云々」。此の義は即ち今経（『無量寿経』）の意に似たり。此れは即ち異類の善根を以て、念仏を助成する也。彼の集の意、念仏を助するを以て、決定往生の業と為。能助に随はば、諸行往生と謂ふべし。今は且く所助に随ふ。此れを以て亦念仏門と為す。(24)

この文言によると先ず、異類の善根という言葉は源信『往生要集』によっていると表する。『往生要集』には十門を立てて念仏往生を解釈するなか、第四は正修念仏、第五は助念方法である。その正修念仏とは五念門のことであり、その第四観察門は正しく念仏門といえる。つぎの第五助念方法には七事をもってその方法が示されている。その第七惣結要行に問を設け「上の諸門の中に陳ぶる所既に多し。いまだ知らず。いづれの業をか往生の要とするを」と問う。この問に対し「大菩提心と、三業を護ると、深く信じ、誠を至して、常に仏を念ずるとは、願の随《まま》に決定して極楽に生ず。いはんやまた、余のもろもろの妙行を具せんをや」と答える。この問答の義趣は『無量寿経』の経意に似ている。これは七事等の異類の善根をもって念仏を助成するということである。つまり『往生要集』の意図は、異類の善根が念仏を助成することによって決定往生の業となるといっているが、このような能助である異類の善根に随わなければ決定往生しないということは、まったく諸行往生といわなければならない。それに対して今は、所助である念仏の一行に随って決定往生を論じているのであって、ここを念仏門というのであるという。

異類の善根という名目そのものは『往生要集』によりつつも、考え方は諸行往生であると訣別している。この考え方は、これら善根を念仏を修するための必須条件としているのに対して、法然の念仏はまったく補助を必要としない独立した価値をもっている。異類の善根はあくまで念仏に結縁するための導入的役割しかもちえない価値なのである。能助である異類の善根に助成されて所助である念仏の一行が成ぜられるようでは、念仏門の独立はないのである。したがって法然が中輩のところで『往生要集』を引釈した文意による「助成」の概念と、『選択集』の助成とは根本的に異なることが理解される。

また助業を拡大した解釈で述べている法文を挙げておく。仏道を修することが衣食住といった日常の四威儀にまで敷衍された助業観である。自身に行ずる行は、たとえ口称であろうとも助業なのである。

衣食住の三は、念仏の助業也。これはすなはち自身安穏にして念仏往生をとげんがためには、何事もみな念仏の助業なり。（中略）もし念仏の助業とおもはずして身を貪求するは、三悪道の業となる。極楽往生の念仏申さんがために、自身を貪求するは、往生の助業となるべきなり。万事かくのごとしと。(25)

我こころ弥陀仏の本願に乗じ、決定往生の信をとるうえには、他の善根に結縁し、助成せむ事、またく雑行となるべからず。わが往生の助業となるべき也。他の善根を随喜讃歎せよと釈したまへるをもて、こころうべきなり。(26)

この文が語る法然の意図は、往生決定ののちには同類異類の善根である助業が念仏生活のなかで起行へと展開する重要な役割を担っている、と理解している点にある。雑行のみならず、衣食住の生活一般の行為にまで助業的性格を付与したことは、法然の戒師としての行状、行業にその一端を見ることができる。

《第三傍正の義》

つぎに、「何ぞ余行を棄てて唯だ念仏と云ふや」の問に答えた、念仏と余行との関係を位置づける第三の義である。第三傍正（念仏と諸行との二門に約して各の三品を立てむが為に而も諸行を説く）の義では、先ず「念仏に約して三品を立」て、つぎに「諸行門に約して三品を立」てる。

先ず「念仏に約して三品を立つ」とは、「謂はく、此の三輩の中に通じて皆『一向専念無量寿仏』と云ふ」と、まことに単純明快である。廃立・助正で述べてきたように、三輩各に「一向専念無量寿仏」と説かれている。この論証に『往生要集』大文第八の念仏証拠門の一文を引く。源信もいうように、『無量寿経』三輩段に説かれる行業にはそれぞれ浅深があるけれども、共通して皆「一向専念無量寿仏」と説かれている。それは懐感も同じだと。

『双巻経』の三輩の業、浅深有りと雖も、然も通じて皆一向専念無量寿仏と云ふ、と。〈感師、之に同じ〉

しかし法然のこの文言を見て、念仏に対して三輩に説かれた各の念仏に浅深があるのだ、と考えるのは余りにも早計である。弥陀が本願に誓い、弥陀の本願の行である名号を、衆生が称えることにまったく浅深などあろうはずがない。弥陀の本願は、称える機根の浅深を条件としていない。念仏が本願であるのだから、その本願に浅深などあろうはずがないのである。自力にて修する三輩の諸行については、その各に浅深はあろう。しかし他力の行である念仏の一行に浅深があれば、弥陀の正覚の内容を疑わざるをえなくなる。『往生要集』と訣別した法然が引用した意図は、三輩ともどもの機類に共通しての往生の行業は「一向専念無量寿仏」以外にないのだ、といおうとしたのである。具を貫く串のようなもので、串は具のなかに在るが、串は食すべき具ではない。

しかしその三輩九品の機類であっても、究極は善導のいうごとく、

『観経』の定善及び三輩上下の文意を看るに、総て是れ仏世を去りたまひて後の五濁の凡夫なり。但だ縁に遇ふに異なり有るを以て、九品をして差別せしむることを致す。(27)

三輩九品は機の差別ではなく、縁に遇う差別である。すべて如来の前には五濁の凡夫としての一機に他ならない。

つぎに「諸行門に約して三品を立つ」とは、「謂はく、此の三輩の中に通じて皆、菩提心等の諸行有り」と。確かに、三輩共通して菩提心を代表とする諸行が説かれている。再び『往生要集』大文第九諸行往生門の一文を引き、「『双巻経』の三輩、亦た此れを出でず」という。

廃助傍の三義の結論として法然は「凡そ此くの如き三の義、不同有りと雖も、共に是れ一向念仏の為の所以なり」として、一向に専ら阿弥陀仏を念ずるために三義を設けて私案したのであると結ぶ。再度この三義を整理し、明文化してつぎのようにいう。

初めの義は、即ち是れ廃立の為に説けり。謂はく、諸行は廃の為に説けり、念仏は立の為に説けり。
次の義は、即ち是れ助正の為に説けり。謂はく、念仏の正業を助けむが為に、諸行の助業を説けるなり。
後の義は、即ち是れ傍正の為に説けり。謂はく、念仏諸行の二門を説くと雖も、念仏を以て而も正と為、諸行

を以て而も傍と為[28]。

上来述べてきた三義を真に理路整然と結論づけている。最後にこの第二問答の結びとしてつぎのようにいう。

故に、三輩通じて皆念仏と云ふなり。但し此等の三の義、殿最知り難し。謂ふ、諸の学者、取捨心に在るべし。今、若し善導に依らば、初めを以て正と為すのみ。

このようなことから三輩九品通じて念仏を説くものである、と。しかしながらこの『選択集』にもよく法然は記すことだが、この廃助傍の三義についても「殿最[29]知り難し」と、念仏と諸行とが併説された如来の真意は知る由もないと責を預けている。更に多くの学者に対しても、この三義の取捨については自らの領解を深くして受け取るよう預けている。しかし法然はこの三義の昇降や勝劣など知る由もないことではあるが、ここでも明確に、今私が憑依する善導の釈意[30]によれば、はじめの廃立が正しいのではないかと思う、と結ぶのである。ここに法然は善導『観経』釈に則った立場を鮮明にする。廃立のところでも述べたように、三輩・定散に説く諸行は必ず一端は廃捨されなければならない。廃捨の仏意は名号を付属し流通せしめるためである。廃捨し選取するのはいずれも法然ではなく、弥陀であり釈尊であることに留意しておきたい。

(三) 第三問答…『観経』の九品と『無量寿経』の三輩…

第三問答では、『観経』九品の所説と『無量寿経』の三輩に説く念仏との関係を問う。

三輩の業、皆念仏と云ふこと、其の義、然るべし。但し『観経』の九品と『寿経』の三輩とは、本是れ開合の異なり。若し爾らば、何ぞ『寿経』の三輩の中には皆念仏と云ひ、『観経』の九品に至りて上中の二品には念仏を説かず、下品に至りて始めて念仏を説くや。

第一、第二の問答によって議論してきたように、『無量寿経』三輩段に説くことは三輩ともに念仏以外にないのだということは理解できた。今『観経』の九品と『無量寿経』の三輩とが本来「開合の異なり」[31]だけであるというのなら、『無量寿経』の三輩には共通して念仏を説きながら、ではなぜ『観経』の九品にはその各の品に念仏が説かれていないのか。『観経』の上品と中品とには説かれていなくて、下品上生と下品下生の二箇所にしか念仏を説いていないのか、という素直な問である。

これに対し法然は、「此れに二の義有り」とする。二答の第一は余りにも簡明直截である。『無量寿経』の三輩と『観経』の九品とが開合の異なりの違いだけであるから、このことから当然導き出され、知られることである。『観経』の九品にも皆それぞれ念仏が説かれている、と。どうしてそのようなことが知られるのかといえば、『無量寿経』三輩の文のなかに皆念仏が説いてあるからだ。だから『観経』の九品のなかにも、どうしてそれぞれ皆念仏が説かれていないようなことがあろうか、という。その論証に『往生要集』大文第十問答料簡の第四尋常の念相の一文[32]を引く。

問ふ、念仏の行は、九品の中に於て是れ何れの品の摂ぞや。

答ふ、若し説のごとく行ぜば、理、上上に当たれり。是くの如く、其の勝劣に随ふて応に九品を分つべし。

然るに『(観)経』に説く所の九品の行業は、是れ一端を示す。理、実には無量なり。

念仏の行は『観経』九品のなかではどの品に摂まる行でしょうか、との問に対し、もし所説のように行うとすれば、その道理は上品上生に当たる。このように、行に至る機縁の浅深勝劣によって九品を分けなければならないだけだ。しかし『観経』に説かれている九品の行業は一端を示しているだけで、ほんとうは無量の行業が摂まっている、と答えている。

法蔵菩薩がその中間の行に積植した無量の六度万行が、本来は九品に説かれていなければならないのであるが、ただその一端を説いているだけであって、上は上品上生より下は下品下生に至る九品すべてに、念仏の行を説いているのが道理である、との答である。この『往生要集』を論証として法然は第一義を、「故に知りぬ、念仏、亦た九品に通ずべしといふことを」と結ぶ。

その第二答は、善導・法然教学の究極の『観経』観を示す。いわゆる再度『観経』流通分を引いての結釈である。つぎの文は、『選択集』第十六章私釈段の末釈[33]を自ずと想起させる、重要な箇所であるから全文を載せる。

二には、『観経』の意[34]、初めには広く定散の行を説きて普く衆機に逗じ、後には定散二善を廃して念仏一行に帰せしむ。所謂る「汝好持是語（汝好く是の語を持て）」等の文、是れなり。其の義、下に具に述ぶるが如し。故に知りぬ、九品の行、唯だ念仏に在りといふことを。

出世本懐の経典『観経』を説いた釈尊の仏意・真意はこのようである。釈尊は未来に流通すべく、序分定善示観縁の最後の韋提希の言葉「もし仏の滅したまいし後、もろもろの衆生ら、濁悪不善にして、五苦に逼められんに、いかんぞ、はた阿弥陀仏の極楽世界を見ん[35]」の請求を待って、広く正宗分定散二善十六観においてさまざまな諸行を説いて、未来のすべての浅深の縁ある機根に対してこの教行を留めた。しかし釈尊は今や正宗を終え、王宮の人びとに得益を与え、阿難に対し未来への付属をはかるべく流通分に至ったとき、思わぬ展開を用意していた。今まさに説き来たった定散二善を廃して、「汝よ、好くこの語を持て。この語を持てとは、すなわちこれ、無量寿仏の名を持てとなり」として、念仏一行を阿難に付属流通せしめたのである。

法然のこの箇所の文言に意を留めるべきである。すなわち法然の二つの意図を読み取ることができるであろう。

一つに、法然は流通の釈尊のこの仏語を、「念仏一行に帰せしむ」と受領したということ。筆者が第三・第四章と次第して述べてきた、法然における「念仏一行」の理解である。念仏一行とは、『選択集』の第一・第二章に述べた教相判釈の段階で明らかにした浄土門の行体系を超えたものであるということである。第四称名正行をも包括した五種の助行（大きな概念としては余行）によって助成される、所助としての念仏一行である[36]。これは衆生が自らの往生のために行ずべき行を意味するものではない。すでに決定した衆生の往生も、弥陀の正覚をも具足した六字の名号に具現顕現した念仏一行である。したがってこの念仏一行とは、弥陀の別願酬因が名号に成就した、衆生の往生のための仏行であり、第七観において所現した衆生済度の住立三尊の仏体そのものをいうのである。したがって、衆生に残された「往生のための教行」は一分も残されていない。全分に弥陀の教行なのである。釈尊は自らの意図として、説き来たった定散を衆生の往生のための教行と受け取られることを、いちばん危惧したのである。だから廃し、弥陀の願意である念仏一行（名号）だけを付属したのである。

二つに、阿難への念仏一行（名号）の付属こそ究極の付属であるが、『観経』一経の眼目は念仏一行（名号）の付属にある。この念仏一行が相続されない限り、未来への往生の顕証はない。念仏一行の相続は、五種の助行に助成されることによって往生の行相として顕証される。

筆者は、この箇所の法然の言葉は『選択集』における白眉の一つだと考えている。

さて、「其の義、下に具に述ぶるが如し」とは、第何章のことを指しているのだろうか。総意としては第五章以下全章を指すものであろう。なぜなら第四章以下は、第三章にて明かした弥陀の本願である念仏の一行を具体的にその徳分を明かしたものであるからである。しかし章名と継続した文意から見ると、第十二章「釈尊、定散の諸行を付属せずして、唯だ念仏を以て阿難に付属したまへる文」を指すものとも考えられるであろう。(37)

第二答も「九品の行、唯だ念仏に在りといふことを」と結ぶ。第一答は「通ず」といい、第二答は「在り」という。九品に説かれる万行は、ただ念仏の一行を助成することによってのみその存在理由がある。

四　第四章のむすび

諸行は『選択集』第一章・第二章において、廃立の論理のもとにすべて廃捨された聖道浄土にわたる自力の行業である。にもかかわらずいったん廃捨された諸行が、念仏を能助し帰入せしめる助成の行として再び生かされてくる。

このような諸行・定散に対する理解は、明らかに韋提致請・釈尊自開の仏語の定散をまったく雑行として廃捨するのではなく、また単なる念仏を能助する価値としての定散に留めるということでもなく、釈尊の教説を通して阿弥陀仏の依正荘厳を開き、衆生をして往生浄土を欣慕せしめる役割として位置づけていることを感じさせる。

五濁生死の凡夫が最初に出会うのは釈尊一代の諸経諸説である。今その機が徐々に機を調えられて、奇しくも十六観の施設に邂逅する。仏意をもつ観門はただ謂われなくして衆機の前に開示されたわけではない。それは念仏一行への能助となり、念仏一行という法体を詮顕せしめる価値を感じとったのが、法然の同類・異類の念仏の助成観ではなかろうか。

法然が『選択集』に示す廃立の論理構造は、一切の諸行である余行が本願所成の要行である以上、助成（能助）を通して再びその余行に光を当てるという、深意を見いだしたことである。

したがって念仏一行という「行」には、まったく異なった実体基準を見いだすことができるのである。機によって行ぜられる行法としての基準ではなく、念仏一行を正定業とする弥陀の行体・法体を意味するということである。いわゆる一切の諸行は一向念仏を立てんがために「廃」され、しかしその定散二善は念仏一行に摂「帰」せしめられ、それが衆生の往生を現成する正定業として「行」ぜられていくという論理が立てられている。

註

（1）第四章では、すでに第三章で浄土の教行である本願を明らかにしたので、第一章に廃捨した聖道門の諸行を扱うことはない。したがって本章では、念仏と両経に説かれる浄土門における他の行（余行）との関係を扱う。そのことにより、弥陀の願意と釈尊教説の意図を探るものである。

（2）『仏教語大辞典』上四八五頁二

（3）『浄土宗大辞典』第二巻六八頁中～六九頁中

（4）『仏教語大辞典』は行の浅深によって三輩を区別している解説に対して、『浄土宗大辞典』は根性（機根）と行の浅深との二つにおいて三輩を分類している。しかしその解説文にある「往生に必要な実践」という理解は誤りである。なぜなら衆生にとって往生のための必要な実践（行）は皆無だからである。あくまでこの理解は鎮西教義に添った解説文であることに留意をしておきたい。

（5）『浄全』第四巻二三三頁上一二

（6）『無量寿経』第十九願「たとい、われ仏となるをえんとき、十方の衆生、菩提心を発し、もろもろの功徳を修め、至心に願を発して、わが国に生れんと欲せば、寿の終る時に臨みて、（われ）仮令《もし》、大衆とともに囲繞して、その人の前に現ぜずんば、正覚を取らじ」（ワイド版岩波文庫『浄土三部経』上一五八〜一五九頁）。臨終現前の願とも来迎引接の願、至心発願の願、修諸功徳の願などともいう。

法然は三輩と第十九願との関係をつぎのようにいう。

次に三輩往生の文あり。これは第十九の臨終現前の願成就の文なり。発菩提心等の業をもて三輩をわかつといへとも、往生の業は通してみな一向専念無量寿仏といへり。これすなはちかのほとけの本願なるかゆへ也。

（『浄全』第九巻四七一頁下二・三部経釈の一節）

すなわちこの三輩往生の文は、第十九願の願成就の文との判断である。

（7）『法全』三二一頁三

「往生院本」と呼称される『選択集』だけには「無量寿経下云」の六文字が挿入されているが、古本とされる法然直筆の表題をもつ「盧山寺本」の『選択集』にも、「禿庵文庫本」の『選択集』にも、また「延応本」の『選択集』の以上三本にもこの六文字がないことから、後世法然門流の教義論争のなかで確立しなければならなかった必然性のなかで成立していった、鎮西流『選択集』の所産であろう。したがってその奥書（法然直筆とされる在世の年号「元久」の奥書をもつ。「元久本」とも称される）の信憑性もさることながら、「往生院本」の成立はその三本より相当時間的に下ったものの成立、と私は考えている。この点も含めて、『選択集』の成立と証空に関しては後に明らかにするつもりである。いずれにしてもその理由に、明秀の『選択本願念仏集私鈔』が的を射ているので、ここに引用しておく。

問。同く『大経』の文を引くに、第三章には「無量寿経上云」くと置く。爾らば今も「下に云く」と置くべし。亦第五第六章に同く『大経』の下巻を引くに皆「下に云く」と置けり。今何ぞ「下云」くと置ざるや。答。第三章の本文には十八の本願念仏を挙げ、第四章の本文には十九願成就の三輩を引く。若し上巻に云くと置き、外に亦下巻に云くと置かば、上巻下巻各別に分つべし。若し各別に之を分たば、第十八願の十方衆生は念仏往生、第十九願の十方衆生は諸行往生と言て、二類往生の『選択集』と錯るべし。縦使ひ三輩念仏往生と標すとも分明ならざるべし。然に今是れは『寿経』の三輩、『観経』の九品も、第三本願念仏の位に等めて、三経一轍に、一向専念の一類念仏往生ぞと顕さんと欲して、「寿経下巻に云く」と置かざる也。私釈の段の廃立等の三重の義は当処より起る也。（中略）「下巻に云く」と置ざるは、多くの義意有りと覚えたり。所謂る廃立等の三重の意也。（『選択本願念仏集私鈔』〈『西全』別巻第二巻一〇〇頁上〜下〉）

本従り別所求に成ずる所の三重を、如来自開して之を顕はしたり。上人亦此の義を『大経』の三輩に持せ、始めて名目を出して廃立助正傍正と明したまふ。此の三重を持たする故に、三輩を下巻に留めず、上巻と『観経』とに亘さんが為に、三輩の経文を引き、「下巻に云く」と言はざる也。（『選択本願念仏集私鈔』同一〇六頁上）

（8）『法全』九〇頁八

（9）『法全』一一五頁一〇

（10）『浄全』第四巻二三三頁上

（11）第一問答・第二問答に通じて、第三・本願章の標章に使用された「念仏」と「余行」とが対比されて論義が構築されていることに留意したい。すなわち第二・正雑二行章までの教判論のなかで使用された、浄土門の行体系として導入をはかった正行第四位の称名正行ではなく、それらを包括した余行と、阿弥陀仏の願行具足成就した正定業としての称名念仏一行との議論である。

（12）『浄全』第二巻七一頁下三

『観経』には三つの逆観がある。三つの逆観というより、『観経』を読むときその説相のなかで、ふと気づかなければならない、気づいてしまう場面である。それを透過しないと単に『観経』は、観を目的とした観仏三昧経典に堕してしまう。一つは序分の三相違といわれるもので、欣浄縁の光台現国である。この光台は韋提のためではなく、正宗の予説である。それを定善示観縁に至って韋提は「示観の領解」として受領してゆく。未来への開示である。

二つに、正宗十六観の否定のうえに成立をする釈尊による阿難への名号付属流通である。正宗の十六観依正二報は名号に極まる。三つに耆闍会での阿難の復説である。耆闍会が『観経』であり、王宮会は耆闍会の内容に過ぎない。阿難による名号の流通宣布が『観経』の眼目である。

(13) 第二章の本文段の引用論書である善導『散善義』と『往生礼讃』は、法然浄土教判への導入の役割を果たすために用いられているから除くとして、第三章以降には大多数三部経と善導の著書によって経証・論証としていることに留意しなければならない。

(14) 岩波『広辞苑』

(15) この「名声」は「梵本」によれば「名号」とある。

(16) ワイド版岩波文庫『浄土三部経』上一六五頁八

(17) ワイド版岩波文庫『浄土三部経』上一八六頁一〇

(18) 『浄全』第二巻三頁下二

(19) 念仏の一行については、第三・本願章の私釈段で《念仏一行》の項を設けて詳述しておいた。

(20) この「先づ」の前に「次異類助成者」の六文字が入った『選択集』(往生院本)がある。註(7)においてもいっておいたように、本書においては前三書に準拠した『選択集』を底本とするため、この六文字は認めない。法然の真意が損なわれるものと理解する。

(21) もちろんここにいう正定業とは、第二章の教判段階でいう、五種正行を助業と正定業に分類をして、その第四位の称名を正定業と規定した正定業とは、その内容において異なっていることに気づくであろう。すなわち本願章を経て、念仏の一行を助成するところの、能助の助行を三義によって分別する第四章でのはからいだからである。

(22) 『往生要集』巻中ノ本(『浄全』第十五巻八八頁)

(23) 方処供具とは、観念し、念仏を修するについて適当な一つの静所を選び、仏前に香華灯明などの諸具を供養して、道場を荘厳することが必要であることを一つの条項に数えたもの。『往生要集』(『浄全』第十五巻一五一頁)に説かれる七種助念の一つ。七種助念とは、一、方処供具、二、修行相貌、三、対治懈怠、四、止悪修善、五、懺悔衆罪、六、対治魔事、七、総結要行をいう。

(24)『法全』八九頁一三〜一八
(25)諸人伝説の詞・禅勝房との問答所収『和語灯録』巻五（『浄全』第九巻六〇九頁上〜下）
(26)「十二問答（禅勝房との問答）」『西方指南抄』下本（『法全』六三三頁）
(27)『玄義分』（『浄全』第二巻八頁上一三）
(28)『無量寿経釈』には「一に諸行を廃して念仏に帰せしめん為に而諸行を説く。二に念仏を助成せん為に而諸行を説く。三に念仏諸行の二門に約して、各三品を立が為に而諸行を説く」として三義の萌芽が見られ、第三義に傍正という名目を使用していないなど、『選択集』に至る前身の釈義が窺われる。
(29)『大漢語林』（大修館書店）七八〇頁によると、「等級、順序、優劣、またそれを定めること、先頭としんがり」とある。
　このような文は第三・本願章にも「聖意測り難し。輙く解すること能はず。然りと雖も今試みに」、第五章に「聖意測り難し」とあり、深義を推測させる文言である。また『醍醐本法然上人伝記』所収「禅勝房への答」にも出る。
(30)この善導の釈意とは当然、『散善義』流通分の付属の釈（上来、定散両門の益を説くと雖も、仏の本願の意に望むれば、衆生をして一向に専ら弥陀仏の名を称せしむるに在り）にあることは明確である。
(31)「開合の異なり」の典拠は、曇鸞『略論安楽浄土義』（『浄全』第一巻六六七頁下二）、善導『往生礼讃』（『浄全』第四巻三七三頁上）
(32)『浄全』第十五巻一四一頁
(33)「浄土の教、時機を叩いて行運に当たれり。念仏の行、水月を感じて昇降を得たり」
(34)「観経之意」以下の文は醍醐本『法然上人伝記』にもある。
(35)ワイド版岩波文庫『浄土三部経』下五〇頁五
(36)筆者はこの廃立を第四の廃立と呼んでおいた。
(37)この第四章を見ていると、文意から元来第十二章と繋がっていたような感を覚える。余りにも紙幅が多くなったために、第四章を「三輩念仏往生」と銘じ、本来の『観経』の経意を別して本章の結論として十二章に分立したように思える。

第五章　念仏利益之文

はじめに

第四章では、三輩九品を通じて「一向専念無量寿仏」であることを領解した。その念仏の一行は、五種の助行、更に拡大した余行によって助成されるところの、弥陀の願意を顕現し願行具足の名号をして、衆生の往生を顕証する行業であるといっておいた。

この念仏一行が広大な利益をもつことを示して、その功徳の利益という面に焦点をあてる。この段に所引する『無量寿経』の文が、流通分の一段であることに留意しておきたい。

一　標章

第五章の標章を「念仏利益之文」とする。

この標章から窺われる法然の意図は、この念仏一行が本来徳分としてもつところの利益について、『無量寿経』

と『往生礼讃』を引文して経証・論証することにある。念仏のもつ功徳がいかに勝れたものであり、広大無辺の利益を衆生にもたらすものであるかを述べるために、法然はこの一章を設けている。

この五章もそうであるが、第三章以降はただ念仏だけを主題としていることに気づくであろうし、第四章以後は特に念仏一行の徳分を顕彰し、未来への流通をはかることを目的として組織されている。「念仏一行」に対比する行業は、念仏一行を助成し衆生に行ずるところの「余行」に他ならない。

二　本文段

「念仏利益の文」の本文段では、『無量寿経』下巻流通付属の文の冒頭部分と、当該箇所の善導『往生礼讃』の釈文である初夜礼讃を引く。内容は、弥陀仏の名号を聞き（聞彼仏名号）、歓喜踊躍し、そして「乃至一念」する。そうすると、この名号には弥陀の無上の功徳を具足していることから、「乃至一念」する人には広大無辺の利益を得ることができる、というものである。善導の釈文には更に、この流通にある「大利」とは極楽浄土に往生することであるとしている。

仏、弥勒に語りたまはく、「其れ、彼の仏の名号を聞くことを得て、歓喜踊躍して乃至一念すること有らむ。当に知るべし、此の人は大利を得と為。則ち是れ無上の功徳を具足するなり」と。(1)

其れ、彼の弥陀仏の名号を聞くことを得て、歓喜して一念するに至ること有らば、皆、当に彼に生ずることを

得べし。(2)

釈尊は流通分に至って、上来説き来たった種々の行法ではなく、なぜ「聞彼仏名号」(善導には聞彼弥陀仏名号)だけを弥勒に付属したのであろうか。経の聖意では、聞名一念において絶対的な功徳により大いなる利益を得るからであるとし、その根拠として弥陀の名号には無上の功徳が具足しているからであるとする。善導も聞名ののち歓喜し一念に至るまで、その功徳によって往生という利益を得るからとする。

この章は念仏による利益が主題であるから、敢えて聞名については多言を必要としないが、大利を得る根拠は、弥陀の名号に無上の功徳が具足しているからである。その結果、聞名を通して歓喜踊躍があり、乃至一念があり、往生という大利益があるのである。

『無量寿経』の流通分にはこの文を含む三節の、釈尊から弥勒菩薩への付属の文言が説かれている。この文は最初の一段のはじめの文言で、第二節には『選択集』第六章に引かれる「経道滅尽」の文がある。

この二つの引文にいう「名号を聞くことを得」るとは、弥陀の因中果上と次第した正覚が六字の名号に成就し、また第十七願の「十方世界の無量の諸仏」によって咨嗟された名号であり、名号には衆生往生のための願行が完全に具足されていることの由来を聞く、ということであろう。そうすれば『無量寿経』上巻にいう、

それ衆生ありて、この光に遇う者、三垢、消滅し、身意、柔軟にして、歓喜踊躍し、善心生ず。もし三塗の勤苦の処に在りて、この光明を見たてまつれば、皆、休息をえて、また苦悩なく、寿終りて後、皆、解脱を蒙る。無量寿仏、光明顕赫にして、十方の諸仏の国土を照耀するに、(光明の偉大なる特性の)聞えざることなし。(3)

「三垢消滅し、身意柔軟にして、歓喜踊躍し、善心生」じ、「寿終りて後、皆解脱を蒙る」こととなる。光明・名号の偉大な徳が十方の国土に聞こえないことはなく、すべての衆生はこの摂化に与る。

つぎに付属された名号の「乃至一念」とは、何を指すものであろうか。後世の教学から分別することは容易であろうが、法然はどのように考えていたのであろうか。一つは『無量寿経』下巻冒頭の第十八願成就文（諸有衆生、聞其名号、信心歓喜、乃至一念。至心廻向、願生彼国、即得往生、住不退転。唯除五逆、誹謗正法）にいう信心歓喜のうえの「乃至一念[4]」であろうか。二つに第十八願（設我得仏、十方衆生、至心信楽、欲生我国、乃至十念、若不生者、不取正覚）の善導釈文のように念声是一とした、声に出だすところの「乃至十念[5]」を指すものであろうか[6]。

三　私釈段

（一）第一問答…念仏一行の讃歎…

本章に設けられた問答は一つだけである。

私に問ふて曰はく、上の三輩の文に准ずるに、念仏の外に菩提心等の功徳を挙げたり。何ぞ彼等の功徳を歎ぜずして、唯だ独り念仏の功徳を讃むるや。

答へて曰はく、聖意測り難し、定めて深き意有らむか。且く善導の一意に依りて、而も之を謂はば、原《たづね》れば夫れ仏意は正直に唯だ念仏の行を説かむと欲すと雖も、機に随ふて一往、菩提心等の諸行をきて、三輩浅深の不同を分別す。

問は、前章の最後の第三問答に引いた一答の『往生要集』、二答の『観経』の所説に対する不審である。いわゆる『無量寿経』三輩、『観経』九品に菩提心を代表とするさまざまな諸行としての功徳が説かれているけれども、それら諸行の功徳を讃歎せずに、なぜただ「独り念仏の功徳を讃」歎するのだろうか、と問う。

その答に法然は再三「聖意測り難し、定めて深き意有らむ」と譲歩し、必ずつぎに「且く善導の一意に依りて」として善導の釈解によって答える。本来釈尊の「仏意は正直にただ念仏の行を説」くことが本意であるけれども、済度すべき万差の機縁に随って一往菩提心などの諸行を説くのであり、その機縁の浅深によって三輩の不同を分別するのである、と。諸行は随機一往の説、ただ念仏一行を選んで讃歎されたのだとする。

これに続く法然の言葉が実にまた直截簡明である。

然るに今、諸行に於ては既に捨てて歎ぜず。置いて論ずべからざる者なり。唯だ念仏の一行に就きて、既に選びて讃歎したまふ。思ふて分別すべき者なり。

今釈尊の聖意は『観経』流通分にあるように、定散の諸行を廃捨し更に讃歎されることなく、ただ念仏の一行についてのみ選択して讃歎しておられる。法然においてもこの第五章では、すでに一・二章の教判で廃捨し、そして第四章において三義によって廃捨した諸行は讃歎されるべきものではないし、またここに差し置いて論ずべきものではない。今章では、選択された念仏の一行のみについてその功徳が讃歎され、広大な利益があることを述べようとするものである。このところをよくよく分別しなければならない、と結ぶ。

この文によっても先の答の「念仏の行」が「念仏の一行」であり、余行と対比する概念が念仏一行であることが確認できる。

(二) 念仏に約して三輩を分別する

若し念仏に約して三輩を分別せば、此れに二の意有り。一には、観念の浅深に随ふて之を分別し、二には、念仏の多少を以て之を分別す。

すでに選択され讃歎された念仏の一行であろうとも、ひと度機類機縁のうえに「念仏の行相」として顕わされたとき、三輩の分別ができる。しかしその根底に横たわっている、本文段に引用した『無量寿経』流通の文「聞彼仏名号、歓喜踊躍、乃至一念……為得大利、則是具足無上功徳」を忘れてはならないのは必定である。今ここにいう「念仏」とは、先の念仏一行を指している。

諸行について三輩を分別したのに準じて、念仏一行についても三輩を分別されたものであろうが、今少しこの文意の法然の真意を測りかねる。師の物の言いではないがその意図を尋ねるならば、「一念」のもつ義趣についての言及をしておきたかったことと、いかに念仏が三輩の行相に顕われようとも、名号のもつ無上功徳によって大利を得るものである、ということをいおうとしたものであろう。

今法然は、念仏の行相の差別として三輩の分別が設けられている理由に「二の意有り」として、先の二義を設ける。しかし『選択集』以前の法然の考え方には、『無量寿経釈』につぎのようにある。

問。念仏の一法に付て、何ぞ三品を分つ。此れに且く三義有り。一には返数の多少に約す、二には時節の長短

に約す、三には観念の浅深に約す。(7)

此の二つの文の異同は、義の内容を前後に置いていることと、二義と三義の違いである。一義と二義については、返数の多い少ないは修せられる時節の長い短いによって決まってくるから、『選択集』に至ってその二義を合成して「念仏の多少」となったものであろう。「返数の多少に約して三品を分かつ」の根拠に『無量寿経釈』では、善導『観念法門』を引く。

二義の「時節の長短に約す」では源信『阿弥陀経記』を引き、「彼の経の七日の念仏を以て上品と為。彼に因って之に准ずるに、或ひは十日の念仏を以て上々品とすべし。是れ即ち一往時節の久近に約して、三品を分かつ」とする。しかしこの引用そのものが根拠になりうるのかどうか、先の一義と何ら区別はないように感じられる。

三義の「観念の浅深に約す」では、詳しい注釈はない。したがって再び『選択集』にもどると、

浅深といは、上に引く所の如し。「若し説のごとく行ぜば、理、上々に当たる」と云ふ、是れなり。

といい、先の『往生要集』の「念仏の行は九品の中に於て、これいづれの品の摂なるや」の問に対する答意で、右『要集』引用文の続きには「かくの如くその勝劣に随ひて、応に九品を分かつべし。しかるに経に説く所の九品の行業は、これ一端を示す。理は、実に無量なり」(8)へと続く。いずれにしても「尋常の念相(一に定業、二に散業、三に有相業、四に無相業)」を釈した後の問答で、概して「念仏の行は」(9)といいつつその内実は、この章にまで述べ来たった法然のいう「念仏の一行」とは本質的に異なるものである。

つぎに「念仏の多少を以て」三輩を分別するとは、下輩の段には「十念」とか「一念」という数が置かれている。したがって、中輩や上輩はそれに準じて上がってゆくわけであるから、念仏の数もそれに随って増してゆくのは当然である、という。その根拠に善導の『観念法門』を引く。返数に言及した箇所は数箇所あるが、法然はつぎの文言を引いている。「行者、浄土に生ぜんと欲せば、唯須く持戒、念仏し、『弥陀経』を誦すべし。日別に十五遍すれば、二年に一万を得。日別に三十遍すれば一年に一万なり」に続き、

日別に念仏一万遍（の仏を念ぜよ）、亦た須く時に依りて浄土の荘厳（の事）を礼讃すべし。大きに須く精進なるべし。或ひは三万・六万・十万を得る者は、皆、是れ上品上生の人なり(10)。

今生日夜相続して専ら弥陀仏を念じ、専ら『弥陀経』を誦し、浄土の聖衆荘厳を称揚礼讃して、願生を欲する者、日別に誦経すること十五遍・二十・三十遍已上の者、或ひは誦すること四十・五十・百遍已上の者、願じて十万遍を満たして、また弥陀浄土の依正二報荘厳を称揚礼讃し、また三昧道場に入るを除きて、日別に弥陀仏を念ずること一万して畢命相続する者、即ち弥陀の加念を蒙りて、罪障を除くことを得。また仏と聖衆と常に来りて護念することを蒙る。既に護念を蒙れば即ち、延年転寿長命安楽を得と(11)。

と前の文を引き、その他に返数を取っているのは後の文である。返数についてこの箇所を根拠にしたのかどうかは不明だが、法然は『無量寿経釈』のむすびとして「毎日三万返は上品の業云々。之を以て之を案ずるに、二万は中、一万は下なり」とする。『選択集』は「三万已上は、是れ上品上生の業、三万已去は是れ上品已下の業なり」とす

る。返数については『釈』のほうが明確である。このようなことであるから、「念数の多少に随ふて品位を分別すること、是れ明らけし」という。

いずれにしても、念仏の返数によって三輩九品を分別するということであるから、『往生要集』にいう観念の域を出るものではない。本文段に引く二文のように、無上大利の念仏一行に、浅深を設け三輩に分別すること自体不遜のように思うが、衆生に対して三輩を設け称名に勤しむことを勧励したものであろう。何れにしても念仏一行に無上大利のはたらきこそあれ、衆生に数や質、更に長時を求むるものではない。この段はあくまで前章をうけた論の展開である。

《一念とは》

前に少しいっておいたが、『無量寿経』願成就文にいう「乃至一念」の一念と三輩段の下輩にいう「乃至一念」の一念のことについてである。法然がいうように確かに両文とも「乃至一念」というだけで、念仏の功徳として衆生に大利をもたらすことを説いているわけではない。この一念に衆生の往生も弥陀の正覚も顕在し、弥陀の依正を収めた名号が実体として具顕した一念は説かれたものの、その一念が具体的に具象的に大いなる利益として顕露していない。

『無量寿経』流通分に入り、釈尊がこの経を弥勒に付属した第一文冒頭（本文段に所引する経文）に至ってはじめて、この「一念」が大利をもたらすことを宣言する。そしてこの名号の一念は、「すなわち、これ無上の功徳を具足する」のである。法然は流通のこの「一念」が、願成就文と三輩段下輩の「一念」を指すという（是れ上の一念を指すなり）。

流通にいう「大利」とは、これも旧仏教を代表する天台宗などから批難を受けた箇所であるが、

是れ小利に対する言なり。然れば則ち、菩提心等の諸行を以て小利と為、乃至一念を以て大利と為。

といい切り、自力に起こす菩提心などの諸行（余行）を小利として廃捨し、名号の乃至一念を大利として絶対的な価値を与えている。この大小は質量の大小をいうものではなく、相対的絶対的価値の有無をいうものである。名号の一念は普遍性をもち、三輩のみならず三界十方に響流するものであり、その利益は広大無辺なものであることをいおうとしたものである。余行は第三章の家屋の譬えを出すまでもなく、相対的価値のなかでつぎにいう有上の限界をもつものである。

《無上功徳》

無上の功徳といは、是れ有上に対する言なり。余行を以て有上と為、念仏を以て無上と為。既に一念を以て一無上と為。当に知るべし。十念を以て十無上と為、又百念を以て百無上と為、又千念を以て千無上と為といふことを。是の如く展転して、少より多に至る。念仏恒沙なれば、無上の功徳、復た恒沙なるべし。

この文によって、名号の一念は一念において完結し、更に無上功徳であるがゆえにその功徳は恒沙ほどに無上に展転するのであるという。ここにおいても念仏に対比する概念が、先の諸行をも包括した余行であることを指摘することができる。第五章のむすびに法然は、往生を願求するすべての者たちよ、有上小利の余行を廃して無上大利

の念仏を修するようにという。

然れば、諸の往生を願求せむ人、何ぞ無上大利の念仏を廃して、強《あなが》ちに有上小利の余行を修せむや。

四　第五章のむすび

相対的な余行に対して、念仏の一行を本章では『無量寿経』流通分に説く「乃至一念」として、法然は考える。絶対的な価値をもつ念仏一行が、今や流通分において弥勒に付属される一念として具顕し、この一念が衆生に対して往生という無上の大利を顕現せしめるものであることを明らかにしたのである。

釈尊は『無量寿経』流通分第二節につぎのようにいう。

われ、いま、もろもろの衆生のために、この教法を説きて、無量寿仏と、およびその国土の一切の所有《あらゆるもの》を見せしめたり。（往生の行につきて）まさになすべきところのもの、皆、これを（尋ね）求むべし。わが滅度の後をもって、また疑惑を生ずることをうることなかれ。（ワイド版岩波文庫『浄土三部経』二三七頁）

この教説などは『観経』正宗分と流通分を髣髴させるものである。王宮会の韋提希のために説かれた教説ではなく、未来世一切のために流通すべく正宗定散二善は説かれたのである。第七華座観には住立の三尊が顕現し、正宗十六観には極楽国土の一切の荘厳と往生の相が説かれ、更に流通に至って釈尊は阿難（弥勒）に名号（一念）を付属した。まさに寿観一致の境界である。

内証外用の一切の功徳が今名号一念に顕露し、弥陀依正の功徳をして未来の衆生に欣慕せしむる名号の功徳は、無限大に大利を顕彰するのである。

註

（1）ワイド版岩波文庫『浄土三部経』上二三七頁

（2）『往生礼讃』初夜礼讃の文（『浄全』第四巻三六二頁上）

（3）ワイド版岩波文庫『浄土三部経』上一七一頁

（4）ワイド版岩波文庫『浄土三部経』上一八六頁

（5）ワイド版岩波文庫『浄土三部経』上一五七頁

（6）本文段所引の善導『往生礼讃』の釈文に対して、証空はつぎのように釈解を加えている。

其有得聞彼、弥陀仏名号とらいは、さきに、本願の名号の殊勝なる事を種々に顕はして信心を勧め、行を励まし畢りて、今は正しく、称念すれば、往生を得と云ふ事を顕はすなり。是即ち、（『無量寿経』）流通分に、「仏語弥勒、其有得聞」と説く長行の聞を偈に結び成すなり。歓喜至一念とらいは、正しく念仏の行相を説き述ぶるなり。云く、ひとたび弥陀の名号を聞きて称念すれば、仏願不思議なる故に、無窮の生死ここに約まり、不退の浄土近きにある事を思へば、歓喜の心忽ちに起こりて、称念ここに成ずる時、往生疑なきなりと定むる心なり。其の理実に然るべし。皆当得生彼、正しく其の利益なり。（『西叢』第三巻六八頁下九～六九頁上三）

証空には、本願の名号は殊勝な徳を種々に顕わし、我らに信心を勧起せしめ、更に行をも励ます。今は称念することによって往生を得るという、そのような徳を顕わすのである、と。その根拠を『無量寿経』流通分の長行の文に求めている。つぎに歓喜して一生涯から下は一念に至るとは、「念仏の行相」を述べたものである。ひと度弥陀の名号を聞き称念するときに、仏願は不思議な功徳を顕わして無窮の生死がつづまり、不退転の浄土が近くにあるいなと思われ、歓喜の心がにわかに起こり、称念することによって平生に成就するのである。そのときに往生が疑いないものであると決定するのである、と。証空は、名号を聞き、その功徳が信心として顕われ、行相として称念に顕われる、と領解している。この善導の直前の偈文の「信此事（この事を信ず）」を「此事は弥陀の名号なり。弥陀の依正等の事は願力に従りて成ぜる故に、依正備はれる名号を指して、此事と云ふなり」という。名号とは、一切の願行が成就した弥陀の依正そのものが備わった顕現体である。また称念とは、「善知識の教に随ひて、観門の説を聞きて弘願に帰しぬれば、自心に仏願を乗せて自ら能く称念するになる」（『西叢』第四巻一九二頁下）という。

（7）『法全』九〇頁八～一三

（8）『浄全』第十五巻一四一頁上一一～一三

（9）なぜ法然は「念仏に約して三輩を分別」するに際して、右のような二義（三義）に集約したのであろうか。なぜ第一義に「観念の浅深」を持ち出す必要があったのであろうか。ここにいう法然の「観念」とは観仏・念仏の両義を指しているのか。確かに観念の浅深といえば『要集』のいうごとく「説のごとく行ぜば」その道理として上下があってしかるべきである。この章にこの義を持ち出すことは、『選択集』の論理の展開のなかでは希薄化するように感じられる。

（10）『浄全』第四巻二二四頁上一～四

（11）『浄全』第四巻二二九頁下一一～二三〇頁上一

第六章　末法万年後余行悉滅特留念仏之文

末法万年の後、余行悉く滅して、特り念仏を留めたまふ文

はじめに

先の第五章では、『無量寿経』流通分付属の文の第一節冒頭部分が本文段に引用されていた。この六章は同じく、第二節の「特留此経、止住百歳」の部分を引く。

この章が問題とするところは、第四章に三輩九品ともに「一向専念無量寿仏」として、念仏がすべての人を摂取する手立てであることを述べ、第五章では念仏一行には無上大利の功徳が内包されていることを述べた。しかし、阿弥陀仏が光明無量・寿命無量の願を成就してすでに名号として成就してあることは理解できても、釈尊の教説そのものが滅尽して名号が未来に流通することがなくなってしまえば、こと衆生の救済ということに何ら関係がないことになってしまう。いわゆる名号流通の普遍性を、この章に尋ねたのである。

すなわち釈尊の滅度の後はおろか、末法万年、法滅の後までこの念仏が、衆生にとって唯一無二の教法であることを宣言する必要があったのである。

『選択集』撰述の一つの意図は、『無量寿経』『観経』の流通から啓発喚起されたところの、釈尊の経意が念仏一

行の付属流通にあると読みとった法然の確信にあると見る。法然も釈尊同様に、いかに名号を未来に流通せしめるか、そのことにより経道が滅尽することはないと腐心している。

一　標章

「末法万年後余行悉滅特留念仏之文（末法万年の後、余行悉く滅して、特り念仏を留めたまふ文）」の標章で対比されている対称用語はやはり、余行と念仏である。第三章以降の章に述べる念仏に対比する「行」はすべて余行である。本文の『無量寿経』所引の文も、私釈段第一問答においても問題としていることであるが、その経文には「当来之世」とだけあり、また「念仏」とは記されていない。しかしながら法然はこの経文経意より、善導の釈意を継承して末法万年の後の百年とし、此経（『無量寿経』）の特留だけではなく、所詮である念仏の「特留」を述べることに意図があったことが理解できる。

二　本文段

『無量寿経』下巻流通分、釈尊から弥勒へ付属する文の第二節の「特留此経、止住百歳」の部分が本文段に引用されている。この文に先立ち、第二節の前半の文も参考のために並べて引いておく。

われ、いま、もろもろの衆生のために、この教法を説きて、無量寿仏と、およびその国土の一切の所有《あらゆるもの》を見せしめたり。（往生の行につきて）まさになすべきところのもの、皆、これを（尋ね）求むべし。わが滅度の後をもって、また疑惑を生ずることをうることなかれ[1]。
当来の世に経道滅尽せむに、我慈悲を以て哀愍し、特り此の経を留めて止住すること百歳せむ。其れ衆生有りて此の経に値ふ者は、意の所願に随ふて皆得度すべし。

まさに来たるべき世（五濁の世）には、私（釈尊）が説いたすべての経典と解脱への道は滅尽するであろう。しかし私はその時代にあっても慈悲をもって一切の人びとを哀愍し、特りこの『無量寿経』を留め置いて、百歳の間止住させておこう。そのときの衆生がもしこの『無量寿経』に値うことがあれば、無量寿仏とその国土の一切の荘厳を見せしめ、その意楽の願うところにしたがって皆得度することができる。私が滅度をとった後にあっても、決して疑惑を生ずることがあってはならない、というものである。

三　私釈段

（一）第一問答…此経と念仏との止住の相違…

この問は、『無量寿経』にはただ「特留此経、止住百歳」とのみいって、標章のようにまったく「特り念仏を留め」て「止住すること百歳」しようなどとはいってはいない。しかしながらどうして今「特り念仏を留めたまふ」などといえるのか、というものである。その答意はつぎのようである。

此の『(無量寿)経』の詮ずる所、全く念仏のみに在り。其の旨、前に見えたり。再び出だすに能はず。善導・懐感・恵心等の意、亦復是くの如し。然れば則ち、此の『経』の「止住」といは、即ち念仏の止住なり。

ここではこの文にある『選択集』に初出する名目、「所詮」[2]に気づくであろう。この文意によると、標章のとおり能詮は余行であり、所詮は念仏である。この構図は、必然的に『観経』にも通じ、この章の第二問答の終わりのところでもいっているように能詮は正宗分定散二善十六の観門であり、所詮は流通分に明かされる「無量寿仏名」ということになる。すなわち両「経の所詮は全く念仏の一行のみに在」る。この教旨は、第三章には第十八願と願成就文、第四章には三輩段各の「一向専念無量寿仏」の三文、そして第五章には流通分付属の第一節の文、更に今章には第二節の文の計七箇所を挙げて、それぞれの章にて詳述しておいたのでここに改めて言及することはしない。『無量寿経』の止住だけではなく、念仏の付属・流通、そして経道滅尽以後の止住こそ三経[3]の聖意なのである。善導はつぎに『往生礼讃』を引くからわかることであるし、懐感[4]も恵心[5]もまた同じようにいっている、という。

ここに法然は、大乗の代表的な教行である菩提心と持戒とについて例示する。

此の(無量寿)経に菩提心の言有りと雖も、未だ菩提心の行相を説かず。又、持戒の言有りと雖も、未だ持戒の行相を説かず。而るに、菩提心の行相を説くことは、広く『菩提心経』等に在り。彼の『経』先だちて滅しなば、菩提心の行、何に因りてか之を修せむ。又、持戒の行相を説くことは、広く大小の戒律に在り。彼の戒律、先だちて滅しなば、持戒の行、何に因りてか之を修せむ。自余の諸行、之に准らへて知りぬべし。

法然の釈意に多くを教えられる。確かに『無量寿経』には菩提心・持戒をはじめとしたさまざまな諸行（余行）としての言葉が説かれている。しかしその内容も行相をも説くことはしていないし、説くことを目的としていない。末法万年の後には『菩提心経』[6]などのすべての経典・大乗小乗の戒律[7]さえも滅尽してしまうのであるから、行相を説く経典がなくなってしまった法滅のとき、どのようにしてその菩提心の行・持戒の行を修成せばいいのかわからないではないか。大乗の代表的な教行でさえこのようであるから、三輩段に説く他の諸行に関しても推して知るべし、というのである。

その点、念仏の一行は「特留此経止住百歳」であるから永遠の教行として滅することがないし、末法・法滅の衆生にとって最善最勝の教行であるという。

この法然の釈意から気づかされることは、また『選択集』に初出する「行相[8]」という言葉である。法然はこの菩提心・持戒を代表としたすべての余行を、衆生が修する行相として捉えていることである。したがって自力難行聖道の立場を宣明する名目として「行相」を使い、穿って私考するなら正行第四位の「称名」の行相は自力であるということである。浄土門の教判に位置づけられ、第二章に明かされるところの称名を「行」相として通入するとき、それはあくまでも五種の助行の一である称名であり、念仏一行を能助する助業にしか過ぎない。

したがって「念仏の行相」というときは、全分阿弥陀仏につける因中果上の行体に顕われる他力の行相のことである。法然の釈意に、このような言外の内容を含んでいることを見逃してはならないであろう。

そこで法然は、この本文段に引いた『無量寿経』流通分の釈尊付属の第二節を釈した、善導の『往生礼讃』を論証として引く。

故に、善導和尚の『往生礼讃』に此の文を釈して云はく。「万年に三宝滅せむ。此の『(無量寿)経』、住すること百年。爾の時に聞きて一念せむもの、皆、当に彼に生ずることを得べし[9]」と。

末法一万年の後、仏法僧の三宝がまさに滅尽する。しかしこの『無量寿経』だけは百年の間なお止住し、法滅の衆生を利益し続けるのである。そのときにもしこの『無量寿経』を聞くことがあって、「一向専念無量寿仏（一向に専ら無量寿仏を念）」ずる者があったならば、すべての者は浄土に往生することができるであろう、と善導は特留念仏を理解している。したがってこの善導の領解をうけて法然も、特留此経とは特留念仏のことであると理解したのである。

(二) 四種を対比して念仏の特留を説く

法然は善導のこの経釈をうけて、「又、此の文を釈するに、略して四の意有り」として、四種の対比した要素を連ねて念仏の特留性を挙げている。その四種の対比とは、つぎのようである。

一には聖道・浄土二教の住滅の前後、二には十方・西方二教の住滅の前後、三には兜率・西方二教の住滅の前後、四には念仏・諸行二行の住滅の前後なり。

法然はなぜ善導の経釈をうけて、敢えてこのような四種類の対比を持ち出したのであろうか。その底意の一つには、「此経」性を問題にするのではなく、特留の「念仏」性を強調したかったためであろう。二つに経意にしても、善導の釈意にしても、本願の願意から推せば釈尊の仏意は「特留念仏」以外にありえないことをいいたかったのであろう。三つに、法然を取り巻く当時の仏教教団と念仏宗との選別をはかるのが目的であった、ということであろう。このような要因をもって、念仏義の優位性、独立性をいう意図があったものと考えられる。

以下の法然の論法は、今日の実証的な論の展開からは少し乖離しているように感ずるが、当時にあっては問題提起をしなければならなかった必然性があったのであろう。

一に聖道・浄土二教の住滅の前後といは、謂はく、聖道門の諸経、先だちて滅す。故に「経道滅尽」と云ふ。浄土門の此の『経』、特り留まる。故に「止住百歳」と云ふ。当に知るべし。聖道は機縁浅薄にして、浄土は機縁深厚なりといふことを。

二に、十方・西方二教の住滅の前後といは、謂はく、十方浄土往生の諸教、先だちて滅す。故に「経道滅尽」と云ふ。西方浄土往生の此の『経』、特り留まる。故に「止住百歳」と云ふ。当に知るべし。十方浄土は機縁浅薄にして、西方浄土は機縁深厚なりといふことを。

三に、兜率・西方二教の住滅の前後といは、謂はく、『上生』『心地』等の上生兜率の諸教、先だちて滅す。故に「経道滅尽」と云ふ。往生西方の此の『経』、特り留まる。故に「止住百歳」と云ふ。当に知るべし。兜率は近しと雖も縁浅く、極楽は遠しと雖も縁深しといふことを。

四に、念仏・諸行二行の住滅の前後といは、諸行往生の諸教、先だちて滅す。故に「経道滅尽」と云ふ。念仏往生の此の『経』、特り留まる。故に「止住百歳」と云ふ。当に知るべし。諸行往生は機縁最も浅く、念仏往生は機縁甚だ深しといふことを。加之、諸行往生は縁少なく、念仏往生は縁多し。又、諸行往生は近く末法万年の時に局れり。念仏往生は遠く法滅百歳の代を霑す。

一は文意そのままで、聖道門の諸経は先に滅尽するから機縁が浅薄であるといい、浄土門の『無量寿経』は法滅百歳に至るまで特留止住するから機縁が深厚であるというのである。この一義は第一章で述べられているもので、我われ末法まして法滅の機根には聖道門の教行はたとえ勝法であろうとも、「大聖を去ること遥遠なるに由り、理深く解微なるに由」って、教行証が滅して行証することは不可能であり、まことに機縁は浅薄なものとなる。それに対し浄土門の『無量寿経』は、「当今は末法、是れ五濁悪世」の機根のための教行であるから、まことに機縁は深厚である。一義は、二教の住滅の前後によって機縁の浅深を問う。

二は、十方浄土が滅するのではなく、十方浄土への往生を説く諸教が先に滅尽するから、それを果たそうとする機縁にはまことに浅薄となり、反対に西方浄土への往生を説く『無量寿経』は法滅の後まで特留止住するから機縁は深厚であるという。ところで経意・釈意より『無量寿経』が法滅百歳の後まで止住することは領解できるが、ここに十方浄土より西方極楽浄土を選び取る所以はすでに、『無量寿経』と『観経』に説かれている。『無量寿経』には、法蔵比丘が世自在王仏の下で覩見した二百一十億の浄妙の国土を選択摂取して建立したのが西方極楽浄土であると説かれ、『観経』には釈尊が、光台現国において顕現した十方浄土より「我今楽生極楽世界、阿弥陀仏所（われ、今、〔その中の〕極楽世界、阿弥陀仏の所に生まれんことを楽う）[10]」として、韋提希をして別選所求せしめたのが西方浄土であると説かれている。

三は、『弥勒上生経』『弥勒下生経』『弥勒成仏経』そして『大乗本生心地観経』などの諸教が先に滅尽するから、兜率の浄土はこの娑婆世界と距離として近いとはいっても、機縁が浅いものとなってしまう。しかし西方浄土への往生には、この『無量寿経』が特り留まり「止住百歳」するわけであるから、極楽は距離として十万億刹の遠い浄土とはいっても、機縁は深いものなのである。弥勒と弥陀の浄土の優劣などの議論は、中国では隋唐代に、日本では平安期になされていて、法然にもこの対比を出す背景がこの時代においてもあったのであろう。

四も先の三つと同様であるが、諸行往生を説く諸教は、末法万年の時までで先に滅尽するから機縁は最も浅く、反対に念仏往生を説く『無量寿経』は法滅百歳の世までも特り留まり止住するから、機縁はたいへん多く深いものなのである。いずれにしてもこの四義を貫く内容は、「経道滅尽」の経説を通して念仏一行を宣揚することである。

(三) 第二問答…念仏を止住する根拠…

私釈段第二問答に問う。「我以慈悲哀愍、特留此経止住百歳（我慈悲を以て哀愍し、特り此の経を留めて止住すること百歳せむ）」と経文にはいうが、もしそうであるならば、釈尊はその慈悲をもって経教を留められるならばどの経典であっても、どの教えであっても留められていいのではないか。どうして余経を留めることなく、ただこの『無量寿経』のみを留められたのだろうか、と。その答に法然は、釈尊がたとえどの経典を留めるといっても、特別に一つの経典を指し示すならば、またこのような批難から避けて通ることはできないであろう、と前置きしつつ、「但し特り此の『（無量寿）経』を留めたまふことは、其の深き意有るか」として二答する。その一答はつぎである。

若し善導和尚の意に依らば、此の『（無量寿）経』の中に、已に弥陀如来の念仏往生の本願を説けり。釈迦の慈悲、念仏を留めむが為に、殊に此の『経』を留めたまへるなり。余経の中には未だ弥陀如来の念仏往生の本願を説かず。故に釈迦の慈悲、以て之を留めたまはず。

法然の決定事項は必ず善導の釈意による。確かに『無量寿経』のなかに弥陀如来の別願、それも本願中の王である第十八念仏往生の願が説かれている。だから釈尊はその慈悲をもって『無量寿経』流通分において念仏一行を末法・法滅の世に留める仏意から、ことさらこの『無量寿経』を留め置かれたのである。しかしながら余経のなかには念仏往生の本願を説いてはいない。だから釈尊は余経を留めることをなさらなかったのだ、という。この文には『無量寿経』のみならず、三経に通ずる釈尊の慈悲としての付属流通を語り、念仏往生の願の説不説を通して余経との峻別を的確に表現している。そして『無量寿経』とその所詮である念仏の止住を指摘する。(11)

第二答は更に右の文に続き、「凡そ四十八願は皆本願なりと雖も、殊に念仏を以て往生の規《のり》と為」と言及する。この文から気づくことは、第五章には「念仏を以て無上と為」といい、つぎの段に「念仏往生の願を以て本願の中の王と為」などということと軌を一にしていることである。まさに念仏の一行は、衆生にとって往生の規範なのである。この証左に善導『法事讃』を引く。

弘誓多門四十八、偏標念仏最為親、人能念仏仏還念、専心想仏仏知人。(弘誓、多門にして四十八なれども、偏へに念仏を標して、最も親しと為。人、能く仏を念ずれば、仏、還た念じたまふ。心を専にして仏を想へば、仏、人を知りたまふ)(12)(13)

阿弥陀仏の弘誓の別願には四十八願という多くの法門がある。それらは偏に念仏を指標するものであって、衆生にとってもっとも親しい縁(のみならず近縁も増上縁も)が結ばれている。もしも人がいてよく阿弥陀仏を念ずるならば、阿弥陀仏もまたその人を念じて摂取して下さるのである。心を専一にして阿弥陀仏を想うならば、阿弥陀仏もまたその人の想念を知って下さるのである、と。その根拠には上の二偈だけで十分であろう。そして第二答をつぎのように結釈する。

故に知りぬ、四十八願の中に、既に念仏往生の願を以て本願の中の王と為。是こを以て釈迦の慈悲、特り此の『(無量寿) 経』を以て、止住すること百歳するなり。例せば、彼の『観無量寿経』の中に定散の行を付属せずして、唯だ孤り念仏の行を付属したまふが如し。是れ即ち、彼の仏の願に順ずるが故に、念仏の一行を付属す。

この文においても気づかされるのであるが、『無量寿経』の根拠には必ず『観経』が用い出され、ここでも流通分付属の文が依用される。そしてその証左に善導の釈意が引かれる。阿弥陀仏の四十八願はすべて本願ではあるけれども、念仏往生の本願こそ往生の規範であり、念仏往生の願を本願のなかの王とするのである。だからこそ釈尊は慈悲をもって「特り」『無量寿経』を止住百歳されたのである。例えば『観経』正宗分に定散二種の行を説いたけれども、それを阿難に付属せずに、ただ「孤り」所詮としての念仏の一行が付属され、詮顕されることとなる。『経』には「特り」といい、『釈』には「偏に標す」といい、法然は「孤り」といって、「彼の仏の願に順ずる」とき念仏の一行が自ずと二聖の所詮として孤高性をもって浮上してくる。釈尊の出世の本懐は、『無量寿経』序分にも、そして善導『玄義分』序題門にも明かされているが、念仏一行の開陳とその阿難への付属以外にはない。

この章においても、文脈のなかで用いられる「念仏」が、最後に示される「念仏の一行」を指すものであったことが指摘されるであろう。

（四）第三問答…正像末法滅に通ず…

この章の最後としてつぎのような第三の問答を設ける。確かに末法を過ぎ法滅の期に入り、『無量寿経』によって「百歳の間、念仏を留」むることとなることは、経意と釈意によってその真理と道理は明らかになった。それではこの念仏の一行はただ法滅の時機にだけその利益を蒙らせる教法であるのか、それとも正法・像法・末法の時機にも通じ渡る教法であるのか、というものである。答は明快である。後代の法滅に通ずるのであるから、末法の現代、なお正・像に普益して当然なのである、と。

広く正・像・末法に通ずべし。後を挙げて今を勧む。其の義、知るべし。

四　第六章のむすび

念仏の一行が三世を通じて普遍的な教理であり、すべての時機に普く利益をもたらす教行であったことを、法然は第十八念仏往生の願を王本願としたその願意と、「其の深き意有るか」[14]とした釈尊の経意を踏まえて論証した。まさに念仏の一行は「往生の規」であり、「孤り」「偏に念仏を標」して弥勒と阿難、更に舎利弗に付属せしめたのである。

註

（1）　ワイド版岩波文庫『浄土三部経』上二三七頁一三〜一七

（2）この能詮・所詮の思考論理は、その弟子である証空に確実着実に継承されている。証空の最初期の著述である『自筆鈔』にはこの二つの名目が多く使用され、『観経』の重層性を表現するうえでの教義名目の根幹をなしている。
（3）『阿弥陀経』については、『選択集』第十六章とその本文段に所引する『法事讃』の文を参照のこと。
（4）『浄全』第六巻七〇頁上一三『釈浄土群疑論』「『無量寿経』に又言く、上中下輩行に浅深有れども、皆唯一向に専ら阿弥陀仏を念じて、極楽に往生することを得と。又四十八の弘誓願の中に、念仏門に別に一願を発して言く。乃至十念せんに若し生ぜずんば、正覚を取らじと」とある。
（5）『浄全』第十五巻一二九頁『往生要集』巻下本の大文第八念仏証拠門に「双観経の三輩の業は、浅深有りと雖も、然も通じて皆一向専念無量寿仏と云ふ」。以下右の『釈浄土群疑論』と同文が続く。
（6）鳩摩羅什訳『仏説荘厳菩提心経』（『大正蔵』第十巻九六一頁）
（7）大乗の戒律には、『梵網経』『瓔珞経』『地持経』など、小乗の戒律には『四分律』『五分律』『十誦律』『摩訶僧祇律』などがある。
（8）行相とは、ものを行ずるに伴う相形・相貌・様相といった意味で、現今的ないい方をすれば、物事を実践するにあたっての方法・手段、更にその本質を内具したものが表相として顕われた姿（相）といった意味である。
（9）『浄全』第四巻三六二頁下一
（10）ワイド版岩波文庫『浄土三部経』下四八頁二～三
（11）この私釈段の構造は、門弟証空の初期浄土教学に決定的な影響を与えている。法然の三経観を通じた、証空の初期の教義名目である行門・観門・弘願の成立である。
（12）底本は「還へりて」、『浄全』は「還て」と読んでいるが、私は「また」と読んでおく。意味としては同じであろう。
（13）『法事讃』（『浄全』第四巻八頁下七）
（14）「有其深意歟」。このような表現は、第五章・第六章・第九章にもある。釈尊の真意を推し量る法然の物言いの特徴である。

第七章　弥陀光明不照余行者、唯摂取念仏行者之文

弥陀の光明、余行の者を照らさずして、
唯だ念仏の行者を摂取したまふ文

はじめに

『選択集』は正所依の経典である浄土三部経を基本典籍として、念仏による救済の因果を明らかにする。第三・本願章から第六・特留念仏章までは『無量寿経』を引用して、衆生を摂取する因由が南無阿弥陀仏の念仏一行にあることを明らかにし、第七章から第十二章までの六章は『観無量寿経』を引用して、念仏による摂取の因果を明らかにする。

この章段では、『無量寿経』の第十八念仏往生の願に表記される、根源的な「(往)生」という、法蔵菩薩が摂取のあかつきに正覚を果たすと誓願したその救済の対象である「十方衆生」と、光明名号、更に標章にいう「念仏の行者」との関係を、『観経』一経を通して明らかにする。阿弥陀仏が正覚を果たす絶対条件は、過去・現在・未来の十方衆生の往生である。十方衆生の往生を果たすために、更に十方衆生の往生を具現し顕現するために設けられた阿弥陀仏の願文は、「乃至十念」である。今その「乃至十念」は善導によって「念声是一」と釈意され、法然は念仏一行による救済と領解する。

この願文には、衆生による一分の行による往生も誓われていない。全分他力による摂取が誓われ、衆生救済の方途でありその具現である念仏一行は、十方衆生に向けられている。その念仏一行を十方衆生に顕現するために阿弥陀仏がもつ大きな二つの徳用は、第十二願光明無量であり、第十三願寿命無量である。すべての機根に摂取を顕現するために、阿弥陀仏はその徳用である光明による「遍照」をはかるのである。すなわち衆生の往生と弥陀の正覚を顕証した名号の、「光明」化(1)である。

その光明には、善導によって三縁が具足成就されているとする。

一　標章

標章は「光明摂取章(2)」とも「念仏摂取章(3)」ともいう。

この標章を見て、つぎの本文段に至らずとも、『観経』第九真身観の「光明遍照、十方世界、念仏衆生、摂取不捨」の文を想起するであろう。弥陀の光明は、その救済の対象である十方世界のすべての念仏衆生を摂取し摂護するというものである。また善導は『般舟讃』につぎのようにいう。

真金は即ち是れ弥陀の相なり。円光化仏、人前に現ず。相好いよいよ多くして八万四千なり。一一の光明、十方を照らす。余縁の為に光り普く照らさず。唯念仏往生の人を覓《もと》む。万行倶に回して皆往くことを得れども、念仏の一行、最も尊たり(4)。

法然は『般舟讃』を見聞していないものの、このような釈文が一つの光明名号観として形成されていたのであろう。

御身が真金色であることは、阿弥陀仏の大きな相好の特徴である。その相である円光には多くの化仏を随えて、念仏の行者の前に顕現して下さる。（真身観に説かれているように、）阿弥陀仏の相好には八万四千もの多くの特徴をもつ。その相好の一つ一つに八万四千もの光明をもち、その一々の光明は十方世界を摂益している。しかし余行を修する機縁の者のために、その光明が普く照らすというものではない。光明はただ、念仏の行者のもとにその声を尋ねて覓《もと》め到り、往生という摂益を果たすのである。（今余行余縁の者を照らすことはないといったけれども、それは一つの方便であって）万行ことごとく回向することによって、皆（正定業を能助する助行の一分をもつことから）往生することができる。（しかし、ここで気づかなければならないことは、回向する必要のない）念仏の一行こそが、もっとも尊い生因の行である、というものである。

また法然はこの『般舟讃』とともに、この章の「はじめに」の註（1）で引用した善導『往生礼讃』の文にも触発されていることは明確である。再び引く。

諸仏の所証は平等にして是れ一なれども、もし願行を以て来し収むるに、因縁なきにあらず。しかるに弥陀世尊、本発の深重誓願、光明名号を以て十方を摂化す。但し信心求念するものをして、上一形を尽くし下十声一声等に至るまで、仏願力を持って往生することを得やすからしむ。是の故に釈迦および諸仏、勧めて西方に向かはしめて別異と為るのみ。

阿弥陀仏がその本源に発した深重の誓願は、その徳用である光明名号をもって十方世界の念仏の衆生を摂取し化益することであった。弥陀の光明とはまさしく名号そのものであり、弥陀の正覚は名号に表れ、その名号の謂われは光明に顕現し、その名号の声するところを覓《もと》め到って念仏の行者を摂益するのである。この善導の文には但し書きが付いている。光明の摂化に触れた者は自ずと信心が具わり、浄土を求念することとなる。そのようにして出づる上一行から下一声に至る名号のあるところ、声する者をすべて仏願力によって往生を得易くさせる、というものである。この文を見ると、すでに光明名号の摂化だけで衆生の往生は具現し、その信と声とはその摂化に包摂されていて、従属した形相として「得易」からしめられていることに気づく。

更にこの標章での対称用語も、余行と念仏であることに気づくであろう。『選択集』における念仏一行の対称用語はすべて、諸行をも包括した余行である。

この標章にいう「念仏の行者」という用語は、『選択集』に初出する。私釈段においては明確にその語義が明かされてはいないが、従来の論旨から定義すれば、弥陀の光明名号の摂化を蒙って、その往益が、念仏の一行の声となって行ぜられるうえに顕現する者を、念仏の行者というのであろう。

二　本文段

第七章の本文段には三つの経釈が引かれている。いわゆる『観経』第九真身観の文[5]、善導『定善義』[6]の該当箇所の釈文、そして『観念法門』[7]である。重要な経釈であるからその一々を引く。

無量寿仏に八万四千の相有《まし》す。一々の相に各八万四千の随形好有り。一々の好に復た八万四千の光明有り。一々の光明、遍く十方世界の念仏の衆生を照らして、摂取して捨てたまはず。

「無量寿仏」と云ふより、下「摂取不捨」と云ふに至る已来は、正しく身の別相を観ずるに、光、有縁を益することを明かす。

即ち其の五有り。一には相の多少を明かし、二には好の多少を明かし、三には光の多少を明かし、四には光照の遠近を明かし、五には光の及ぶ所の処、偏へに摂益を蒙ることを明かす。

問ふて曰く、備《つぶ》さに衆くの形を修して、ただ能く回向すれば、皆往生することを得。何を以てか、仏の光普く照らすに、唯だ念仏の者をのみ摂したまふ、何の意か有るや。

答へて曰はく、此れに三の義有り。一には親縁を明かす。衆生、形を起こして口に常に仏を称すれば、仏、即ち之を聞きたまふ。身に常に仏を礼敬すれば、仏、即ち之を見たまふ。心に常に仏を念ずれば、仏、即ち之を知りたまふ。衆生、仏を憶念すれば、仏、亦た衆生を憶念したまふ。彼此の三業、相ひ捨離せず。故に親縁と名づく。

二には近縁を明かす。衆生、仏を見たてまつらむと願ずれば、仏即ち念に応じて現じて目の前に在ます。故に近縁と名づく。

三には増上縁を明かす。衆生、称念すれば、即ち多劫の罪を除く。命終らむと欲る時、仏、聖衆と自ら来りて迎接したまふ。諸の邪業繫、能く碍ふる者無し。故に増上縁と名づく。

自余の衆行、是れ善と名づくと雖も、若し念仏に比ぶれば、全く比校に非ず。是の故に、諸経の中に処々に広く念仏の功能を讃めたり。

『無量寿経』の四十八願の中の如きは、唯だ専ら弥陀の名号を念じて生ずることを得と明かせり。

又、『弥陀経』の中の如きは、一日七日、専ら弥陀の名号を念じて生ずることを得と。又、十方恒沙の諸仏、虚しからざることを証誠したまふ。

又、この『(観)経』の定散の文の中に、唯だ専ら名号を念じて生ずることを得と標せり。

又、前の如きの身相等の光、一々に遍く十方世界を照らすに、但だ専ら阿弥陀仏を念ずる衆生のみ有りて、彼の仏の心光、常に是の人を照らして摂護して捨てたまはず。総じて余の雑業の行者を照摂することを論ぜずと。

（一）第一『観経』第九真身観の文

先ず第一文には、『観経』第九真身観の文を引く。真身観のはじめに、「次当更観無量寿仏、身相光明（つぎにまさに更に無量寿仏の身相と光明を観るべし）[8]」として身相と光明の二つを説くが、ここには光明についての経文のみを引く。

漢訳して無量寿仏、音写して阿弥陀仏は、道綽『安楽集』に「此無量寿国是其報浄土。由仏願故（此の無量寿国は是れ其の報の浄土なり。仏願に由るが故に）[9]」といい、善導『玄義分』に「弥陀浄国為当是報、是化也。答曰。是報非化（弥陀の浄国はた是れ報なりや、是れ化なりや。答て曰く。是れ報にして化に非ず）[10]」とする報身であり、その浄土は報土である。相好とは「仏の身体に具わっている立派な特徴である三十二相と小さな特徴である八十種好とをいう[11]」。経文にはその各に八万四千があると説く。この『観経』の引文を和訳すると、つぎのようである。

阿弥陀仏には八万四千もの大きな相が有る。一々の相にはその各に八万四千もの小さな随形好が具わっている。更に一々の随形好にはまた八万四千もの光明が有る。その一々の光明は遍く十方世界の念仏の衆生を照らし出して、そのすべての者を摂取して捨てることはない、と。

ここで少し喚起をしておきたい。法然が本文段に引用したこの真身観の文の訓み下しのことである。根源的に阿弥陀仏の救済の対象は、第十八願文「設我得仏、十方衆生、至心信楽欲生我国、乃至十念、若不生者、不取正覚」にいう「十方衆生」である。この「十方」と「衆生」の間にいかなる修辞が入ろうとも、老若男女・貧富貴賤の差別なく平等に完全に救済摂取すると誓願したのは『無量寿経』の「十方衆生」であり、『観経』の「未来世一切衆生」である。すなわち法蔵菩薩にとって漏れることのない「十方一切衆生」の救済こそ、別願を成就するうえでの絶対条件としての根幹なのである。その摂取を因中の願行に成就して、「今現在説法」の果上の阿弥陀仏となっているのである。衆生往生のために漏れることのない一切の願行を成就して、その衆生に対して今まさしくその往生の証果を顕証すべく、光明名号となって十方一切衆生のうえに顕在しているのである。すでに阿弥陀仏にとって十方一切の衆生は、六字の名号に摂め取った念仏の衆生以外なにものでもないのである。機の立場に立てば、そこに助業・正定業の正助二行を修するものもあれば、雑行・聖道門の諸行を修する者もいるわけである。それらはいずれも、衆生の機根の上に表れる自力所修の行業に他ならない。

したがって、阿弥陀仏の願意を体する釈尊の仏語としてその本文段引用の経文を読むならば、「光明は、遍く十方世界の念仏の衆生を照らして、摂取して捨てたまわず」以外に訓みようがない。この経文が、釈尊によって未来世一切の衆生に対して仏力異方便・衆譬の法門として説かれた正宗分第九真身観所収の文であることに留意しておかなければならない。すなわち極楽の依正を観照し、衆生をして欣慕せしめるところの仏語の定散なのである。

（二）第二『定善義』の文

第一文の経文の『定善義』における「光明」についての釈である。法然が『定善義』の「身相」の経釈の部分を引かずに、「光明」の箇所を引いていることに留意すべきである。すなわち弥陀の身相を観ずるに、定善の観行を成就することを求めている箇所ではなく、弥陀が光明によって十方世界の念仏の衆生を摂取するという、光明名号による全分他力の妙用の箇所を引いている点である。これは引用された経文の経意も同じである。

善導はこの箇所を、正しく阿弥陀仏の身相の各の相好としての別相を観（心眼をして見せしむ）ずるにあたって、特に光明についての文であると科文する。そしてその光明は単に身相相好としての一分ではなく、有縁を摂益するはたらきをもつということが大切なのだと指摘する。すなわちその経文を細分し、「無量寿仏に八万四千の相有す（一には相の多少）。一々の相に各八万四千の随形好有り（二には好の多少）。一々の好に復た八万四千の光明有り（三には光の多少）。一々の光明、遍く十方世界の念仏の衆生を照らして（四には光照の遠近）、摂取して捨てたまはず（五には光の及ぶ処、偏へに摂益を蒙る）」ことを明かすとする。

つぎに善導は問答を設け、つぶさに衆くの行を修するについて、ただよく回向さえすれば皆往生することができるのに、どのような理由で阿弥陀仏の光明は普く照らすにもかかわらず、ただ念仏の行者だけを摂化摂益されるのか、その本意はどの辺にあるのか、と問う。これに対して、序分の散善顕行縁における「阿弥陀仏、去此不遠」をもとに、第八像観の法界身の三義いわゆる心・身・無礙の三徳を照応させた三縁で答えている。

一つには親縁。衆生が口に常に仏を称し、身に常に仏を礼敬し、心に常に仏を念じ、そして憶念するという身に行を起こすならば、仏は心に聞き、見、知り、憶念して下さり、弥陀の三業と衆生の三業とが相離れることはない（彼此三業、不相捨離）、というのである。これは弥陀の摂取不捨の願意と念仏行者の願往生心とが、軌を一にすることによる不離合一の親しい関係性を示す。善導は「彼此三業、不相捨離」として、念仏行者の三業に修する行業そのものがすべて、弥陀の摂取不捨の願意のなかに存在するというのである。行者の身口意の三業の一々は、弥陀によって見聞知憶念されている。確かに弥陀には願意・聖意というように、三業のすべてではなく「意」楽だけのように受け取られるのであるが、その因位の発願・中間の万行修行を考えたとき、果上の仏体に三業相応の「不相捨離」を内包していることに気づくであろう。

二つに近縁。衆生が阿弥陀仏と相見《まみ》えたいと心に願うならば、弥陀は身を衆生の念に応じて目の前に現在して下さる、というのである。浄土教の大きな目的の一つに見仏がある。この近縁については、『観経』第七華座観に、「諦聴、諦聴、善思念之。仏当為汝、分別解説、除苦悩法。（諦らかに聴け、諦らかに聴きて、善くこれを思念せよ。仏、まさに汝がために、苦悩を除く法を、分別し解説すべし）[12]」という釈尊の声に応えて、韋提希の前に即現して空中に住立された弥陀三尊を想起するであろう。韋提希は示観の領解を経て、このときすでに他力の行者になっている。したがって韋提希は「無量寿仏を見たてまつりおわりて、足を接して礼を作す。仏にもうして言さく、『世尊、われ、いま、仏力に因るがゆえに、無量寿仏および二菩薩を見たてまつることをう[13]』」と、他力仏力によって見仏したことを領解する。これは念仏の行者の見不見という力量をまったく問題にすることなく、常に阿弥陀仏は行者の前に現在していることを物語るものである。[14]

法然は『選択集』に先立って『観無量寿経釈』に、「近縁」を平生と臨終の二義に分けて釈している。

一に平生とは、（中略）若し人、仏を念ぜざれば、恒沙の聖衆一人も来らず。無数の化仏一仏も来し給はず。作さざれば、仏と極遠なるが故に、光明、摂取せず。仏を念ずる者は、仏、行者の身に近き故に光明摂取するなり。二に臨終とは、一切念仏の行人、命終わらんと欲する時、仏来迎し給ふ。九品の行人、一人も空しからず、仏来迎す⑮。

平生には念ずる者と念ぜざる者との不同はある。これも機に行ずる念に区別を設けるのであって、光明の摂取に差別があるはずもなく、臨終には九品の差別を超えて一人も空しからず、一切の衆生を念仏の行人として来迎する。この『釈』には『選択集』に至るまでの未成熟な釈文が散見される。

三つに増上縁⑯。これには三つの内容がある。一に、衆生が弥陀の名号を称念するならば、多くの時間のなかで積植した罪がすべて除かれる。二に、まさにこの命が終わろうとするとき、弥陀は聖衆とともに自ら来てこの私を迎接して下さる。三に、自らに在るさまざまな邪な業（四苦八苦や無明による煩悩などの残殃）による繋縛は、一切障礙となるものではない、というのである。

したがってそれ以外の衆くの行も確かに善（行）とは名づけられるけれども、もし（このような弥陀との三縁を具する）念仏と比べたならばまったく比校の対象とはならない（若比念仏者、全非比校）、と。そのようなところから、諸経のなかの処々に広く念仏の功能を讃歎しているのである⑰。

この一段は念仏と衆行（余行）との勝劣を通して、念仏の「全非比校」性を述べるとともに、念仏の行者に三縁が加被されていることを述べる。余行にはこのような三縁が成具されていないから比較にならないのである。

引き続き『定善義』では、三部経における念仏の「全非比校」性の際だった要旨を、一経につき一乃至二箇所を挙げ、更に諸経においても同じように念仏の功能を讃歎していることを明かしむすびとする。

すなわち、『無量寿経』の四十八願のなかでは、「ただ専ら阿弥陀仏の名号を念じて往生することが得られる」と明かしている。また『阿弥陀経』のなかでは、「一日乃至七日の間に専ら阿弥陀仏の名号を念じて往生することが得られる」と説き、また（その六方段では、）「十方恒沙の諸仏たちは弥陀の正覚が虚しいものではないことを証誠している」と説く。更に『観経』の正宗分「定散二善の文中には、ただ専ら阿弥陀仏の名号を念じて往生することが得られると標説[18]している」と押さえている。このような例は一つや二つではない。以上、広く（両三昧があるなか）「念仏三昧」を顕わすのである、と。

名号念仏にはこのような三縁が成就されているから念仏の衆生は照らされるのであり、機の上に自力に修する余行の者は三縁が成就されていないので照らされることはないのである。

（三）第三『観念法門』の文

五種増上縁義の第二番目、現生護念増上縁に九種を明かすなかの第三番目に、第九真身観の文の取意を引用する。本文段の文の前にはつぎの文がある。

弥陀仏金色の身毫相の光明、遍く十方の衆生を照らす。身の毛孔の光、亦遍く衆生を照らす。円光亦遍く衆生を照らす。八万四千の相好等の光、亦遍く衆生を照らす。（以下本文段に続く）又、前《さき》の如きの身相等の光、一一に遍く十方世界を照らすに、但だ専ら阿弥陀仏を念ずる衆生のみ有りて、彼の仏の心光、常に是の人を照らして摂護して捨てたまはず。総じて余の雑業の行者を照摂することを論ぜずと。

阿弥陀仏は金色の御身である。その白毫の相から出る光明は遍く十方の衆生を照らしている。御身の毛孔から出る光もまた遍く十方の衆生を照らし、円光もまた遍く十方の衆生を照らし、八万四千の相好などから出る光もまた遍く十方の衆生を照らしている。前のような身相などから出る一つ一つの光（色光）は遍く十方世界を照らしてはいるが、ただ専ら阿弥陀仏を念じる衆生があれば、阿弥陀仏の心光[19]は常に念仏の行人を照らし摂護して捨てておくことがない。おおよそ余の雑業[20]を修する行者を照摂するとは論じていない、と。[21]

阿弥陀仏の内証外用といったすべての功徳荘厳は、その形や用《はたら》きが異なるとはいえ、畢竟衆生の往生を顕証するための一つの利益である。そのようなすべての酬因の法味法益が今、光明として顕われている。善導によればその光明は名号であり、名号とは別願成就の願意そのものを表出したものに他ならない。

三　私釈段

この私釈段は、第八章の私釈段と同様まことに短い。本文段に引く『経』と善導の釈文によって、法然の領解する、弥陀の光明名号が念仏の行者を摂取する三縁三義の論旨が充足しているからであろう。

私釈段の冒頭から問答を設ける。問答はつぎのようである。

私に問ふて曰く、仏の光明、唯だ念仏の行者をのみ照らして余行の者を照らさざる、何の意か有るや。

答へて曰はく、解するに二の義有り。一には親縁等の三の義、文の如し。二には本願の義。謂はく、余行は本願に非ざるが故に之を照摂せず。念仏は是れ本願なるが故に、之を照摂したまふ。

この問は、本文段に引用した善導『定善義』のなかの問と大同小異である。ただ一つ異なることは、対称用語である念仏と余行の用語を用いていることである。阿弥陀仏の光明が照摂するのは念仏の行者であり、自力に修する余行の者ではない。阿弥陀仏の内証外用というすべての功徳荘厳は、その願意を顕証するために光明名号という三縁を具有する力用に顕われる。その力用に催されて一切衆生は照摂をうけ、その摂益によって往生の証果を顕わすのである。いわずもがな、弥陀の意楽は願意の顕証である。法然は「何の意か有る」と問う。

法然の答は、善導の三義に対し、自らの一義を付加してその答意とする。

いわゆる、弥陀が念仏の行者だけを照摂する意楽を領解するのに、二つの義意がある。一つには、親縁・近縁・増上縁という三縁三義が具足されているからであり、これについては上に善導『定善義』第九真身観の文を引いておいたので、その理由は分かるはずである、と。

しかし善導の三義だけでは充足しないと考えた法然は、「二つには本願の義」があるからだとした。確かに四十八願のどの願文も、とりわけ第十八願文をうかがっても、余行をもって往生の正因とはしていない。法然はここでも、第三・本願章において説明したように、「順彼仏願故（かの仏の願に順ずるが故に）」をその理由に加える。余行の者は本願に誓っていないから照摂することをしないし、念仏の行者はこれ本願そのものであり、本願に誓うことであるから照摂して下さるのである、と。

善導はこの釈より、本願そのものに三縁を成就していると考えている。勿論その根本は第十八願にあり、第十二光明無量の願、第二十植諸徳本の願にあることはいうまでもない。したがって法然は、この三縁が成就していることの背景に、光明名号による一切衆生の摂取を誓願成就している、弥陀の本願を忘れてはならないのだと押さえているのである。根元に横たわっている本願成就なくして、十方衆生への光明による照摂も、そしてその顕証である三縁を具有する摂益もないのである。

第三章において、十方一切の衆生の摂取がすでに本願によって成就されていることが明らかにされた。その原理である体《たい》が、今どのような本願の力用をもって、その対象のうえに具現し顕証されるのかを語るのが、第四章以降の法然の物言いなのである。この章では、三縁が成就された光明をもって念仏の行者を摂取するという、阿弥陀仏の力用を述べる。

この章は光明名号による衆生の摂取を主題としているから、第三・本願章に善導の「順彼仏願故」の一条に付加した「かの仏の本願の行なるが故に」という法然の一条は省略している。光明名号そのものに本願の行が内具されているからに他ならない[22]。

この二義を証明するために、法然は善導『往生礼讃』六時礼讃のなかの日中礼讃偈の文と、本文段に引いた『定善義』三縁釈の要文を再び引く。

弥陀の身色は金山の如し。相好の光明、十方を照らすに、唯だ念仏のもののみ有りて光接を蒙る。当に知るべし、本願最も強しと為[23]。

自余の衆善（行）[24]、是れ善と名づくと雖も、若し念仏に比ぶれば、全く比校に非ず[25]。

この二文である。阿弥陀仏の御身の色相は金色に輝く山のようである。八万四千の相好より出づる光明は十方世界を照らし出している。とりわけその光明はただ念仏の行者だけを覓《もと》めて照摂し、行者はその利益を蒙るのである。

このことは必ず知っておかなければならない、阿弥陀仏の本願は最強の願であることを、と。

自余の衆行は確かに善と名づけられる[26]ことに違いはない。しかしながらそれらはすべて自力に修する、三縁の具わらない行である。ところが念仏の一行は他力の行であり、三縁を具有する。余行と念仏とを比較したとき、まったくその本質を異にするところから比較の対象とはならないのである、と。

法然がこの二文を引く背景に、善導『往生礼讃』の「弥陀世尊、本発深重誓願、以光明名号、摂化十方（弥陀世尊、本発の深重の誓願は、光明名号を以て、十方を摂化す）」があることに気づくであろう。光明名号という光用は、十方世界の一切の念仏行者を摂取する大悲となって遍照するのである。平生における大きな証得といわなければならない。

この二文を引いた後に法然は、つぎのようにいう。

意の云はく、是れ浄土門の諸行に約して比論する所なり。

ここに『選択集』初出の用語が登場する。「浄土門の諸行」である。『選択集』を第七章まで読み進めてきて、素直にこの言葉を受け取るならば、先ず浄土門という教判の用語に気づくであろう。第一章にて法然は、仏教を聖道門と浄土門との二つに大別をしている。したがってこの「浄土門の諸行」の対称用語は、必然的に「聖道門の諸行」となろう。しかし『選択集』には「聖道門の諸行」という教義用語がない。もし『選択集』のなかでこの用語が用いられていたとするならば、それは聖道門に説くすべての諸行を指すものであろう。法然の仏教教判（第一章）浄土教判（第二章）はすべからく行という体系で語られる。聖道門の諸行とは断惑証理・入証得果への行を指し、難行道・三乗・自力と共通した言語概念である。

それに比して「浄土門の諸行」とは、大別された浄土門において説かれる弥陀の浄土への往生を目的とした、易行道・一乗・他力と共通した言語概念をもつ行である。続く法然の浄土教判では、その往生浄土門には「傍明往生浄土之教」と「正明往生浄土之教」とに分類されている。必然的に傍明往生浄土之教は廃捨されてくるから、正依経論である三経一論に明かされる正明往生浄土之教が残立する（第一章・第一重の選択）。その正明往生浄土之教には正行と雑行とが説かれているが、これも雑行が廃捨され正行が残立する（第二章・第二重の選択）。

今語られるのはこの正行である。「浄土門の諸行」とは、大きな範疇としては浄土門全体に説かれる往生浄土のためのすべての諸行を指すものであろうが、狭義的には三経一論に明かされる正行を指す。具体的には『無量寿経』三輩段と『観経』定散二善十六観門を指すものであろう。しかし第一章・第二章の教相判釈の序論を経て、第三章に本論として往生浄土の原理である弥陀の本願が明かされた今、以降八章に至るまでその本願である念仏の一行がもつ力用を明かす。特にここでは、第四章に説かれる同類の善根・異類の善根という法然の領解に思いを致さなければならないであろう。再び第四章私釈段「助正」の法然の文を引く。

二には、念仏を助成せむが為に此の諸行を説くといいは、此れに亦た二の意有り。一には同類の善根を以て念仏を助成し、二には異類の善根を以て仏を助成す。初めの同類の助成といいは、善導和尚の『観経の疏』の中に、五種の助行を挙げて念仏の一行を助成する、是れなり。

この釈文によって、ここにいう「浄土門の諸行」とは、明らかに「同類の善根」と同義語であることに気づくであろう。すなわち念仏の一行を助成する五種の助行である。五種の助行とは、読誦・観察・礼拝・称名・讃歎供養の五種正行である。衆生のうえに行ぜられる往生浄土のための行である以上、それは念仏の一行を助成する五種の助行（正助二行）なのである。

したがって「意の云はく」とは、法然『選択集』に共通して善導の釈意のことであり、「是れ浄土門の諸行に約して比論する所なり」とは、第四章の廃助傍の三義に明かされるところの、念仏の一行を助成する同類の善根である五種の助行と、比較し論ずるところであるという意味である。浄土門の諸行と比校しても、念仏一行は本質的に比較にはならないのである。そこのところを第七章のむすびとして、つぎのようにいう。

念仏は、是れ既に二百一十億の中に選び取る所の妙行なり。諸行は、是れ既に二百一十億の中に選び捨つる所の麁行なり。故に「全非比校」と云ふ。
又、念仏は是れ本願の行なり。諸行は是れ本願に非ず。故に「全非比校」と云ふ。

この文では、念仏と諸行（余行）とが対比されている。この文の要意は第三章とほぼ同様である。光明名号が念仏の行者を摂取することを説くこの章に至って再度この文によって言及するということは、念仏の一行が妙行であること、更に本願の行であるがゆえの「全非比校」性を強調するために他ならない。

聖道門の諸行はすでに第一章教判において廃捨された行であるから、ここでは包括されないと考えたほうが至当である。また浄土門の諸行である五種の助行・雑行・傍明往生浄土之教をも包括したものと考えていい。

念仏の一行は、世自在王仏から観見した二百一十億の諸仏の刹土より選択摂取した善妙の、別願として成就すべき行である。それに反して諸行（余行）は選捨された麁悪の行である。だから「全非比校（全く比校にあらず）」というのである、と。

法然は忘れているのではなかろうかと註（22）に書いたけれども、決して忘れてはいなかったのである。第二義として、善導の「順彼仏願故」に続き、自義の「念仏は是れ本願の行なり」を付加している。

この法然の物言いは真に峻厳である。諸行（今第七章の標章は余行である）は機に自力に修する行であり、非本願であるから照摂しないのであり、念仏の行者は念仏の一行に順じ、念仏の一行を他力に行ずるから照摂し摂取するのである、と。

筆者はここで、「対比」という用語を使用して相対的に表記しているけれども、あくまでも善導と法然の正意は「全非比校」であって、「対」するものではなく、「比」すべきものでもない。同次元に扱うものではないのである。覚体に成就した絶対的な価値をもつ念仏一行の殊勝性を、「順彼仏願故」「念仏は是れ本願の行」の論理で明らかにするものである。

四　第七章のむすび

弥陀の本願に順じ、弥陀の正覚に果上し成就された行である念仏の一行は、本質的にそして本来的に「三縁」を具有する。今弥陀の覚体は名号に具象され、その名号は光明として一切の念仏の行者を遍照し、三縁三義を具有する光明の力用によって、念仏の行者は摂取され摂護され、今往生という摂益を蒙るのである。

『選択集』第七章という『観経』所依の領域のはじめに、第九真身観の文が引き出されていることに意義がある。

すでに十方衆生は念仏の行者となって阿弥陀仏の前に現在し、三縁三義の摂取の摂益をうけている。その摂益が行者のうえに顕現するのが、つぎの章に説かれる三心である。

註

（1）『浄全』第四巻三五六頁下七（『往生礼讃』）「諸仏の所証は平等にして是れ一なれども、もし願行を以て来し収むるに、因縁なきにあらず。しかるに弥陀世尊、本発の深重誓願、光明名号を以て十方を摂化す。但し信心求念するものをして、上一形を尽くし下十声一声等に至るまで、仏願力を持って往生することを得やすからしむ。是の故に釈迦および諸仏、勧めて西方に向かはしめて別異と為るのみ」

（2）智通『選択集口筆鈔』、尭恵『選択私集鈔』、明秀『選択本願念仏集私鈔』

（3）行観『選択本願念仏集秘鈔』

（4）『浄全』第四巻五四一頁上一～三

（5）ワイド版岩波文庫『浄土三部経』下六一頁七～一〇

（6）『浄全』第二巻四八頁下一六～四九頁上一六

（7）『浄全』第四巻二二八頁下一四

（8）ワイド版岩波文庫『浄土三部経』下六〇頁一四

（9）『浄全』第一巻六七八頁上五

（10）『浄全』第二巻一〇頁下一一（第六和会経論相違門の第六会通二乗種不生義）

（11）中村元『仏教語大辞典』下八六六頁二

（12）坪井俊映『浄土三部経概説　新訂版』（一九九六年六月二十日初版第一刷発行　法藏館）四二七頁一二行「光明摂取」からの一頁弱の項に、余りにも多くの誤りがあるので、本文に入れることを差し控えて、この註の紙面を通じて指摘しておきたい。

第一に、「この「光明遍照」の文の読み方について、『随聞講録』中之二（浄全一四・六一六頁）」を取り上げている点である。ここになぜ江戸時代中期の鎮西浄土宗学全盛期の泰斗である義山（一六四七～一七一七　正保四～享保二）の著書『観無量寿経随聞講録』（全五巻）を引用しなければならないのであろうか。その必然性がまったくない。ここに「光明遍照」の訓みの二例を取り上げ批判するのであれば、少なくとも証空義系の著書を引用すべきであろう。自流鎮西系の典籍を用い出し、他義を批評することは基本的に避けなければならない。近代の典籍を引く過ちを犯すより、行観（一二四一～一三二五　仁治二～正中二）・明秀（一四〇三～一四八七　応永十～文明十九）といった証空義系の著名な『選択集』典籍（『選択本願念仏集秘鈔』『選択本願念仏集私鈔』）を引用することの方が方法論的に適っている。それよりもやはり本来は、証空自身に『自筆鈔』『他筆鈔』更に『積学鈔』といった書が現存しているのであるから、それら直接の引用の方が的を射ているといわなければならない。

第二に、「光明遍照」の文の訓み二例に対し、「西山教学にては、前者の読み方をするのを「起行読み」といい、後者の読み方を「安心読み」というが、浄土宗義では前者の読み方をして、後者を用いない」としたこの文の「西山教学」に付した註（1）に引用した石黒観道の著書『西山教義の概要』（『宗学研究』第二輯）についてである。先ず、石黒観道の著書がいう「西山教義」という用語の概念規定が明確ではないにもかかわらず、その用語をそのまま引用した点である。少なくともここにいう西山教学とは、狭義的に証空教学のみを指す概念ではない。証空の流れを汲むところの鎌倉期・室町期に完成された深草義・本山義・西谷義の総称をいうものであろうが（まして江戸宗学までを包括した概念ではないと考えるが）、坪井氏が総称して一括的に「西山教学にては」と論評されることはいかがなものであろうか。代表的な西山各流の特色ある教義を知っておられての物言いであろうか。再考が必要である。

つぎに、少なくとも証空にあっては「安心読み」「起行読み」といった分類をすることはない。行観・明秀といった人師の輩出を得て後世そのような分別をしてゆくに過ぎない。大正期の学匠石黒観道の現代の論攷をここに引くのではなく、やはり対論的な物言いをしなければならなくなった時代に生きた人師、たとえば円空立信・顕意道教そして行観・明秀といった典籍から引用すべきであった。

第三に、「浄土宗義では前者の読み方をして、後者を用いない。それは、後者の読み方をすると、仏の光明はただ十方世界のなかで、念仏するもののみを照らすことになるから、仏の光明の照域がせまく、一切衆生のうち、ある一部のもののみしか照らされないことになる。前者の読み方は、十方世界の有情、非有情一切のものが如来の光明に照らされて、そのなかでとくに念仏するもののみが摂取の益をこおむる。それで光明の照域が広く解され、一切のものが照らされることになる。（傍点は筆者が付す）」というものである。この理解は余りにも偏狭で浅薄である。法然が門弟への講席や『選択集』編集の会座にいて読み、その『選択集』編集の席に勘文の助役として同座した証空が法然自らの声を聴いて継承した読みを、証空は『自筆鈔』に記している（『西叢』第二巻九七頁下六「広く十方を照す事は、念仏の衆生を照さん為なれば、十方を照す光明皆、摂取不捨の為と云ふ事を釈し顕すなり」）。このような理解をされるということは、少なくとも坪井氏は証空の著書を通読されてはいないし、先に記した証空義系の末書をも読まれたことがないことになる。筆者はこの註の前の本文に記したように、法然義を継承した証空においては、阿弥陀仏にとって十方一切の衆生は念仏の衆生以外にはなく、往生を光明名号の摂取のうちに顕現させることが阿弥陀仏の別願に酬因する報身仏の性格と考えていることを指摘しておきたい。

したがって後者の「光明は遍く十方の世界の念仏の衆生を照らして、摂取して捨てたまわず」は、弥陀の願意を顕わさんがために、釈尊が語る経意を窺うとき、「十方衆生」を念仏の衆生の南無の一機に収めて、今まさしくその摂益を光明名号によって顕証せんがために遍照し、摂取の摂益を顕現せしめるというものである。坪井氏のように「念仏するもののみを照らすこと」ではなく、まして弥陀「仏の光明の照域」を設けるものでもなく、「一切衆生のうちある一部のもののみしか照らされない」ものではない。本来弥陀に「するもののみ」といった願意はなく、照域といった概念があろうはずがなく、一部の者のみしか照らさないような摂益であれば、余りにも漏れる者が多いといわなければならないのではないか。

ところで前者の「光明は遍く十方の世界を照らして、念仏の衆生を摂取して捨てたまわず」と読んだ場合、「十方世界の有情、非有情一切のものが如来の光明に照らされ」ることは、弥陀の願意から共通の認識を得ることができようが、「そのなかでとくに念仏するもののみが摂取の益をこおむる」ようなことでは、「とくに念仏するもの」と特に念仏せざる者とに優劣や差別が生じる。また「とくに念仏するもののみが摂取の益をこおむ」ったのでは、念仏以外の助業・雑行・聖道門の諸行、更に諸宗教の教行を修する者は、まったく摂取の埒外に置かれることとなり、弥陀の摂取の平等性が損なわれる。かえってこの読みをすると、光明の「照域」が狭まり、弥陀の「超世の願」として、「大施主」として、「普く諸の貧苦を済」うことに、「名声十方に超」えることに制約と限界を与えることになりはしないか。「光明の照域が広く解され、一切のものが照らされること」は肯けても、念仏の衆生を「念仏する」機根の上に差別することがあってはならないのである。念仏することのできる衆生を因位の願意に、そして中間の万行に摂め取って果上の阿弥陀仏となって、今まさに光明名号のうちに摂益するのは、「最勝尊」としての弥陀であって、衆生自力の機根のうえに忖度するものではない。

第四に、坪井氏が「前者の読み方をとって、後者の読み方をしない」根拠を、善導『往生礼讃』日中礼讃偈の「相好光明照十方、唯有念仏蒙光摂（相好の光明は十方を照らす、ただ念仏するもののみあって、光摂をこうむる…坪井氏の訓み…）とある文意によって」論証される。この訓みも、また『般舟讃』の「不為余縁光普照、唯覓念仏往生人（余縁の為に、光普く照さず、ただ念仏往生の人を覓《もと》む）」と共通して、坪井氏には典拠となるのであろう。これもまた、機における正定業である（称名）念仏する行業に光照摂益を認めているのではなく、弥陀の念仏の衆生に対する普照性をいうのをもって、主眼とする偈文であることに気づきたい。

坪井氏のこの十数行において管見される数箇の「念仏する」という表現が、ことごとく機に行ぜられる行業という観点から使用されていることに留意しなければならない。称名念仏が機に行ぜられる以上、『選択集』第二章にいう正助二行をも含めた余行の範疇に入ることも指摘しておきたいのである。いずれにしても、他義を許するにこのような浅狭な論攷は読者に誤った見解を与える。

(12) ワイド版『浄土三部経』下五六頁二～五
(13) ワイド版『浄土三部経』下五六頁九～一二
(14) この箇所を証空は「光台に見しは見しかは見ざりしを聞きてぞみつる白河の関」と詠んでいる。
(15) 『法全』一二一頁三～八
(16) 善導『玄義分』序題門には「娑婆の化主は其の請に因るが故に、即ち広く浄土の要門を開き、安楽の能人は別意の弘願を顕彰し給う。其の要門とは即ち此の『観経』の定散二門是れなり。（中略）弘願と言ふは『大経』に説くが如し。一切善悪の凡夫、生ずることを得ることは、皆阿弥陀仏の大願業力に乗じて、増上縁となさずと云ふことなし」とある。

更に善導は『観念法門』に、『無量寿経』『観経』『阿弥陀経』『般舟三昧経』『十往生経』『浄土三昧経』の六部の経典を典拠として、「現生及び捨報に決定して、大功徳利益有り。仏教に準依して、五種の増上利益の因縁を顕明せむ」として、「一には滅罪増上縁、二には護念得長命増上縁、三には見仏増上縁、四には摂生増上縁、五には証生増上縁なり」と五種の増上縁を挙げている。

この五種増上縁を三縁にもし配当するとすれば、親縁は証生、近縁は護念と見仏、増上縁は滅罪と摂生になろうか。

(17) 荊渓『摩訶止観輔行弘決』第二巻一（『大正蔵』第四十六巻一八二頁）「諸教所讃多在弥陀、故以西方而為一準」

(18) この物の言いは、流通分から逆観した正宗分の在り方を示している。法然はこの『選択集』において屢、『観経』一経の玄旨を述べるなかで善導『散善義』流通分の釈「六に『仏告阿難汝好持是語』より已下は、正しく弥陀の名号を付属して遐代に流通せしめたまうことを明かす。上来定散両門の益を説きたまうと雖も、仏の本願の意に望むれば、衆生をして一向に専ら弥陀仏の名を称せしむるに在り」を引用する。この善導の釈はいわゆる『観経』一経のみならず、浄土三部経を流通分より逆観して正宗分・序分を見、『観経』の他力経典としての、諸師とは異なる真実性（古今楷定）を開顕しようとした発見の文である。法然も善導のこの発見を十二分に了知していて、『選択集』第六・第十二・第十六章の三章を配当して「名号」の付属流通という弥陀の願意をうけた釈尊の経意を披瀝している。このことからも法然の立教開宗の文が、「一心専念弥陀名号、行住坐臥不問時節久近。念念不捨者名正定之業。順彼仏願故」（『散善義』〈『浄全』第二巻五八頁下八〜一〇〉）ではなく、『散善義』流通分のこの文であったことが明白である。「一心専念」の文は、流通分の文をうけてはじめて念仏行者のうえに行ぜられる形相を語る文であって、仏力異方便としての正宗分に語る文言であることに留意しなければならない。

(19) 龍樹『大智度論』第四十七巻に、光明を色光（身光または外光ともいう）と智慧光（心光ともいう）とに分かっている。また色光を常光と神通光（現起光とも放光ともいう）に分けている。（『大正蔵』第二十五巻三九九頁）

(20) 「余の雑業の行者」とは珍しい言葉である。概して雑多な余行を修する行者といった意味であろうが、法然はこの言葉をうけて私釈段に、「浄土門の諸行」というまた初出の名目を使用する。すなわち念仏一行以外の、五種の助行（正助二行）をも含めた余行を指す概念と考えていいであろう。

(21) この箇所の証空『自筆鈔』の理解はつぎのようである。
　二は正しく弘願に帰して真仏の護念に与る謂、真身観の摂取不捨の文に初めて顕はる。故に観門の護念の次に是を引きて弘願の護念を得る事を顕はすなり。其の理次第尤も然るべきものなり。（『西叢』第四巻一八〇頁上）
(22) しかしすぐさま法然は、書き忘れていたことに気づいたのであろうか、この後その二義である「念仏は是れ本願の行なり」という。
(23) 『浄全』第四巻三七二頁上一三
(24) 第二文について、善導の文は「衆行」となっているが、法然の引文は「衆善」である。今章本文段の引用は「衆行」であるが。
(25) 『浄全』第二巻四九頁上一〇
(26) この「自余の衆行」とは『観経』定散二善として説かれる自力に修する観仏の行を指す。善導によれば、『観経』には観仏・念仏の両三昧が説かれているが、この観仏の行をも否定し、今釈尊によって弥陀の依正覚体を観照する法門として説かれる定散二善十六の観門が能詮として説かれない以上（観仏三昧）、その所詮である念仏の一行は開宣されることはない（念仏三昧）。釈尊は流通分に至って、十六観門の真意が念仏を詮顕するするものであったことを、「汝好持是語。持是語者、即是持無量寿仏名」の仏語によって阿難に付属する。

第八章　念仏行者必可具足三心之文

念仏の行者、必ず三心を具足すべき文

はじめに

第七章には、『観経』を所依として、第十八念仏往生の願に誓願された救済の対象である「十方衆生」が、因中の願行を全分に成就し果上となった阿弥陀仏に、衆生の往生と自らの正覚を果号として具象した名号をもって、光明名号のうちに摂取されていることを明らかにした。

第八章には、弥陀の光明名号によって十方衆生が摂取され摂護され、今、十方衆生のうえに往生という摂益が顕在し、そしてその摂益が、往生を決定した衆生のうえに得られるところの勝れた利益である三心を明らかにしようとするものである。

ここで注意しておかなければならないことは、この三心を、第一に法然が確立した教相判釈の体系のなかでどのように考えるかということであり、第二に『選択集』の第一章・第二章で述べられる「行」観と、第三章を下って次第して述べられる法然の「行」観の定義するところの推移のなかでどのように考えるかであり、第三にこの三心が『選択集』の第八章という『観経』所依の領域に語られているという事実であり、第四に『選択集』第七章では真身観のなかで光明によって摂取された念仏の行者のうえに語られる三心であることの四点である。

再び第十八願文を想起したい。法蔵による救済の対象は「十方衆生」であった。今その十方衆生は、光明名号によって往生と正覚を同時に成就した原点に得る。では阿弥陀仏は、成就した衆生の往生という摂益を十劫の昔に、往生と正覚を同時に成就した原点に得る。では阿弥陀仏は、成就した衆生の往生という摂益を顕証するために、この願文にいう「至心信楽欲生我国」と「乃至十念」とを絶対的な条件、あるいは衆生が往生するための必要な条件としたのだろうか、というものである。すでに「乃至十念」については第三章においていい及んだので、ここには述べることはしない。

ここにいう条件とは要件であり、往生という摂益を得ている衆生に対して課するところの、その願文を完成し成就させるための「行」である。現代の言葉でいえば、いわば衆生の側において自らの往生を確定させるための実践である。すなわち阿弥陀仏は衆生に対して、往生を決定するための三心（『無量寿経』においては「至心信楽欲生我国」、『観経』においては「一者至誠心、二者深心、三者廻向発願心」）を起こし、更に十念（十声）を称えよ、という要件としての要求という意味である。

果たして『観経』序分の定善示観縁において、釈尊をして「汝是凡夫。心想羸劣、未得天眼、不能遠観。諸仏如来、有異方便、令汝得見（汝は、これ凡夫にして。心想、羸劣なり。いまだ天眼をえざれば、遠く観ることあたわず。諸仏如来に、〔別〕異の方便ありて、汝をして見ることをえしめたまう、と）[1]」といわしめた我ら凡夫に、このような三心が果たして発しうるのであろうか[2]。真実心のうえに称名がなしうるのであろうか。そのような点に留意しながら、第八章とそれ以後の『観経』の諸章を読み進めてみたいと思う。

一　標章

第八章の標章を述べる前に、『観経』段に入った第七章の標章に思いを馳せたい。『選択集』においては第七章からが『観経』を所依とする論理を展開する領域である。第六章までは『無量寿経』を所依とする領域であって、その標章と私釈がすべて余行に対比される念仏あるいは念仏の一行について論究されていた。『観経』の領域に入る第七章に至って、標章も含めてはじめて「念仏の行者」という用語が使用される。すなわち「弥陀の光明、余行の者を照らさずして唯だ念仏の行者を摂取したまふ文（第七章）」である。この用語は再び第八章に至って「念仏の行者、必ず三心を具足すべき文」となり、第九章は「念仏の行者、四修の法を行用すべき文」となって使用される。第七章は、「余行の者」と「念仏の行者」を対比概念として扱い、この八・九章はただ「念仏の行者」のみの表記である。

この念仏の行者とは、第七章標章のむすびのところで私はつぎのように定義しておいた。「私釈段においては明確にその語義が明かされてはいないが、従来の論旨から定義すれば、弥陀の光明名号の摂化を蒙って、その往益が念仏の一行の声となって行ぜられるうえに顕現する者を念仏の行者という(3)」というものである。

七・八・九の三章はしたがって、阿弥陀仏の光明名号の摂化を蒙って「十方衆生」は念仏の行者となり、今、念仏の行者のうえに三縁三義の摂益がもたらされる。その念仏の行者のうえに往生という摂益が顕証し顕在することによってもたらされる、往益（往生することによって得られる利益）を主題としていることがわかるであろう。

弥陀にとってすでに「十方衆生」は「念仏の行者」であり、そのひとりひとりの衆生のうえにその往益をいかに顕証し顕在させるかが問題なのである。しかしその問題といっても、すでに往益を蒙った念仏の行者のうえに内具し内在していることは第七章において明らかになったところであるから、その内在する往益がどのような衆生のうえの心証や行相として顕露顕証されるかの問題なのである。

したがって衆生の行態や行相を弥陀が見て「念仏の行者」と判ずるものではなく、念仏を衆生が起こす行相と見ること自体が誤りといわなければならないであろう。いわずもがな、善導『玄義分』「第五会通別時意」に摂論家のいうただ行のみである別時意の方便としての念仏とか、自力に修する念仏というものは、法然のいう念仏一行を能助し助成する五種の助行にいう称名であり、また雑行・余行として峻別されるものである。

すでに念仏の行者となった身に、摂益を蒙るための称名念仏というものはない。ただ弥陀の摂益が念仏の行者のうえに往益として顕現するのみであり、往益の内実が安心となり起行となってゆくだけのことである。

念仏の行者のうえに顕われる安心を、ここに三心という。

（一）「必可具足」のこと

法然が標章に謳った「必可具足（必ず具足すべき）」を、どのように考えるかということである。

㈠　確かに第十八願の願文を見る限りにおいて、救済の対象である「十方衆生」のあとに「至心信楽欲生我国」と「乃至十念」が連なり、そして願文の眼目である「若不（往）生者」がくる。この願文を見る限りにおいて、「至心信楽欲生我国」と「乃至十念」は、一切衆生の往生の前に立ちはだかるところの必要、否必須、否絶対条件のような願文である。

『無量寿経』により法蔵菩薩の成仏の因果を辿ってみよう。法蔵は師仏である世自在王仏のみもとにおいて、因位に五劫思惟ののち四十八種の別願を建立する。第三・本願章において詳述したように、王本願である第十八願を成就するために、いわゆる十方衆生の極楽浄土への往生を果たすために、中間の兆載永劫という果てしない六度万行の完遂が必要であったのである。法蔵にとって因中の願行は偏に十方衆生の救済という始原にあった。そして今果上の阿弥陀仏となって十劫の昔に成仏し「今現在説法」しているのである。

衆生の内実は、すべからく第一章仏教教判と第二章浄土教判のなかで語られてきた。なぜ法然は、往生浄土門を別立したのか。なぜ正明往生浄土之教を別立し三経一論を選別したのか。なぜ三経に説かれてあっても雑行を抛って五種の正行を選択したのか。なぜ助業を傍らにして正定業を専ら選択したのか。では果たして、残された第四称名正定業こそが衆生に課せられた唯一の往生のための行業なのであろうか。これらはすべて衆生の機根を見定めたうえに法然がとった、浄土宗独立のための教判が意図する根源の問題である。

『無量寿経』下巻に説く衆生往生の因果に明かされる衆生の機根とその実体を、五劫思惟のなかに見てとった法蔵は、救うべき十方衆生にいかなる願行をも具わっていないことを洞察している。すなわち衆生を往生させるためのいかなる条件（要件）をもその願文のなかに組み入れることは不可能であると諦観したのである。そのうえで十方衆生を救い取っているのである。

法然が第二章に引用した善導『玄義分』第五会通別時意釈のなかで語られる六字釈と、『往生礼讃』願行具足の文を思い返してみる。

今此の『観経』の中の十声の称仏は、即ち十願十行有って具足す。云何んが具足する。南無と言ふは即ち是れ帰命、また是れ発願回向の義。阿弥陀仏と言ふは即ち是れ其の行なり。斯の義を以ての故に必ず往生を得。(5)

念念相続し畢命を期と為す者は、十は即ち十生じ、百は即ち百生ず。(6)

法蔵菩薩の因中の願行にはすでに十願十行が具足されてあり、その十願十行が阿弥陀仏の果号として六字の名号に成就され、今『往生礼讃』の引文の少し前の文「以光明名号摂化十方（光明名号を以って十方を摂化）」しているのである。

この「乃至十念」の十声称仏は、阿弥陀仏の内証外用が光明名号として十方衆生のうえに摂化され、三縁三義が成就しているがゆえに衆生に加被され、更に正定業として「彼の仏の願に順ずるが故に、意の云はく。称名念仏は是れ彼の仏の本願の行な(7)」る証しとして、自ずと衆生の往生の行相にいづる念仏一行である。

一切の願行が阿弥陀仏の正覚に成就された覚体は、その救済の対象である十方衆生のうえに顕在し顕現しなければ意味をなさない。その方途が光明名号となって、十方衆生の摂化へと力用するのである。ただ衆生はその摂在のなかで、弥陀の念仏一行を往生の行相として修習するのみである。以上が『無量寿経』を通した理解である。

(二)　では、すでに『観経』の領域に入っている第七章から十二章までの、『観経』を通した理解はどのようであろうか。『無量寿経』理解を通したうえで、『観経』の説相を通していかに衆生に往生の行相が看取できるかを見てみたいと思う。

『観経』はここに善導『玄義分』宗旨門を出すまでもなく、観仏念仏両三昧によって成立している。定散二善よりなる正宗分は、能詮の観仏三昧と所詮である念仏三昧によって『観経』一経を構成する。善導は古今を楷定すべく、従来諸師の自力に行として修する「観仏（観察・観想・観念・観行・止観）」経典の見方から、この『観経』を、釈尊が仏力異方便として施説した両三昧を宗となす経典とし、その両三昧を宗とするからこそ他力経典としての真実の経意が発揮されるのである、とした。

その経意とは、流通分第六節に説かれる「汝好持是語。持是語者、即是持無量寿仏名（汝よ、好くこの語を持て。この語を持てとは、すなわちこれ、無量寿仏の名を持てとなり）[8]」である。釈尊は、説き来たった正宗分の定散十六観を阿難に付属することなく、ただ「無量寿仏の名」いわゆる「南無阿弥陀仏」だけを付属流通せしめたのである。これは耆闍に帰っての阿難の復説によって証明されている。

すでに弥陀の光明名号は、釈尊の教説を経て十方の衆生に開示された。ただ我々はその摂化に触れ、摂益を蒙るだけである。その念仏一行を修習するのである。

(三) したがって衆生のうえに具備しなければならない願行は何もない。光明名号という念仏一行の摂化に触れるとき、自ずと摂益として三心が具わり、念仏の行者として念仏一行がその行相に顕現してくるのである。

衆生に一分の行をも課するならば、一・二章に明かされた法然によって確立された浄土教判は崩れる。更に第四章（三輩章）に明かされる廃助傍の三義の真意が曖昧になる。

廃立では善導『散善義』流通分の釈[9]を引き、『観経』正宗十六観にわたって種々の利益が説かれているけれども、流通分に至っての釈尊の経意を、善導は『無量寿経』第十八願の弥陀の本願の願意を根拠に、「一向専称弥陀仏名（一向に専ら弥陀仏の名を称する）」とした。法然は善導をうけ、「余行を説くと雖も、上の本願に望むれば、意、唯だ衆生をして専ら弥陀の名を称せしむるに在り」とし、「而るに本願の中には更に余行なし」といい切る。

この廃立の対立を助正では、同類の善根と異類の善根という用語によって、読誦・観察・礼拝・称名・讃歎供養の五種の助行である同類の善根は念仏の一行を助成するものとし、能助と所助の関係性に置いた。

傍正はその各が独立した価値観のうえに立つものであって、自力と他力の分かれ目を表する概念である。

廃立は能詮・所詮をいい、助正は能助・所助をいい、傍正は正が正たりうる背景には傍が完全に具有されている関係性をいうものであって、そのいずれもが念仏の一行を詮顕するための手段にしか過ぎない。法然のそのような「行」観に立つ念仏義に、衆生のうえに起こされる所発の信行が微塵もないことに留意しなければならない。

したがって、この標章にいう「念仏の行者」にもたらされるところの「三心」は、行者が所発の安心として具足しなければならない三心ではなく、念仏の行者にもたらされ具足することのできる三心という意味なのである。その点を明確に表意しておかなければならない。

二　本文段

第八章の本文段には三つの経釈が引かれている。いわゆる『観無量寿経』第十四観上品上生の段の経文と、善導『散善義』の該当箇所の釈文と、『往生礼讃』の三心釈である。

『観経』自体の引用文はまことに短いのであるが、それに比して善導の釈文がまた殊の他まことに長文である。この短い経文に対してこのような長文の解釈を施す善導という信仰詩人は、どのような精神構造をもっていたのであろうか。語彙が豊かであり、美文家であると同時に文書構成がまことに確実であり、語彙の概念が明確であり、想像力をその語彙をもって表現しうる方であり、内省性に富み、浄土教の精神性の背景と内実を洞察するにまことに巧みであったことが理解できる。このような多くの譬喩を用い、なおかつ浄土教の教理をこのような美文をもって表現することのできた善導という信仰の人に心から敬意を表するものである。

この引用本文の数量に比して、また法然の私釈段がまことに短い。このことによって法然は、自らの浄土宗における三心論についてはまったく善導に憑依していることが理解できる。この二つの本文も重要であるから、そのすべてを引いておく。

（一）第一『観経』散善段上品上生の文

『観無量寿経』に云はく、「若し衆生有りて彼の国に生ぜんと願ぜば、三種の心を発して即便ち往生す。何等をか三と為す。一には至誠心、二には深心、三には回向発願心なり。三心を具する者は、必ず彼の国に生ず」と。

《散善の典拠》

『観経』において「散善」の文言が初出するのは、善導の分科による「三福」を明かす「散善顕行縁」である。先ず欣浄縁（全八段）第六・七・八段の最後にいう、韋提希の請求(10)によって導き出される釈尊自開の一段を善導は「散善顕行縁」とする。善導は散善顕行縁を五段に分け、その第一段につぎのようにいう。

如来、夫人の、極楽に生ぜんと願じ、更に得生の行を請するを見たまふに、仏の本心に称《かな》ひ、又弥陀の願意を顕はすを以て、斯の二請に因って、広く浄土の門を開く。直《ただ》韋提のみ去ることを得るに非ず。有識、これを聞きて皆往かん、斯の益有るが故に。所以に如来、微笑したまふを明かす(11)。

韋提希夫人は欣浄縁第六・七・八文のように、自らのみの往生を得べく光台に見た「極楽世界、阿弥陀仏の所」に往生したいと願ってその分も弁えることなく、得生の行業であると錯覚するところの別所求と別去行とを請求する。

しかしながら別所求は、韋提のみならず未来世一切の衆生が往生すべく、光台においてすでに釈尊が十方仏国のなかに予説予見せしめている。韋提が「憂悩なき処を説きたまえ」と通所求を求め、更に「ただ、願わくは、仏日よ、われをして清浄業処を観ぜしめたまえ」として通去行を求めた二請をうけて、釈尊は「如来の意密を彰」わさんがために十方浄土を光台に顕現せしめた。韋提の二請は自ら「発言致請」しておきながら、また自ら知る由もなく、結果的に「広く浄土の門を開く」こととなったのである。確かに韋提は一往その所現に対し「仏恩を感荷」したであろうが、如来の意密まで察することはなかったのである。なおのこと「全非比況」である「極楽世界、阿弥陀仏所」を「如来の意密」として韋提自ら選ばしめられようとは露ほども思ってはいない。しかし結果として選んだのである、選ばしめられたのである。それは善導の、

隠顕、機に随ひて望み化益に存す。或《よ》は可し、ことさらに彼の優たるを隠して、独り西方の勝たるを顕はす。[12]

というように、釈尊の言説・顕現にはすべからく隠顕が内在し、[13]今弥陀は釈尊をして、釈尊は韋提をして西方極楽世界を別選所求せしめることとなったのである。ここを善導は欣浄縁第七段に名文を連ねたのち、

悲智双べ行じて、即ち広く甘露を開く。茲れに因りて法潤普く群生を摂す。諸余の経典に勧むる処、いよいよ多し。衆聖、心を斉しふして皆同じく指讃したまふ。この因縁有りて、如来、密かに夫人をして別して選ばしめたまうことを明かす。[14]

というのである。

韋提は仏恩を感荷して仏所は見せてもらったと領受したけれども、当然のようにその仏所への「別行」がいるものとして別所求とともに別去行の二請を合わせて請求した。韋提にとってその仏所に往くためには、「己を励まし心を注ぎて必ず」往生という利益を望まなければならないと思っていたからである。

しかし請された二請は釈尊の本意ではなかった。いわゆる思惟は、「定の前方便、彼の国の依正二報・四種の荘厳を思想し憶念する」ことであり、正受は「前の思想、漸々微細に覚想倶に亡ずるに因りて、ただ定心のみ有りて前境と合する」ことであって、ともに韋提をはじめ、未来世一切の衆生に適う因行ではなかった。それよりもその両者は、仏力異方便として施説する「下の（十六）観門に至りて、更に広弁すべし[15]」と善導がいうように、あくまでも、どこまでも、異方便としてこの後に正宗分として施設される十六観門（定善・散善）に説かれることとなり、十六観門の定散は衆生が往生するための因行ではないことを明らかにしているのである。

更に韋提の別選所求した極楽は『観経』第七華座観には「願力所成（願力より成る）[16]」といい、善導は「弥陀の本国は四十八願よりす[17]」、『玄義分』に「今此の『観経』の中の十声の称仏は即ち十願十行有りて具足す。云何んが具足する。南無と言うは即ち是れ帰命、また是れ発願回向の義。阿弥陀仏と言ふは即ち是れ其の行なり。斯の義をもっての故に必ず往生を得[18]」、『往生礼讃』前序に「諸仏の所証は平等にして是れ一なれども、若し願行を以て来し収むるに、因縁なきにあらず。然るに弥陀世尊、本発の深重誓願、光明名号を以て十方を摂化す[19]」というように、弥陀の仏身・浄土にはすでに十願十行が具足されてあり、何一つ願行が成就していないことはない。今その衆生摂取の願行が光明名号となって十方衆生のうえに顕証されるのである。

したがって韋提が請求した「別（去）行」は、仏身・仏土に願行が具足していることから、釈尊にとってまったく意味をもつものではなく、却ってこのときに韋提希に対し、更に未来世一切衆生に対し完全に否定させておかなければならない事項なのである。まだ自力に所執し、韋提一人の救済のみを目的とした二請は、釈尊にとって明確に二つの意味をもっている。一つは韋提における自力所執の確定の言葉となり、二つには未来への流通へと導入する起縁をもった請求となっていることである。

散善顕行縁に入るやいなや釈尊が微笑したのも頷ける。未来への流通を出世本懐とする釈尊にとって、韋提の請求はまことに微笑をもたらすほどの逆説的な意味合いを含み、却って正鵠を得ていたのである。したがって、善導も「仏（釈尊）の本心に称ひ、又弥陀の願意を顕はすを以て、斯の二請に因って、広く浄土の門を開く」といっているのである。

『観経』は未来への流通を本懐とした経典となり、「有識」である未来世一切の衆生にとって『観経』正宗十六の「観門」を「聞く」[20]ことによって、皆往生という利益を得ることとなるのである。その釈尊所説の観門は、衆生にとって願行成就する弥陀の身土を顕わすとともに、衆生にとってその依正を欣慕する手立てとなる教説である。

《散善の義意…散善顕行縁の道筋…》

世尊はただひたすら韋提領解の時を待っていた。この間には多くの時が経ていたし、韋提の重々の請をうけても、世尊はひと言も言説することはなかった。今この二請（阿弥陀仏所・得生の行）によって、釈尊が観門の法を説こうとする本心と、それによって詮せられる弥陀の願意が「広く浄土の門を開く」契機となろうとしているのである。釈尊の本心とは勿論韋提のみの得生を意図するものではない、未来有識のすべての者がこの観門の施設を「聞」くことによって往益あることを意味するのである。それであるからこそ釈尊は微笑したのである。

㈠　散善顕行縁第一段の頻婆娑羅王の一段が終わり、第二段に入って善導は、二段の範囲を明示して「正しく前に夫人の別して所求を選ぶ行を答へたまふことを明かす」とその内容を要約しておくが、即座に「爾時、世尊、告韋提希」とは、といって経釈を始めていない。すなわちつぎのような一段を置く。

これ、如来、上《かみ》の「耆闍より没して、王宮に出でたまひ訖《おは》んぬ」より、この文に至るまで、世尊黙然として坐し、総じて言説したまはざることを明かす。ただ中間の夫人の懺悔・請問・放光現国等は、すなはち是れ阿難、仏に従ひて王宮にて、この因縁を見、事了りて山に還り、耆闍の大衆に伝へて、上の如きの事を説くに、始めてこの文有り。また是れ時に仏語なきにはあらず。まさに知るべし。(21)

善導にとっては、王宮会の「夫人の懺悔・請問・放光現国等」の一段、とりわけ光台現国に仏語がなかったのではない、との見識をもっている。『観経』の経説は耆闍会における阿難の復説が本来の会座である。耆闍における阿難による復説の内容（説如上事）が王宮会であって、一経二会といわれる所以はここにある。阿難による復説の会座に釈尊は同坐し、王宮会でのすべての化導とその化益である定散両門の教説の次第を聴聞しつつ承認を与えている。したがって、この王宮会には「時の仏語」がないわけではないのである。

直接的に、また韋提希の立場に立てば、不思議なことであるが『観経』の物語がここまで進行していながら、実に釈尊は耆闍を没し王宮会に来たってから終始無言であり、「この文」に至って「初めて」韋提希に対して「告命許説」を明かす。すなわち「阿弥陀仏、去此不遠（阿弥陀仏、ここを去ること遠からざるを）」以下の仏語である。

韋提が別所求した極楽国土の、教主である阿弥陀仏を、善導は所観の「境を標す」として三義(22)を設けて、その

「不遠（遠からざる）」所以を明かす。更に散善顕行縁の『経』文（善導の科文では第二段の後半）は、阿弥陀仏をつぎのように押さえ、韋提希だけに対する応答をつぎのようにいう。

汝、まさに念を繋けて、諦らかに彼の国の浄業を成じたまひし者《ひと》を観ずべし。我れ今、汝が為に、広く衆《もろもろ》の譬へを説かむと。(23)

すなわち「韋提希よ、あなたは標するところの境界に念を繋けて、極楽を建立せんがために浄業を成就された阿弥陀仏を諦観しなければならない。私（釈尊）は今あなたのために広く衆くの譬喩を説くであろう」というものである。この経文にはつぎのような三つの内容を含む。一つには極楽を建立した阿弥陀仏を「浄業を成就した者」と呼び、二つには韋提に対して「繋念」することによってその浄境への「諦観」を勧め、そして三つには韋提に対し繋念の方便として釈尊はこれより「広く衆の譬喩を説」くであろう、といっている。

しかしながら善導はその韋提希を、「正しく凡惑障り深くして、心多く散動す。もし頓に攀縁《へんねん》を捨てずんば、浄境、現ずることを得るによしなきことを明かす」といい切る。つぎの定善示観縁に入るにはまだ少し早いにもかかわらず、善導は韋提希を「凡」夫と押さえ、その三惑という障礙は根源的に深いものであって、心そのものは時々刻々に散動している、という。果たしてそのような韋提に、繋念して浄境を諦観することなどできようか。また「頓に攀縁を捨て」ることなどできるのであろうか。攀縁を捨てなければ、弥陀の浄境が現ずるということを得る理由などはないのである。

釈尊は凡惑障り深く攀縁に繋縛された韋提希に対し、毛頭繋念して浄境を諦観することなど求めてはいなし、できようはずもないと考えている。すでに禁父・禁母・厭苦・欣浄と次第し、また日頃より韋提の人間性を深く洞察している釈尊にとって、それができない韋提であるがゆえに欣浄縁に光台現国して十方浄土を見せしめたのである。ここにも累々と重ねて釈尊は、「広く衆くの譬喩を説く」であろうと予説する。「広く」とは十六の観門にわたることであり、内容である「衆の譬」とは、これから説かれるであろう異方便としての観門ということである。

善導は続けていう。

これ即ち正しく教ふらく。安心住行は、もしこの法に依らば、名づけて「浄業を成ず」と為すと。(24)

この韋提希のような凡惑に対して、釈尊は正しく教えているのである。安心し行に住するということは、この法によったならば「浄業を成ず」ると名づけることができる、と。しかし実際はどうであろう。悲しいかな、韋提は正しく安心住行の者ではないのである。もしこの散善顕行縁において示観の領解を果たすことができたならば、韋提は即座に釈尊自開の散善の義意を理解できたであろうし、定善示観縁に進むこともなかったであろうに。

しかし韋提はこの散善の自開が領解できなかった。もし安心住行という、いわば示観の領解がなされるならば、それは当然浄業を成ずることとなるのである。しかし韋提は「この法に依ら」なかったのである。この法によらなかったからこそ、浄業を成じたことにはならないのである。散善の真実の義意が顕露するには、今しばらくの時の経過が必要であった。善導は、韋提希がいまだ自力所執の凡惑であることを、釈尊の言説に含む隠れた真意をこのような表現にて釈解する。韋提の立場に立てば、釈尊との間に何かしら噛み合うことのない齟齬をうすうす感じ始めているのである。「この法」とは、正宗に説かれる仏力異方便としての「広く衆の譬を説く」ことに他ならない。

ここのところを善導はつぎのように第二段を結ぶ。

我今為汝と言ふより已下は、これ機縁いまだ具はらざれば、偏に定門を説くべからず。仏更に機を観じたまひて、自ら三福の行を開きたまふことを明かす。(25)

釈尊にとって、浄土の受法としての韋提希の機縁はいまだ成具していない。それはこの散善顕行縁に至って紛れもない事実なのである。今即座に、韋提希が請求する別所求・別去行といった定善の行に応えて「定（善）門」を説いても、その真意を理解することは無理であろう。それよりもなお、決して今この場において説いてはならないのである。韋提がいまだ自力所執の機である以上、「広く衆の譬を説く」とした仏意の真実性が顕われることはない。釈尊は更に韋提の機を調えるために、その機根が他力の機へと成熟するのを待つ必要があった。

そこで釈尊は、韋提には請求することなど毛頭思考の範疇にないところの、散善「三福の行」を自ら開説することとしたのである。しかしながら、この散善「三福の行」といっても、法蔵菩薩が中間に万行成就した一実の行であることを釈尊は十分に知っているのである。

釈尊が散善を自開した理由を穿って窺おうとするならば、さまざまに推察することができるであろう。その最大の理由は、韋提希を調熟するためにはいかに異方便するか、なのである。

(二)　ここで更に釈尊は、善導の分科の散善顕行縁第三段に、韋提希に対してつぎのように畳み込むのである。

また未来世一切の凡夫の、浄業を修せむと欲する者をして、西方極楽国土に生ずることを得しめむ、と。(26)

韋提希はこの仏語を聞いたとき、はたと当惑したであろう。「なぜ未来世一切の凡夫なのだろう。釈尊は間違っておられる。今ニ請をしたのはこの私であるのに」と。しかし釈尊は韋提のそのような愚意を十二分に忖度している。ここにおいて、救済の対機は本来韋提ではなく未来世一切の凡夫にあるのだということを、釈尊は重ねて予説しておかなければならないと考えているのである。釈尊のこの絶妙な隠顕併せもつ言説の伏線が、つぎの定善示観縁第七段における韋提の未来への見仏のための観門の施設を請求する言葉となって表れてくるのである。

やがて未来に開示されるであろう正宗十六の観門は、畢竟流通に明かされる「持無量寿仏名」の浄業となって衆生のうえに顕証される。今韋提希はそのような釈尊の密意を知る由もなく、この仏語を粛々と未領解のまま聞くだけである。浄業を修する者のうえに、すでに西方極楽国土に往生することが決定されていることも知らずにである。釈尊はすでにここで、未来世の一切衆生を「凡夫」と予説していることにも留意しておかなければならない。

第三段を善導はこのように理解している。

正しく機を挙げ、修を勧め、益を得ることを明かす。これ夫人の請する所、利益いよいよ深く、未来に及ぶまで廻心して皆到ることを明かす(27)。

機は未来世一切の凡夫である。修するところの行は、異方便として施設される十六の観門によって詮せられる流通分に説く「持無量寿仏名（無量寿仏のみ名を持）」するという行である。その「浄業（のちにそれは念仏一行であることが明かされる）」を今釈尊は、韋提と未来世一切の凡夫に予説して勧めるのである。その仏意はこの場においては韋提に領解されようもない。本来ならば往生という得益はこの場において得果されるものであろうが、自力所執の韋提の前にはまったく用をなすものではなかったのである。

しかしながら、韋提の致請は図らずも、未来への流通を本懐とする釈尊にとって正鵠を得た、誘発の原動力となって、これから説かれるであろう正宗による利益を開顕することとなってゆく。そういったことを考えれば、韋提の致請は真に釈尊としての仏意を表するには深いものがあるといわなければならない。別所求・別去行の二請は、十六の観門の施設となって未来に及んで開示されることとなり、未来世一切の凡夫には聞く位に回心し往益という大果をもたらすこととなる。

この短い善導の釈解のなかに、すでに三心を語っていることに気づくであろう。弥陀を「浄業を成じたまひし者」と呼称し、弥陀の一切の浄業が今釈尊によって「持無量寿仏名」として未来世一切の凡夫のうえに開示され、弥陀の浄業が念仏行者のうえに所詮の浄業として修せられてゆくはたらきは、弥陀の真実心そのものである。また浄業を修する者は、「凡惑障り深くして、心多く散動」し、「攀縁を捨てざ」る者であり、弥陀の境界は機根の善悪浅深を隔てることのない不遠の三義（のちに三縁として善導は釈解する）として成就されていて、「利益いよいよ深いのである。更に浄業を修する者のうえに「回心」することによって「皆到る」ことを明かしている。

㈢　第四段に至っていよいよ釈尊は散善である三福の行を明らかにする。『経』にはつぎのように略説する。

彼の国に生ぜむと欲する者は、まさに三福を修すべし。一には父母に孝養し、師長に奉事し、慈心にして殺さず、十善業を修す。二には三帰を受持し、衆戒を具足して、威儀を犯さず。三には菩提心を発し、深く因果を信じて、大乗を読誦し、行者を勧進す。かくの如きの三事を、名づけて浄業とす、と。(28)

釈尊が、極楽に往生しようとする者に開いたのは三福である。その一には四つ、二には三つ、三には四つのそれぞれ具体的な修すべき十一の行を挙げ、総称して「三事」とし、それが「浄業」であると規定している。善導は第四段の範囲を確定したのち、解釈に入る前につぎのように総釈する。

正しく三福の行を勧修することを明かす。これ、一切衆生の機に二種有ることを明かす。一には定、二には散なり。もし定行に依らば、即ち生を摂すること尽きず。ここを以て如来、方便して三福を顕開し、以て散動の根の機に応じたまへり。(29)

この段は、三項十一種の三福の行を勧め修することを明かす。この三福の行を修する者は、第三段にいう「未来世一切の凡夫」とともにこの王宮に機縁する者である。しかしこの三福が果たして、その「凡夫」に共通して修することのできる「行」なのであろうか。今釈尊によって未来世一切の衆生は「凡夫」と規定されたけれども、当の韋提希はまだ自らを凡夫とは認識していない。まだ別去行である思惟・正受といった定善行を修することのできる人間であると思っている。

そのような韋提に対して善導は、仏意を窺いつぎのような機根観を示すのである。一切衆生には定機と散機の二種があるとし、もし韋提が請求したような定善行によって一切衆生を摂取しようとするならば、それははじめから不可能であると。それは、定善十三観に説かれた極楽の依正荘厳を見ればわかることである。法蔵比丘における因位中間の願行が成満し、願力によって所成する阿弥陀仏の果上荘厳に至る一切の六度万行といった願行を、自らの往生のために一切衆生に課しても不可能なのである。有限の命をもち、「凡惑障り深くして心多く散動す」る衆生に、兆載永劫の万行を修せよと課することは毛頭無理である。

それではなぜ釈尊は定善十三観を説いたのか。善導はその理由をこのように解く。『玄義分』第二釈名門に『観無量寿経』の「観」の字を釈して、

> 観と言ふは照なり。常に浄信心の手を以て、以て智慧の輝き持《たも》ち、彼の弥陀の正依等の事を照らす。[30]

『観経』の「観」は、観念・観察・観想・観行・止観といった衆生のうえに自力に行ずる観を意味するのではなく、「照らす」という意味なのである、という。すなわち釈尊が、常に弥陀の願意を体して清浄で、出世本懐の『経』として確固たる信心の手立て（仏力異方便）をもって、智慧に裏付けされた輝きをたもって、衆生に対して弥陀の極楽の正依などのことを欣い慕わしめるために照らし出す、そのようなことを「観」というのだ、という。釈尊の清浄なる智慧によって弥陀の正依を観照し、衆生に欣慕せしめるための依正であることを「観」というのである。これによって、釈尊によって定善十三の観門が説かれたことを領解することができる。

このようなことから釈迦如来は、「機縁未だ具はらざる」韋提に対して方便して三福を顕開することとなった。取り敢えず「散動の根」性である機を前にしたとき、釈尊は応ずることとしたのである。ここにも釈尊の深い仏意が横たわっていることに気づかされることであろう。善導がここに至る「世尊」という呼び方から、「如来」[31]といい換えていることに我われは気づかしめられるのである。今その如来は、当然「定門」を説くことなく、（異）方便して散善三福を顕わし開示するのである。「凡惑障り深くして、心多く散動」し、「頓に攀縁を捨てざ」る根機に対して、である。

さてそれでは、その三福は何のために説かれることとなったのであろうか。

㈣　散善顕行縁第四段において『経』は先ず、三福の各を明かす前に、「彼の国に生ぜむと欲する者は、まさに三福を修すべし」と標する。

いよいよこれから当該箇所の依文釈義に入ってゆくのであるが、先ずこの標章を善導はつぎのように解釈する。

欲生彼国と言ふは、所帰を標指す。当修三福と言ふは、総じて行門を標す。(32)

欣浄縁の最後、第七段・第八段において韋提が請求したのは別所求（極楽世界、阿弥陀仏所）と別去行（教我思惟、教我正受）であった。釈尊によって光台を見せしめられ、韋提に別選せしめられた極楽は、釈尊の智慧の輝きによって観照された弥陀の極楽の正依等であるとともに、まさしく韋提をはじめ未来世一切の凡夫が帰入していかなければならない浄土でもある。善導は先ず、十方衆生である一切の凡夫にとっての所帰を標指しておく。つぎに今から説こうとする三福を明かす。善導の答は真に明快である。今から説かれるであろう三福も、散動散機の根機にとっては総体的に総合的に「行門」である、というのである。定機には確かに行門でも耐え成ずることも可能であるかもしれないが、散機の者にとっては、たとえ三福の行であってもそれは行門に他ならないのである、という。だから「如来は、方便して三福を顕開し、以て散動の根の機に応じ」られたのである。

したがって、たとえ説かれる内容が三福であっても、凡夫のうえに行ぜられ、まして衆生往生のために行成を求められるために顕開されるものではないということである。どこまでも如来が、仏力によって異の方便して説き顕かされるところの「行門」ということである。

しかしなお善導の釈意を通して思量するなら、散善の三輩九品が十六の「観門」に所収するのであるからすべて異方便であり、[33]その行門である三福が観門のなかに説かれる以上、韋提希のこの場においては観門への前方便としての価値を有する、[34]ということとなる。

以下に、その行門である三福について善導の理解を見てみる。

『経』に挙げる「一者孝養父母、奉事師長、慈心不殺、修十善業」のそれぞれに経釈を加えたのち、「下の九品の中に至りて、次に広く述ぶべし」として、これらの行門は正宗分散善九品の観に至って広く述べられるであろうとする。そしてこの一を「世善」と名づけ、「慈下の行（門）」と位置づける。

つぎに『経』の「二者受持三帰、具足衆戒、不犯威儀」のそれぞれに経釈を加え、この戒徳を「戒善」と名づける。更に『経』の「三者発菩提心、深信因果、読誦大乗、勧進行者」のそれぞれに経釈を加え、「行善」という言葉はないものの、[35]第四段の『経』のむすびの「如此三事、名為浄業（かくの如きの三事を、名づけて浄業とす）」を釈して、「総じて上の行（門）を結成す」とする。

いずれにしてもこの散善三福は、観門に説かれる前方便としての行門という位置づけである。未来世一切の凡夫が、法蔵の因中に行成した浄業である願行を修することは不可能である。たとえその「浄業を修せむと欲する者をして」も、またその内容が散善である三福であったとしても、一分一実を行成することも完全に行成することも不可能なのである。

㈤　散善顕行縁最後の第五段に、釈尊は韋提希に対しつぎのように語りかける。

汝、今知るやいなや。此の三種の業は、過去・未来・現在三世の諸仏の浄業の正因なることを、と。[36]

たとえ世善・戒善・行善といった三福の行業であっても、紛れもなく三世の諸仏たちが一切の衆生を救済摂取し、自らの仏身仏土を建立するために修するところの浄業としての正因そのものに他ならないのだ、というのである。韋提はこの仏語をどのように聞いたのであろうか。自らの浅はかさを思い知ったとともに、まだ判然としないわだかまりももったことであろう。通去行・別去行の二請が、自らには分不相応であるとともに、諸仏の浄業をあまりにも軽く見なしていたことに気づき始めている。更に韋提は心のなかで、「では自らの修すべき行はいったい何なのだろうか」とも思い始めているに違いないのである。

善導はこの第五段をつぎのように締めくくる。

その、聖を引きて凡を励まし、但だ能く決定して心を注《とど》むれば、必ず往くこと疑いなきことを明かす(37)。

果上の仏身に至るために因中の願行を成満しようとする菩薩聖者を引き合いに出し、未来世一切の凡夫を励まそうとする。確かによく浄業の正因を決定し注心さえすれば、往生の得果という地平は広がってもいよう。しかし定機・散機の埒外にあり、「凡惑障り深くして、心多く散動」し、「頓に攀縁を捨てざ」る凡夫にいかなる行がなしうるというのであろうか。この善導のむすびの言葉は、あくまでも逆説である。「決定して心を注む」ることのできない凡夫には、一切の行業も残されてはいない。善導は定散料簡門の最後に、つぎのように結ぶ。

また散善の文は、すべて請へる処なし。但だ是れ仏の自開なり。次下の散善縁の中に説きて「亦令未来世一切凡夫」と云ふより已下、即ち是れその文なり(38)。

善導の科文は古今を楷定すべく、真に見事に諸師の領判とは異にする。その序分には禁父・禁母・厭苦・欣浄と次第して、他力経典としての特色を遺憾なく発揮すべく、序分の三相違に端的に示されるように、韋提の通去行・別去行の二請に相反して釈迦如来は、光台に十方仏国を顕現し、そして散善を開示する。定善もさることながら散善三福の行をも、韋提が能求するところの二請の去行は往生のための浄業の正因となることはなく、まったく釈尊の仏意は、諸仏自らの仏身仏土を成就するための浄業の正因であるところの「行」であることを顕わす、ことにあったのである。このような『経』の意楽を、善導が「散善顕行縁」と名づけたのはそのような意図があったのである。

韋提が能求する修すべき行業という自力の価値観を、行はすべて仏の覚体に内具されているという他力の価値観への、大きな伏線をもたらすのがこの縁の最大の特徴である。そのことを、いってもわからない韋提に対して、敢えて説くことによって仏意の内在を含ませているのが、この散善顕行縁である。このことは、つぎの定善示観縁に至ってはじめて顕露し、韋提のうえに実を結ぶこととなる。

請われることによって説かれた散善ではない。あくまでも仏自らによる開説をもって、仏意の内在を密ませたのがこの散善顕行縁なのである。

(二) 第二『散善義』三心釈の文

《はじめに》

三心釈に入る前に、この第八章の「はじめに」にもいっておいたように、留意しなければならないであろう点をいくつか改めて指摘しておきたい。

先ず、『選択集』一・二章私釈段で述べられる教相判釈のうえで語られる「行」に対する観点と、三章を次第して述べられる法然の「行」に対して定義される「行」観のなかで、明らかに推移し転換する「行」観を見いだすことである。そのような「行」観を通して、この信心(安心)である三心をどのように考えるかである。

第二に、いうまでもなくこの三心釈は、法然の『選択集』に引かれた善導の三心釈であるという事実である。法然は三心が浄土宗の教行として必要不可欠な信心として重要視した結果、第八章の主題として三心釈を置いたはずである。このような法然の意図をどのように読み説いていくか、ということが求められる。第八章にこの善導の三心釈全文をそのまま引用したということは、世親・曇鸞・道綽と次第する教理史的観点から善導の三心釈を捉えていないということは明確なことである。『観経』所説の三心を教理史的に捉えるという学問的作業は、必要である。どのように善導の三心が形成され、そしてこのような義意こそが善導の三心であると定義づけることも、その作業として確かに必要なことである。しかし第十六章私釈段において感動的に論究を重ねているように、神格化された善導の楷定疏においては最早、法然にとって教理史的な意味で善導の三心釈を捉えてはいない。

全十六章のなかでもっとも本文段が長く、要章であるにもかかわらずまたその私釈段の少なさも他の章と比較にならない。このような形式こそ、法然がいかに善導の三心釈に憑依しているかを物語るものである。したがって法然にとって善導の三心釈こそが、自らの三心の捉え方であったのである。当然のことながら、『選択集』を編集し構成する法然の意図のもとにこの三心釈も読んでいったのである。

第三に、『選択集』の組織のうえから序章である一・二章の教相判釈を終え、本章・流通章である本論としての『無量寿経』『観無量寿経』『阿弥陀経』と次第する各章の構成上からいえば、『観経』所依の領域の章(第八章)に引用され、語られているという事実である。すなわち、『選択集』の組織のうえで確立された他力義である浄土宗教相判釈の体系から、この三心釈をどのように法然は考えているかである。大乗から独立させた往生浄土門、五種の助行に助成され独立した「行」観である念仏一行、十願十行が具足する名号、その光明名号によって摂化される十方衆生、その十方衆生は今念仏衆生として念仏一行を行ずるのである。

第四に、『選択集』第七章では真身観引用経文のなかで光明によって摂取された念仏の行者のうえに語られ展開される三心であるということである。この四点に留意しつつ、法然が理解した善導の三心釈を見ていきたい。

《十一門料簡》

㈠　三心釈に入る前に、『散善義』冒頭の序説によって善導がこの三輩段をどのように考えているかを押さえておく。

先ず善導は三輩段の釈解を始めるにあたって、「三輩散善一門の義を解す」と総釈する。つぎにこの義には「一には三福を明かして、以て正因と為す。二には九品を明かして、以て正行と為す(39)」の二義があることを明かす。

その各のまず三福とは、第一福とは世俗の善根のことであり、仏法を聞かないままにただ自ら孝養五常を行ずる世俗の善（世善）をいう。第二福とは戒善のことであり、人天声聞菩薩などの戒があり、その各に具受・不具受や具持・不具持の区別があり、回向すれば往生を得る。第三福とは行善のことであり、大乗心を発した凡夫が自ら行を行じて、悪を捨て心を持《たも》たせて回向して浄土に往生することである、とする。いずれにしてもそれぞれを具して回向しなければ往生することはできないし、三福ともに行ずることができない者は十悪・邪見・闡提の人に他ならない、とする。

つぎに九品とは、真に簡明直截で善導は「文に至りて当に弁ずべし」というのみである。この序説にあたっては九品のことは本文に譲り、「三福の差別の義意を料簡す」と結んで、三福の義意のみを解説している。善導における三福とは世善・戒善・行善の三種の福をいい、そのいずれも回向を用いない限り衆生は浄土に往生することはできないのである。

(二) 善導はつぎに、「十四に上輩観の行善の文前に」「十五に中輩観の行善の文前に」「十六に下輩観の善悪二行の文前に」とそれぞれの観のはじめに「総じて料簡して即ち十一門と為す」として十一門の料簡を設ける。

一には、総じて告命を明かす。

二には、その位を弁定す(ることを明かす)。

三には、(正しく) 総じて有縁の類を挙ぐ(ることを明かす)。

四には、(正しく) 三心を弁定して、以て正因と為す(ことを明かす)。

五には、正しく機の堪と不堪とを簡ぶことを明かす。

六には、正しく(苦楽の二) 法を受くる不同を明かす。

七には、正しく修行の時節に延促異なり有ることを明かす。

八には、修する所の行を廻して、弥陀仏国(所求の処)に生ぜんと願ずること(向かうこと)を明かす。

九には、(正しく) 命終(臨終)の時に臨みて、聖の来たりて迎接したまう不同と去時の遅疾とを明かす。

十には、(正しく) 彼しこに到りて華開く遅疾の不同を明かす。

十一には、(正しく) 華開已後の得益に異なり有ることを明かす。(40)

今この十一門の義は、九品の文に約対するに、一一の品の中に就いて、皆この十一有り。即ち一百番の義と為す。またこの十一門の義は、上輩の文前に就いて総じて料簡するもまた得たり。或いは中下輩の文前に就いて各の料簡するもまた得たり。またこの義もし文を以て来たし勘《かんが》うれば、即ち具不具有り。隠顕有りと雖も、もしその道理に拠らば悉く皆有るべし。この因縁の為の故に、すべからく広く開き顕わし出だすべし。依行する者をして解し易く識り易からしめんと欲す。

善導はこの十一門料簡の義に続いて文を重ね、この十一門義は確かに九品一々の文を厳格に約対してゆくならば具・不具というものがあるけれども、道理のうえから考えたならば九品すべてに「隠」と「顕」との差違はあるものの具わっているものである、とする。このような因縁から九品×十一門義＝一百番義というのである。今はただ九品の各にこのような十一門の義が具わっていることを広く開くことによって、釈尊によって説かれる九品の義意を明らかに顕わし出だすことが目的なのである。なぜこのような一百番の義を設けるのかといえば、それは九品の各に衆譬の法門として説かれるところのさまざまな行があるけれども、その行によって行ずる者にとって領解し識知しやすくするためであるからだ、とする。

九品にはこのような十一門の義趣が具わり、その十一門各の経意の違いを表出するものの、上輩のみならず中輩・下輩の三輩九品に通じて釈尊の異方便としての義意を料簡してゆくのである。

《三心の根拠》

(一) 善導によれば、三心が実際に説かれる上品上生にもこの十一門義がそれぞれ説かれている、とする。

先ず「一には告命を明かす。二にはその位を弁定することを明かす(41)」として、「双べて二意を標す(41)」る。善導はこの上輩の機根の位を「大乗を修学する上善の凡夫人[42]」と規定する。上輩の者といっても、大乗経典に説かれる上《すぐ》れた善行を修学する凡夫人なのである。韋提希は定善示観縁において、釈迦如来より「汝是凡夫、心想羸劣、未得天眼、不能遠観。諸仏如来、有異方便、令汝得見（汝は是凡夫にして、心想羸劣なり。いまだ天眼を得ざれば、遠く観ること能はず。諸仏如来に、異の方便有りて、汝をして見ることを得しめたまう）[43]」との告命を受け、善導も「夫人は是凡にして聖にあらず[44]」と規定して、三輩九品の機が凡夫であることは確定されている。その凡夫の内容を明かすのが、つぎの三項である。

三に『観経』の「若有衆生、願生彼国者、発三種心、即便往生（もし衆生有りて、かの国に生ぜんと願ぜば、三種の心を発して、すなわち往生す）」を挙げ、この箇所は「正しく総じて有生の類を挙ぐることを明かす」とする。総体的に極楽に往生するところの機類を明示し、経文を細分して四つの内容を明かす。いわゆる「一には能信の人を明かす。二には往生を求願することを明かす。三には発心の多少を明かす。四には得生の益を明かす[45]」である。ここでは四つの経意を明記するだけで、その各の内容については釈解していない。

いわゆる、一つには『経』にいう「衆生」とは能信の人（信をもちうる者）であり、二つにはその能信の人は信をもつがゆえに往生を求願する者であり、三つにはその能信の人が発す信心に多少のあることを明かし、四つにはその能信の人が発した信心によって得生という利益[46]があることを明かすのである。この短い経文にこの四つの義趣を明かすだけでも十分であろうし、またその各は以下の釈解に至って明らかにされる。

四に『観経』の「何等為三。一者至誠心、二者深心、三者回向発願心。具三心者、必生彼国（何等をか三と為す。一には至誠心、二には深心、三には回向発願心なり。三心を具する者は、必ず彼の国に生ず）」を挙げ、この箇所を「正しく三心を弁定して以て正因と為すことを明かす[47]」とする。いよいよここに善導は三心の内実を弁明決定して、三心が法蔵菩薩正覚のための正因であるとともに、取りも直さずその内実は衆生の往生がこの身に顕然するための正因でもあることを明らかにするのである。

以下に、具体的に三心釈に入る前に、短いけれどもつぎのような善導の三心に対する釈解がある。

　即ちその二有り。一には世尊、機に随ひて益を顕はしたまふこと、意密にして知り難く、仏の自ら問ひ自ら徴《あか》したまふにあらざれば、解を得るに由しなきことを明かす。二には如来、還《かえ》りて自ら前《さき》の三心の数を答へたまふことを明かす[48]。

これから三心について解釈してゆくわけであるが、ここに二つのことについて断っておく必要があろう、というものである。これは確かに善導のいうのももっともなことであろうと思う。その二つの先ず一つとは、実際に三心といっても名称が記されているだけであって、その内容が明確に『観経』上に説かれているわけではない。したがって教主である世尊が王宮会の衆機と未来世一切の衆生に対して説いた、仏力異方便の十六の観門によって顕らかにされる衆生往生の大いなる利益は、意密そのものであって知ることなど不可能である。この『観経』上によって世尊自らが問い、そして自ら答えて徴して下さらない限り、その真意を理解することなど到底できようはずはない、というものである。

第四「弁定三心」に、この一意を善導が入れたことに敬意を表さなければいけないだろう。善導が経意を窺うことに細心の注意を払っているということであり、世尊の意密を「機に随ひて益を顕はしたまふこと[49]」であるといいつつ、どこまでもその真意を窺うことなど到底不可能であることを表明する。世尊の意密[50]は正しく未来世一切衆生に対して、光明名号によって十方を摂化し往生の摂益を顕わすことに他ならないことを、暗に記していることにも留意しておきたい。

その二つには、善導は経文に添いつつ、十六の観門を施設する如来は、ただ単に「三種の心を発して」といっただけでは理解できないと考えたのだろう。今いったその言葉を振り返って、即座に自らその三種の心とはどのようなものであるかをいっておこうと考えられたのだろう。「何等をか三と為す」として、具体的にその三種の心の内容を以下に答えられたのだ、という。このように如来自ら三心を明かされたからこそ、私（善導）は以下のように三心の内容を述べることができるのだ、というのである。

(二)「三心」「一心」という用語は、それぞれ浄土三部経に説かれている。

『観経』には具体的に「上品上生者、若有衆生、願生彼国者、発三種心、即便往生。何等為三。一者至誠心、二者深心、三者回向発願心。具三心者、必生彼国（上品上生とは、もし衆生ありて、かの国に生ぜんと願ぜば、三種の心を発して、すなわち往生す。何等をか三と為す。一には至誠心、二には深心、三には回向発願心なり。〔この〕三心を具する者は、必ず彼の国に生ず[51]）」と記す。この『観経』の三心が、浄土教における三心の論拠である。『経』には決してつぶさに説いているわけではないが、後世善導の三心釈が及ぼした影響は大きなものがある[52]。

また浄土教史上において三心を重視し詳述したのは、善導を嚆矢とする。したがって善導の三心観が成立する背景を知ることは、善導浄土教の特色を位置づける意味においてたいへん重要なことといわなければならない。

以下の章において法然も、善導が浄土行者のとる精神構造を安心・起行・作業と分類した次第にその章立てを行っている。

つぎに、善導の三心釈を『選択集』教相次第に従い、その読み下しを施し、その内容を窺っていきたいと思う。

特に注意をしたいのは、「はじめに」で述べたように、善導三心釈の引用に比する法然私釈段の少なさから鑑みて、その領解をまったく善導の釈解に置いているところであるから、善導の教義用語と法然『選択集』に使用される教義用語との関係性に留意しながら読み進めてみたいと考える。

㈢　法然の『選択集』に先行する著書と、また『選択集』以降と考えられる法語のなかから、三心一心に関する所説の二、三を挙げてみる。『阿弥陀経釈』に、

一心不乱とは、念仏の時心散乱せず、至誠信心して専ら仏名を念ず。是則、往生の修因なり。(53)

この一節は『阿弥陀経』にいう「一心」が至誠（信）心を根底とすることを示すとともに、衆生について信心の行相として心が散乱することなく、専ら南無阿弥陀仏を念ずることが一心であり、一心不乱こそ衆生の往生にとっての因を修することに他ならない、という。

三心を具する者は、必ず彼国に生と説給へり。此三心は本願の至心信楽欲生我国の文を成就する文也。然則念仏せん人は、此三心を具して念仏すへき也。一に至誠心と云は阿弥陀仏を憑奉る心なり。二に信楽と云は常に名号を唱て往生をうたかはぬ也。三に回向発願心と云は、往生して衆生を利益せんと思ふ心也。(54)

この節文は、明確に『無量寿経』の三心が『観経』の三心に配当され符合する、というものである。弥陀の願意と釈尊の経意とが一致することとなり、二尊の関係が隠顕あるいは根本枝末といった関係性に置かれてくることになる。

三心を具する事は、ただ別のやうなし。阿弥陀仏の本願に、わが名号を称念せよ、かならず来迎せむと、おほせられたれば、決定して引接せられまいらせむずると、ふかく信じて、心念口称にものうからず。すでに往生したるここちして、たゆまざるものは、自然に三心を具足するなり。(55)

今度の生に念仏して来迎にあづからんうれしさよとおもひて、歓喜踊躍の心おこりたらん人は、自然に三心は具足したりとしるべし。(56)

衆生にとって三心を具するといっても特別な様相があるというわけではない。阿弥陀仏の王本願には、名号南無阿弥陀仏を称念することによって、必ず来迎すると仰っていて下さるのだから、弥陀に引接されて浄土に参らせて頂くのだと深く信じて、心に弥陀を念じ口にもその名号を称することにもの憂いということではいけない。わがこの身はすでに往生させて頂いている心地であって、臨終最後の一念に至るまで弛《たゆ》むことのない人は、自然に三心というものが具足しているのである、という。

つぎの文も同じ義趣である。この度の生きてあるうちに念仏申して、弥陀の来迎に与るだろう嬉しさだと思って、歓喜踊躍の心が起こったような人には、自然に三心は具足しているのであると知ることができる、という。

『観経』観門の教えを聞き邂逅した者はすべからく「光明遍照(57)」の内に歓喜踊躍の心が起こり、光明名号の「この光に遇うものは、三垢消滅して身意柔軟なり(58)」となった人には、三心は自然に具足しているのであると知ることができる、という。これらの文を見る限り、衆生が発すところの三心ということは微塵もいってはいない。

《本文の下し訓みとその理解》

(1)　至誠心釈

はじめに

㈠　先ず、散善観であろうとも正宗分十六の観門に所収する。その散善の観に説かれる三輩九品の往生（人とその行相）は、定善観に説かれる極楽の依正二報に帰属し付帯する聖衆である。韋提希が欣浄縁第七段に別選所求（我今楽生極楽世界、阿弥陀仏所）し、第八段に別去行（唯願、世尊、教我思惟、教我正受）することによって世尊が示した、散善顕行縁第四段の「欲生彼国者（彼の国に生ぜんと欲する者）」のゆく極楽は、韋提のみならずすべての未来世一切衆生の帰入してゆく「所帰」[59]である。その所帰である極楽は、欣浄縁に他力未領解の韋提の前に光台現国として所現し、示観の領解を果たした韋提の前には、未来世一切衆生への正宗十六の観門の施設として開示されてゆく。

禁父縁の「起化処」を釈する第二義に善導はつぎのようにいう。

如来、請に赴きたまへば、光り変じて台と為り、霊儀を影現す。夫人即ち安楽に生ぜんことを求む。また心を傾けて行を請ふに、仏、三福の因を開きたまふ。正観は即ち定門なり。更に九章の益を顕はす。[60]

釈迦如来は、韋提希の通所求（為我広説、無憂悩処）・通去行（教我観於清浄業処）の二請をうけて、光台に十方仏国を顕現した。二請に答えたかに見えたこの金台は、実は如来の意密を存し、それは畢竟弥陀の願意を顕わすとともに、韋提のみならず未来世一切衆生に対して「広く浄土の門を開く」[61]契機となった。まさに霊儀を影現することとなる。当然のごとく韋提希夫人は別所求（我今楽生極楽世界、阿弥陀仏所）をもって極楽を願い、また浅い知識から別去行（教我思惟、教我正受）をもって極楽への往生行を請したのである。しかしながら世尊の微笑を経て実際に説かれたのは、思惟や正受といった定善行ではなく、三世諸仏にとって浄業の正因であるところの三種の行業（三福）であった。仏力異方便の「正観」として説かれた十三観はもちろん定善としての観門であるけれども、更に三福九品として説かれる散善の観門も異方便に他ならない。正宗分定散の十六観ともども、未来世一切の衆生にとって往生の大益を顕わす観門となるのである。

『序分義』定善示観縁第一段の釈解には、つぎのような一文がある。

韋提前《さき》に極楽に生ぜんと願ずることを請し、また得生の行を請するに、如来已に許したまふ。今この文に就いて、正しく正受の方便を開顕せんと欲することを明かす。これ因縁の極要にして、利益処《とどま》り深し。曠劫にも聞くこと希れなり。いま始めて説きたまふ。この義の為の故に、如来をして総じて二人に命ぜしむ。(62)

韋提は欣浄縁で世尊に別所求・別去行を請して、別選した極楽に往生しようと願った。また韋提の機根は「常没の衆生」であり、「凡夫障重く妄愛迷ひ深くして、三悪の火坑《かこう》闇くして、人の足下に在」り、「六賊知聞して、競い来たりて侵し奪」い、「今既にこの法財を失す。何ぞ憂苦なきことを得(63)」ることができよう人間である。そのような機が「得生の行」を請したのだから、微笑せざるをえない。如来はただこのような機を前にして、どのように意密を施設すべきであろうかと経意を回らすばかりである。如来はもうすでに韋提希、引いては一切衆生を弥陀の願意を付度して許しておられる。散善については如来自らの開説であるけれども、定善は一往韋提の請によって説かれることとなる。しかしそれは顕の面であり、隠の面の世尊の真実の経意は、定善正受を異方便として開顕することにあったのである。このような王宮会における阿闍世と韋提希という親子の相克の因縁がもたらした、世尊の出世本懐として耆闍より王宮に臨化したことこそが、『観経』一経の極要（極めて重要な要点）なのである。まことに曠劫より聞くことのできない希有の教法であり、今はじめて説かれることとなった。このような義趣から、その利益たるや序分においては阿難と韋提、流通においては阿難への付属流通へと極まるのである。この『観経』十六の観門の施設を通して、『無量寿経』所説の弥陀覚体の弘願が顕証されようとする。[64]

（二）先の文に引き続き、定善示観縁第一段の経文「為未来世一切衆生、為煩悩賊之所害者、説清浄業（未来世の一切衆生の、煩悩の賊の害せらるる者の為に、清浄業を説かん）」では、善導は「説清浄業」をつぎのように釈解する。

これ如来、衆生の罪を見たまふを以ての故に、為に懺悔の方を説きて、相続して断除せしめ、畢竟して永く清浄ならしめんと欲することを明かす。また清浄と言ふは、下の観門に依りて専心に念仏し、想ひを西方に注むれば、念々に罪除こる。故に清浄なり。[65]

釈迦如来は、宿業の因縁をもつ韋提、更に五濁悪世・罪悪生死の未来世一切衆生の罪障を見そなわして、今それらの者のために弥陀の願意を体して懺悔の方途を説こうというのである。「懺悔の方」とは正しく、『観経』所説の十六の観門に他ならない。その観門を聴聞思量し、相続して罪障が加被護念のうちに断除せられ、究極的に永く清浄の身にさせていただくということである。『経』にいう「清浄」とは、正宗に至って説かれる十六の観門によって心を専一にして念仏し、自らが帰還してゆく西方極楽浄土にその想念を留めるならば、一念一念のうちにすべての罪障は除かれる、ということである。弥陀の願意を顕証しなければならない釈迦如来の、清浄の信によって説かれた観門のもつ一つの功力・功用なのである。

第二段の経文「善哉韋提希、快問此事（善きかな。韋提希、快くこの事を問へり）」を善導は、「正しく夫人の問、聖意に当たることを明かす」と短く解釈する。「散善の義意」[66]のところでも述べたように、知らざるも自力による往生を求願する韋提希の二請は、決して仏意に適うものではなかった。しかしその請問こそ、却って如来による観門の施設を通して弘願が顕証されようとする大きな萌芽を含んでいて、正鵠を得たものとなっていたのである。聖意とは、『選択集』十六章私釈段からいえば三聖による選択を指すものである。

続いて第三段「阿難、汝当受持、広為多衆、宣説仏語（阿難よ、汝じまさに受持して、広く多衆の為に、仏語を宣説すべし）」の善導の釈には、注目すべき二つの主題が語られている。

> 正しく勧持・勧説を明かす。この法深要なれば、好く流布すべしとなり。これ如来、前《さき》には則ち総じて告げて、安心聴受せしむ。この文は則ち別して阿難に勅して、受持して忘るることなく、広く多人の処にして、為に説きて流行せしむることを明かす。「仏語」と言ふは、これ如来曠劫に已に口の過を除きたまへり。言説有るに随ひて、一切の聞く者、自然に信を生ずることを明かす[67]。

先ずこの段の総釈を施す。つぎに、その総釈の用語「勧持・勧説」についての説明がある。その意味は「受持して（この観門の教説を）忘るることなく、広く多人の処に」赴いて「好く流布」し、一切衆生の「為に説きて流行せしむる」ことである。そのようにすることはなぜかといえば、「この法（が）深要」だからである。示観縁第一段では、この法の機縁を「因縁の極要」といい、第三段ではこの法の教旨を「深要」という。「仏の本心に称《かな》ひ、また弥陀の願意を顕はす」[68]二尊の意楽を、今仏意をもって隠顕あわせて説くのが『観経』一経の深要なのである。

確かに今まで如来は総じて告命していたけれども、この場においてことさら阿難だけに対して「この深要をよく領解して聴聞しておくように、そして多衆のために宣説するのだ」とでもいいたげに、流通の予説とも受け取れる「安心聴受」を特別に勧める仏語が置かれている。このことは『観経』一経が普通の教説ではないのだということを、明確に示す一文である。

㈢　つぎに、注目すべきは続きの一文である。先ず一つは「宣説仏語」の「仏語」に対する善導の定義である。釈迦如来は曠劫より五百の大願を成就するために一切の行願を完遂し、三業漏れることなく口業の過をも消除した。今それによって説かれる言説は、諸縁諸所にしたがって布化し、聞く者一切をして自然に信心を起こさしめる、という。

『選択集』第三・本願章にいうように、釈迦如来も諸仏に違うことなく「四智・三身・十力・四無畏等の一切の内証の功徳、相好・光明・説法・利生等の一切の外用の功徳」を具える仏であるから、外用としての説法には聞く者をして信を生ぜしめる力用をもつのである。釈尊の出世本懐の経典である『観経』一経には、因縁の極要も、釈迦の意密としての弥陀の願意である深要も、定散の仏語として語られてあるということである。ここで善導における仏語という語義は、単に釈迦によって語られる言説というに留まることなく、『観経』所説の定散をその概念としてもっていることが明らかである。

つぎに第二の主題である。更にその仏語は、「一切の聞く者、自然に信を生ずる」というのである。示観縁第一段の終わりの「説清浄業」を釈する一八三頁の善導の釈を再び引く。

これ如来、衆生の罪を見たまふを以ての故に、為に懺悔の方を説きて、相続して断除せしめ、畢竟して永く清浄ならしめんと欲することを明かす。また清浄と言ふは、下の観門に依りて専心に念仏し、想ひを西方に注むれば、念々に罪除こる。故に清浄なり。

如来は我われの罪を知見するからこそ、未来世一切の衆生のために十六観門が懺悔のための方途としても説かれるのである。我われはその観門の法を聞き永続的に万劫に積植した罪が断除され、究極的には永くこの身を清浄にさせる。この作用はすべて如来による観門の施設によるものであり、我われがその観門を聴聞することによって加備護念されて清浄になってゆく、という善導の理解である。我われが清浄になることは、聞く十六観門の法によって専心に念仏し、想念を西方に留めることである。そして一念一念の念仏のうちに罪障が除かれてゆくことこそ、「懺悔の方」たる観門の役割といえる。

このわが清浄の身のうえに自然に信心がもたらされ、清浄の行業が成ぜられ、そして作業として成就してゆく。このような論理を、この善導の釈文に見いだすのである。

定善十三観と散善三輩九品は、ことごとく如来によって説かれる仏力異方便(69)の観である。その九品には、光台の内に知らないままに韋提が自らの往生相を見てとっていた(70)ように、定善示観縁最後には韋提が「もし仏滅後の諸衆生等は、濁悪不善にして、五苦に逼られん。いかんが阿弥陀仏の極楽世界を見たてまつる(71)」と問うた在世も未来世一切衆生もの往生相とその行相が説かれているのである。

散善三輩九品がなぜ十六の観門に収められ、説かれているのかということは、『玄義分』第六経論相違和会門の第三返対破に九品を釈する末尾につぎのようにある。

この『観経』の定善及び三輩上下の文意を看るに、総べてこれ仏、世を去りたまひて後の五濁の凡夫なり。ただ縁に遇ふに異なり有るを以て、九品をして差別せしむることを致す。（中略）今一々に文を出だし証を顕はすことを以てすることは、今時の善悪の凡夫をして、同じく九品に沾《うるほ》し信を生じて疑ひなく、仏願力に乗じて悉く生ずることを得しめんと欲す。(72)

『観経』の定散二善の文意を見るとき、この観門の教えはすべて仏が世を去られてからのちの五濁悪世の凡夫のことが説いてある。ただ諸縁に遇う違いだけのことから、九品という差別が生じているのである。今九品のそれぞれに経釈を引き合いに出して証明したことは、末法の善悪の凡夫に対して平等に九品の各の者を沾し、更に信を生じ疑いなからしめ、弥陀の願力に乗托してことごとく往生を得させようとされる釈尊の思いを忖度してのことである、という。

この釈文を見るとき、我われ九品の五濁の凡夫が『観経』の教説に遇い、信心を生じ疑いをもたないのもすべて仏語の利益であるし、更に弥陀の願力に乗じて皆往生することを得るのである、との理解である。信を蒙るのはすべからく仏語の利益であり、外用の加被による。したがって、機の深信の釈解にある「疑」などの行相は機の上に顕われる根性であり、弥陀自らの三心の退転する道理など微塵もあろうはずがない。

法然の法語に見る多くの理解も、抑止と機の深信への深い洞察を求めるものとなっていることに気づく。

1　本文とその理解

同じき経の『疏』に云はく、「『経』に云まはく、一者至誠心と。至といいは真なり。誠といいは実なり。一切衆生の身口意業に修する所の解行は、必ず須く真実心の中に作すべきことを明かさんと欲す。

【訳】『観経疏散善義』につぎのようにいう。「『観経』には（その三心の第一に）一には**至誠心**という。この至とは真のことであり、誠とは実のことである。したがって一切衆生が身口意の三業に修するすべての解行は、必ず（つぎに述べるように）阿弥陀仏の真実心のなかに作さなければならないということを明かそうとするのである、と。

【解説】経文「至誠心」の、善導の語義の領解は「真実心」である。[73] この「真実（心）」の内容とは、どのようなものであろうか。以下の釈解にその理解が見られる。弥陀と衆生の関係は「彼此三業不相捨離」であり、三義三縁の強縁をもつ。本来衆生が修する解行は必ず阿弥陀仏の真実心のなかにあり、踊躍歓喜と懺悔のうちに修習される念仏一行でなければならないのである。

2　本文とその理解

外に賢善精進の相を現じ内には虚仮を懐くことを得ざれ。貪瞋邪偽奸詐百端にして、悪性侵《や》め難く、事、蛇蝎に同じきは、三業を起こすと雖も、名づけて雑毒の善と為す。また虚仮の行と名づけ、真実の業と名けず。

【訳】善導・法然の深い宗教的洞察が示すように、人間という者は真に愚昧である。日常の社会生活においては「賢善精進の相を現じ」なければ生きてゆくことはできないし、また逆説的にその内省においては、諸行無常といった仏教教理の根源的な問題に対して現代人特有の自己洞察を忌避し回避する精神構造をもつ。いわゆる「内には虚仮を懐くこと」となる。「得ざれ」といっても人間存在そのものが「内に虚仮を懐」いているのであるから、どうしようもない。衆生の実相は「貪瞋邪偽奸詐百端」そのものであって、正しく生存のためには「悪性侵め難」いものがある。このような事相は、生存競争そのままに生きる「蛇蝎に同じ」動物といえるのではないか。衆生が日常起行するすべての「三業」は、善悪ともども「雑毒の善」「また虚仮の行」と名づける他に呼び方があろうか。

決して「真実の業」などと名づけることなどできないのである、と。

【解説】先の文にいう、本来衆生は内面に虚仮をいだく者であるから、その虚仮の内に三業を修しようとも、解行をなすことなど実際には到底不可能なことである。ただただ表層に賢善にして精進蒙昧の化相を現じるばかりで、一向に行善という自力の執を改める気配はない。これをうけた、逆説的な衆生の実存が表されている。今仏語に遇い光明名号に摂せられたとき、内に弥陀の真実心が加被され、念仏一行となって念仏行者のうえに修習されてゆくのである。

このように自力に修する三業は、たとえその身業・口業・意業が善行であろうともことごとく「雑毒の善」なのである。この所判は第一第二の教相判釈を見ればいいであろう。衆生のうえに「行」ずる一切の余行は、すべて聖道門の諸行であり、傍明往生浄土之教えであり、雑行であり、助業であり、正助二行なのである。このように衆生のうえに行ずる行は、どこまでも「虚仮の行」であり、真実の業である念仏一行にはなりえない。念仏一行以外に衆生往生の生因はない。

3　本文とその理解

若し此くの如き安心・起行を作す者は、たとひ身心を苦励して、日夜十二時、急に走り急に作すこと、頭然を灸《はら》ふが如くなる者も、衆て雑毒の善と名づく。この雑毒の行を廻して、かの仏の浄土に生ずることを求めんと欲せば、これ必ず不可なり。何を以ての故に、正しくかの阿弥陀仏、因中に菩薩行を行じたまひし時、すなはち一念一刹那に至るまで、三業に修する所、皆な真実心の中に作したまひ、凡そ施為・趣求したまふ所、またた皆な真実なるに由ればなり。

【訳】もしこのように外には賢善精進の相を現わし、その内実を窺えば雑毒の善行であり、虚仮の行であるところの安心・起行を作す者、またたとえ自らの身心を苦しめ励し、日夜弛みなく、頭に降りかかる赤く燃える煤を灸うように性急に走り作すような者も、それらの者がなすすべての善を「雑毒の善」と名づけるのである。この雑毒の善行を回向して、阿弥陀仏の極楽浄土に往生することを求めようと思っても、これによって往生しようとすることは必ず不可能なのである。

その理由を尋ねるならば、正しく阿弥陀仏が、因位に「その心、寂静にして、志、著するところなく[74]」発願し、中間に菩薩行として兆載永劫に六度万行を行じたとき、その身口意の三業に修するところの一念一刹那のすべての行は、一切衆生を救済しようとして、すべて真実心のなかに作されたものに他ならないからである。その願行によって成就された果上の覚体（光明名号）と浄土は、およそ十方の衆生に施為し、その浄土への往生を趣求せしめられるところとなり、それによってまた皆衆生にとって真実となるということだからである、という。

【解説】この節には二つの事項が語られている。その一つは、自力による浄土への往生を否定している点である。安心も起行も身心を苦励して作すところの行はすべて「雑毒の善行」である。善には違いないが、雑毒の行なのである。それは『選択集』第一・第二章の教判によって、法然がすべて廃捨しているものだからである。回向を用いなければならない雑毒の行によって浄土往生を求めることは、弥陀の願文に誓われていない。「不可」なのである。

二つにその原因を記す。その理由は、『無量寿経』に説かれる弥陀の成仏の因果を思い返せばいい。因位・中間・果上と次第して成仏した弥陀の、どこに真実心ならざる願行があろうか。一念一刹那に至るまで衆生のための施為と趣求に他ならない。そのような真実だからこそ、衆生は清浄になり真実になりうるのである。

また真実に二種有り。一には自利真実、二には利他真実なり。
自利真実と言ふは、また二種有り。
一には真実心の中に自他の諸悪及び穢国等を制捨して、行住坐臥に一切の菩薩の諸悪を制捨するに、我れもまたかくの如くならんと想ふ。
二には真実心の中に自他・凡聖等の善を勤修す。真実心の中の口業に、かの阿弥陀仏及び依正二報を讃歎す。また真実心の中の口業に、三界六道等の自他の依正二報の苦悪の事を毀厭し、また一切衆生の三業に為す所の善を讃歎す。もし善業にあらざれば敬してこれを遠ざけ、また随喜せざれ。また真実心の中の身業に、合掌礼敬して、四事等をもてかの阿弥陀仏及び依正二報を供養す。また真実心の中の身業に、この生死三界等の自他の依正二報を軽慢し厭捨す。また真実心の中の意業に、かの阿弥陀仏及び依正二報を思想し観察し憶念して、目の前に現ずるが如くす。また真実心の中の意業に、生死三界等の自他の依正二報を軽賤し厭捨す。不善の三業は必ず真実心の中に捨つべし。またもし善の三業を起こさば、真実心の中に作すべし。内外・明闇を簡ばず。皆な真実なるべし。故に至誠心と名づく。

【訳】また弥陀の「真実（心）」の内実を考えるに二種類が有る。一つには自利の真実であり、二つには利他の真実である。

先ず「自利の真実」というのにも、また二種類が有る。

一つには、阿弥陀仏の真実心のなかでは、自ら自他の諸悪や穢国の麁悪などを制止廃捨し、行住坐臥の四威儀においても一切の菩薩の諸悪を制止廃捨されたことを考えたときに、念仏行者である私もまた「このようにありたい」と想うこと。

二つには、阿弥陀仏の真実心のなかにあって、（中間に一切万行を修されたように）自他や凡夫聖者などが修する善を勤修すること。（先ず口業）真実心のなかの口業にて、極楽浄土の阿弥陀仏と依正二報を讃歎する。また真実心のなかの口業にて、苦界である三界六道などの自他の依正二報の苦悪の諸事を毀厭し、また一切衆生において身口意の三業に作為するところのすべての善を讃歎する。もし善業でないならば敬遠して遠ざけ、また随喜してはならない。（つぎに身業）また真実心のなかの身業にて、合掌礼敬して、四事（飲食・衣服・臥具・湯薬）などをもって阿弥陀仏と依正二報を供養する。また真実心のなかの身業にて、この生死三界などの自他の依正二報を軽慢し厭捨する。（三つに意業）また真実心のなかの意業にて、阿弥陀仏と依正二報を思想し観察し憶念して、目の前に現われるようにする。また真実心のなかの意業にて、生死三界などの自他の依正二報を軽賤し厭捨する。不善の三業ならば必ず真実心のなかに捨てなければならない。

またもし善の三業を起こすならば、真実心のなかに作さなければならない。内外・明闇を簡ぶものではない。皆真実でなければならない。そのようなことから「至誠心」と名づけるのである。

【解説】法蔵菩薩はその因位に、世自在王仏より二百一十億の諸仏の刹土を覩見し、善妙の願行を選択摂取して四十八願を建立した。中間にはその別願を成就するために兆載永劫の劫数を積植して、一切の六度万行を完遂した。因中の三業に修する一念一刹那に至るまで真実ならざるはなき願行によって、今果上の阿弥陀仏となる。弥陀は今、念仏の行者である十方衆生に対してその往生をいかに顕在せしめ、衆生のうえにその真実心を三縁三義として自覚せしめ厭欣せしめるか、というに懸かっているのである。そこを善導は「施為・趣求したまふ所、また皆真実」であるという。

また冒頭に「真実に二種有り」とする弥陀の真実心についてである。『無量寿経』によって弥陀正覚の因果の次第を窺うとき、因位の法蔵による別願の建立を考えても、中間の万行修行を考えても、その一念一刹那の願行に真実でない願行はない。すべての身口意三業に修せられる願行は、別願酬因の成就の一点にあるわけで、今果上となった弥陀にはただ一切衆生へ「施為・趣求」することの現成が残されているだけである。したがって弥陀の真実に二通りあるというものではなく、その力用に二種を分別することができるということである。すなわち前文によれば、「施為・趣求」である。弥陀から釈尊の経意を通して語られる、弥陀の内証・外用の内実を施為し、衆生をして趣求せしめる二通りの趣を、真実に二種ありとしたのである。

したがってこの文で明らかに気づくのが、「自利真実」のみ語られていて「利他真実」が述べられていないということである。弥陀にとって別願の願意を窺うとき、十方衆生の往生という利他の真実が内包されている以上、法蔵自らはその因中に一念一刹那も不真実のない自利真実が成就されれば、それで十二分なのである。法然は、敢えて「二に利他真実と言ふは」と語る必要はなかった。文のなかに「自他」の語があるのも、そのような理由からであろう。

「自利真実と言ふはまた二種有り」として述べる二種の一つは、法蔵菩薩の因中にあって自らと他者の諸悪や穢国を制捨し、三業四威儀において七地以前の菩薩がもつ諸悪さえをも制捨された、弥陀成仏の因果に思いを馳せたとき、その果上の光明名号のなかにある我ら自らの在りようを問うたものである。ただ我らは、弥陀成仏の因果に十方衆生の往生が成具されていることに気づき、「私どもも、このように在りたい、このようにあらねばならない」と想うだけである。ここのところを、施為された「利他の真実」というのである。その利他の真実のなかに、趣求すべく弥陀の自利の真実が衆生のうえに働くのである。実行の伴わない凡愚の我らである念仏の行者は、名号のなかに行相として懺悔の称名に移る他はない。自利の真実を明かしたのなら、自ずと利他の真実は顕露する。法然の教判でいえば、すでに大乗から独立した浄土門である。余行を廃して念仏一行に他力義を発見した法然の卓見である。自利といい利他として使用される語義に、大乗にいう概念はなく、すべて弥陀の覚体にいう正覚の内容のうえに語られていることに気づくであろう。「自利真実」だけを詳述したのは、このような理由が存するからである。

つぎの二項であるが、三縁三義として施為された真実心は、必ずや衆生の身口意に「彼此三業不相捨離」としての趣求がもたらされるというものである。先ず総括して「真実心の中に自他・凡聖等の善を勤修す」ることとする。つぎにその内容を身口意の三業に分割し、「阿弥陀仏及び依正二報」の方向と「三界六道（生死三界）等の自他の依正二報」の方向とを、それぞれ五正行のなかの「讃歎供養」「思想観察憶念」「礼（敬）」と、「毀厭」「軽慢厭捨」「軽賤厭捨」を用いて分別する。この三業に修するいずれもが助業に相当し、合掌といえどもこれら正助二行は念仏一行を助成する。

念仏の行者は、この四威儀において「善業にあらざれば敬してこれを遠ざけ、また随喜」しないようにし、また「不善の三業は必ず真実心の中に捨」てなければならないし、「善の三業を起こさば、真実心の中に作す」ようにしなければならないのである。光明名号による摂取にある念仏行者の心情である。

この項のむすびとして、「内」面に虚仮である「貪瞋邪偽奸詐百端にして、悪性侵め難く、事、蛇蝎に同じ」なる実相を懐こうとも、「外」相に「賢善精進の相を現じ」ようとも、衆生が本質的にもつそのような「明闇」を弥陀が差別し簡別するはずがないのである。願文にいう「十方衆生」とは、そういうものである。弥陀の三業も衆生の三業も皆捨離することなく、内外の相応を問うことなく、当然のように真実でなければいけないのである。それだからこそ至誠心と名づけられるのである。

（2）　深心釈

1　本文とその理解

二者深心と。深心と言ふは即ち深信の心なり。[75]また二種有り。一には決定して、自身は現に罪悪生死の凡夫、曠劫よりこのかた常に没し常に流転して、出離の縁有ることなしと深く信ず。二には決定して、かの阿弥陀仏、四十八願をもて衆生を摂受[76]したまふ。疑ひなく慮りなく、かの願力に乗じて定んで往生を得と深く信ず。

【訳】『観経』には（その三心の第二に）**二には深心**という。深心[77]というのは、すなわち深信（深く信ずる）という心である。この深信にまた二種類がある。

先ず一つには、我ら自身は現実に日々罪悪をなし生死に流転する凡夫である。生を受けた曠劫よりこの方、我らは常に没し常に流転して、今日に至るまで出離の縁というものがなかった、と深く信ずることである。

二つには決定して、浄土におられる阿弥陀仏は、その別願である四十八願をもって我ら衆生を摂受されるのであり、そのことについて決して疑いがあってはならないし、弥陀の願力に乗托して必ずや往生することが得られるのである、と深く信ずることである。

【解説】善導は『経』にいう深心を「深信の心」と読み替えて領解する。ではこの深信とは、どのような心であり、どのように深い心なのかという点をつぎに明らかにする。至誠心のところで幾重にも述べたように、基本的に弥陀の真実心がない以上、以下に記す深心も回向発願心もないのである。この至誠心のうえに展開するのが、深心であり回向発願心の広がりである。弥陀は真実心であるによるからこそ、以下の二種の深信が生じるとともに、弥陀正覚の意義が顕彰されてくるのである。その深信にはまた二種がある。

その一つは自らの人間性の洞察である。善導・法然ともにその著書を読むとき、その時代の相剋を背景にもち、また像季・末法の時代観に裏打ちされ、根源的なまでの人間存在の罪悪性を見届けている。さまざまな文のなかに多くの言葉を費やして、あらゆる面から人間の諸悪を究明している文言に出会うのである。

『観経』序分の禁父・禁母・厭苦縁にまたがる韋提希の三毒にまみれた実態を、善導は人間の根源的な実像と捉え、その存在を十六の観門の施設を通した未来世一切の衆生、ひいては『無量寿経』願文の「十方衆生」へと敷衍して、救済の対象とした『観経』観門の仏語こそ釈尊の出世本懐の『経』と位置づけている。このような罪悪を三世につくり続けることによって曠劫より流転する凡夫は、弥陀の本願によらない限り永劫に出離することはない。古今楷定の特色の一つは、この発見をした善導の根拠が、『観経』所説の散善九品をすべて凡夫(78)であると卓見したことにある。

善導・法然は人間の存在を罪悪と捉え、諸悪を作さなければ生きてゆけない人間の余りにも赤裸々な諸相を表現する。その一つが、「機の深信」といわれる深心釈のこの文である。人は愚かなるゆえに、また日々生きるための生業に追われ、なかなか自らの根源的な実態を直視することはできない。この文は、釈尊が施設した十六の観門を通して弥陀の真実心に邂逅した今、善導が「現に」というように念仏の行者は必ずや自らの愚縛性とその諸悪の表相の現実に目覚めよ、との教示である。

更にこの深信釈は、至誠心釈のなか自利真実の第二義にいう「毀厭・軽慢厭捨・軽賤厭捨」などの厭離する面を照射して、より深く凡夫の現状の根源を述べたものとなっている。

つぎに「法の深信」である。この深信は、衆生の往生をすでに因中の願行を成就した果上の弥陀の正覚にその本源を認めたうえに、衆生の願文に誓われた願力を信受することを求めた教示である。法蔵はすでに別願を成就して果上の弥陀となっているのであるから、我ら凡夫は摂受を疑うこともなく、慮る必要もないのである。ただ十方の衆生は、「今弥陀の本弘誓願及び名号を称すること、下十声一声等に至るまで、定んで往生することを得と信知し、乃至一念も疑心有ることな(79)」いだけでいいのである。そのように思いを定め、弥陀の大願業力(80)に乗托して正しく往生が得られるのだと深く信じるばかりである。

2　本文とその理解

また決定して、釈迦仏この『観経』の三福九品、定散二善を説き、かの仏の依正二報を証讃して、人をして欣慕せしめたまふと深く信ず。また決定して、『弥陀経』の中に、十方恒沙の諸仏、一切の凡夫決定して生ずることを得と証勧したまふと深く信ず。

【訳】（法の深信の第二・第三の項として）また決定して、釈尊がこの『観経』の三福九品をはじめとして定散二善を説き、そして阿弥陀仏の極楽の依正二報を証讃され、人をして極楽に往生したいと欣慕せしめられているのだ、と深く信じる。また決定して、『阿弥陀経』のなかに十方恒沙の諸仏たちが、一切の凡夫は必ずや極楽に往生することができると証勧されている、と深く信じる。

【解説】この文によって善導の、釈尊によって説かれた『観経』三福九品をはじめ、定散二善に対する基本的な考え方を明確に知ることができるであろう。幾重もの説明で恐縮だが、示観の領解（回心）を果たした韋提希によって、定善示観縁の末尾に「もし仏滅後の諸の衆生等は、濁悪不善にして、五苦に逼められむ。いかんが阿弥陀仏の極楽世界を見たてまつるべきや(81)」の致請によって、釈尊は一切衆生のために仏力異方便の観門として正宗十六の観を説く。

善導はこの仏力異方便の十六の観門を、一つに阿弥陀仏の極楽の依正二報を証讃するために釈尊は説いたのである、と見ていることである。二つに『観経』に説かれた十六観は、未来世一切の衆生をして自らの極楽への往生を顕現した依正として欣慕[82]させるためのものであった、と見ていることである。

法然が八種の選択[83]に纏めたように、釈尊は自ら弥陀とその浄土を証讃し、なおかつその証讃の形を十六の観門の施設という形に表現したということである。当然その観門は、未来世一切衆生の往生のために開示された仏力異方便である。このように『観経』の所説を深く信じるのである。

つぎに、三経のなか『阿弥陀経』についての深信釈である。この釈文によっても、善導の『阿弥陀経』理解が端的に示されている。また決定して、『阿弥陀経』六方段のなかで、十方恒沙の諸仏が広長の舌相にて弥陀とその浄土を証誠し勧信し護念するのは、偏に一切の凡夫にとって必ずや往生することが可能なのだということを証勧するためである、と見ている。このように『阿弥陀経』を深く信じるのである。

3　本文とその理解

また深信とは、仰ぎ願はくは一切の行者等、一心に唯だ仏語を信じて、身命を顧みず、決定して依行して、仏の捨て遣《し》めたまふをば即ち捨て、仏の行ぜ遣めたまふをば即ち行じ、仏の去ら遣めたまふ処をば即ち去らんことを。これを仏教に随順し、仏意に随順すと名づけ、仏願に随順すと名づく。これを真の仏弟子と名づく。

【訳】また「深信」とは、仰ぎ願わくば一切の念仏の行者達よ、一心にただ釈尊の教説である仏語を信じて、自らの身命を顧みることなく、必ずや仏語に説かれる行によって、仏が捨てようとされた麁悪なものをすなわち捨て、仏が行じようとされた解行をすなわち行じ、仏が除去しようとされた処をすなわち除去したいものだ、ということを。これを釈尊の教旨に随順し、諸仏如来の経意に随順すると名づけ、この二聖の随順は究極的に弥陀の大願に随順すると名づける。これを真実の仏弟子と名づける。

【解説】前節では、所依の三部経に二聖それぞれの仏意を信じる行者の相が記されていた。ここには「一切の行者等」と対象を指摘し、今まで述べてきた「深信」の語義そのものを改めて定義し、そのうえで「真の仏弟子」とはどのようなものであるかということを押さえる。すなわち、念仏の行者に対しての深信の心の在りようを六つの条項で括る。

ここにいう「一心」とは、ただ偏にという意味だと考える。一に仏語を信じ、二に身命を顧みることなく、三に依行し、四に釈尊の十六の観門によって説かれた仏力異方便の観仏三昧を捨て、五に今釈尊が阿難に対し未来への付属流通をはかった念仏三昧一行を行じ、六に仏がこの我らに穢土を去り浄土を趣求するように勧められたことに随順するように。このような信相を、三聖の仏教・仏意・仏願に随順すると名づけるのである。そのような信あるものを真の仏弟子と名づけるのである。

4　本文とその理解

また一切の行者、但だ能くこの経に依りて深く信じて行ずる者は、必ず衆生を誤たず。何を以ての故に。仏は大悲を満足したまへる人なるが故なり。実語なるが故になり。仏を除きて已還は智行いまだ満たず。その学地に在りて、正習の二障有りていまだ除こらざるに由って、果願いまだ円かならず。これ等の凡聖、たとひ諸仏の教意を測量《しき》するもいまだ決了することあたはず。平章すること有りと雖も、要ず仏証を請して定と為すべし。もし仏意に称《かな》はば即ち印可して、「如是如是」と言まふ。もし仏意に可《かな》はざれば、即ち「汝等が所説、この義不如是」と言まふ。印したまはざれば、即ち無記・無利・無益の語に同じ。仏の印可したまふは即ち仏の正教に随順す。それ仏のあらゆる言説は、即ち正教にして正義・正行・正解・正業・正智なり。もしは多もしは少、衆て菩薩・人・天等を問はずして、その是非を定む。それ仏の所説は即ち了教なり。菩薩等の説は尽《ことごと》く不了義と名づく。知るべし。

この故に今の時、仰ぎて一切有縁の往生人等を勧む。唯だ仏語を深く信じて専注奉行すべし。菩薩等の不相応の教を信用して、以て疑礙を為し惑を抱だきて自ら迷ひ、往生の大益を廃失すべからず[84]。

【訳】また一切の念仏行者よ、ただよく『観経』の教説によって深く信じて行ずる者は、必ず衆生において誤らせることがない。それはどのような理由からか。釈尊は（小悲や中悲ではなく）大悲を満足された方であるからだし、説かれた『観経』などは釈尊の実語（真実の仏語）そのものであるからだ。釈尊を除いた他の菩薩方は、智慧も修行もまだ満たしてはおられない。菩薩などの修学する地位（有学地）に在って、正使と習気[85]の二つの障礙が有ってまだ除かれてはいないから、果上に必要な別願がいまだに円成されていないのである。これらの凡夫（地前の十住・十行・十回向の内凡夫）と二乗の（十地の）聖人は、たとえ諸仏が説く教意を測量することはあっても、まだ決了することは無理である。平章[86]することが有っても、決了するには必ず仏の証明（印可）を請求して決定しなければならない。もし仏意に称《かな》うならば印可して、「如是如是（そうだ）」と仰る。もし仏意に可《かな》わないならば、「あなた達が説くところは、真義として「如是」とはいえない」と仰る。仏が印可されなかったならば、その義は無記（記別することがないこと）・無利・無益の語と同じである。仏が印可されたのならば仏の正教として随順することとなる。仏のあらゆる言説は、正しく正教・正義・正行・正解・正業・正智である。あるいは仏語において多言あるいは少言であれ、すべての菩薩・人間・天上などをもって内容を問うことなく、その是非を決定する。仏の所説というものは、完全な了教である。菩薩などの説はことごとく不了義と名づける。仏と菩薩の違いは知っておかなければならない。

このようなことからこの時（善導の当時の仏教界）にあたって、仰いで一切有縁の往生人たちに勧める。ただ釈尊の仏語を深く信じて、専注奉行しなければならない。（世親）菩薩などの相応しない教えを信用して、『経』に対して疑礙をおこし惑を抱いて自ら（の去就に）迷い、往生という大きな利益を廃失してはならないのである。

【解説】この本文二四七文字が草稿本である廬山寺本『選択集』にないのは、どのような理由からであろうか。一に草稿本において論義は尽くされていると考えていた、二に草稿本においては論義が尽くされていないと感じ取っていた、三に二の延長線上に法然『選択集』撰述のうえで、やはり善導が摂論家への批判を行った箇所であるから、この深心釈に更に意を尽くす意味において加筆した、これらの理由が考えられる。

しかし、深心釈の「就行立信釈」の前に「就人立信釈」が置かれているが、この就人立信釈がどこから始まるかという問題と関係してくる。この「就人」が、摂論学派を代表する世親ではなく釈尊である「就人」ならば、この節より就人立信釈が始められているともいえる。しかしこの節が「又」や「一切行者」などで始まる以上、またその文脈より前節をうけた節文には違いないのである。

この一節は、一つに『観経』所説の仏語に随順することを勧める。二つに善導が在世した当時の仏教界では、世親訳の『摂大乗論』を中心とした摂論学派が、この『論』によって浄土教系の学派を批判し[87]、『経』説を無視した時期でもあった。それに対抗するために善導は、「論」とだけいって直接的に「摂論」とはいわないまでも、『玄義分』の第六門に「和会経論相違」と題し、六項目[88]にわたって古今を楷定する論を展開している。このような『玄義分』の主張の延長線上にこの説があり、世親の論説よりも仏語を、『論』を信じることなく『経』を信じるように、との善導の大いなる主張を文脈に感じる。

ここに釈尊は同体の大悲、無縁の大悲を満足した方であるから、語り出だされる仏語は「実語」なのである。我らはただ仏の正教に随順すればいい。なぜなら仏のあらゆる「言説」は、正教・正義・正行・正解・正業・正智であるからであり、仏の所説は了教であるからである。末法の世の一切有縁の往生人はただ仏語を深く信じて専注奉行するばかりである。決して菩薩の不相応の教理を信用して、疑い・障り・惑い・迷いを抱き生じさせ、往生の大いなる利益を廃失してはならない、のである。

5　本文とその理解

また「深心とは深信なり」とは、決定して自心を建立し、教に順じて修行し、永く疑錯を除きて、一切の別解・別行・異学・異見・異勢に退失傾動せられず。

【訳】また（善導自らの釈解である）「深心というのは、深く信じる（心）である」とは、（弥陀の真実心のなかに）必ずや（二種の深信を）自ら信心として建立し、釈尊の教説に随順して修行し、生涯継続して疑惑や錯誤を除いて、一切の別解（異なった釈解）・別行（異なった修行）・異学（異なった教学）・異見（異なった見解）・異勢（異なった執勢）に、その信心を退失され傾動されてはならない。

【解説】前節の結釈するような文である。また「決定建立自心」という文から、この節より就人立信釈が始まるのかとも取れるが、この節も「また」から始まるのである。法然がどのように考えていたのか不明である。

いずれにしても摂論学派の教勢の偏執を意識しつつ、自らの古今楷定の浄土教学による、釈尊の出世本懐の『観経』観門の経説によって弥陀の弘願に帰入する道理を開顕しようとしている。

6　本文とその理解

問ふて曰はく。凡夫は智浅く惑障とどまり深し。もし解行不同の人の、多く経論を引き来りて相ひ妨難し、証して《一切罪障の凡夫、往生することを得ず》と云ふに逢はば、いかんが彼の難を対治して、信心を成就し決定して直《ちょく》に進み、怯退を生ぜざらん。

答へて曰はく。もし人有りて、多く経論を引きて証して《生ぜず》と云はば、行者即ち報へて云へ。「なんじ経論をもち来りて証して《生ぜず》といふと雖も、我が意の如きは決定して汝が破を受けず。なにを以ての故に、然るは我れまた彼の諸の経論を信ぜざるにはあらず。尽く皆な仰ぎて信ず。然れども仏かの経を説きたまひし時は、処《ところ》別なり。時別なり。対機別なり。利益別なり。また彼の経を説きたまひし時は、即ち『観経』『弥陀経』等を説きたまひし時にあらず。然るに仏教を説きたまふは機に備ふ。時また同じからず。彼は即ち通じて人天菩薩の解行を説きたまひ、今『観経』の定散二善を説きたまふは、唯だ韋提及び仏滅後の五濁五苦等の一切の凡夫の為に、証して《生ずることを得》と言まふ。この因縁の為に、我れ今一心にこの仏教に依り決定して奉行す。たとひ汝等、百千万億ありて、《生ぜず》といふとも、唯だ我が往生の信心を増長し成就せん」と。

【訳】問う。我ら凡夫は智慧が浅く疑惑や障礙のとどまり(89)は深いものがある。もし領解や修行が同じでない人がいて、多くの経典・論書を引き来たって我ら凡夫を相妨難するとともに、証明してみせて《一切の罪障ある凡夫は、決して往生することはできない》というのに逢うならば、どのようにしてその難を対治し、自らの信心を成就し、違《たが》うことなく真っ直ぐに進み、怯弱《こにゃく》したり退転したりしないでいられるだろうか。

答えていう。もしそのような人がいて、多くの経典・論書を引き証明して《往生することはできない》というのであれば、念仏の行者はすなわち報《こた》えていいなさい。「あなたは経典・論書をもち来たって証明して、《決して往生はしない》といっても、私のような意《こころ》は信心が決定しているから、あなたの破斥は受けない。どのような理由からかといえば、それは私もまたその諸の経論を信じないというのではない。尽く皆仰いで信じる。しかし釈尊があなた方が信ずる経典を説かれた時は、(私の信じる『観経』とは違って) 異なった会処であり、その時とは異なった時であり、異なった対機であり、また受ける利益も別である。またその経典を説かれた時は、すなわち『観経』『阿弥陀経』などを説かれた時ではない。しかしながら釈尊が教を説かれる時は機根に備えられる。その時もまた同じではない。その経典はすなわち一般的に人間・天上・菩薩のための解行を説かれたのであり、今『観経』に定散二善を説かれるのは、ただ韋提希と釈尊滅後の五濁五苦などの一切の凡夫のために、証明して《往生することができる》と仰っている。このような因縁から、私は今一心にこの釈尊の教えによって必ずや奉行するのである。たとえあなた達が、百千万億来られて、《往生しない》といっても、ただ私は往生を決定するための信心を増長し成就するのみである」と。

【解説】この節の問答はやはり前節と同様に、摂論学派の異学異見の人たちからの攻撃を受けたとき、決して自らの信仰を曲げても捨ててもいけない、と警鐘を鳴らすことにある。この問答の内容を見るとき、いかに当時の教界が摂論学派のほうに風向きが向いていたかがよくわかる。ほぼ出尽くし完成された翻訳経典の時代を迎え、その当時摂論学派の擡頭と風靡は、それらの経論を提示し、あたかも浄土教界を殲滅するかの勢いであったという。そのような危機感が善導のこのような文言と、正依・傍依の経論を駆使して会通するさまざまな条項となって表出している。

問の文そのものにも、惑障の凡夫であることがわかっているだけに、何か今から自らの信仰に対して断罪を受けるような悲壮感が漂っている。ほんとうは「難を対治」することも、「信心を成就」することも、「決定して直に進」むこともできないのである。凡夫であるがゆえに「怯退」ばかりが先に立つ。

先の答は論によるな、論師によるな。ただ『経』によれ、仏陀釈尊によれと述べていたが、この節は一往「諸の経論を信」じないわけではなく、却って「皆仰ぎて信」じていると表するも、「我が意は決定して破を受けず」といい切る。その理由はあなた達の信奉する聖道門の諸経論とは根本的に「処・時・対機・利益」が異なっているからであり、少なくとも我われの所依する三経一論とは「説時」が異なる、からであるという説である。

あなた方の経典の対機は、一般的な「人天菩薩の（成仏の）解行を説」くのであるが、『観経』が「定散二善を説」くのは、偏に「韋提および仏滅後の五濁五苦等の一切の凡夫の為」の往生『経』であって、釈尊の教説はただ「機に備」え「時」を選んでのことである。釈尊の仏語に虚言はなく、弥陀の願文に成就ならざる妄語はない。そのような因縁から、「一心にこの仏教に依り決定して奉行」し、「往生の信心を増長し成就」するのである。

7　本文とその理解

また行者更に向かひて説きて言へ。「なんじ善く聴け。我れ今汝が為に、更に決定の信相を説かん。たとひ地前の菩薩・羅漢・辟支等、もしは一もしは多、乃至十方に遍満して、皆な経論を引きて証して《生ぜず》と言ふとも、我れまた未だ一念の疑心を起こさず。唯だ我が清浄の信心を増長し成就せん。何を以ての故に。仏語は決定成就の了義にして、一切に破壊せられざるに故なり。」と。

【訳】また念仏の行者よ、更に向かって説いていいなさい。「あなた方、善く聴きなさい。私は今あなたのために、更に信心が決定したときのその信の相を説こう。たとえ地前[90]の三賢の菩薩や阿羅漢・辟支仏などの二乗が、もしは一人もしは多人数、乃至十方に遍満するように雲集して、皆経論を引いて証明して《〈あなた達の拠り所とする〈往生経〉の説く法門によって〉往生することはない》といっても、私はまた少しも一念の疑心さえも起こすことはない。ただ私は清浄の信心を増長し成就したいだけだ。なぜかといえば、釈尊の真実の仏語（『観経』）はすべての願において欠けることなく決定し、すべての万行が成就したうえに語られる、果上円満の了義であって一切のものに破壊されることがないからである」と。

【解説】この節もまた前節を受け継いで対抗する文言である。前節は「解行不同の人」という摂論学派の異解者に対しての物言いであったが、この節は「地前の菩薩・羅漢・辟支等」の異解の者たちへの物言いである。

善導のここにいう「決定の信相を説」くといい、「一念の疑心を起こさず」「清浄の信心を増長し成就」するとは、どういうことであろうか。至誠心のところでもいったことであるが、『観経』観門の教えに会うことによって念仏の衆生となり、その念仏の行者は光明名号に摂受されてこの身心を清浄にして頂くのであったから、菩薩や二乗の信心と比較されるべきものではない。名号が念仏の行者の三業に出づる相こそ「決定の信相」であって、確かに現実の日常生活にとって怯弱も疑心も起こるに違いない表相だけれども、結果的に三縁三義の成就した光明に一念の疑心も起こることはないのである。したがってただ日常は、清浄の信心を増長し成就するばかりである。

8　本文とその理解

また行者善く聴け。たとひ初地已上十地已来、もしは一もしは多、乃至十方に遍満して、異口同音に皆云はく。「釈迦仏、弥陀を指讃して、三界六道を毀呰《きし》し、衆生を勧励して、《専心に念仏し及び余善を修すれば、この一身を畢へて後、必定して彼の国に生ず》といふは、これ必ず虚妄なり。依信すべからず」と。我れこれ等の所説を聞くと雖も、また一念の疑心を生ぜず。唯だ我が決定の上々の信心を増長し成就せん。何を以ての故に。すなはち仏語は真実決了の義なるに由るが故なり。仏は実知・実解・実見・実証にして、疑惑心の中の語にあらざるが故に。また一切の菩薩の異見異解に破壊されず。もし実に菩薩ならば、衆て仏教に違せず。

【訳】また念仏の行者よ、善く聴きなさい。たとえ初地から十地までの聖者が、もしは一人もしは多人数、乃至十方に遍満するように雲集して、異口同音に皆つぎのようにいうとしよう。「釈迦仏は、（『観経』十六観に）阿弥陀仏を指讃して、三界六道を毀呰《きし》し[91]、衆生を勧励して、《専心に念仏し、更に余善を修すれば、この一身を終えて後、必定して極楽浄土に往生する》というのは、これは完全に虚妄である。依信してはならない」と。私はこれらの所説を聞くことがあっても、また一念の疑心をも生ずるものではない。ただ私は決定の上々の信心を増長し成就したいだけである。なぜかといえば、すなわち仏語は真実であり、決了の義であるという理由からである。仏は実知・実解・実見・実証[92]であって、仏語も疑惑の心中から出る言葉でないからである。また一切の菩薩の異見異解に破壊されることはない。もしほんとうに菩薩であるというのならば、衆て仏教に違うことはない。

【解説】この節は先の二節をうけた第三節ともいえる対抗文言である。前節の「解行不同の人」「地前の菩薩・羅漢・辟支等」に続きこの節では、地上の菩薩聖者たちへの物言いである。次節は諸仏にまで及ぶ。

　聖者が異口同音に『観経』の教旨を述べて不可であり虚妄である、といっても疑心なく、「決定の上々の信心を増長し成就」するという。その理由に「仏は実知・実解・実見・実証」であり、「仏語は真実決了の義」だからである、という。

善導は逆説的に偽評の言葉のなかではあるが、施設した十六の観門を釈尊より弥陀とその浄土を指讃する異方便の仏語と見、衆生にとってはその観門を通じて依正を欣慕し、流通の名号を勧励されることとなる。その勧励の内容とは、簡略であるけれども三業の内に専心に念仏することであり、余善を修することである。そしてその利益として畢命自らの往生が必定している、との理解を示している。

9　本文とその理解

またこの事を置く。行者まさに知るべし。たとひ化仏報仏、もしは一もしは多、乃至十方に遍満しておのおの光を輝かし、舌を吐きて遍く十方に覆ひて、一一に説きていはく。「釈迦の所説、相ひ讃じて一切の凡夫を勧発して、《専心に念仏し、及び余善を修して廻願すれば、彼の浄土に生ずることを得》といふは、これ虚妄なり。定んでこの事なし」と。我れこれ等の諸仏の所説を聞くと雖も、畢竟じて一念疑退の心を起こして、彼の仏国に生ずることを得ざることを畏れず。何を以ての故に。一仏は一切仏なり。あらゆる知見・解行・証悟・果位・大悲は、等同にして少しき差別もなし。この故に一仏の制したまふ所は、即ち一切仏同じく制したまふ。前仏の殺生・十悪等の罪を制断したまふがごとく、畢竟じて犯さず行ぜざるをば、即ち十善十行と名づく。六度の義に随順す。もし後仏出世したまふこと有らんに、豈に前の十善を改めて、十悪を行ぜしめたまふべけんや。この道理を以て推験するに、明らかに知んぬ。諸仏の言行相ひ遺失せざることを。

【訳】またこのことをきちっと明記しておく。念仏の行者よ、まさにこの趣を知っておきなさい。たとえ化仏や報身仏が、もしは一仏もしは多仏、乃至十方に遍満して各光明を輝かし、広長の舌相を吐いて遍く十方世界に覆い、一々に説いていう。「釈迦の所説は、相指讃して一切の凡夫を勧発して、《専心に念仏しおよび余の善根を修して廻願するならば、極楽浄土に往生することができる》というのは、虚妄である。断じてこのようなことはない」と。私はこれらの諸仏の所説を聞いても、死ぬまで一念の疑惑や退転の心を起こして、弥陀の仏国に往生することができない、などということを決して畏れはしない。なぜならば、一仏は一切仏である。あらゆる知見・解行・証悟・果位・大悲は、等同であって少しの差別もない。このようなことから一仏が制断されるところは、すなわち一切仏も同じく制断される。前仏が殺生などの十悪の罪を制断されたように、命終まで犯さず行じないことを、すなわち十善十行と名づける。それは菩薩の六度の義意にも随順することである。もし後仏が出世されることが有るならば、どうして前の十善を改めて、十悪を行じさせられるようなことがあろうか。この道理をもって推験するには、明らかに知られる。諸仏の真理としての言語とその行業は、相遺失しないことが明らかであること、を。

【解説】この節は第四節に当たり、たとえ諸仏からの批難であろうとも『観経』所説の仏語を信順し随順することを勧める。化仏報仏への物言いであるから、はじめに「この事を置く」と構えていう。前節の菩薩を諸仏に置き換えての記述が続く。

異なるところは、正覚の内容について善導の所観を述べる一段である。いわゆる正覚の内証外用についていわば「一仏は一切仏」であり、すべての「知見・解行・証悟・果位・大悲は等同」であって、少しの「差別」もない、と。このことから別願こそ異なれ、中間の六度万行の修行における麁悪の制断・十善十行の奉行について何ら変わるところはないのである。このような道理から諸仏の言行が遺失しないことが明らかに知られる。

10　本文とその理解

たとひ釈迦、一切の凡夫を指勧して、「この一身を尽くして、専念専修すれば、命を捨て已後、定んで彼の国に生ず」とのたまはば、即ち十方の諸仏も、悉く皆同じく讃め同じく勧め同じく証したまはん。何を以ての故に。同体の大悲なるが故に。一仏の所化は、即ち一切仏の化なり。一切仏の化は、即ち一仏の所化なり。即ち『弥陀経』の中に説きたまはく。釈迦、極楽の種々の荘厳を讃歎し、また一切の凡夫を勧めて、「一日七日、一心に専ら弥陀の名号を念ずれば、定んで往生を得」と。次下の文に云まはく。「十方に各の恒河沙等の諸仏有まして、同じく釈迦能く五濁悪時・悪世界・悪衆生・悪見・悪煩悩・悪邪・無信の盛んなる時に、弥陀の名号を指讃して、《衆生称念すれば、必ず往生を得》と勧励したまふを讃じたまふ」と。即ちその証なり。また十方の仏等、衆生の、釈迦一仏の所説を信ぜざることを恐畏《おそ》れて、即ち共に同心同時に、各の舌相を出だして、遍く三千世界に覆ひて、誠実の言を説きたまはく。「汝等衆生、皆この釈迦の所説・所讃・所証を信ずべし。一切の凡夫、罪福の多少、時節の久近を問はず。但だ能く上み百年を尽くし、下も一日七日に至るまで、一心に専ら弥陀の名号を念ずれば、定んで往生を得。必ず疑ひなし」と。この故に一仏の所説は、即ち一切仏、同じくその事を証誠したまふ。これを人に就いて信を立つ（就人立信）、と。

【訳】たとえ釈尊が、一切の凡夫を指勧して「この一身を尽くして専念専修すれば、この命を終わって以後、必ずや弥陀の浄土に往生する」と仰れば、すなわち十方の諸仏もことごとく皆、同じく讃歎し勧信し証誠される。なぜかといえば、釈尊も諸仏も同体の大悲（無縁大悲）をもっておられるからである。一仏の所化（化益するところ）はすなわち一切仏の所化であり、一切仏の所化はすなわち一仏の所化である。

すなわち『阿弥陀経』のなかに説いておられる。釈尊は、極楽の種々の荘厳を讃歎し、また一切の凡夫を「一日から七日の間、一心に専ら弥陀の名号（南無阿弥陀仏）を念ずるならば、必ず往生することができる」と勧めておられる。つぎの文の下にも仰っている。「十方に各の恒河沙数の諸仏が居られて、同じく「尊は能くも五濁の悪時・悪世界・悪衆生・悪見・悪煩悩・悪邪・無信が盛んな時に、弥陀の名号を指讃して、《衆生が弥陀の名号を称念すれば、必ず往生することができる》と、勧励されている」と讃歎される」と。この仏語がすなわちその証明である。また十方の諸仏たちは、衆生が釈尊一仏の所説を信じないことを恐《お》畏《そ》れて、すなわち共に同心同時に、各の広長の舌相を出して、遍く三千世界に覆い布き、誠実の言を説かれるのである。諸仏は「あなた達衆生は、皆この釈尊の所説・所讃・所証を信じなければならない。一切の凡夫は、罪福の多少や時節の久近を問うものではない。ただ能く長くは百年を尽くし、短いのは一日七日に至るまで、一心に専ら弥陀の名号を念ずるならば、往生を得ることは決定している。必ず疑いない」と。

　このようなことから一仏の所説は、すなわち一切仏が同じくそのことを証誠される。これを人に[93]就いて信を立てる（就人立信）という。

【解説】この節は釈尊の一つの言説を挙げて、十方の諸仏が皆ことごとく釈尊の教説の正しく真実であることを同讃・同勧・同証し、一切の凡夫を指勧し勧信することを明かす。その経証に『阿弥陀経』の一節を引く。善導の「この一身を尽くして、専念専修すれば、命を捨て已後、定んで彼の国に生ず」は、『阿弥陀経』の総釈であろうが、往生摂益の理由として、すべての仏格は同体の大悲を共有するからであり、「一仏の所化は、一切仏の化」であり、「一切仏の化は、一仏の所化」であるとする。

　その経証は『阿弥陀経』に、釈尊が「極楽の種々の荘厳を讃歎し」ていること、「また一切の凡夫を勧めて、「一日七日、一心に専ら弥陀の名号を念ずれば、定んで往生を得」と」といっていること、正宗分終わりの一節（善導自身が要約している）を挙げて、「弥陀の名号を指讃して、《衆生称念すれば、必ず往生を得》と勧励したまふを讃じたまふ」といっていること、更に六方段を要約した文を挙げて「汝等衆生、皆この釈迦の所説・所讃・所証を信ずべし。一切の凡夫、罪福の多少、時節の久近を問はず。但だ能く上み百年を尽くし、下も一日七日に至るまで、一心に専ら弥陀の名号を念ずれば、定んで往生を得。必ず疑ひなし」の、四つの経証を挙げている。この経証をもって「一仏の所説は、即ち一切仏、同じくその事を証誠したまふ」という。このように一つは人に就いて信を立てるのである。

この就人立信釈で、善導の『阿弥陀経』理解のうえでその教学が鮮明に出ていることに注目をしてみたい。先ず正宗分に釈尊が、極楽の種々の荘厳を説いたのは弥陀の極楽の依正を讃歎するためであり、更にその所説によって一切の凡夫を指勧して、「一日七日、一心に専ら弥陀の名号を念ずれば、定んで往生を得」しめるためである、とする。また六方の諸仏が釈尊の教説を証誠した理由に、「釈迦能く五濁悪時・悪世界・悪衆生・悪見・悪煩悩・悪邪・無信の盛んなる時に、弥陀の名号を指讃して、《衆生称念すれば、必ず往生を得》と勧励した」からであるとする。

このような理解のなかで、三経一致して『無量寿経』は弥勒に、『観経』は阿難に、『阿弥陀経』は舎利弗にそれぞれ流通において名号を付属し流通せしめているのであるが、善導もこれらをうけ付属された名号を指讃したうえで、衆生の往生を行相に顕わすには「名号を念じ」「称念す」ることを勧励している。

11　本文とその理解

つぎに行に就いて信を立つる（就行立信）とは、然るに行に二種有り。一には正行、二には雑行なり。

云々。前の二行の中に引く所の如し。繁きを恐れて載せず。見む人、意を得よ。(94)

【訳】 つぎに行について信を立てる（就行立信）とは、ところでその行に二種類有る。一つには正行、二つには雑行である。前の第二章である二行章のなかに引くところである。ここでは煩瑣を恐れて載せることはしない。見ようと思う人は、意得よ。

【解説】つぎに「行」に随伴して信心を立てるとは、その行を善導は二種類に分類する。一つには正行であり、二つには雑行である。深心釈に明かされるこの行は、至誠心である弥陀の真実心に随伴して起こる行相として述べられている。至誠心なくして深心がありうるものではない。したがって、弥陀の真実心によって開発され、二種深信を透過した衆生の深心の行相は、行として真実ならざるはなく、行として成じないことはない。衆生に発露する行相は念仏一行の顕現であり、正助二行をはじめ三業に修するすべての行業は念仏一行を助成する。以下は第二章（二行章）に詳述してあるので、そこを参照してほしい。

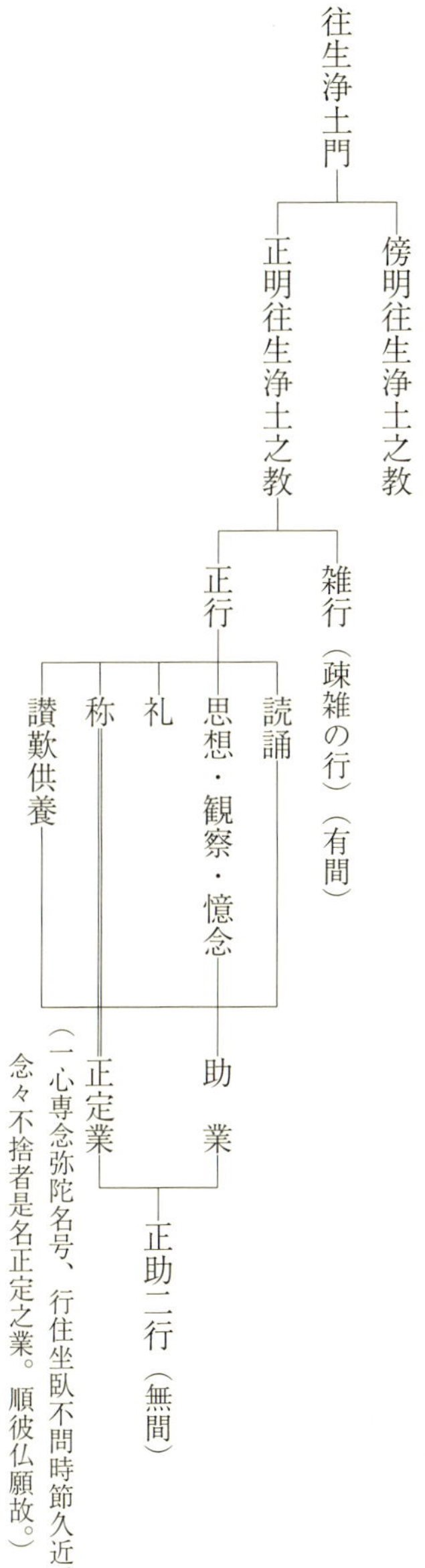

省略された「就行立信釈」を善導の教判により図示すると、右のようである。

省略する理由は一つに紙幅の関係からであろうが、同文である以上省かなければならないのは仕方がないのかもしれない。しかし更に、ここに他の理由がないであろうか。先の二行章での引文は、浄土教教判を示すために用いられた引文であった。もしここで引かれるとすれば、三心具足の念仏行者のうえに修せられる「無行不成」の行相を示す引文となろう。釈尊施設の『観経』観門の教説に出会い、光明名号に摂益されて念仏の行者になったうえに三心が具足された今、善導の回向発願心釈の最後に示すつぎの文言は余りにも重い。

回向と言ふは、彼の国に生じおわりて還りて大悲を起こし、生死に回入して、衆生を教化するを、また回向と名づく。三心すでに具しぬれば、行として成ぜずと云ふことなし。願行既に成じて、もし生ぜずんばこの処《ことわり》有ることなし。またこの三心はまた通じて定善の義を摂す。(95)

先ず二種「回向」の一つ、還相回向の様相を明かす。念仏の行者にとって三心がすでに具足成就された今、すべての三業に修する行業が往生行として成就しないということはない。行そのものが往生の正因であり、正行であり、願行具足の名号なのである。法蔵因中の昔すでに願行が成就されて、果上の果号南無阿弥陀仏と顕わしている。この道理なくして衆生の往生に「処《ことわり》」などはない。三心の義意として大切なことは、十一門義にいう九品に通ずるというだけではなく、弥陀正覚の行相である定善十三観にもその義趣が摂せられることである。この十三観にわたる依正二報は、一念一刹那も真実心の願行のなかに成就された「願力所成」の浄土である。

(3) 回向発願心釈

1 本文とその理解

三者回向発願心と。回向発願心と言ふは、過去および今生の身口意業に修する所の世・出世の善根、及び他の一切の凡聖の身口意業に修する所の世・出世の善根を随喜して、この自他の所修の善根を以て、悉く皆真実深信の心中に回向して、彼の国に生ぜんと願ず。故に回向発願心と名づく。

【訳】『観経』には（その三心の第三に）**三には回向発願心**という。回向発願心というのは、過去と今生の身口意の三業に修するところの世間・出世間の善根、それに他の一切の凡夫や聖人の身口意三業に修するところの世間・出世間の善根とを随喜して、この自他が修するところの善根をもって、ことごとく皆至誠心の真実と、深心の二種深信との心の中に回向して、阿弥陀仏の浄国に往生しようと求願すること。ゆえに回向発願心と名づける。

【解説】いよいよ最後に回向発願心の釈解に入る。先ず回向発願心の基本的な定義である。回向とは何か、何を回向するのか、その回向はどのように回向するのか。またどのような内容を発願するのかである。

先ず、自らと他の一切の凡聖が「過去と今生の身口意の三業に修するところの世間・出世間の善根」を随喜することである。そして回向の内容とは、その自他が過去現在に「修するところの善根」である。更にどのように回向するのかといえば、「ことごとく皆至誠心（真実心）と深心（二種深信）のそのような心中のもとに回向」するのである。最後にどのような内容を発願するのかといえば、弥陀の浄「国に往生」することを求願するのである。このような内容を「回向発願心」と名づける、と善導は定義する。

回向発願心は、『無量寿経』第十八願文の「欲生我国」に配当される。基本的に「弥陀の浄国に往生したい」という内容である。今までの二心で幾重にもわたって述べてきたように、この二心がなければ回向発願心も成立することはない。したがって回向する内容は、自他の過現のすべての三業に修するところの善根であり、回向しない限り往生の生因とはなりえない。その善根がなぜ回向の主体となりうるのかといえば、それら善根がことごとく皆、弥陀の真実心である至誠心と、それによって衆生のうえに顕在する深心のなかに修せられるからに他ならない。このような回向を内容として、自らの往生を具現せしめようと発願するのである。

2　本文とその理解

また回向発願して生ぜんと願ずとは、必ず決定真実の心中に回向して願じて、得生の想ひを作す。この心深く信ずること金剛のごとくなるに由って、一切の異見・異学・別解・別行の人等に動乱破壊せられず。ただ決定して一心に投じ、正直に進んで、彼の人の語を聞きて、即ち進退すること有りて、心に怯弱を生じ、回顧して道に落つることを得ざれ。即ち往生の大益を失す。

【訳】また回向発願して往生しようと求願するとは、必ず弥陀の真実の心中になされることが決定されることによって回向し求願するものであり、往生することができるのだと想いを作すことである。深く信じるこの心は金剛石のようであることから、一切の異見・異学・別解・別行の人らに動乱し破壊されることがない。ただ（弥陀の真実心中に）決定されること一心に弥陀に投じ、（浄土へ願生する思いを）正直に進んで、釈尊の仏語を聞いて、すなわち進・退することが有るかもしれないけれども、心に怯弱を生じさせたり、回顧して悪道に落ちるようなことがないように。それでは折角の往生という大きな利益を失ってしまうから。

【解説】ここは前節の「彼の国に生ぜんと願ず。故に回向発願心と名づく」の箇所を「また」によって再説する。往生しようと求願すること自体が回向発願の内容であるが、善導は更に念仏行者の内外の心相を詳述してゆく。ここにも「必ず」の文字が冒頭に置かれているが、本章「必可具足」の条にて述べておいたように、弥陀の真実心はすでに願行ともに決定成就して、衆生のうえに往生・正覚の二つが同時に現成しているのであるから、「この時より絶対的に」といったものではなく、「弥陀の真実心が必ずや衆生往生の現成としてもたらされる」という意味である。したがって、すべての自他凡聖における過現の善根は、この決定した真実心中に回向されることとなる。

そのような真実心は自ずと衆生をして浄土への求願を生じさせ、平生・臨終の差別なく衆生得生の顕証が得しめられるのである。このような回向発願心が衆生のうえに現成するのも、「一念一刹那」に至るまで法蔵因中の願行に不真実心なるものはないからである。今念仏の行者に二種の深信という金剛心が芽生えるのも、「回向し」「願じ」「想ひを作す」という回向発願心が生ずるのも、すべて弥陀の果上が真実心の結晶に他ならないからである。

もうすでに「一切の異見・異学・別解・別行の人等に動乱破壊」されることもない。真実一心にわが身を弥陀に投じ、正直に進んでさえいけばいいのである。ただ人は怯弱であり、回顧して道を進退し落去するのが常である。せっかく現成している往生の大益を顕証することなく、掌中より失することもあるかもしれない。そこで肝要なことは、釈尊の仏語（釈尊による十六観門の施設）を聞くことを怠ってはならないのである。

善導はここに「善根」とのみいい、行の用語を使用していない。要は「随喜」だけである。

3　本文とその理解

問ひて曰はく。もし解行不同の邪雑の人等有りて、来たりて相ひ惑乱し、或ひは種々の疑難を説きて、「往生を得ず」といはん。或ひは云はん。「汝等衆生、曠劫よりこのかたおよび今生の身口意業に、一切の凡聖の身の上において、具さに十悪・五逆・四重・謗法・闡提・破戒・破見等の罪を造りて、いまだ除尽することあたはず。しかるにこれ等の罪は、三界の悪道に繫属す。いかんが一生の修福の念仏をもって、即ち彼の無漏無生の国に入りて、永く不退の位を証悟することを得る」と。

答へて曰はく。諸仏の教行、数塵沙に越え、稟識の機縁、情に随ひて一にあらず。譬へば、世間の人の眼に見つべく、信ずべきが如きは、明能く闇を破し、空能く有を含み、地能く載養し、水能く生潤し、火能く成壊するが如し。かくの如き等の事は、悉く待対の法と名づく。即ち目に見つべきこと、千差万別なり。いかに況や、仏法不思議の力、あに種々の益なからんや。随ひて一門より出づるは、即ち一煩悩の門を出づ。随ひて一門より入るは、即ち一解脱の智慧の門に入る。これが為に縁に随ひて行を起こし、各の解脱を求めよ。汝何を以てか有縁の要行にあらざるを将《も》って、我れを障惑す。しかるに我が愛する所は、即ち我が有縁の行なり。即ち汝が求むる所にあらず。汝が愛する所は、即ち汝が有縁の行なり。また我が求むる所にあらず。この故に各の楽ふ所に随ひて、その行を修すれば必ず疾く解脱を得。行者まさに知るべし。「もし解を学せんと欲せば、凡より聖に至りて、仏果に至るまで一切礙りなく、皆学することを得よ。もし行を学せんと欲せば、必ず有縁の法に藉れ」と。少しく功労を用ふるに多く益を得ればなり。

【訳】問う。もし解行が同じでない邪悪雑行の人などがおられて、あなたのもとに来て相惑乱し、あるいは種々の疑難を説いて、「（念仏をもってしてもあなた達は）往生を得ることはできない」という。あるいはつぎのようにもいったとしよう。「あなた達衆生は、曠劫の劫初からこのかた、および今生に生まれ出てからの身口意三業において、一切の凡人聖者の身のうえにあって、つぶさに十悪・五逆・四重・謗法・闡提・破戒・破見などの罪を造ってきた。いまだに除き尽くすことなどできてはいない。しかし、これらの罪の一々を考えてみれば、三界の悪道に繋属する原因そのものである。どのようにして一生涯にわたって修福した念仏をもって、弥陀の無漏無生の国に入って、永く不退転の位を証悟することなどができるというのか」と。

答えていう。諸仏の教行は、その数塵沙に越える程多く、六識を稟ける機縁というものは、その機情に随ってまったく一つとして同じものではない。譬えば、世間の人が眼に見ることができたり、信じることができたりするようなことは、明るさがよく闇を破り、虚空がよく有《う》を含み、大地がよく生きとし生けるものを載養し、水がよくその生きとし生けるものを生かし潤し、火がよく生滅ある有を成壊《じょうえ》するようなものだからである。これらのようなことは、ことごとく「待対の法」と名づける。すなわち目に見うることは千差万別である。ましてや、釈尊がお説きになる八万四千の法門の不思議な力は、どうして種々の利益がないなどといえようか。随って釈尊が説かれる一つの法門によって出離するということは、それによって一煩悩の門を出るということである。随って一門より入るということは、一解脱の智慧の門に入ることなのである。このようなことから縁に随って行を起こし、各の解脱を求めることとなる。あなた（摂論学派の人たち）はどのような理由から有縁の要行ではないものをもって、私を障惑するのですか。しかしながら私が愛するところの行は、すなわち私にとっての有縁の行である。あなたが求めるところの行ではない。あなたが愛するところの行は、あなたにとっての有縁の行である。ということは、私が求めるところの行ではないということになる。このようなことから各の楽《ねが》うところに随って、その行を修するならば必ず速やかに解脱を得ることができる。行者よ、必ず知っておかなければならない。

「もし解を学そうと欲うならば、凡夫より聖者に至り、更に仏果に至るまで一切において障礙がなく、皆学んだことは習得しなさい。もし行法を学ぼうと欲うならば、必ず有縁の法に藉《よ》りなさい」と。少しの功労を用いるだけで多くの利益を得るからである。

【解説】この問答も先の節を継承する。いわゆる「解行不同の邪雑の人」である摂論学派の人たちに対する警戒である。一つは経証を引いて、二つは衆生の劫初から今生に至って積植される「十悪・五逆・四重・謗法・闡提・破戒・破見等の」造罪性から鑑みての、得生の否定をいう。経証については先に説明されたので煩を避ける。この問答の意図は、一にその第二を主題とする。確かにこれらの罪を提示されたとき、衆生が「三界の悪道に繋属す」ることは明白である。たとえ一生涯かかって「修福の念仏」を積植しても、証悟することなど到底不可能であると畳み込まれれば、惑乱してしまって当然である。衆生における造罪性と、その罪の除尽性を問うているのである。

その問に対する善導の答は、「諸仏の教行」と「稟識の機縁」とを「待対の法」をもって対峙させつつ、仏法不思議の力が、千差万別である衆生の機根のうえにいかに種々の利益としてもたらされるものであるかを説いて答える。衆生の機情の多様さは、逆説的に法門の数が塵沙に越えることを意味する。

善導のこのような物言いは、一般の仏教的観点からの理論を展開させつつ、浄土教判では決して衆生の造罪性と除尽性を問うものではないことを述べようとしているのではなかろうか。念仏の衆生である十方衆生の摂取の前に、機根の有無内実を問うことに果たしてどのような意味があるのであろうか。

このいずれの善導の釈解も、たとえ要行であろうとも行なのであり、行門の立場を出るものではない。『観経』序分散善顕行縁で釈尊は、凡夫である韋提に対し請求された定散すべての行門を否定した[96]。行は一分の形をも残すことなく、全分に弥陀の正覚である覚体につけることを発見したのが善導である[97]。それによるからこそ、『観経』に仏力異方便として施設される十六の観門は、弥陀の浄土へ帰入せしめる観仏三昧の意義をもちうるのである。

法然が『選択集』第一章において、往生浄土門を大乗より独立させたのはそのような理由があってのことである。摂論家に代表される大乗仏教において、学解・学行を用いることをもっとも嫌ったのは善導であり、法然であった。教行という名の行門は、法然の浄土宗ではもっとも越えなければならない大きなハードルである。凡夫のわずかな解行が、諸仏の教行の前に何の役に立とうというのであろう。凡夫にたとえわずかな行門を残すことがあることほど、法然の浄土宗が独立することを阻むものではなかったのではないか。

4　本文とその理解

また一切の往生人等に曰さく。今更に行者の為に一の譬喩を説きて、信心を守護して、もって外邪異見の難を防がん。何者かこれなる。

【訳】また一切の往生人の方たちに申し上げる。今更に念仏行者のために一つの譬喩を説いて、信心を守護して、その信心によって外部の邪悪異見の批難を防ごうと思う。それはどういう者かといえばつぎのようである。

【解説】今までの摂論家を代表とした、外的な異学・異見・別解・別行の人たちからの批難に対して、一切の往生人の方々に表白をする。念仏の行者のために「二河譬」といわれる一つの譬喩を説くのである。念仏行者の信心を守護するためのものであり、更に異見からの批難を防ぐためでもある。

5　本文とその理解

譬へば、人有りて、西に向かひて百千里を行かんと欲するが如し。忽然として中路に二河有るを見る。一は火の河にして南に在り。二は水の河にして北に在り。二河各の闊《ひろ》さ百歩、各の深くして底なく、南北に辺りなし。正しく水火の中間に一の白道有りて、闊さ四五寸許《ばかり》なるべし。この道東岸より西岸に至るまで、また長さ百歩なり。その水の波浪交《こもごも》過ぎて道を湿《うる》ほし、その火焰また来たりて道を焼く。水火相ひ交はりて、常に休息することなし。この人既に空曠の迥《はる》かなる処に至るに、更に人・物なし。多く群賊・悪獣有りて、この人の単独なるを見て、競ひ来たりて殺さんと欲す。この人死を怖れて直に西へ走るに、忽然としてこの大河を見る。即ち自ら念言すらく。「この河南北に辺畔を見ず。中間に一の白道を見るも、極めて狭小なり。二岸相去《はな》るること近しと雖も、何に由ってか行くべき。今日定んで死せんこと疑はず。正しく到り廻《かえ》らんと欲せば、群賊・悪獣漸々に来たり逼らん。正しく南北に避け走らんと欲せば、悪獣・毒虫競ひ来たりて我れに向かふ。正しく西に向かひて道を尋ねて去《ゆ》かんと欲せば、また恐るらくはこの水火の二河に堕ちんことを」と。時に当りて惶怖《おうふ》すること、また言ふべからず。即ち自ら思念すらく。「我れ今廻るともまた死せん。住《とどま》るともまた死せん。一種として死を勉《まぬが》れざれば、我れむしろこの道を尋ねて、前に向かひて去《ゆ》かん。既にこの道有り、必ず度《わた》るべし」と。

【訳】譬えば、ひとりの人が有って、西に向かって百里とか千里の道を行こうと欲《おも》うようなものである。その人は、忽然として行く先の路のなかほどに二つの河が有るのを見る。一つは火の河であって南側に在る。二つは水の河であって北側に在る。その二河の各の闊《ひろ》さは百歩ほどであり、その各は深くて底がなく、南北を見渡しても辺際がない。ところが確かによく見ると、水河と火河の中間に一つの白道が有って、闊さは四、五寸許《ばか》りであろうか。この白道はこちらの東岸より向こうの西岸に至るまで、また長さが百歩ぐらいである。その水の波浪は白道を代わる代わる過ぎて湿《うる》おしている、その火焔もまた白道を代わる代わるに越え来たって焼いている。水と火が相交わって、常に休息することなく湿《うる》おし焼いている。この人はすでに広い野原の迥《はる》かな処にまで至り着いていて、どこを見ても救い求めるべき人や物の気配などはない。

そこに多く群賊と悪獣が有《や》って来て、この人が単独であるのを見て、競い来たって殺そうとする。この人は（群賊と悪獣を見て）死を怖れて直ちに西へ走るのだけれども、忽然としてこの二つの大河を見る。そこで自ら念言する。

「この河は南にも北にも辺畔を見ることはない。ただ中間に一つの白道を見るだけであるが、それも極めて狭小である。東岸と西岸との間は相去《はな》れていて近いようではあるけれども、さてどのように行けばいいのであろうか。今日は必ずや死ぬであろうことは疑いもない。正しく引き廻《かえ》そうと欲《おも》ったなら、群賊や悪獣などが次第次第に襲い来て逼ろうとしている。正しく（東岸沿いに）南北に避けて走ろうと欲うならば、悪獣や毒虫などが競い来て私に向かってくる。正しく西の岸に向かって白道を尋ねて去《ゆ》こうと欲うならば、また恐らくはこの水火の二河のどちらかに堕ちてしまうであろうことを」

と。ここに至って惶怖《おそ》れることは、また言葉もないほどである。ここで自ら思念するのである。

「私は今引き廻《かえ》してもまた死ぬだろう。住《とどま》ってもまた死ぬだろう。そのどれ一つを選んでも死から勉《まぬが》れることができないのなら、私はむしろこの白道を尋ねて、前（西岸）に向かって去《ゆ》こう。確かにこの白道が有るのだ、必ず度《わた》れるに違いない」と。

【解説】法を説くのには、譬喩を用いるのが至当である。いよいよ二河の譬喩を説く。三心がすでに具足決定した行者（往生人）に対して、現実の諸相を出だしつつ、自らの歩むべき道を教える一段である。

人間の生涯を今百里千里の道程に譬えよう。山あり谷あり、自らは知ることもなく西に向かって歩行している。時に忽然と現れる貪欲瞋恚といった欲望に駆られ、また苛まれて水火の道へと踏み誤ることもある。釈尊の根源的な超克の対象とした四苦に対峙し、越えがたいその壁に阻まれることがある。今それを善導は南北の二河に配当し、群賊と悪獣に擬えようとしている。しかしそれらは、人間の現実の日々に越えようのない事実として厳然と横たわっている。

見れば越えられそうな河幅である。しかし自らの力量を勘案したとき、立ちはだかるその二河の深遠性に計り知れない恐怖と畏怖を覚えるのである。人間はそれを回避しようと徹頭徹尾もがき、はたまた放棄するけれども、存在としての自己にはあまりにも巨大な障礙である。そこにはじめて白道の存在に気づくとともに、自己の罪悪性と本願の絶対性に思い至らしめられるのである。

三心具足の念仏の行者になろうとも、日々の生活者に違いないのである。水の波浪も火焔もまた代わる代わる休息することなく押し寄せては、白道を浸潤し焼いてゆく。時に自己を省顧したとき、四苦の空漠性に慄然とする。それを群賊とするか、はたまた悪獣とするか。ひと度その恐怖感に襲われたとき、人は死を怖れて右往左往することは自明の理である。胸に去来するのは過現の悪業ばかりなのである。正しく前途の去就はままならない。

そのようなとき、三心具足の行者は水火の狭間に一条の白道を見る。そして思念する。すでに眼前に白道はある。この白道を信じ尋ねて、西岸に向かって去こう、必ずや渡りきることができるはずだ、と。

6　本文とその理解

この念を作す時、東岸に忽ち人の勧むる声を聞く。「なんじ、ただ決定してこの道を尋ねて行け。必ず死の難なからん。もし住まらば即ち死せん」と。また西岸の上に人有りて喚びて言はく。「汝一心に正念して直に来たれ。我れ能く汝を護らん。衆て水火の難に堕つることを畏れざれ」と。この人既にここに遣りかしこに喚ぶを聞きて、即ち自ら身心を正当にして、決定して道を尋ねて直に進み、疑怯退の心を生ぜず。あるひは行くこと一分二分するに、東岸の群賊等の喚びて言はく。「なんじ迴り来たれ。この道険悪にして過ぐることを得ず。必ず死せんこと疑はず。我等衆て悪心をもって相ひ向かふことなし」と。

【訳】このような念《おも》いをなす時、こちらの東岸にあってにわかに一人の人がつぎのように勧める声を聞くのである。

「あなたよ、ただあなたが（我れむしろこの道を尋ねて、前に向かひて去《ゆ》かん。既にこの道有り、必ず度《わた》るべし）と思い定めたように、あなたの目の前のこの白道を尋ねて行きなさい。そうしたら必ずや死の厄難はないであろう。もしこの此岸に住《とど》まるならば、あなたは必ずや死ぬであろう」と。またその声が途切れぬうちに、今度は西岸の上方にあって一人の人が現れて喚《よ》んでいうのである。「あなたよ、一心に正念して直ちに（この西岸に）来なさい。私は能くあなたを擁護するであろう。どのようなことがあろうとも、水火の二河の難に堕ちることを畏れてはならない」と。この旅人は、すでに自らの耳にこの此岸からは発遣し、その彼岸からは喚招するのを聞いて、そこで自らの身心を正当にし、思い定めて白道を尋ねて直ちに進み、すでに疑いや怯退の心などを生ずることはない。しかしあるいは、その白道を行き始めて一分二分して、東岸の群賊たちが喚んでいうのである。「あなたよ、引き迴《かえ》し戻って来なさい。この道は大変険悪であってとても通過することなどできない。必ず死んでしまうことは疑いがない。私たちはすべて悪心をもって相向かうことなどはない」と。

【解説】この一段は二尊による発遣と喚招を主題とする。先ず行者の想念の内に、東岸（此岸・穢土）に釈尊が仏語をもって往生の道を勧める声を聞く。「思い迷うことなく白道を尋ね行け。必ず死の難を免れる。もし此土に住まるならば死の難を受ける」と。また西岸（彼岸・浄土）上には阿弥陀仏があって喚招していう。「一心に正念し直ぐさま来よ。弥陀は必ず行者を護念する。決して水火の難に堕ちることを畏れてはならない」と。三心具足の行者は今発遣と喚招の声を聞き迷うことはない。自らの身心を正しくして、ただ白道を真直ぐに尋ね進むだけである。疑いも怯《おび》えて退く心もない。しかしながら実生活ではこのような道を一分二分歩もうとしても、釈尊における八相成道の第五降魔（魔率官属、而来逼試(98)）のように、信心の妨げをなす心のさわりが内外に存在し、善導はそれを娑婆世界の群賊などの喚び声としている。「この道は険悪で、とても無事に通過することなどできようはずがない。迴ってきなさい。そうでないと死んでしまいますよ。私たちだって悪心をもっていっているのではないのですから」と。

7　本文とその理解

この人喚ぶ声を聞くと雖も、また迴顧せず。一心に直に進み道を念じて行くに、須臾に即ち西岸に到りて、永く諸難を離る。善友相ひ見て、慶楽すること已《や》むことなし。これは喩へなり。

【訳】この人は（後方より群賊たちの戻れという）喚び声を聞くことはあっても、もう顧迴《みかえ》ることはしない。一心にひたすら進み、白道を念じて行くうちに、忽《たちま》ちのうちに西岸（彼岸の浄土）に到り着き、末永く諸の厄難を離れることができる。（先に往生していた）善友は相見あって、慶楽してやむことがない。これは二河の譬喩である。

【解説】いよいよこの行者は浄土への往生を果たし、二河譬の一段を終える。白道のうえは迴顧の場でもなければ、二河への堕落の場でもない。白道こそ行者の信の一道である。行者はただ一心に白道を進み、渡りきることだけを念じて行くばかりである。須臾に西岸に至って永く諸難を離れることとなる。その浄土は、往詣の善友と相見えて慶楽する世界である。この一段を二河の譬喩という。

8　本文とその理解

次に喩へを合せば、東岸と言ふは、即ちこの娑婆の火宅に喩ふ。西岸と言ふは、即ち極楽の宝国に喩ふ。群賊・悪獣詐《いつわ》り親しむと言ふは、即ち衆生の六根・六識・六塵・五陰・四大に喩ふ。人なく空迥《くうきょう》の沢と言ふは、即ち常に悪友に随ひて、真の善知識に値はざるに喩ふ。水火の二河と言ふは、即ち衆生の貪愛は水の如く、瞋憎は火の如くなるに喩ふ。中間の白道四五寸と言ふは、即ち衆生の貪瞋煩悩の中に、能く清浄の願往生の心を生ずるに喩ふ。すなはち貪瞋強《こわ》きに由るが故に、即ち水火の如しと喩ふ。善心微なるが故に、白道の如しと喩ふ。また水波常に道を湿すとは、即ち愛心常に起こりて、能く善心を染汚するに喩ふ。また火焔常に道を焼くとは、即ち瞋嫌の心、能く功徳の法財を焼くに喩ふ。人、道の上を行きて直に西に向かふと言ふは、即ち諸の行業を廻して直に西方に向かふに喩ふ。東岸に人の声の勧め遣るを聞きて、道を尋ねて直に西に進むと言ふは、即ち釈迦すでに滅したまひて、後の人見たてまつらざれども、由《な》を教法有りて尋ぬべきに喩ふ。即ちこれを声の如しと喩ふ。或ひは行くこと一分二分するに、群賊等喚び廻《かえ》すと言ふは、即ち別解・別行・悪見人等、妄りに見解を説きて、迭《たがひ》に相ひ惑乱し、及び自ら罪を造りて退失するに喩ふ。西岸の上に人有りて喚ぶと言ふは、即ち弥陀の願意に喩ふ。須臾に西岸に到りて善友相ひ見て喜ぶと言ふは、即ち衆生久しく生死に沈みて、曠劫より淪廻し迷倒自纏して、解脱するに由しなし。仰ぎて釈迦の発遣して西方に指し向かはしめたまふことを蒙り、また弥陀、悲心をもって招喚したまふに藉《よ》って、今二尊の意に信順して、水火の二河を顧みず、念々に遺《わす》るることなく彼の願力の道に乗じて、命を捨て已後、彼の国に生ずることを得て、仏と相ひ見へて慶喜すること何ぞ極まらんといふに喩ふ。

【訳】つぎにこの譬喩を、教法に合わせていえば以下のようになる。東岸というのは、この娑婆の火宅に喩える。西岸というのは、極楽の宝国に喩える。群賊や悪獣が詐《いつわ》り親しむというのは、衆生の六根・六識・六塵・五陰・四大に喩える。人がいない空迥《くうきょう》の沢というのは、常に悪友に随って、真の善知識に値わないのに喩える。水火の二河というのは、衆生の貪るような愛欲は水のようであり、瞋恚の憎悪は火のようであることに喩える。中間の白道が

四、五寸であるというのは、衆生の貪欲瞋恚という煩悩のなかに、能く往生を願う清浄な心が生まれることに喩える。すなわち貪欲と瞋恚が大変強いという理由から、水火のようであると喩える。生まれる善心は大変微細であるから、白道のようであると喩える。また貪欲の水波が常に白道を湿すとは、愛心が常に起こって、能く善心を染汚するのに喩える。また瞋恚の火焰が常に白道を焼くとは、瞋嫌の心が能く功徳の法財を焼くのに喩える。その行人が白道のうえを行って真直ぐに西岸に向かうというのは、諸の過現の行業を廻して直ちに西方に向かうのに喩える。東岸にいる人の声が行者を勧め遣るのを聞いて、道を尋ねて真直ぐに西に進むというのは、釈迦がすでに入滅されて、後世の人は見たてまつることはできないけれども、なお教法が有って尋ねなければならないことに喩える。これを（釈尊の）声のようであると喩える。あるいは行くこと一分二分して群賊などが喚び廻《かえ》すというのは、別解・別行・悪見の人などが妄りに見解を説いて、迭《たがい》に相い惑乱し、更に自ら罪を造って退失することに喩える。西岸のうえに人があって行者を喚ぶというのは、弥陀の願意に喩える。須臾のうちに西岸に到って善友と相見みえて喜ぶというのは、衆生が久しく生死に沈んで、曠劫より淪廻し迷倒自纏して、解脱できる理由などない。ただ仰いで釈迦が発遣して西方浄土に指し向かわして下さることを蒙り、また弥陀が悲心をもって招喚して下さることに藉《よ》って、今二尊の仏意に信順して、水火の二河を顧みることなく、念々にその仏意を遺《わす》れることなく、弥陀の願力の道に乗じて、命を捨てて以後、弥陀の浄国に往生することを得て、阿弥陀仏と相見みえて慶喜することがどうして極まらないということがあろうかというのに喩える。

【解説】この二河白道の譬喩の出典は、諸本によると『大般涅槃経』第二十三[99]・『大智度論』第三十七[100]・『大宝積経』第一〇七[101]・『雑阿含経』第四十二[102]・『安楽集』巻上[103]などにその典拠を置く。いずれにしてもそれらの典拠を基として、『観経』第七華座観の世尊の仏語を待つことなく弥陀が住立したことなどを踏まえて、善導が独自に考案したものには違いない。

その法譬の一々を今考えてみる。東岸は娑婆の火宅であり、西岸は極楽の宝国である。娑婆を火宅に配するのは『法華経』が基にあり、極楽浄土は『阿弥陀経』『観経』の説相である。群賊や悪獣と詐《いつわ》り親しむは、我われの六根（眼耳鼻舌身意）・六識（六根それぞれの識）・六塵（識の対象である色声香味触法）・五陰（色受想行識）・四大（地水火風）に纏わる煩悩の根源となるものである。「人なく空迥《くうきょう》の沢」とは面白い譬えで、我われが悪友と交わり真の善知識と値わない不毛さをいっているのであろう。

水火の二河は、衆生の貪愛が海水のように深くまた汚濁を含み込み、衆生の瞋恚と憎悪が猛火のように底知れぬほど物を焼き尽くすというところから来る。人間の貪瞋ほど強《こわ》く底知れぬものはないところから、水火のようだという。二河の中間に見える白道が四、五寸ばかりというのは、衆生の貪瞋煩悩のなかにあっても清浄な願往生心を生ずることができるという証しである。衆生の善心など微細であって、常に波浪と火焔が逆巻き、白道など余程のことがない限り見いだしようもない。その水波が白道を湿すとは、愛心が善心を染汚することであり、火焔が白道を焼くとは、瞋嫌の心が功徳の法財を焼くことである。

行人が白道のうえを歩行して西に向かうのを、善導は諸の行業を廻向して西方に向かうこととしている。すなわち行人の回向発願心の行相である。東岸に立つ人の発遣の声を聞き、白道を尋ねて西行することを、釈迦はすでに入滅して後世見ることはできないけれども、教法は残りこれを釈迦の声として尋ねることはできることとする。

行者が白道を行きはじめて一分二分して群賊などが喚び廻《かえ》すというのは、従来述べてきた摂論家に代表される別解・別行・悪見の人たちが、妄りに自らの見解を説いて迭《たがい》に相惑乱し合い、自ら罪を造って退失することとする。今まで幾重にも述べてきたように、論難の接点を見いだしえない摂論家を「群賊」と呼ぶ善導の譬喩が痛快である。

西岸上の人が行者を喚招するのを、弥陀そのものとせずに弥陀の願意に喩えている。この点は注意しなければならないであろう。四十八願の総体的願意ではなく、また第十九願の来迎とか、第二十願の聞名・係念・植諸徳本・至心回向という果遂を願う願意ではない。どこまでも善導においては第十八願の願意である。

須臾に西岸に至って善友相見て喜ぶは、本来衆生は曠劫より生死に沈み淪迴し迷倒自纏して、解脱できようはずもないのである。釈迦が十六の観門を施設して発遣し、未来世一切の衆生を西方に指向せしめ、また弥陀が大悲心の願意をもって招喚し給うのを、我われはただ仰ぐだけである。白道の行者は今二尊の経意願意を信順し、衆生本来の貪瞋水火の二河を顧みることなく、また念々にその二意を遺《わす》れることなく、弥陀の願力を表象する仏道に乗じるばかりである。命終ののち、極楽に往生することができ、阿弥陀仏・観音・勢至・聖衆などの善友と相見みえ、慶喜すること極まり尽きることがないというのである。この「須臾に西岸に到りて善友相ひ見て喜ぶ」を、このような長文をもって解釈する善導にただ驚く。

9　本文とその理解

また一切の行者、行住坐臥に三業の修する所、昼夜時節を問ふことなく、常にこの解を作し、常にこの想を作す。故に回向発願心と名づく。また回向と言ふは、彼の国に生じおわりて、還りて大悲を起こし、生死に回入して衆生を教化するを、また回向と名づく。

【訳】また一切の行者よ、自らの行住坐臥の四威儀において身口意の三業に修するところを、昼夜の時節を問うことなく、常にこの白道を選び進んだときの領解を作し、常にこの（白道を誤りなく進み、自らの三業を乗托する決定往生の）想いを作すことを回向発願心と名づける。

また回向というのは、弥陀の浄国に往生しおわったならば、還って大悲を起こし生死の世界に再び回入して、苦悩の衆生を教化することを、また回向と名づける。

【解説】この一段は、回向に往相と還相の二つの義意があることを述べる一段である。

先ず念仏の行者にとって、二尊の教意願意に則り浄土に往生することが第一義である。今すでに白道に乗托した我われは、行住坐臥に修する三業そのものを昼夜分かつことなく、常にこの白道を歩む領解を忘れることなく作し、常にこの平生往生の想いを作すことを回向発願心と名づけるのである。

更に回向のもう一義は、浄土に往生しおわったなら、還って大慈悲心を起こして、自らがいた生死の世界に再び回入して煩悩に苦悩する衆生を教化し済度することを回向と名づけるのである。善導『往生礼讃』日没無常偈に続き「この偈を説きおわって、更に心口に発願すべし」といって発願文が引かれ、「仏の本願に乗じて、阿弥陀仏国に上品往生せん。かの国に到りおわって六神通を得て、十方界に入って苦の衆生を救摂せん[104]」と、善導は往相・還相の二種の回向観を説いている。

三心を具足した念仏行者は、今すでに白道にある。この白道は浄土への往生の道が確定している仏道である。そうであるならば、念仏行者の四威儀に修する三業そのものは三心によって清浄となり、日常に白道を歩む領解の内に修する三業は、新たな意味と新たな展開のなかでより深く重層的な意義をもつものではなかろうか。すなわちこの行者の領解を経た白道を歩む日常には、この二種の回向が内在しているといっても過言ではないのである。領解を経た平生往生の念仏行者に修せられる「行業」の真実性である。

臨終に至るまでの、平生における三心具足の念仏行者に課せられた、念仏の行者における三業のありかたを求めた一段でもある。

それがつぎに引く、善導の三心釈の総結の文である。

(4)　総結

三心すでに具しぬれば、行として成ぜずといふことなし。願行既に成じて、もし生ぜずんばこの処《ことわり》有ることなし。またこの三心はまた通じて定善の義を摂す。知るべし。

【訳】三心がすでに一切の往生人に具足されたならば、その身口意の三業に修せられる一切の行は、(回向するところの主体である自他の過現に修する世・出世の善根の往生)行として成就しないということはない。(阿弥陀仏の正覚の覚体には衆生が往生するためのすべての)願行がすでに成就されているのであるから、もしそれでも往生しないというのなら、この(釈尊によって教説された弥陀正覚の)処《ことわり》(真理)が有ることなどないということである。またこの三心は、(散善上品上生の段に説かれているけれども)、また定善(十三観)にも通ずる義趣を摂めている。このことは大切なことであるから必ず心得ておかなければならない。

【解説】この一節は釈師・義流によってたいへん訓み方も異なれば、その受け取り方も異なる一段である。筆者は一往通途に右のように読んでおく。この一節により、善導の三心観と「行」観とを端的に窺い知ることができるであろう。更に法然が善導のこの三心釈の全文を第八章に引文したという事実は、紛れもなく全面的に善導の三心釈を受け入れ継承したということである。

釈尊によって「汝是凡夫」と確定し、弥陀によって「十方衆生」と誓願された未来世一切衆生が、自力に修する一切の行業はすべて雑毒虚仮の行であり、その行業はまた輪回を催す「自身は現に罪悪生死の凡夫、曠劫よりこのかた常に没し常に流転して、出離の縁あることな」き行でもある。

凡夫の雑毒虚仮の行を今清浄ならしむるのは、弥陀の至誠真実心以外にはない。弥陀が自らの正覚とその浄土の建立に、中間の兆載永劫という果てしない時節を費やして、六度という菩薩が修すべき一切の万行を積植したのは、未来世一切の衆生の凡夫に成り代わって、その往生を成就するために「一念一刹那に至るまで、三業に修する所、皆真実心の中に作」すことに他ならなかった。その真実心が衆生に「凡そ施為」され、その浄土を「趣求」せしめられるのは、弥陀が「皆真実」であるからである。

弥陀の真実心が衆生に施為され、衆生に三心が具足されたあとの一切の行は、浄土を欣慕し趣求する清浄の行業となって往生行として成就しないということはない。更にその往生行は「十方界に入って苦の衆生を救摂」する行業ともなりうるのである。

その原理は先に述べたけれども、第十八願文に存在する。この願が成就する根源は十方衆生の往生である。この往生の成就なくして、いかなる条件も無意味である。否、衆生の往生の前に、衆生に対して条件を付加すること自体が、十方衆生の救済を誓願する法蔵の別願にとっては、狭小というより誤りといわなければならない。十方衆生の救済の前には、その救済の対象である十方衆生の機根と現実を五劫思惟した法蔵にとって、「至心信楽欲生我国」も「乃至十念」も条件とはならなかったのである。このような「処《ことわり》」があるからこそ、「十劫正覚」の弥陀といわれて衆生の往生もすでに決定している。

また『選択集』第二章に引用した善導『往生礼讃』[105]「十即十生」の文や、『玄義分』六字釈の文、

今此の『観経』の中の十声の称仏には、即ち十願十行有りて具足す。云何が具足する。南無と言ふは即ち是れ

帰命、また是れ発願回向の義なり。阿弥陀仏と言ふは即ち是れその行なり。この義を以ての故に必ず往生することを得。(106)

南無阿弥陀仏の六字の名号に、未来世一切衆生が往生するためのすべての十願十行が完全な形で成就されている。このような義趣をもつのが六字の名号であり、そのような根源的な原理をもつ名号であることを釈尊が十分に知っているからこそ、三経を通じて「南無阿弥陀仏」を弥勒・阿難・舎利弗に付属流通せしめたのである。釈尊によって弥陀の真実心が我われにもたらされた今、三心具足の念仏の行者となって自らの往生を、十声の称仏に顕証してゆけばいいのである。そこに自らの往生が決定し顕露しているのである。

このようなことから『観経』の九品には未来世一切衆生の往生相が説かれてあるのであり(107)、往生者の成仏への道場である極楽の依正を説示した定善十三観にも、この三心によって建立された依正であるところから善導は「通」ずるというのである。この極楽の依正である定善十三観のみならず、その往生人である散善九品も、法蔵菩薩が中間に真実心中の一念一刹那に積植した六度万行によって所成した覚体そのものである。その覚体を南無阿弥陀仏の名号にして、釈尊をして阿難に付属せしめたのである。末代の衆生は自力に所執することなく、示観の領解をもって他力に回心し、ただ名号の謂われを領解するばかりである。そこに『観経』異方便として説かれる「十声の称仏」も顕現してくるのである。

(三) 第三『往生礼讃』三心釈の文

『往生礼讃』に云はく。「問ふて曰はく、今、人を勧めて往生せしめむと欲はば、未だ知らず。いかんが安心・

起行・作業して、定めて彼の国土に往生することを得る。答へて曰はく、必ず浄国土に往生せむと欲はば、『観経』に説くが如きは、三心を具して必ず往生することを得。何等をか三とする。一には至誠心。所謂る身業に彼の仏を礼拝し、口業に彼の仏を讃歎称揚し、意業に彼の仏を専念観察す。凡そ三業を起こすに必ず須く真実なるべし。故に至誠心と名づく。二には深心。即ち是れ真実の信心なり。自身は是れ煩悩を具足せる凡夫、善根薄少にして三界に流転して火宅を出でずと信知し、今、弥陀の本弘誓願、名号を称すること下十声一声等に至るに及ぶまで、定めて往生することを得と信知す。乃至一念も疑心有ること無し。故に深心と名づく。三には回向発願心。所作の一切の善根、悉く皆廻して往生を願ず。故に回向発願心と名づく。此の三心を具して必ず生ずることを得。もし一心少《か》けぬれば、即ち生ずることを得ず。『観経』に具に説くが如し、知るべし」と。

【訳】『往生礼讃』につぎのようにいう。「問う、今、人を勧めて浄土へ往生させようと思うならば、（その方途を）まだ知っているわけではない。どのように安心・起行・作業をすれば、阿弥陀仏の浄土に往生することが決定しうるだろう。

答う、浄仏国土に必ず往生しようと思うならば、『観経』に説いているように、三心を具足することによって必ず往生することができる。どのようなものを三心というのか。

一つには至誠心。身業に阿弥陀仏を礼拝し、口業に阿弥陀仏を讃歎称揚し、意業に阿弥陀仏を専念観察する。その三業を起こすについては必ず真実でなければならない。だから至誠心と名づける。

二つには深心。深心とは真実の信心のことである。私自身は煩悩を具足する凡夫であり、善根はまことに薄少であって、いまだに三界に流転してこの火宅を出ることがないと信知することであり、今また弥陀の本弘誓願である名号を称することが、下は十声や一声などに至ってまでも、必ずや往生することができると信知することである。遂には一念をも疑心が有ってはならない。だから深心と名づける。

三つには回向発願心。我ら凡聖がなすところの一切の過現の善根をことごとく皆回向して往生を求願する。ゆえに回向発願心と名づく。

この三心を具足することによって必ず往生することを得る。もし（その三心のなか）一心をも少《か》けるようなことがあれば、それは往生することはできない。そのことは『観経』につぶさに説かれている、肝要なことである」と。

【解説】三心の義意については『散善義』で十分であろうと考えられるが、法然はなぜ重ねて『往生礼讃』を引いたのであろう。善導の十一門義により、散善九品の往生人に三心が具足されてあることは述べられた。更に先の文、「この三心はまた通じて定善の義を摂す」とした『観経』所説の十六の観門を聞き、すでに三心具足の念仏の行者になった現今、一心も欠けることのない安心のなかに「具疏（行儀分）」によって起行・作業[108]を修する分を示そうとして引いたものであろうか。

すでに示観の領解を経て他力への回心を果たした念仏の行者にとって、散善のみならず定善の義趣をも摂した十六の観門に説く極楽の依正と自らの往生相は、法蔵の因中に「一念一刹那も三業の修する所、皆是れ真実心の中に作し」たものであり、欣慕し趣求する世界のなにものでもない。安心に住する念仏の行者に修するところの三業は、三心具足のうえに開かれた起行[109]と作業[110]という平生往生相の行業となる。

問は、どのような安心・起行・作業のもとにあれば、弥陀の浄土への往生が決定するのだろうかと問い、人に勧める道をも問う。善導の答は経文とほぼ同文で、『観経』に説くように三心を具する者は必ず浄国に往生することができる、とする。そして三心の内容を『散善義』を要約するような形で具体的に述べる。

一に至誠心とは、身口意業に弥陀を礼拝し讃歎称揚し専念観察することである。この三業を修する内実は必ず真実でなければならない[111]から、至誠心と名づける。「自利真実」の箇所の要約である。

二に深心とは真実の信心である。真実至誠心に裏付けられた、真実心より誘発する信心という意味である。先ず機の深信を、自らの罪悪なるがゆえの凡夫性と、その実態なるがゆえの流転性を信知することであり、法の深信を、弥陀の本願である名号を衆生が称名することによって往生が決定することを信知することとする。その信知の一念に至ってまでをも疑心があってはならないところを深心という。

三に回向発願心とは、自他の三業に作すところの一切の過現の善根を、ことごとく皆回向して往生を求願することを回向発願心、とする。『観経』にいうように、この三心を具する者は必ず往生することができ、もしその一心でも少《か》けるならば往生することはできないし[112]、善導はその根拠を『観経』に求め、『散善義』に詳説している。

今二尊より未来世一切衆生に施為された三心に真実でないものはなく、ただ発遣喚招のままに白道を歩めばいいのである。雑毒の善・虚仮の行しかなしえない我われに本来起こすべき三心というものはない。三心は我われ凡夫が発さなければならない、発すべき心ではなく、弥陀より願文として誓われ、釈尊より仏語として施設され、諸仏より称揚された真実の白道そのものが三心なのである。その施設された白道を歩むものを、「十方衆生」「未来世一切衆生」というのである。今その白道を歩む我われは疑怯退心を生ずることなく、迴顧することなく真実三業のままにすすめばいいのである。

法然の開宗した浄土宗は、他力宗であることをもって最大の特色とする。阿弥陀仏の大願強力を増上縁として、衆生の往生が決定し弥陀の正覚が円成する宗旨である。すべてのいかなる面から論定しても、阿弥陀仏の立場（他力）より完全に成就した宗旨を浄土宗というのである。したがって衆生の立場（自力）からという視点は、法然の浄土宗にはない。我われが発すことのできる行は、領解のうえの行であり懺悔の行であり、歓喜の行であり報謝の行であり、修習の行でありすでに還相の行でもある。この三心も我われが発さなければならない、発しうる心というものではないのである。我われが往生したいという願いさえも二尊の願意と経意とに成就されてあって、ただ我われはその願意と経意とに気づき、光明名号の摂益をうけるのみである。

三　私釈段

（一）はじめに

私に云はく。引く所の三心といは、是れ行者の至要なり。所以《ゆへ》は何《いか》んとなれば、『経』には則ち「三心を具する者、必ず彼の国に生ず」と云ふ。明らかに知りぬ。三を具して必ず生ずることを得べしといふことを。『釈』には則ち、「若し一心少《か》けぬれば即ち生ずることを得ず」と云へり。明らかに知りぬ。一も少《か》けぬれば、是れ更に不可なり。茲に因りて、極楽に生ぜむと欲はむ人は、全く三心を具足すべし。

法然による私釈段であるから善導の釈意を補足し、なおかつ法然の意楽が述べられていると考えられる。しかし反面これほどの善導の釈意がありながら、更に法然の意楽とはどのようなものであろうか、との疑問も湧く。

善導の三心釈にいう三心は念仏の行者にとって至要である、と法然は先ず押さえる。ではどのように至要なのであろうか。しかし答は本文段に引いた『観経』の経文「具三心者、必生彼国」をそのまま引き、これにより知られることはとして、その経文をそのまま訓読みするに留まる。ただしその典拠を法然は、『散善義』によらずにこの本文段第三文の『往生礼讃』を引く。この理由はどのような背景からであろうか。確かに『散善義』の三心釈には三心各の義意と二河譬が説かれてあって、三心それぞれの関係が述べられていたわけではなかった。ただ最後に結論として、「三心すでに具しぬれば、行として成ぜずといふことなし。願行既に成じて、若し生ぜずんばこの処《ことはり》有ることなし」と三心を一括する文が置かれているだけである。このようなことから法然は、三心の関係性を述べようとして『往生礼讃』を用いたのであろうか。

すなわち『往生礼讃』の「若し一心少《か》けぬれば、即ち生ずることを得ず」の一文である。法然はここにいうこの「一心」を、どのように考えているのであろうか。諸本には「一心も」「一心をも」と送り仮名が打たれているが、そのように訓むと「三心のうちのどの一心をも少けたならば」という理解になり、三心が各別であって独立したそれぞれの一心になって、弥陀真実心の絶対性が損なわれてしまう。筆者は註（112）に示したように、弥陀によって施為される真実心によってもたらされた衆生所発の三心に、一つ一つの独立した一心を見るべきものではないと考える。したがってこの一心は、真実心に融合された、不具足なく一心に円成した三心即一心の一心でなければならないであろう。もしこの一心が三心のなかのいずれかの一心であるというのならば、真実至誠心である一心を措いて他にはありえない。

またこの『往生礼讃』の一文を引用したもう一つの理由は、法然がつぎにいう、明らかに知りぬ。一も少《か》けぬれば、是れ更に不可なり。茲に因りて、極楽に生ぜむと欲はむ人は、全く三心を具足すべし。

と、たいへん文言としては剛直な物言いであるものの、つぎの至誠心釈にも見られることであるが、衆生がもし自力に三心を発すことができるというのなら、自らの罪悪であるがゆえの凡夫性とこの実態ゆえの流転性との不合性に必ず躓《つまず》くであろう。そのことを指摘することによって、「極楽に生ぜむと欲はむ人」に対して自力の抑止を求める文言となっているのであろう。またこの安心の念仏行者のうえになおも、表相として窺われる不整合性を指摘する者のために、試みに抑止を求めた文言となっているものでもあろう。

弥陀の真実心は本来、衆生の往生を成就するために十方衆生を念仏の行者にし、その行者には過不足なき三心具足の一心を具えさせる大願業力として働く力用があるのである。

(二) 法然の三心釈

つぎに法然による三心それぞれの意楽を示す。先ず至誠心。

(一)其の中に至誠心といは、是れ真実の心なり。其の相、彼の文の如し。但し、「外には賢善精進の相を現じて内には虚仮を懐く」といは、外といは、内に対する辞《ことば》なり。謂はく、外相と内心と調《ととの》ほらざる意なり。即ち是れ外は智、内は愚なり。賢といは、愚に対する言なり。謂はく、外は是れ賢、内は即ち愚なり。善といは、悪に対する辞なり。謂はく、外は是れ善、内は即ち悪なり。精進といは懈怠に対する辞なり。謂はく、外には精進の相を示し、内には即ち懈怠の心を懐くなり。若し夫れ、外を翻《ひるがへ》して内に蓄《たくは》へば、祇《まこと》に出要に備へつべし。「内に虚仮を懐く」と等いは、内といは、外に対する辞なり。謂はく、内心と外相と調ほらざる意なり。即ち是れ内は虚しく、外は実《まこと》なり。虚といは、実に対する言なり。謂はく、内は虚しくして、外は実なる者なり。仮といは、真に対する辞なり。謂はく、内は仮、外は真なり。若し夫れ、内を翻して外に播《ほどこ》さば、亦た出要に足りぬべし。

三心のなかの先ず至誠心とは、真実心のことである。この理解は善導そのままであり、至誠心の義意の文相も善導の文に譲っている。しかし法然は、「但し」と断って至誠心に右のような内外虚実の文言を付加する。ところで、善導の至誠心釈は内容的に三段の内容になっている。一つは至誠心の字義を明かす。二つには「一切衆生の身口意業に修する所の解行」以下の、衆生における現実の実相を明かす。三つには「何を以ての故に」以下の、そのような十方一切の衆生を摂取するために、阿弥陀仏における因中の菩薩行道が一念一刹那にわたってすべて真実心のなかに修されたことを明かす。

法然の至誠心釈は、この第二段の衆生における現実の実態について言及する。いわゆる衆生の外相と内心とが不調している現実を問題にするのである。ところが、「一心」については引用した『往生礼讃』の末尾の文を取りあげて言及したものの、この至誠心についての私釈は『往生礼讃』によらずに『散善義』の文に返って釈を施している。

先ず、「外には賢善精進の相を現じて」いる点である。法然の私釈により内外を字句の概念で対比すれば、外は

「智・賢・善・精進の相」であり、対して内は「愚・愚・悪・懈怠の心」となる。このような内心外相が乖離し相反した凡夫に、法然は外である表相を翻《ひるがえ》して内心に蓄えるならば生死から出離（出要）するのに備えることができる、という。

つぎに「内に虚仮を懐く」であるが、再び私釈により内外を対比させるならば、内心は「虚・仮」であり、外相は「実・真」となる。この衆生の内心を翻して外相に播《ほどこ》すならばまた出離の要道として補足することができる、という。

このような法然の至誠心の領解をどのように理解すればいいのであろうか。善導の文「外には賢善精進の相を現じて内には虚仮を懐くことを得ざれ」を読む限り、一つの文節のように受け取ることができる。すなわち、賢善精進の表相ばかりに捕らわれて内実を疎かにしてはならない、という文意である。しかし法然はこの短い一文を二つに分割して私釈を加える。この両釈について二つを指摘することができる。一つに外相を賢善・真実と捉え、内心を愚悪・虚仮という相対した対比関係に捉えていることである。二つに外相を真善という絶対的価値で表現し、内心を不実な相対的価値をもって表現していることである。二の「内心」観はあくまでも、衆生の本質を愚悪・虚仮と捉えていることに他ならない。

先ず「外には賢善精進の相を現じて」であるが、善導の文意は人間はいかにも外相は結構な面相ではあるが、その内実を明かすならば虚仮に充ち満ちている、という人間の実相を問うたものである。善導はそのような上辺だけの行者を問題にするのではなく、その内面の領解のいかんと行者の本質的な実相を問うているのである。そうだからこそ、この釈文以下の「貪瞋邪偽奸詐百端にして」の文が続く。

法然は善導の釈文をうけてはいるものの、真に衆生には智・賢・善・精進の相さえも外相としてもちうると考えていたのであろうか。またそのような表相を翻すことが衆生に果たしてできうるものと考えたのであろうか。更に内心が愚・悪・懈怠の心であるにもかかわらず、そのような外相が内心に浸潤しうるものと考えたのであろうか。

つぎに「内に虚仮を懐く」であるが、この外相の「真実」とは何を指して真実というのであろうか。善導の本文を読む限り、衆生が起こす三業は雑毒の善であり虚仮の行である。どこまでも衆生の三業は「衆て雑毒の善」であり「雑毒の行」である。

したがってこの「真実」とは、善導の至誠心釈の最初の義意である「一切衆生の身口意業に修する所の解行、必ず須く真実心の中に作すべきことを明かさん」という「真実心」や、「何を以ての故に」以下に示す二義である法蔵の「因中に菩薩行を行じたまひし時、すなはち一念一刹那に至るまで、三業に修する所、皆な真実心の中に作したまひ、凡そ施為・趣求したまふ所、亦た皆な真実なるに由」るという文意より、従前より述べているように弥陀の真実心である「真実」の行業を指すと考えていい。

したがって衆生が修する解行は、弥陀に施為された真実心に裏打ちされた安心領解（示観の領解）のうえに修される起行である。そうだからこそ「内外明闇を簡」ぶことなく、「皆須く真実な」りうるのである。内外を分別し明闇を分別すること自体、衆生の自力による作為であり、真実心に触れ誘発される衆生の回心こそ肝要なのである。衆生本来の行は雑毒の行であって、自らの浄土往生のために回向しても「不可」である。衆生そのものに内外を簡ぶことなどできうるものでもなく、自ら明闇を簡ぶことなど自力不遜の行以外の何ものでもない。

韋提希のように自ら内心（通所求・通去行・別所求・別去行）を吐露することは雑毒自力の行となり、定善示観縁の示観の領解（韋提の回心）を待たない限り自らの内心を翻することは不可能である。したがって法然のいう「衆生の内心を翻して外相に播《ほどこ》す」ことは、本章の標章にいうようにすでに、弥陀の光明によって光摂摂益を蒙った衆生自身が、念仏の行者になったうえになされる領解の味わいである。それだからこそ臨終にあたって「出要」に備えることもできるし、足ることもできるのである。

もう一義は、深心釈に見られる異学異見の者に惑わされることのないよう喚起を促すとともに、浄土行者への自力の抑止を考えての文言となったものであろう。このような法然の領解は至誠心釈にしかない。すなわち三心が領解具足された念仏の行者における、安心と起行の道筋を教えた文言と考えられるのである。

ところで本来衆生に行を行ずることはできないであろうし、行を行ずるという意識が衆生に存する以上、それは善導がいうように雑毒の善であり虚仮の行である。行が五種正行になり、二種の助行になりうるのは、弥陀に三縁三義が成就されているからであり、念仏の一行を助成するからに他ならない。まして衆生の行が助業になり、正定業になりうるのは、弥陀の本願に乗順しているからであり、弥陀が成仏するための本願の行に他ならないからである。

衆生にとって称名が正定業たりうる行は、本願を信順し、本願の行を修習することに他ならない。その称名の行といっても、すでに衆生による行ではなく、念仏一行を助成する正定業であるから行たりうるのである。

㈡次に深心といは、謂はく、深く信ずる心なり。当に知るべし。生死の家には疑ひを以て処止と為《し》、涅槃の城には信を以て能入と為《す》。故に今、二種の信心を建立して、九品の往生を決定する者なり。

又、此の中に「一切の別解・別行・異学・異見」と等の言は、是れ聖道門の解・行・学・見を指すなり。其の余は、即ち是れ浄土門の意なり。文に在りて見つべし。明らかに知りぬ。善導の意、亦た此の二門を出でず。

法然の深心釈の冒頭は善導と同じ「深く信ずる心」である。つぎに『大智度論』の銘文を引きつつ、浄土宗の出要は信であることを押さえる。確かに我われ生死輪回の世界にあっては、疑ってかかることから始めなければ成り立たない基盤がある。しかしながら解脱涅槃の浄土にあっては、衆生の信のみが通入することのできる要諦である。ここにいう二種の信心とは、善導のいう機の深信と法の深信の二種深信のことである。だからこそ今真実心によって二種の深信が建立され、『観経』所説の九品の往生が自ずから決定するのである。

つぎにここでも『往生礼讃』の文によることなく、『散善義』の文によって私釈する。すなわち「一切の別解・別行・異学・異見」などの文言は、すべて聖道門にいう解・行・学・見のことであり、浄土門で取り挙げるべき性質のものではない。浄土宗には三経に説く念仏一行による往生浄土を説く教旨があり、経文を見れば明らかなことである。善導の釈意もまた聖道・浄土のこの二門を出ることはない、と。

法然の銘文によっても理解されるところであるが、浄土への能入には行が否定される。すでに弥陀の覚体には因中に一切の願行が成就されてあり、衆生にとって浄土往生のための一切の行は不必要である。法然による本書第一章・第二章・第三章によって、衆生往生のための一切の願行が念仏の一行として覚体に成就されてあることが私釈され、釈尊によって往生という摂益の顕証として光明名号が未来に付属流通せしめられたのである。未来世一切の衆生は、その名号の謂われを釈尊による十六の観門の施設に邂逅することによって領解し、ただ信を得るばかりである。釈尊の経意によって弥陀の願意を今領解し、衆生に回心がはかられたとき、二種の深信は自ずと「必可具足」することができる。韋提のみならず未来世一切衆生は、所現所説の九品に自らの往生相を看て取っているのである。そこを法然は「二種の信心を建立して、九品の往生を決定する」というのである。

法然は聖道門の解・行・学・見のみならず、大乗より独立させた浄土門の経意は、すべて善導の教判の意図によると宣言している。往生浄土門をなぜ大乗仏教より独立させたのか。それは聖道門と対比するような解行・学見を根本的に用いないからである。

その浄土門が依用する所依の経典は、第一章にて「浄土三部経」と制定した。更に第十六章私釈段においては、「偏依善導一師」として善導を三昧発得者、弥陀の化身、「本地を討《たづ》ぬれば四十八願の法王」、「専修念仏の導師」、その著書『観経疏』を「西方の指南、行者の目足」、弥陀の伝説、弥陀の直説とまでいい切った善導の、その教判を浄土門では用いるのである、とここにいう。その教判とは二蔵二教判のみならず、善導における正所依の経典『観経』の疏『観経疏玄義分』にいう、

今この『観経』は、即ち観仏三昧を以て宗と為し、また念仏三昧を以て宗と為す。一心に廻願して浄土に往生するを体と為す。(113)

である。善導の意楽意図はここにある。釈尊にとって十方一切の衆生を浄土に往生させるためには、『観経』所説の経意による以外に手だて（仏力異方便）はなかったのである。その経意を領解した善導においては、この二宗の教判なくして往生浄土という本質を成就することはできないと考えたのである。いずれにしても、浄土門の教判に善導のこの二宗判を依用したことを、法然は「善導の意、亦た此の二門を出でず」といったのである。

㈢回向発願心の義、別の釈を俟《ま》つべからず。行者、之を知るべし。

法然は回向発願心の義趣においては全面的に善導の疏に譲っている。別釈をする必要がなく、念仏の行者は善導の釈意をよくよく理解するようにと述べるだけである。

（三）三心釈のむすび

此の三心といは、総じて之を言はば、諸の行法に通ず。別して之を言はば、往生の行に在り。今、通を挙げて別を摂す。意即ち周し。行者、能く用心して、敢へて忽緒《ゆるがせ》にせしむること勿れ。

法然のこの一文は真に意味深長である。この文自身は善導の三心釈最後の文「三心すでに具しぬれば、行として成ぜずといふことなし。願行既に成じて、もし生ぜずんばこの処《ことわり》有ることなし。またこの三心はまた通じて定善の義を摂す。知るべし」への私釈である。

確かに三心という言葉は、すべての仏教経典に共通して点在している。しかしその各の経典によってまったくその意味するところが異なっているのも事実である。先の深心釈でいえば、三心といっても聖道門にいう通途の行法の一つである。しかしながらここにいう三心は、浄土門とりわけ『観経』所説の三心であって、三心そのものが往生としての、そして念仏行者としての解行そのものである。したがって今一般的な三心という名目を挙げていいはするけれども、その義趣としては浄土門における三心をいおうとしているものである。しかしその意味するところは、善導の『散善義』『往生礼讃』によって周到に解釈されていて、何ら別していうところのものはない。念仏の行者は聖道門はおろか浄土門においても、用心して三心の意味する真意を善導によって余すところなく領解するように、と法然はいう。

第十二章において詳述するつもりでいるが、法然の「行者能く」以下の短い文言には大変深い領解が隠されていよう。この私釈段では、善導の「三心既具、無行不成」等に対して詳細な私釈がなされていない。本章において筆にならなかった勢いが、第十二章私釈段の長文へと展開していったものと考えられる。

すなわち、念仏行者にはすでに三心が具足されている。その行者には、第一章において閣捨された聖道門の諸行も、第二章において抛捨された浄土門の雑行も、更に五種正行のなかにあって傍捨された前三後一の助業をも、「仏の本願の行なるが故に」修習される解行として生かされてくるのである。今までとはまったく異なった色彩として、三心具足の念仏行者に「行として成ぜずといふことな」く修習されてゆく。その解行は欣慕であり、歓喜であり、報謝であり、還相の菩薩行道でもある。

四　第八章のむすび

第七章から『観経』の段であり、その摂取摂益の対象は「念仏の行者」となっている。第八章の念仏の行者の摂益は三心である。弥陀の真実心中になされた衆生往生のための願行が、光明名号として十方衆生のうえに顕在する。今まさしくその三心具足の念仏衆生は、その解行の主体として躍動しようとしている。いわゆる「三心既具無行不成（三心すでに具しぬれば、行として成ぜすといふことなし）」である。

註

（1）　ワイド版岩波文庫『浄土三部経』下五〇頁上一～三

（2）善導『玄義分』第三弁釈宗旨門に「観経は即ち観仏三昧を以て宗と為し、また念仏三昧を以て宗と為す。一心に回願して浄土に往生するを体と為す」という、『観経』一経はこの二つの面から取りうる立場をここに強調しておきたい。すなわち「自余の修善」としての自力と他力を表するその両者がどのような関係性をもち、更にそのどちらの面から釈尊が自開した『観経』散善観所説の諸行を捉えるかということである。（第七章の註（26）を参照）

（3）本書一二七頁

（4）『浄全』第二巻九頁上一二～一〇頁下九

（5）『浄全』第二巻一〇頁上一六～下二

（6）『浄全』第四巻三五六頁下一二

（7）『選択集』第二章私釈段第一問答の法然の答意。『法全』三一四頁一六

（8）ワイド版岩波文庫『浄土三部経』下八〇頁一五

（9）「上来、定散両門の益を説くと雖も、仏の本願の意に望むれば、衆生をして一向に専ら弥陀仏の名を称せしむるに在り」

（10）ワイド版岩波文庫『浄土三部経』下四八頁一～四「世尊、是諸仏土、雖復清浄皆有光明、我今楽生極楽世界、阿弥陀仏所。唯願、世尊、教我思惟、教我正受。（世尊よ、この諸仏の土、また清浄にしてみな光明ありといえども、われ、いま、〔その中の〕極楽世界、阿弥陀仏の所に生まれんことを楽う。ただ願わくは、世尊よ、われに思惟を教え、われに正受を教えたまえ）」

（11）『浄全』第二巻二八頁下九～一三

（12）『序分義』欣浄縁第六段問答の答意（『浄全』第二巻二八頁上九～一〇）

（13）『散善義』後序（『浄全』第二巻七二頁上二～三）「ただ如来の神力、転変無方なり。隠顕、機に随ひて王宮に密化す。ここにおいて耆闍の聖衆、小智、疑ひを懐く。仏、後に山に還りたまふに、委況をうかがはず。時に阿難、為に王宮の化、定散両門を宣ぶ。異衆、ここに因りて同じく聞きて、奉行して頂戴せずと云ふことなし」

（14）『序分義』欣浄縁第七段（『浄全』第二巻二八頁上一五～一七）

（15）『序分義』欣浄縁第八段（『浄全』第二巻二八頁下六）

(16) ワイド版岩波文庫『浄土三部経』下五八頁三

(17) 『序分義』第七段（『浄全』第二巻二八頁上一一～一二）

(18) 『玄義分』第五会通別時意釈の段（『浄全』第二巻一〇頁上一六～下二）

(19) 『往生礼讃』（『浄全』第四巻三五六頁下六～八）

(20) 『序分義』散善顕行縁第一段（『浄全』第二巻二八頁下一二）「仏の本心に称ひ、弥陀の願意を顕わすことを明かす。この二請に因って広く浄土の門を開きたまふは、ただ韋提のみ去ることを得るにあらず。有識これを聞きて皆往かん。この益有るゆへに如来微笑したまふ」

(21) 『序分義』散善顕行縁第二段（『浄全』第二巻二九頁上九～一三）

(22) 『浄全』第二巻二九頁上一五～下一「一には分斉遠からず。これより十万億刹を超過して、即ち是れ弥陀の国なることを明かす。二には道里遥かなりと雖も、去る時一念に即《ただ》ちに到ることを明かす。三には韋提等、及び未来有縁の衆生、心を注《とど》めて観念すれば、定境相応して、行人、自然に常に見ることを明かす。この三義有るが故に、不遠と云ふ」

(23) ワイド版岩波文庫『浄土三部経』下四八頁一一～一三。この岩波本の下し読みは誤りである。「浄業を成ぜんためなり」としたのでは、まったく意味が通らない。『観経』にはサンスクリットの原典がない。またチベット本もないのであるから、『観経』は中国読みをしなければならないのが、この経典の宿命である。そうならばいわゆる、諸師読みをするか、善導読みをするかのどちらかに必然的になるのではないか。日本の浄土教諸師が源信以来善導読みをしてきた歴史的背景があるのであるから、筆者は善導読みをするのが、「古今楷定」といい、善導を神格化し、日本において浄土宗を開宗した法然にとって至極当然のことと考えるのであるが、いかがであろうか。善導が、法然が、この『観経』をどのように読んでいるのかという一点に添って読むのが、この『観経』理解の原点であろう。そのように『観経』を読まなかったならば、法然が浄土宗を立教開宗した根本的な意味がなくなる。すなわち善導以前の中国諸師のごとく、『観経』を観察・観念・観行経典として読むことは根本的な誤りであると考える。すなわちこの『観経』に限って善導を継承した法然の教義的理解で読むことが求められるのではなかろうか。そのような観点から、この下し読みを敢えて誤りとする。

(24)『序分義』散善顕行縁第二段（『浄全』第二巻二九頁下三～四）
(25)『序分義』散善顕行縁第二段（『浄全』第二巻二九頁下四～六）
(26) ワイド版岩波文庫『浄土三部経』下四八頁一四～一五
(27)『序分義』散善顕行縁第三段（『浄全』第二巻二九頁下七～八）
(28) ワイド版岩波文庫『浄土三部経』下四八頁一五～四九頁四
(29)『序分義』散善顕行縁第四段（『浄全』第二巻二九頁下九～一一）
(30)『玄義分』第二釈名門（『浄全』第二巻三頁下二～三）
(31) 善導が『玄義分』第五段「定散料簡門」に「三には能説の者を明かす、即ち是れ如来なり。四には所説を明かす、即ち是れ定散二善十六観門なり」とするのが、それである。
(32)『浄全』第二巻二九頁下一二～一三
(33) 善導『般舟讃』（『浄全』第四巻五四六頁上一五～一六）に「定善一門韋提請、散善一行釈迦開。定散倶回入宝国、即是如来異方便」とあることによっても、定散二善はともに未来世一切の衆生に対して開示された仏力による異方便そのものである。
(34) 善導は『玄義分』第五定散料簡門第四問答に「教我思惟、教我正受」を定善と規定したのち、定善を開いて思惟と正受にし、その「思惟」を「即ち是れ観の前方便なり。彼の国の依正二報の総別の相を思想す。即ち地観の文の中に説きて言まはく。《如此想者、名為粗見極楽国土。》即ち上の《教我思惟》の一句に合す」といって、観の前方便と位置づけている。思惟でもこのようであるから、正受は当然のごとく行門そのものである。「正受」を「想心すべて息み、縁慮並び亡して、三昧と相応するを名づけて正受と為す。即ち地観の文の中に説きて言まはく。《若得三昧、見彼国地、了了分明。》即ち上の《教我正受》の一句に合す」という。善導は諸師の領判のごとく思惟を散善、正受を定善とすることなく、『華厳経』を経証として「思惟正受は但だ是れ三昧の異名なり」とし、通去行も別去行も「二請有りと雖も、唯だ是れ定善なり」として定善の行門とした。
(35) 行善の語句は、『散善義』冒頭の序説に三福を明かすなかに「第三福とは名づけて行善と為す」という。
(36) ワイド版岩波文庫『浄土三部経』下四九頁四～六

(37)『浄全』第二巻三二頁上三～四
(38)『浄全』第二巻五頁上五～七
(39)『散善義』（『浄全』第二巻五四頁下四～五）
(40)『散善義』（『浄全』第二巻五五頁上一～八、六四頁下一〇～一七、六七頁上六～一二）。ここには三輩それぞれの文を合成している。
(41)『浄全』第二巻五五頁上一六
(42)『浄全』第二巻五五頁上一七。因みに中輩は「小乗根性上善凡夫人」「小乗下善凡夫人」「世善上福凡夫人」、下輩は「十悪軽罪凡夫人」「破戒次罪凡夫人」「五逆等重罪凡夫人」である。
(43)ワイド版岩波文庫『浄土三部経』下五〇頁上一～三
(44)『浄全』第二巻三三頁上七
(45)『浄全』第二巻五五頁下一～四
(46)『選択集』第五章（念仏利益の文）参照。
(47)『浄全』第二巻五五頁下四
(48)『浄全』第二巻五五頁下四～六
(49)『浄全』第二巻七二頁上二～「散善義」跋文に「但だ如来の神力、転変無方なり。隠顕、機に随ひて王宮に密かに化す。ここに耆闍の聖衆・小智、疑ひを懐く。仏、後に山に還りたまふに委況を窺はず。時に阿難、為に王宮の化、定散両門を宣ぶ。異衆、これに因りて同じく聞きて、奉行して頂戴せずといふことなし」とある。
(50)釈迦如来に意密が存し、註（49）のように隠顕が存することは、『序分義』欣浄縁第五文の釈解の問答のなかの問意に対して答えたなかで、善導は「これ如来の意密を彰わす。しかるに韋提の発言致請は、これ広く浄土の門を開く」に筆頭して書かれている。まさに光台現国によって韋提に対して先行して顕現せしめた極楽の依正は、十六の観門の前方便としての如来の意密であり、その依正が実際未来世一切衆生に対して開示されるのが正宗分十六の観門となる如来の意密である。その意密は流通分に至って名号の付属流通へと結実し、『観経』一経の経意とする隠顕の構造である。

(51) ワイド版岩波文庫『浄土三部経』下六八〜六九頁
(52) 法然『選択集』においては、三経に説かれるそれぞれの三心一心についての論究がないので、その比較を試みることはできない。それぞれの門弟門下の教学に譲らなければならない。いずれにしても第三・本願章においても、本文段に引用される第十八願文、善導の同引用釈文に対して具体的に論究されていないことは、第三・本願章においては三心は本願に所属する範疇であり、衆生往生のための行因になるものでもなく、『無量寿経』所判の本論章段であることなどの判断が働いているからと考えられる。
　したがって『選択集』に限れば、「至心・信楽・欲生我国」と「至誠心・深心・回向発願心」と「一心不乱」という用語の、同一性・不一性・開合性・根本枝末観・隠顕などの法然の考え方は不明である。いずれにしても釈尊の仏語によって説かれる観門の教説である。この仏語である観門より願意に帰入することが求められる。
(53) 『阿弥陀経釈』（『法全』一三六頁一〜一二）
(54) 『十二問答（禅勝房との問答）』（『法全』六四一頁一二〜一五）。この法語は『醍醐本法然上人伝記』にも所収されている。法然法語としては信憑性が高い。反対に『和語灯録』については、浄土宗聖光房弁長義系の手による後世の幾重もの改作が多いので、資料として扱うには十二分に注意する必要がある。
(55) 『十二問答（禅勝房との問答）』（『法全』六四〇頁一〜四）
(56) 「禅勝房伝説の詞」（『法全』四六一頁五〜六）
(57) ワイド版岩波文庫『浄土三部経』下六一頁上一二
(58) ワイド版岩波文庫『浄土三部経』上五〇頁上一〜三。『無量寿経』願文「触光柔軟の願」が典拠。
(59) 『序分義』（『浄全』第二巻二九頁下一二）
(60) 『序分義』（『浄全』第二巻一七頁上三〜六）
(61) 『序分義』（『浄全』第二巻二八頁上二・下一一）
(62) 『序分義』（『浄全』第二巻三二頁上七〜一〇）
(63) 『序分義』（『浄全』第二巻三二頁上一四〜下一）
(64) 『玄義分』（『浄全』第二巻四頁上八〜九）に「定善一門は韋提の致請、散善一門はこれ仏の自説なり」、同『玄義分』五頁上五～六には「一請有りと雖も、唯だこれ定善なり。また散善の文はすべて請せる処なし。ただこれ仏自ら開きたまへり」とある。

(65)『序分義』(『浄全』第二巻三二頁下二～四)

(66) 本書一五九頁

(67)『序分義』(『浄全』第二巻三二頁下六～一〇)

(68)『序分義』(『浄全』第二巻二八頁下一〇～一一)

(69)『玄義分』(『浄全』第二巻一三頁上五)

(70) ワイド版岩波文庫『浄土三部経』下五〇頁上四～五に「世尊、我がごときは今、仏力を以ての故にかの国土を見たてまつる」。

(71) ワイド版岩波文庫『浄土三部経』下五〇頁上五～八

(72)『玄義分』(『浄全』第二巻八頁上一三～下三)

(73) 至には、つぎの誠の字義に照らし合わせる「極むる」の意味があり、誠には不変の字義がある。このような字義から真実としたものであろう。ただここにいう真実とは、地上以上の菩薩がもつ無漏真実のことであり、至誠心を訓読みするならば、衆生のいかなる自力の義(有漏真実)をも廃した、阿弥陀仏の大願業力が一切衆生に「至れる誠の心」を指すものとなる。弥陀の衆生への摂取を極め尽くした真誠の心という字義である。欣浄縁の韋提希のように、自力所執の思いが砕かれ、示観の領解を経て他力への回心がはかられたとき、弥陀大悲の光明名号に摂取され、「まことの心」が芽生えるのである。弥陀の因位における発願の次第を見ればいいし、法然の教判次第を顧みればいい。凡夫の一切の有漏真実を排除せず分別しない誓願であり、大乗より独立した一切の自力を否定した教判である。

(74) ワイド版岩波文庫『浄土三部経』上一五三頁上一六

(75) 善導『往生礼讃』冒頭に三心釈が述べられている。そのなかの深心釈を引いておく。『浄全』第四巻三五四頁下九～一二「二には深心。即ち是れ真実の信心なり。自身は是れ煩悩を具足する凡夫なり。善根薄少にして三界に流転して火宅を出でずと信知し、今弥陀の本弘誓願及び名号を称すること、下十声一声等に至るまで、定んで往生することを得と信知し、乃至一念も疑心有ることなし。故に深心と名づく」

(76)「四十八願摂受衆生」の句によって、善導が四十八願そのものを摂衆生の願と見ていた本願観を垣間見ることができる。『般舟讃』（『浄全』第四巻五三〇頁下八）にも「一一誓願為衆生（一一の誓願は衆生の為なり）」などの句がある。

(77)「具疏」の『観念法門』（『浄全』第四巻二三三頁上一〇～一三）ではあるが、「弥陀仏の三力、外に加して凡夫の念ずる者をして自ずから三心の力に乗ぜしむることを致す。故に見仏することを得。至誠心・信心・願心を内因と為し、また弥陀の三種の願力を以て外縁とするに藉って、外内の因縁和合するが故に、即ち見仏することを得」とある。これによると、弥陀の三力は外に対して凡夫である念仏の行者に加被することによって、自ずから三心の力に相乗させることによって見仏することができる。加被によって誘発された衆生の三心とは至誠心・信心・願心であるが、この三心を内因とし、弥陀の三種の願心を外縁として外内の因縁が和合するから見仏することができる、とする。これによって善導は、深心を信心（深く信ずる心）と捉えていたとともに、弥陀の三種の願力とも関連させていたことがわかる。いずれにしても『往生礼讃』の深心釈のように「真実の信心」であり、弥陀の真実心より導き出される信心に他ならない。

(78) 善導『玄義分』『浄全』第二巻六頁上一一「諸仏の大悲は苦者においてす。心偏に常没の衆生を愍念す」、七頁下四「この観経は仏、凡の為に説きたまへり。聖によらず」、八頁上一三「この観経の定善及び三輩上下の文意を看るに、総て是れ仏、世を去りたまひて後の五濁の凡夫なり」、九頁上一〇「如来、この十六観の法を説きたまふことは、ただ常没の衆生の為にして、大小の聖によらず」、『浄全』第四巻三五四頁下九「自身は是れ煩悩を具足する凡夫なり。善根薄少にして三界に流転して火宅を出でず」、同三七五頁下一「弟子某甲現に是れ生死の凡夫、罪障深重なり。六道の苦に淪むこと具に云ふべからず」など、善導には多くの記述がある。

(79)『往生礼讃』（『浄全』第四巻三五四頁下一〇～一二）

(80)『玄義分』（『浄全』第二巻二頁上一〇～一二）「弘願と言ふは大経に説くが如し。一切善悪の凡夫、生ずることを得ることは、皆阿弥陀仏の大願業力に乗じて、増上縁となさずといふことなし」

(81) ワイド版岩波文庫『浄土三部経』下五〇頁下五～七

(82) この「欣慕」という善導の概念は大変重要なキーワードである。『観経』正宗十六観に説かれる極楽の依正を、衆生自らの往生の所帰として欣慕させるとともに、その荘厳浄土を欣慕せしめるという構造に捉えている。いずれにしても「弘願と言ふは大経に説くが如し」という所説の果上の覚体への欣慕を、流通分に付属流通した名号へと帰結させる『観経』一経の経意を示す用語である。

(83) 『選択集』第十六章私釈段に語られる三聖四経による八種の選択をいう。詳しくは十六章にて詳述をするが、選択摂取・選択化讃・選択付属の三選択である。

(84) 廬山寺本『選択集』には、この二四七文字がない。

(85) 正使とは煩悩の実体、習気とは煩悩の気分。

(86) 仏の教意を諦めること。

(87) 『観経』所説の念仏を方便の説とした。『玄義分』会通別時意釈を参照。

(88) 『浄全』第二巻五頁上八～一二に「経論の相違を和会して、広く問答を施し疑情を釈去すとは、この門の中に就いて即ちその六有り。一には先ず諸法師に就いて、九品の義を解す。二にはただちに道理を以て来たりてこれを破す。三には重ねて九品を挙げて、返対してこれを破す。四には文を出だし来たりて、定んで凡夫の為にして聖人の為ならざることを証す。五には別時の義を会通す。六には二乗種不生の義を会通す」。

(89) 「処」をここには「とどまり」と読む。「ことわり」と読む事例もある。

(90) 地前とは、十地に入る前。初地の位以前。三賢に同じ。菩薩の五十二位のうち、十地以前の十信・十住・十行・十回向の四十位を指す。菩薩はこの位において修行すること一大阿僧祇劫という。（中村元『仏教語大辞典』）

(91) 毀呰とは、そしること。厭うべきであるとそしること。

(92) 実知とは一切の法門を如実に知ること。実解とは如実に領解すること。実見とは如実に見ること。実証とは如実に証悟すること。

(93) 善導のいうこの「人」とは誰であろうか。法然自身にその指摘があるのか。考えられるのはつぎの三つである。一つは深心釈の冒頭に挙げられた「罪悪生死の凡夫」、二に四節のはじめに挙げられた「解行不同の人（摂論学派の人）」、三に「地前・地上・化仏・報身仏・一切仏」を究極的に代表とした「同体の大悲」を満足する釈尊その人である。

(94)　延応本『選択集』にこの行は割注にて入る。ただしこの割注が法然のものとは断定できない。以下の就行立信釈は『選択集』第二章（二行章）にあるので繁を避けて省略してある。

(95)　『浄全』第二巻六〇頁下一六～六一頁上二

(96)　『序分義』（『浄全』第二巻二九頁下五～一三）

(97)　『玄義分』（『浄全』第二巻一〇頁上一六～下二）

(98)　ワイド版岩波文庫『浄土三部経』上一四一頁一六～一七

(99)　『大正蔵』第十二巻四九八頁

(100)　『大正蔵』第二十五巻三三一頁

(101)　『大正蔵』第二巻五九九頁

(102)　『大正蔵』第二巻三〇五頁

(103)　『浄全』第一巻六八七頁

(104)　『浄全』第四巻三六〇頁上一三～一四

(105)　『浄全』第四巻三五六頁下一二～三五七頁上一二

(106)　『浄全』第二巻一〇頁上一六～下二

(107)　善導は十一門義において第四として「弁定三心」を設けている。

(108)　第八章に至って善導の『往生礼讃』を引文しての用語ではあるが、安心・起行・作業という名目が出てくる。この善導の安心は三心を指すものと考えていいであろう。すなわち示観の領解を経て回心がはかられた念仏の行者にもたらされた決定心である。

(109)　起行については、三心領解の行者のうえに修せられる一切の行業は、衆生の往生を顕証する起行である。第二章を起行に配当するのは誤りである。第二章は『選択集』構成上序分の章段であり、あくまで仏教教判の第一章から浄土宗教判の第二章に明かされる自力の行体系であるとともに、念仏一行を助成する正助二行を明かす第三・本願章への導入を果たす章段である。

(110) 作業については、つぎの第九章に述べられる。

(111) 『法全』五二頁一六〜五三頁。ここに法然初期の『往生大要鈔』を引くまでもないが「至誠心は深心と回向発願心とを躰とす。この二をはなれては、なにによりてか至誠心をあらはすべき。ひろくほかをたづぬべきにあらず。深心も回向発願心もまことなるを至誠心とはなづくる也」。この文では、深心も回向発願心も至誠心の異名であって、深心も回向発願心も真実心でなければ意味をなさないということである。

(112) 真実心である至誠心が念仏の行者にもたらされたとき、自ずと深心・回向発願心は具足するのである。三心そのままが一心と考える。

(113) 『浄全』第二巻三頁下一二〜一四

第九章　念仏行者可行用四修法之文

念仏の行者、四修の法を行用すべき文

はじめに

すでに光明名号のうちに衆生の往生が現成され、その念仏の行者のうえに三心が具足された今、「三心既具無行不成（三心すでに具しぬれば、行として成ぜすといふことなし）」となる。念仏の行者には、身口意の三業・行住坐臥の四威儀にわたって念仏者としての起行と、[1]わが身をもつがゆえの臨終までの四修の法という作業が修せられる。

しかしその作業といっても前章でいったように、光明名号の領解のうえになされる往生者としての行業であって、一切の行業は「行として成ぜずといふことな」く修習される起行としての念仏の一行そのものなのである。その解行の本質は浄土を欣慕し、その浄土での成仏を期せんとする欣求の行であり、「それ衆生ありて、この光に遇う者、三垢、消滅し、身意、柔軟にして、歓喜踊躍し、善心生ず[2]」る歓喜踊躍の行であり、往生が決定された仏恩報謝の行であり、更にすでに往生者としての還相の菩薩行道でもある。

証得された領解のうえの安心が、行相として表出したものが四修に他ならない。念仏行者の行相は、法蔵菩薩の中間修行の本質である「清浄」性に裏打ちされた六度万行の内実と同義である。衆生のすべての清浄性は、阿弥陀仏の絶対的な清浄に裏打ちされたものに他ならない。釈尊は、弥陀の絶対的な清浄を十六の観門（極楽の依正二報）に仏力異方便の仏語として説き、未来世一切衆生に対して「下の観門に依りて専心に念仏し、想ひを西方に注むれば、念々に罪除こる。故に清浄（なり）[3]」の行業となるというのである。

一　標章

章題はほぼ「四修章[4]」と諸師はいう。『観経』の章段である本章にも、法然は標章に「念仏行者」を用いる。すでに念仏の行者には、四修の法をもって解行が行用されることとなる。いわゆる、四修の法をも漏らすことなく成就された弥陀の覚体であるから、その名号である南無阿弥陀仏の念仏の一行には、すべての行業が成就されている。その念仏の一行を修習するのが念仏の行者であるから、行者のうえに一分の過不足もなく行用されることとなるのである。したがってこの標章の「可行用」も、第八章の標章「必可具足[5]」と同様の意味となる。行用しなければならない、と衆生に四修を求めるものではなく、念仏の行者には自ずと行用することのできる念仏一行の力用なのである。

二　本文段

ところで、第九章には直接『観無量寿経』は引用されていない。四修の内容を考えるとき、念仏の行者がその行相として行用する形態であるから、経説そのものとして説かれていないのはもっともである。本文段に引く論師[6]の経釈のなかから成立してきた浄土行者の行相を分類したものである。
引用論書は、善導の『往生礼讃』と慈恩大師窺基の『西方要決釈疑通規』（二巻）の二書である。

（二）第一『往生礼讃』の文

善導の『往生礼讃』に云はく。「又、勧めて四修の法を行ぜしむ。（用ひて三心・五念の行を策して、速やかに往生することを得しむ。[7]）何者をか四と為る。

一には恭敬修《くぎょうしゅ》。所謂る彼の仏及び彼の一切の聖衆等を恭敬礼拝す。故に恭敬修と名づく。畢竟を期と為て、誓《し》ひて中止せざる。即ち是れ長時修《ちょうじしゅ》なり。

二には無余修《むよしゅ》。所謂る専ら彼の仏の名を称して専念専想し、専ら彼の仏及び一切の聖衆等を礼讃して余業を雑《まじ》へず。故に無余修と名づく。畢命を期と為て、誓ひて中止せざる。即ち是れ長時修なり。

三には無間修《むけんじゅ》。所謂る相続して恭敬・礼拝・称名・讃歎・憶念・観察・回向発願して、心々相続して余業を以て来し間《まじ》へず。故に無間修と名く。又貪瞋煩悩を以て来し間へず。随ふて犯すに随ふて懺じて、念を隔て時を隔て日を隔てず。常に清浄ならしむるを、亦た無間修と名く。畢命を期と為て誓ひて中止せざる、即ち是れ長時修なり。[8]」

【訳】善導の『往生礼讃』にいう。「また念仏の行者に四修の法を行うよう勧める。その四修とはどのようなものであろうか。

一には恭敬修。[9] 阿弥陀仏と極楽の一切の聖衆などを恭敬し礼拝する。これを恭敬修という。この命を終えるまで誓って中止することがないならば、これは長時修である。

二には無余修。専ら阿弥陀仏の名号を称えて、弥陀とその浄土を専ら念じ専ら想い、専ら阿弥陀仏と極楽の一切の聖衆などを礼讃して余の業を雑《まじ》えない。これを無余修という。この命を終えるまで誓って中止することがないならば、これは長時修である。

三には無間修。恭敬・礼拝・称名・讃歎・憶念・観察・回向発願をそれぞれ相続し、心にも余の業をもって間《まじ》えることなく相続する。これを無間修という。また貪瞋煩悩をもって間えてはならない。縁に随って戒律を犯すことがあるならば、念を隔てることなく、時を隔てることなく、日を隔てることなく、その都度懺悔する。常に身心を清浄にさせておくこともまた無間修という。この命を終えるまで誓って中止することがないならば、これは長時修である」と。

【解説】本章は四修の章であるから、善導『往生礼讃』冒頭に述べる三心釈に続く、世親の五念門を引くことはない。また『選択集』第二章の浄土教判においてすでに、読誦・観察・礼拝・讃歎供養の助業、更に称名をも含む「正助二行」は念仏一行を助成（能助）するものとして傍らに廃されているところから、作願門・回向門を含めた起行の五念門をここに取りあげることはない。

この四修という行用は本来、世親の『倶舎論』[10]に出る。しかしその名称と各の四修がもつ形式は同じであっても、善導の『往生礼讃』に記述する内容はまったく異なっている。そのような意味からここにいう四修は、その用語だけを援用した善導独自の内容をもつものといっていい。したがって世親教学の継承というよりも、反対にその聖道門的理解を否定し、善導は『観経』をその宗の根拠に置く人師であるところから、『観経』を拠り所とした根拠をもつものでなければならないのではないか。つまり第九真身観の三縁の釈であり、上品上生段に説く三心の釈にその根拠を認めているのであろう。

しかし光明名号に結縁し衆生の往生が証得された今、三心具足の念仏行者の修する行は「行として成ぜずといふことな」く、五念門の起行も四修の作業も、浄土門の行として修されることとなる。善導『往生礼讃』のつぎの文に先ずいう、

また菩薩は已に生死を免れて、所作の善法、回して仏果を求むるは即ち是れ自利なり。衆生を教化して未来際を尽くすは、即ち是れ利他なり(11)。

のような菩薩において行ずる聖道門の四修ではなく、念仏の行者の四修とはその続きの文にいう、

然に今時の衆生は、悉く煩悩の為に繋縛せられて、未だ悪道生死等の苦を免れず。縁に随ひて行を起こして、一切善根具に速やかに廻願して、阿弥陀仏国に往生せよ。彼の国に到り已りぬれば更に畏るる所なし。上の如きの四修、自然任運に自利利他、具足せずといふことなし。知るべし(12)。

である。確かに末法の衆生は、煩悩に繋縛されて悪道生死の苦から免れるものではない。しかし今『観経』所説の定散二善の観門に遇った衆生は三心を具足し、「弘願と言ふは『大経』に説き給ふが如し。一切善悪の凡夫の生ずることを得るは、皆阿弥陀仏の大願業力に乗じ(13)」随順して、自ずから回心がはかられてゆく。衆生のうえに往生が現成するのである。それは正しく「彼の国に到り已」って行ずる四修であり、それだからこそ「自然任運に自利利

他」が具足する四修となるのである、という。すでに往生者としての還相の菩薩行道となっている。

この四修は、法蔵菩薩が十方衆生を往生せしめるために因位に選択摂取して願成就し、その別願に酬因するために中間に一切万行して行成就し、そして果上に念仏一行の光明名号としてすでに具足した、その内実の行用に他ならない。それを今念仏の行者は修習するのである。

一の恭敬修は、阿弥陀仏とその聖衆を恭敬礼拝すること。二の無余修は、南無阿弥陀仏を称して専念専想し、阿弥陀仏とその聖衆を礼讃し余業を雑えないこと。三の無間修は、恭敬・礼拝・称名・讃歎・憶念・観察・回向発願を相続して余業を間《まじ》えないこと。また貪瞋煩悩を間えず、念・時・日を隔てることなく随犯随懺して、常に清浄にしておくこと。四の長時修はこの三修にまたがり畢命を期として中止しないこと。

この四修の内容は、まさしく阿弥陀仏とその聖衆にかかわる念仏行者の畢命にわたる行用である。ここにおいて、他仏やその浄土に四修の行用がかかわる必要はない。

恭敬修は、自らの往生を決定する弥陀とその聖衆を恭敬せずにはいられない、自ずからなる行者の行用が礼拝となって表出する姿である。無余修は五種の正行が謳われている。すなわち阿弥陀仏の名を称し（第四称名）、念想し（第二観察）、礼（第三礼拝）讃（第五讃歎供養）することである。この四種にすべて「専」の字が付されてあり、余業を雑えてはならない意である。この無余は「余すところ無く」修習するという聖道門的意味ではなく、善導のように「余業を雑えることのない」修習という意味である。無余修は専の字が付いている以上、なかなかできそうでできるものではない。

無間修は、善導の四修の説明のなかではもっとも長く内容も多様である。この無間は時間的な間隔をいうのであろうか、それとも空間的な間隙をいうのであろうか。そのいずれにしても凡夫であるこの身には到底なしえる三業に修する行用ではない。すなわち身に相続し心々に相続して、恭敬・礼拝、称名・讃歎、憶念・観察・回向発願をするということである。それも但し書きがあり、余業や貪欲・瞋恚・煩悩をもって間《まじ》えてはならないのである。もしまじえることがあったならば念・時・日を隔てることなく随犯随懺して、常にこの身心は清浄でなければならないというものである。行用そのものの内容としては恭敬修・無余修とそう変わるものではないが、身心に相続するうえで貪瞋といった煩悩と余業をまじえないということと、まじえたときの懺悔(14)の法則が待っているということである。しかしながらこの二つの抑止も、光明名号に摂せられた念仏の行者はすでに身心清浄になっているのであるから、心に留めるという分の時空の修でいいのである。また念仏行者の行相そのものが、四修の行用と考えていいのである。

長時修は時間的な長時を指すものではあるが、聖道門にいう三大阿僧祇劫という遠大な修行の長時をいうのではなく、善導がいうように『観経』所説の観門に遇い、回心転成した念仏行者の畢命を一期としたものである。その間に右の三修を「誓ひて中止せざる」ことを長時修という。三修の終わりに長時修を被せているのはそのような理由からである。一生涯をその修に当てることから長時というのであり、念仏の行者である自覚を見失わない時間的広がりを指す。

三心・五念門・四修という安心・起行・作業のはからいは、念仏行者の往生相の色合いである。それらの三つが混然として行者のうえに畢命まで行用されてこそ念仏行者たりうるのであり、念仏行者の菩薩行道として修習されることに意義がある。

（二）『西方要決釈疑通規』の文

『西方要決』に云はく。「但し四修を修して以て正業と為《す》。

一には長時修。初発心より乃至菩提まで、恒に浄因を作して終に退転すること無し。

二には恭敬修。此れに復た五有り。

一には有縁の聖人を敬ふべし。謂はく、行住坐臥、西方を背かず、涕唾便痢、西方に向かはざるなり。

二には有縁の像・教を敬ふべし。謂はく、西方の弥陀の像変を造れ。広く作ること能はずは、但一仏二菩薩を作るに、亦た得たり。教といは、『弥陀経』等を五色の袋に盛《い》れて、自らも読み他にも教へよ。此の教と像、室の中に安置して六時に礼懺し、香華をもて供養して、特《こと》に尊重を生すべし。

三には有縁の善知識を敬ふべし。謂はく、浄土の教を宣べむ者をば、若し千由旬・十由旬より已来は、並びに須く敬重し親近し供養すべし。別学の者をば総じて敬心を起せ。己と同じからざるものをば但深く敬ふことを知れ。若し軽慢を生さば、罪を得ること窮まり無し。故に、須く総じて敬ひて、即ち行の障りを除くべし。

四には同縁の伴《とも》を敬ふべし。謂はく、同修業の者なり。自ら障り重くして独業成ぜずと雖も、要《かなら》ず良朋に藉りて方《まさ》に能く行を作せば、危きを扶《たす》け厄《もろ》きを救ひて、助力相ひ資《たす》く。同伴の善縁、深く相ひ保重すべし。

五には三宝を敬ふべし。同体・別相、並びに深く敬ふべし。具に録すること能はず。浅行の者の為に、依り修することを果たさず。

住持の三宝といは、今の浅識の与《ため》に大因縁を作す。今、粗《ほぼ》料簡すべし。

仏宝と言は、謂はく、檀を彫《え》り、綺《かむはた》を繡《ぬ》ひ、素質金容、玉を鏤《ちりば》め、繒《かとり》に図し、石を磨《す》り、土を削る。此の霊像、特《こと》に尊承《そんじょう》すべし。暫爾《しばらく》も形を観れば、罪消へて福を増す。若し少慢を生さば、悪を長じ善を亡ぼす。但し尊容を想ふに、真仏を見るに当たれり。

法宝と言は、三乗の教旨、法界の所流なり。名句の所詮、能く解縁を生ず。故に須く珍仰すべし。以て恵を発する基《もとゐ》なり。尊経を鈔写して恒に浄室に安じ、箱篋《はこ》に盛れ貯へて並びに厳敬すべし。読誦の時には身も手も清潔にせよ。

僧宝と言は、聖僧・菩薩・破戒の流等《ともがら》なり。心に敬ひを起して、慢想を生ずこと勿れ。

三には無間修。謂はく、常に念仏して往生の心を作し、一切の時に於て心に恒に想ひ巧《たく》め。譬へば、若し人有りて他に抄掠せられて、身、下賤と為りて備《つぶさ》に艱辛を受く。忽ちに父母を思ふて走りて国に帰らむと欲ふ。行装未だ弁《わきま》へずして由《なほ》他郷に在り。日夜に思惟して、苦しみ忍ぶに堪へず。時として暫くも捨てて耶嬢を念《おも》はざること無し。計《はかりごと》を為すこと既に成りて、便ち帰りて達することを得て、父母に親近して縦任《ほしいまま》に歓娯するがごとし。

行者も亦た爾なり。往《むか》し煩悩に因りて善心を壊乱して、福智の珍財、並びに皆散失す。久しく生死に流れて、制するに自由ならず。恒に魔王の与《ため》に僕使と作《な》りて、六道に駆馳して身心を苦切す。今、善縁に遇ひて、忽ちに弥陀の慈父、弘願に違はず群生を済抜したまへることを聞きて、日夜に驚忙し心を発して往かむと願ふ。所以に精懃倦まずして当に仏恩を念じて、報の尽くるを期と為て心に恒に計り念ふべし。

四には無余修。謂はく、専ら極楽を求めて、弥陀を礼念せよ。但し諸余の業行、雑起せしめざれ。所作の業、日別に須く念仏・誦経を修して、余課を留めざるのみ」と。

【訳】『西方要決』にいう。「ただし四修を修して往生のための正業とする。

一には長時修とは、初発心から菩提に至るまで、つねに浄土に往生するための因行を修して終に退転することがないこと。

二には恭敬修とは、これに五種がある。

一には有縁の聖人（阿弥陀仏とその聖衆）を敬わなければならない。行住坐臥にわたって阿弥陀仏のおられる西方に背を向けてはいけない。涕《なみだ》（鼻啜《すす》り・鼻垂れ・涎《よだれ》をいう）唾《つば》（つばき・つばを吐く）便《べん》（排泄）痢《り》（下痢・腹下し）を西方に向かってしてはならない。

二には有縁の仏菩薩像や教経を敬わなければならない。西方浄土の阿弥陀仏像と変相図を造りなさい。もし多く作ることができないならば、一仏二菩薩を作るだけでも良い。教というのは、『阿弥陀経』などを五色の袋に盛《い》れて自ら読み他の人にも読むことを教えなさい。この教経と仏像を部屋のなかに安置して昼夜六時にわたって礼拝懺悔し、香と華をもって供養し、特《こと》に尊重の思いをもたなければならない。

三には有縁の善知識を敬わなければならない。浄土の教えを宣説しようとする者を、たとえ千由旬とか十由旬の距離を遠いと思うことなく、また必ずや敬重し親近し供養しなければならない。浄土門以外の別学の方であっても概ね敬いの心を起こしなさい。自分と立場が同じではないものであっても、ただ深く敬うことを知らねばならない。もし軽慢が起こったならば重罪を得ること窮まりがない。だから必ずやすべての者を敬って、自らの行としての障りを除かなければならない。

四には同縁の伴侶を敬わなければならない。いわゆる同じ修業する者である。自身の障りが重く、独りで修する業がなかなか成就しないといっても、要《かなら》ず善良な朋に藉《よ》ってよく行を作すならば、危さを扶《たす》け厄《もろ》い状況を救い、その助力は互いを資《たす》ける。同伴の善縁は互いに深く保全尊重しなければならない。

五には仏宝僧の三宝を敬わなければならない。同体⑮の三宝・別相⑯の三宝を並行して深く敬わなければならない。一々にここに記すことはできない。なお浅い行の者のためには、よって修することを果たせないからである。住持⑯の三宝というのは、今の浅い知識の与《ため》には大いに因縁を作す。これによって今ほぼ料簡することができた。

仏宝とは、梅檀白檀を彫刻し、綺《かむはた》（目を奪うような美しいあやぎぬ）に仏を繍《ぬ》い、素質は金容であり、玉を鏤《ちりば》め、繒《かとり》（糸を重ねて織った絹布）に図し、石を磨《す》り、土を削る。この霊像は特《こと》に尊承《そんじょう》しなければならない。暫くの間をもその形像を観るならば、罪は消え福徳を増す。もし少しの慢心をも生ずるならば、悪を増長し善根を亡ぼすこととなる。ただし尊容を想うについては、真仏を見るのに相当するのである。

法宝とは、声聞乗・縁覚乗・菩薩乗の三乗の教旨であって、その教旨は本来法界より十方世界に流れ出た所（所《しょ》流《る》・流伝）のものである。そのすぐれた文句のいわんとするところは、よく領解を結ぶ縁を生じさせる。したがってよく珍仰しなければならない。それは智慧を発す基《もとい》である。尊い経典を鈔写してつねに清浄な部屋に安置して、箱篋《はこ》に盛れて貯へ更に厳敬しなければならない。読誦の時には身も手も清潔にしなさい。

僧宝とは、十地の聖僧・三賢の菩薩・破戒の流等《ともがら》である。心には敬いを起こし慢想を生じさせてはならない。

三には無間修とは、常に念仏して往生の心を作《な》し、一切の時において心につねに想いを巧妙にしなさい。（この無間について）譬えば、もしある一人の子どもがいて他の者に抄掠《しょうりゃく》（奪い取られる）され、遠くへ送られてその身は下賤となってことごとく艱難辛苦を受けることとなる。俄《にわか》に父母のことを思い、走って国に帰ろうと欲う。しかし帰るための装束（出で立ち）はまだ分別に堪えるというものではなく、なお他郷に在らねばならなかった。日夜に（父母と故郷のことを）考えるけれども、煩悶する苦しみは忍ぶに堪えない程だった。いっ時として暫くも思いを捨てておくようなことはなく、父母（耶嬢、本来は弥陀のこと）を念《おも》わないことはない。しかし今すでに計画を成就し終わって、故郷に帰ることができた。父母に親近することができ、思うままに歓娯することができる、そのようなものだ。

行者もまたそのようである。往《むか》し煩悩によって善心を壊乱し、福徳智慧の珍財をはじめ皆散失してしまった。久遠の過去より生死輪回の世界に流浪して、それを制しようと思っても自由になる訳ではなかった。つねに魔王のために僕使となって、六道に駆馳されて身心を苦切するばかりである。今、善知識による縁に遇い、すぐさま慈父である弥陀とその弘願に違《たが》うことなく、一切の群生を済《すく》い苦を抜いて下さる因縁を聞いて、日夜に驚忙しつつも心を発して浄土に往こうと願う。それだからこそ精懃するのに倦《う》むことなく、まさに仏恩を念じて、果報が尽きるのを最期として心につねに計り念っておかなければならない。

四には無余修とは、専ら極楽を求めて、弥陀を礼拝し念仏しなさい。ただし諸余の業行を雑起させてはいけない。所作の業としては、日別に必ずや念仏と誦経を修して、余課を留めてはならないだけである」と。

【解説】『往生礼讃』だけで浄土門としての四修の内容を表現するには十分であろうと考えられるが、法然はこの章段になぜ善導の他に、続けて『西方要決釈疑通規』(以後『西方要決』と略)を引いたのであろうか。

その背景の一つに、確かに善導『往生礼讃』の四修の文だけではその四修の数と意を十二分に表現していないと考えたのであろう。四修の内容の一々は、善導よりは詳述されている。しかし注意したいのは、窺基の『西方要決』であっても『選択集』第一章において「傍明往生浄土之教(傍らに往生浄土を明かすの教え)」としてひと度廃捨されている論書、ということである。このようなことは、第十一章に弘法大師の『二教論』が引かれていることなどにも類似している。

一つに、先に引く善導の『往生礼讃』には「勧めて四修の法を行ぜしむ。何者をか四と為る」といいつつ、実際の本文には三修だけを述べた形になっている。このことから『西方要決』に明確に四修のもとに各項が述べられた箇所をもって『往生礼讃』を助成し、その四修の一々を明確にしておきたかったのであろう。が、基本的には『往生礼讃』を浄土教の四修とし、『西方要決』は数を合わせるだけの引用であることに注意する必要がある。

また『往生礼讃』と『西方要決』の内容には、種々の違いがあることも事実である。善導は四修の期間を「畢竟を期と為て」というに対して、窺基は「初発心より乃至菩提まで」とする。善導は往生の証果を目的とするのに対して、窺基は成仏までをいうことなどである。

すでに念仏行者のうえには四修の行用について、たとえ「傍明往生浄土之教」であろうとも依用することが許されるのである。

三　私釈段

私に云はく。四修の文、見つべし。繁きを恐れて解せず。但し前の文の中に、既に「四修」と云ひて、唯だ三修のみ有り。若し其の文を脱せるか、若し其の意有るか。更に文を脱せるに非ず。其の深き意有るなり。何を以てか知ることを得るとならば、四修といは、一には長時修、二には慇重修、三には無余修、四には無間修なり。而るを、初めの長時を以て、只是れ後の三修に通用するなり。

謂はく、慇重、若し退せば、慇重の行即ち成ずべからず。無余、若し退せば、無余の行即ち成ずべからず。無間、若し退せば、無間の行即ち成ずべからず。此の三修の行を成就せしめむが為に、皆長時を以て三修に属して、通じて修せしむる所なり。故に、三修の下に皆結して「畢命を期と為て、誓ひて中止せざる、即ち是れ長時修なり」と云ふ、是れなり。

例せば、彼の精進の、余の五度に通ずるがごときのみ。

【解説】この私釈段もまた大変短い。先ず私釈段の最初の一行は、『西方要決』の四修のことを述べたものである。確かに四修についてはこの二文によって十分意は尽くされていて、今更に法然独自の解説もいらないであろう。

つぎの二行目は、『往生礼讃』の四修のことを述べている。更にこの行には法然自らが問を起こしている。『往生礼讃』には四修といいながら三修になっているのは長時修の説明文が抜けているのか、それともそれには善導独自の意図があるからであろうか、というものである。

つぎの三行目から九行目までは、法然の自問（「若脱其文、若有其意也」）に対する答である。法然の答は「更に文を脱せるに非ず。其の深き意有るなり」と明快である。善導の引用した文には決して長時修の説明が脱けているのではなく、それには明確に善導の深意が存在しているからである、とする。以下は、善導の釈文に隠された深意への私釈である。それはどのようなところから知ることができるのか、として先ず四修の名称を挙げる。法然は四修の名称を先ず長時修から挙げ、続いて慇重（恭敬）修・無余修・無間修と下る順番にする。では、なぜそのように四修の順序を並べたのかという理由は、「初めの長時を以て、只是れ後の三修に通用《つうゆう》するなり」とした。いわゆる筆頭の長時修が四修の根本であり、長時修そのものがあとの三修を総括し、長時の性格を三修にわたらせたものに他ならないのである、とする。長時修がなければ、他の三修は四修として成り立たないのである。

そのつぎの文段にて、長時修が三修にわたる理由を各の三修のなかで説明を加える。訳せばつぎのようである。

もし慇重修が退転するのであれば、慇重の行そのものが成就することがない。もし無余修が退転するのであれば、無余の行そのものが成就するものではない。もし無間修が退転するのであれば、無間の行そのものが成就することはできない。この三修の行を成就させようとするために皆長時修が必要なのであり、長時修がすべて三修にわたり所属するからこそ、一般的に修することのできる行だというのである。そのようなことから、三修の説明の最後に皆結んで「畢命を期と為て、誓ひて中止せざる、即ち是れ長時修なり」といっているのがそれである、と。

この三修において長時に行が成ずることなく退転するようでは、三修になりえないわけであるから、基本的に長時修が根本となる。その例として「如彼精進通於余五度（彼の精進の、余の五度に通ずるが如し）」とする。

ここで再び法然の私釈の文言に注意してみたい。この三修のすべてにおいて「行即ち成ずべからず」とし、総括して「三修の行」とする。長時修を結ぶについては「通じて修せしむ」とする。当然のことながら法然は善導がいうように、四修は「畢命を期として」修し行ずるものである、とする。それも標章にいうように、念仏の行者が「四修の法を行用すべき」修であり、行であるということである。

本文段に法然がなぜ『西方要決』の四修の文を入れたのかということも、私釈の最後に精進の行が五度の行に通ずるといったことも、それらの文言の底流に、行儀を説く『往生礼讃』から更に『疏』へ目を向けさせ、念仏一行に帰する念仏の行者へと回心転成せしめられた意義を更に確認するための、はからいの文意を聞くのである。それこそが、標章にいう「念仏の行者」であり、四修の法を「通じて修せし」め行用することのできる善導の深意なのである。

その文のなかに「若し退せば」といって四修を行用することを勧めているけれども、退することが必定である衆生にとって、退することは当然であり必然である。それを行として修し行ずるならば退することは必定なのであるが、この四修を法蔵菩薩は中間の六度万行の一分として完遂している行であるからこそ、念仏の行者にはこの念仏一行という四修の行を「畢命を期と為て、誓ひて中止せざる」ことが時空を超えて可能となり、「是れ長時修」として修習することができる（可行用）のである。

もし『西方要決』のように三大阿僧祇劫にわたる長時であれば、衆生にとっては完全に不可能である。善導が「畢命を期として」といって、この身に念仏行者としての示観の領解を果たし、畢命に至る現身に長時修を行用することを勧めるのは、往生の証果を現成するためである。法然は、善導の四修の深意を『往生礼讃』と『疏』に譲って、善導に帰ることを勧めている。

四　第九章のむすび

念仏を三心のみならず、起行の五念門・作業の四修という行法・行用に閉じこめることだけは慎まなければならない。また四修の行用のみに捕らわれては、法然が説く本来の選択本願念仏義の意義がなくなる。法然が三心章のつぎに、この四修章を立てた理由を今いち度考えなければならない。三心具足の念仏行者のうえに修せられる四修は、選択本願念仏の他力の行用なのである。ただ衆生のうえに示観の領解という回心転成がはかられないならば、すなわち光明名号に摂益され三心具足がもたらされないならば、この四修はどこまでも自力余行に陥ってしまうということである。機の方に行ずる四修ではない。三心が具足されるとき、自然に四修の義は成就される。

註

（1）『選択集』には本来起行を説く章段はない。念仏の行者のうえに行ぜられる念仏の一行が本来起行であって、ここに行儀の分である『往生礼讃』に載す世親『浄土論』の五念門という、第二章で一旦傍らに廃捨した助業を改めて拾う必要はなく、無用なのである。法然の廃立の論理が貫かれている。

（2）ワイド版岩波文庫『浄土三部経』上一七一頁一〇～一二

（3）『浄全』第二巻三二頁下三～四

（4）行観『選択本願念仏集秘鈔』（『浄全』第八巻四〇〇頁下三）、明秀『選択本願念仏集私鈔』（『西全』別巻第二巻一二〇頁下三）、亮恵『選択私集鈔』第六巻、智通『選択集口筆鈔』第四巻一四丁右九

（5）本書一五一頁参照

（6）善導（大業九年〈六一三〉～永隆二年〈六八一〉）。窺基（貞観六年〈六三二〉～永淳元年〈六八二〉）の『西方要決釈疑通規』については偽撰説がある。

（7）（　）内は『往生礼讃』本文にはあるものの、法然が『選択集』に引用していない箇所。

（8）『浄全』第四巻三五五頁下六～一七

（9）慇重修・尊重修ともいう。

（10）『阿毘達磨倶舎論』第二十七巻（『大正蔵』第二十九巻一四一頁中一二～一六）、無余修・長時修・無間修・尊重修を明かす。「一無余修。福徳智慧二種資糧修無遺故。二長時修。経三大劫阿僧企　耶修無倦故。三無間修。精勤勇猛刹那刹那修無廃故。四尊重修。恭敬所学無所顧惜修無慢故」

（11）『浄全』第四巻三五六頁上一～二

（12）『浄全』第四巻三五六頁上二～五

（13）『浄全』第二巻二頁上一〇～一一

（14）善導は『観念法門』（『浄全』第四巻二二七頁下一七～二二八頁下四）に『観経』を典拠にして七種の「現生滅罪増上縁」をたて、念仏に滅罪懺悔の行用があることをいっている。また『般舟讃』に「念念称名常懺悔　人能念仏仏還憶」（『浄全』第四巻五三八頁下一五）、「一声称仏除衆苦　五百万劫罪消除」（同五四五頁上四）などという。

(15)　同体の三宝とは、一体三宝・同相三宝ともいう。仏（さとりを開いた教えの主）・法（その教えの内容）・僧（その教えをうけて修行する集団）の三つを宝にたとえた語。これは仏教を構成する三つの大切な要素である。三宝に帰依することは仏教徒としての基本的条件である。三宝が本質的には同一であるとみなすのを一体三宝という。（中村元『仏教語大辞典』上四八七頁四）智儼『孔目章』第二巻（『大正蔵』第四十五巻五五三頁）

(16)　別相の三宝とは、別体三宝ともいう。これらの三つは別のものとして見ればそれぞれ別個であるが、しかし本質的には一つとも考えられる。また釈尊亡きあとも三宝はあるべきであるから、その点で、仏像と経巻と出家とを三宝ということができる。そこで後代には、三宝には、一体三宝（無上の真理と、その清浄の徳と、和合の徳）、現前三宝（如来と、如来の証した法と、如来の法を学ぶ者）、住持三宝（仏像と、経巻と、剃髪染衣の僧）の三種があると考えられた。個々別々であるとみなすのを別体三宝とも、梯橙の三宝ともいう。

第十章　弥陀化仏、来迎不讃歎聞経之善、唯讃歎念仏之行之文

弥陀の化仏、来迎して聞経の善を讃歎せずして、ただ念仏の行を讃歎する文

はじめに

この十章は九章以前の『観経』の章段と視点を異にする。すなわち念仏の行者のうえの安心（第八章）・作業（第九章）の問題から、『観無量寿経』説相のうえに受け取られる三つの問題点に焦点をあてる。本章では先ず、念仏（称仏）の行者であるから讃歎されるのであり、その行者のうえにもたらされる大きな利益である阿弥陀仏の来迎について語る。すでに三心が具足された念仏の行者にとって、その後に展開される起行も作業もすべて「三心既具、無行不成（三心既に具しぬれば、行として成ぜずといふことな）」き念仏一行の修習という歓喜踊躍の行業である。

そのような念仏行者にとってすでに経証として、聞経の善ではなく念仏の行が讃歎され迎接されることが明かされている、ことを述べる。経意としても、また弥陀の願意を窺ったならば、決して聞経の善が讃歎されるのではない。その二意ともに、念仏の行のみが化仏によって讃歎され来迎を蒙ることをここに明かす。

『観経』散善段下品における来迎の形態は化仏である。下品の念仏の行者は化仏による来迎の利益を蒙り、その化仏は念仏の行者の称仏を讃歎し迎接する。その時の「念仏の行」「念仏」が選択本願念仏であることを明らかに

するのが本章である。先ず本章では聞経の善と念仏の行とを対比させ、その報益の比重が根本的に異なることを明かす。

一　標章

本章は「化仏讃歎章」[1]と呼ばれている。第十章では下品上生の説相を典拠に聞経の善と念仏の行とを対比し、化仏[2]の来迎は聞経の善を讃歎することなく、念仏の行を讃歎することを取り上げる。

この標章には、法然の経・釈を根拠とした選択廃立の構造が端的に表れている。いわゆる、二者択一の論理である。この十章の標章を筆頭に『選択集』は徹頭徹尾、選択廃立の構造で組織されているが、その論理に組み込めない重層的、反転的、包括的、例えば第四章で法然自らが明らかにする助正・傍正の論理構造などが、徐々に各章の私釈段などに窺われてくる。

二　本文段

(一)　第一『観無量寿経』の文

『観無量寿経』に云はく。「或るひは衆生有りて衆の悪業を作る。方等経典を誹謗せずと雖も、此くの如き愚人、多く衆悪を造りて慚愧有ること無し。命終らむと欲する時、善知識の、為に大乗十二部経の首題の名字を讃ずるに遇はむ。是くの如き諸経の名を聞くを以ての故に、千劫の極重の悪業を除却す。智者、復た教へらく、

『合掌叉手して南無阿弥陀仏と称せよ』と。仏の名を称するが故に、五十億劫の生死の罪を除く。爾の時彼の仏、即ち化仏・化観世音・化大勢至を遣はして行者の前に至らしめ、讃じて言まはく。『善男子、汝、仏名を称するが故に諸罪消滅せり。我来りて汝を迎ふ』と。」

(二)第二『散善義』の文

同じ経の『疏』に云はく。「聞く所の化讃、但だ称仏の功を述べて『我来りて汝を迎ふ』といひて、聞経の事を論ぜず。然るに、仏の願意に望むれば、唯だ勧めて正念に名を称せしむ。往生の義、疾きこと雑散の業には同じからず。此の『経』及び諸部の中の如き、処々に広く歎じて勧めて名を称せしむるを、要益と為す。知るべし」と。

(一)　本文段には『観無量寿経』下品上生の文と善導『散善義』の同所の釈文が引かれる。先ず『観経』下品上生は善導の分科によると九段に分かれる。ここに引かれているのは第三段（簡機堪不）と第四段（臨終聞法）と第五段（迎接去時）の中程までである。第一段は「総明告命」。第二段の「弁定其位」では、この下品上生の者は善導により「十悪を造る軽罪の凡夫人(3)」と規定される。

つぎの第三段の経文「或ひは衆生有りて衆の悪業を作る。方等経典を誹謗せずと雖も、此くの如き愚人、多く衆悪を造りて慚愧有ること無し」では、十一門料簡のなか「第五門の中の、簡機に一生已来の造悪の軽重の相を挙出することを明かす(4)」。第五門とは「機の堪と不堪とを簡ぶ」ことであり、善導はこの段を五科に分ける。いわゆる「一には総じて造悪の機を挙ぐることを明かす。二には衆悪を造作することを明かす。三には衆罪を作ると雖も、諸の大乗に誹謗を生ぜざることを明かす。四には重ねて造悪の人を牒して、智者の類にあらざることを明かす。五には此れ等の愚人、衆罪を造ると雖も、総じて愧心を生ぜざることを明かす[5]」である。この三段は十悪軽罪の凡夫人を「造悪の機」とし、この愚人は衆悪衆罪を造るが大乗を誹謗する者ではないものの、智者の類ではなく、慚愧の心さえも起こす者ではない、とする。

第四段の「命欲終時」から「生死之罪」に至るまでは、その「造悪の人等、臨終に善に遇ひて法を聞くことを明かす[6]」。善導はこの段を六科に分ける。

いわゆる「一には命延の久しからざることを明かす。二には忽ちに往生の善知識に遇ふことを明かす。三には善人為に衆経を讃ずることを明かす。四には已に経を聞く功力、罪を除くこと千劫なることを明かす。五には智者転《さら》に教へて弥陀の名を称念せしむることを明かす。六には弥陀の名を称するを以ての故に、罪を除くこと五百万劫なることを明かす[7]」である。この第四段には、大きく聞経と称名という二つの事項が語られる。

この造罪人は今臨終であり、その時善知識に遇う。先ず一つは三と四科の「聞経」のことで、善知識は造罪人のために大乗経典である十二部経[8]の首題の名字（経名・経題）を讃歎し、その人を聞経に出遇わせる。この聞経の功力は千劫にわたって積植した極重の悪業を除却する、というものである。

二つは五と六科の「称名」のことで、智者である善知識は臨終にあたって、更に合掌叉手させ弥陀の名号である南無阿弥陀仏[9]を称念せよと教える。この称名の功力によって五十億劫（善導は五百万劫という）の生死の罪が除却される、というものである。

ここで善導は一つの問答を設定する。聞経と称名の功力の軽重についてである。この問答については、つぎの私釈段に全文が引かれているのでそこで見る。

(二)『観経』下品上生の「爾時彼仏」から「生宝池中」に至る第五段では、十一門料簡の「正しく第九門の中の終時の化衆の来迎と去時の遅疾とを明かす」。法然の第十章本文段での第一の引文は、三段・四段そして五段の半ばまでであり、第二の引文である善導の釈文はその第五段（全六科）のなか第三科の全文のみである。

善導は第五段の一・二科につぎのようにいい、本文段引用の三科へと続く。

一には行者正しく名を称する時、彼の弥陀即ち化衆を遣はして、声に応じて来現せしめたまふことを明かす。

二には化衆すでに身現じて、即ち同じく行人を讃ずることを明かす。(10)

先ず善導は、念仏の行者が「南無阿弥陀仏」を称えるとき、阿弥陀仏は化仏・化観世音・化大勢至を遣わし、(11)その称名の声に応じてそれら化衆を来現せしめる。つぎにその化衆はすでに行者の前に身を至現し、（経文第四段でいう聞経の善を讃歎することなく、）その行人が行ずる念仏の行を讃歎することを明かす、とする。

下品上生の衆生が命終の時、経文第四段においては善知識より聞経の善と念仏の行との二行を教授される。しかし遣わされた化衆は聞経の善のことを一言も触れることなく、ただ「善男子よ、汝、仏の名を称うるがゆえに」と念仏の行だけを讃歎し迎接する。

そのところを法然は、この十章本文段に善導の第三科の全文を引いて理解にあてるのである。つぎに訳する。

【訳】遣わされた化衆より聞くところの化讃歎は、ただ行者の称仏の功徳だけを述べている。（その証拠に称仏を讃えて）「私たち（化衆）は命終にある称仏するあなたの元に来現して、まさにあなたを迎接する」といっている。（ただ一言も）聞経の善のことを論じていない。確かに阿弥陀仏の本願の意趣（願意）を望んで考えてみたならば、ただ正念に南無阿弥陀仏を称えることを勧めている。衆生の往生というその一義に立ったとき、遅疾の疾に関して、余行のような雑散の行業と同じでないことは明白である。『観経』だけではなく他の諸部の経典のなかにも、処々に広く称仏の功徳を讃歎して、南無阿弥陀仏を称えさせることを勧めている。それこそが『観経』の要旨としての大きな利益（要益）なのである。このことは重要なことである、と。

法然はこの二文によって、たとえ聞経の善であろうと雑散の行業では往生が決定するものではなく、念仏の行ひとり弥陀の願意に契合し往生の義が成就するのである、と確信している。更に念仏の行だけが『観経』の要益であることも、この釈文によって押さえておきたかったのであろう。やはり経意の領解において、善導の釈文がいかに重要な比重を占めているかがわかるのである。

三　私釈段

私に云はく。聞経の善は、是れ本願に非ず。雑業なるが故に化仏讃せず。念仏の行は是れ本願なり。正業なるが故に、化仏讃歎したまふ。加之《しかのみならず》、聞経と念仏と、滅罪の多少不同なり。『観経の疏』に云はく。「問ふて曰はく。何が故ぞ、経を聞くこと十二部なるには、但罪を除くこと千劫、仏を称すること一声するには、即ち罪を除くこと五百万劫なるは、何の意ぞや。答へて曰はく。造罪の人は障り重くして、加ふるに死苦の来たり逼むるを以てす。善人、多くの経を説くと雖も、餐受の心浮散す。心散ずるに由るが故に、罪を除くこと稍軽し。又、仏名は是れ一なれども、即ち能く散を摂して以て心を住せしむ。復た教へて正念に名を称せしむ。心重きに由るが故に、即ち能く罪を除くこと多劫なり」と。

本章の私釈は『選択集』ではもっとも短い。私釈といっても『散善義』下品上生第四段（全六科）末尾に付けられた問答を引いているので、私釈段とはいえないぐらい短い。私釈段では本文段の二文をうけた、「聞経の善は、是れ本願に非ず。雑業なるが故に化仏讃せず。念仏の行は是れ本願なり。正業なるが故に、化仏讃歎したまふ。加之、聞経と念仏と、滅罪の多少不同なり」だけである。

法然は善導の釈意「（阿弥陀）仏の願意に望むれば」をうけ、雑業である聞経の善は非本願であるから、化仏から讃歎されることなく廃捨されるのであり、正業である念仏の行は本願であるから化仏より讃歎され迎接を蒙るのである、とする。

この章にも「雑業」という初出の名目の使用が確認できる。雑多な行業という意味であろうが、念仏の行である正業に比する概念である。『観経』所説の定散二善は、法蔵菩薩が因位の別願を成就するために中間に修した一切万行によって「願力所成」した所詮である。所説のように行ずるような、また法蔵所修の一切の雑多な行業を阿難に付属するようなことはなく、ただ釈尊は未来世一切衆生のために念仏の一行（南無阿弥陀仏）のみを阿難に付属し流通せしめたのである。

法然『選択集』にとって他力の念仏の一行に対比するのは、自力に修する余行である。この雑業は余行と同義語であろう。「滅罪の多少」という判断からも、第三・本願章にいう一切の内証・外用が摂在する万徳所帰の名号・余行観からも、定散一切の行業という意味になろう。これは次章の標章「約対雑善讃歎念仏之文」における「雑善」に比類していく名目である。

法然は自らの私釈の後ろに、善導の一つの問答を設定して聞経と称名の功力の軽重について補完する。すなわち問は、聞経の功力によって除却される極重の悪業は「千劫」であるのに対し、一声の称仏によって除かれる罪はどうして「五百万劫」なのか、と。これに対して善導の答は、臨終を迎えている造罪の人はそれだけでも罪障が重く、まして死苦が逼迫しているのであるから、たとえ善知識が十二部経の首題の名字を説こうとしても、その人の心は浮散していてとてもそれを受け入れるだけの力がない。なおのこと聞経によって罪を除こうと思っても、その状況を考えて軽煩になろうし無理ではないか。

それに対して仏名「南無阿弥陀仏」はこの六字一つである。この名号は行者の散乱した心をよく摂め、心を留めさせる。更にその正念によって南無阿弥陀仏を称える敬重の心そのものによく多劫の罪を除く功力があるのだ、という。[12]

法然はなぜ私釈段のむすびに、この善導の問答（下品上生第四段のむすび）全文を置いたのであろうか。一つに、下品上生の経教として聞経の善を説くことではあっても、私釈にいうように「聞経の善は、是れ本願に非ず。雑業なるが故に化仏讃」歎することはないからである。それに対し「全非比校（全く比校するにあらず）」の「念仏の行は是れ本願なり。正業なるが故に、化仏讃歎したまふ」からである。すなわち念仏の一行は一声[13]（仏名はこれ一つ）にて完結するものであって、聞経の善のように積植しなければならないものでもなければ、また命終における造罪人の状況（能力とか口称）を忖度する必要もないからである。仏名南無阿弥陀仏の念仏の一行は、そのものに「能く散を摂して以て心を住せしむ」力用がある。

二つに、聞経の善と念仏の行との除罪の比重の違いである。聞経の善による除却は「千劫の極重の悪業」であるのに対して、称仏の除却は「五十億劫（善導は五百万劫）の生死の罪」である。聞経の善は行者の「聞」に比重が置かれているのに対し、称仏は行者の「称」に比重が置かれているのではなく、名号南無阿弥陀仏そのものに除罪の功力があるからである。その名号が今行者に称えられるのは、弥陀において願行具足を成就した果号であるからであり、釈尊が未来に付属流通した唯一の教行であるからであり、諸仏によって咨嗟称揚された果上の弥陀の仏名であるからである。行者においては、示観の領解が果たされ回心がはかられたからであり、名号南無阿弥陀仏は正業である称仏によって念仏の行者のうえに顕現するからであり、名号の功力によって「散を摂し」「心を住せし」め、更に「正念に」称えしめられるからである。その結果、行者の「心重きに由るが故に、即ち能く罪を除くこと多劫」となるのである。

法然の意図としては、善導のこのような義趣を感じ取ったからに他ならない。いずれにしても標章に明示するように、法然は下品上生に説示された聞経の善と念仏の行を同次元に扱うことに危惧を感じ取ったからであろう。たとえ化仏(14)であろうと明確に聞経を廃捨し、念仏の行を選択し讃歎する仏語を読み取っているのである。その除罪においても片や「千劫」であり、念仏の行は過去遠々の一切の諸罪が消滅するのである。基本的に行者自らの聞経によって除罪するのと、名号の覚体に除罪の功用功力が具わっているのとは根本的に異なるのである。

四　第十章のむすび

このような一章が設けられてあるのも、聞経の善が下品上生に謳われてある以上、それに対する不審を払拭する意味が存在したのであろう。念仏の行者のうえになお安心や起行・作業という課する条件が具わらないことを問題にするのであるなら、法然が第七章を設けたことに意味がなくなる。すなわち、衆生の三業に修するところの称名という分であるならば、それは念仏の一行とはいえないのであり、念仏の一行とはならないのである。

十方の一切衆生は、すでに念仏の行者となって念仏一行を習修する行者の身なのである。この行者に化仏の来迎による讃歎が利益としてもたらされることに何の不都合があろう。

習修する行が願意に適うかどうかを行者自らが忖度する必要はどこにもない。念仏の行者という衆生に、願意が問題とする要件は皆無である。衆生に具うべき要素を待っていたならば、未来永劫に往生の顕証は存在しないのである。

註

(1) 行観『選択本願念仏集秘鈔』(『浄全』第八巻四〇五頁上一一)、明秀『選択本願念仏集私鈔』(『西全』別巻第二巻一二二頁下一四)、智通『選択集口筆鈔』第四巻一九丁左九

(2) 化仏とは、①仏・菩薩などが神通力で化作した仏の形。衆生の性質や能力に応じて仮に種々のすがたを現した仏の身体。仏(如来)が衆生を済度するために別のすがたに現れた変化身。②浄土教では、真仏に対する化仏をいう。それぞれの信仰眼に応じて、衆生の願いに応じてそれぞれの救いの相をもって現れる仏をいう。(中村元『仏教語大辞典』上二九三頁一～二) 法然の化仏はこの②義にいう「信仰眼に応じて、衆生の願いに応じて」現れる仏ではなく、念仏の行者の利益として第十九願によってもたらされる化仏をいう。

(3) 『浄全』第二巻六七頁上一六

(4) 『浄全』第二巻六七頁上一七～下一

(5) 『浄全』第二巻六七頁下一～五

(6) 『浄全』第二巻六七頁下五～六

（7）『浄全』第二巻六七頁下六～一〇

（8）十二部経とは、仏典の叙述の形式、または内容から十二に分類したもの。各経典によって内容・順序は少し異なるが、経・応頌・諷誦・因縁・本事・本生・未曾有・譬喩・論議・自説・方広・授記の十二である。これで仏の教え全部をまとめることになる。（中村元『仏教語大辞典』上六五八頁二）

（9）法蔵は自らの果成の名号を「南無阿弥陀仏」の六字に極めた。すなわち因中の万願万行を成就して、その果上のすがたを南無阿弥陀仏の一行に窮めたのである。この南無阿弥陀仏には一切の内証外用が成就されてあり、念仏の行者に三心・三縁・三義が力用するとき、正定業である称名念仏一行の行者の形となって顕現する。そのことをもっとも知っているのが釈尊であり、善知識をして六字の名号を流通し称念せしめる。

（10）『浄全』第二巻六七頁下一六～六八頁上一

（11）ここで称名は本願に「乃至十念」として誓願されているのであるから、讃歎し迎接するのであれば真仏を遣わされてもいいのではないか。なぜ化仏を遣わされるのであろうかという疑問がある。一つは「汝称仏名故、諸罪消滅。我来迎汝（汝、仏の名を称うるが故に、諸の罪消滅す。我、来りて汝を迎う）」と行者を讃歎した化仏は、たとえ化仏であっても仏体として行者に現前したのであり、また異方便としての讃歎の仏語を行者の耳目に発したのである。散善の観門である以上、異方便としての九品の差別が必要なのである。これも大悲の力用であり、一つの形である。一つはその仏語をもって行者に称名させる助成とさせる意味をもつ。

（12）善導は『散善義』下品中生第四段第五科に「罪人、既に弥陀の名号を聞けり。即ち罪を除くこと多劫なることを明かす」（『浄全』第二巻六八頁下一一）という。下品下生第四段第六科に「善友、苦しんで失念すと知りて、転教して口づから弥陀の名号を称せしむることを明かす」（同下一四）という。

（13）法然は見聞していないが、善導『般舟讃』に「利剣即是弥陀号　一声称念罪皆除」（『浄全』第四巻五三一頁上二）、「一切時中常説法見聞歓喜罪皆除」（同五三五頁上一〇）、「一声称仏除衆苦　五百万劫罪消除　化仏菩薩尋声到　我故持華迎汝来」（同五四五頁上四～五）、「化仏菩薩尋声到　一念傾心入宝蓮」（『浄全』第二巻七〇頁上八～九）などという。

（14）この化仏は経文に「かの仏、すなわち化仏と化観世音・化大勢至を遣わして」とあることから、阿弥陀仏の報身は化を離れて報身たりえないから、化仏が来迎したということはその背景に報仏の弥陀の存在があるわけである。また化仏も報身の弥陀を離れては化仏として成就することはできないから、化仏の仏語は実語である。ここに釈尊の異方便としての仏語を便りとして報身の弥陀は化仏を遣わして凡夫を迎接するのである。善導『玄義分』「第六会通二乗種不生義」釈の十八願釈を施したあとに、「今既に仏と成り給へり。即ち是れ酬因の身なり。又『観経』の中の上輩の三人、命終の時に臨みて皆言はく。『阿弥陀仏は化仏とともに此の人を来迎し給ふ』と。然るに報身、化を兼ねて共に来たりて手を授く」（『浄全』第二巻一〇頁下一五～一七）。

第十一章　約対雑善讃歎念仏之文

雑善に約対して念仏を讃歎する文

はじめに

十一章は十章に続いて念仏の行者のうえの安心（第八章）・作業（第九章）の問題から、『観無量寿経』説相上の三つの問題点の二番目に焦点をあてる。前章本文段に引く第二文（善導『散善義』下品上生釈第五段第三科）「聞く所の化讃、但だ称仏の功を述べて『我来りて汝を迎ふ』といひて、聞経の事を論ぜず。然るに、仏の願意に望むれば、唯だ勧めて正念に名を称せしむ。往生の義、疾きこと雑散の業には同じからず[1]」にいう「雑散の業」と呼応する概念として、本章の本文段第二文に引用する善導『散善義』の「雑善」が相当するものとして、法然はこの使用を継承して、本章標章に雑散の業であっても畢竟「雑善」であることから、この語を用いたのであろう。

この善導の「雑善」は、前章私釈段の「聞経の善は、是れ本願に非ず。雑業なるが故に化仏讃せず」の雑業へと呼応する。「雑散の業」すなわち雑業といっても善には違いないのである。この雑業は、第一章で廃捨した聖道門の諸行などの余行をいい換えたものであり、衆生に行ずる種々雑多な行業という意味である。いずれにしても念仏の一行である正定業に比する概念である。すなわち本章の念仏とは、仏力異方便として説かれた正宗分に説示する定散の行を指すものではなく、勿論衆生に修せられる三業のうえの行を指すものでもない。功能といい、功力といい、衆生の三業に全分に三縁三義・三心という超絶した形でかかわる念仏の一行である。

『観経』流通分第五段に焦点をあてて、善導の釈文を手がかりに問題の所在を明らかにする。

一　標章

法然は第十一章の標章を、「雑善に約対して、念仏を讃歎する文」とする。(2)

この「雑善」の名目は『観経』にはない。標章を見る限り念仏に相対する概念で、念仏（の一行）以外のすべての諸善を雑善と規定する。第一章（聖浄二門章）に全仏教の教相判釈を示すなかで、往生浄土門を分類して一つに「正明往生浄土之教」、二つに「傍明往生浄土之教」と分類する。第二章（正雑二行章）浄土宗の教判に至ってその「正明往生浄土之教」は、「往生の行相を明かす」項において一つに「正行」、二つに「雑行」と分類される。この第二章における正行に対する雑行に与えられる雑善でないことは明白である。この雑善は、第三章（本願章）の標章「弥陀如来、余行をもって往生の本願としたまわず。ただ念仏をもって往生の本願としたまえるの文」にいう念仏に相対する「余行」の概念に与えられる雑善である。それは以下の善導『散善義』引用文に使用される、「念仏三昧の功能」が「雑善」と対比されて立てられていることからも明白である。いずれにしても、衆生の三業に修する功徳に対して与えられる善根諸善である。

「約対」とは珍しい語彙だが、「約」とは、①むすぶ、たばねる、②しめくくる、③つづまやかにする、まとめる、④つづめる、⑤あらまし、おおむね、といった意味である。(3)「雑善に約対する」とは、念仏以外のすべての雑多な諸善に集約して対比するといった意味となる。したがって第十一章標章の意味は、経に説かれる種々の余行と、その行がもつ雑多な善に対比しても対比されるべくもない「全非比校」の念仏を、今釈尊は讃歎するのである、ということになる。

しかしながら、この標章とつぎの本文段に引かれる『観経』流通分の経文の経意とに、大きな内容の落差がありはしないだろうか。確かに本文段第二文に『散善義』該当箇所の釈文があることから、善導はこのように流通分の経意を理解したのであるということで納得はゆくのである。しかし「即ち其の五有り」として五解を出だした理解には「雑善」の言葉はなく、総釈に一箇所だけ「雑善」が出るのみである。

前章が弥陀の化仏による念仏の一行を讃歎したのに対し、今章は出世本懐として出現した釈尊の経意による、念仏の一行とその念仏者への讃歎をいおうとして、この章篇を立てたものであろう。前章にいう聞経の善も、いずれにしても雑善であることを、釈尊の流通をもって説明しておこうと考えたのである。

法然も一経の経意を流通に見いだし、念仏の一行が今分陀利華のうえに成就することをいうのである。

二　本文段

第十一章の本文段には二つの経疏を引用する。一つは『観無量寿経』流通分（全七段）の第五段の全文であり、二つに当該箇所の釈文である『散善義』第四流通分（一には王宮の流通を明かし、二には耆闍の流通を明かす）の「王宮流通分（全七段）」の第五段の全文である。

（一）第一『観無量寿経』流通分第五段

『観無量寿経』に云はく。「若し念仏せむ者は、当に知るべし。此の人は是れ人中の分陀利華なり。観世音菩薩・大勢至菩薩、其の勝友と為りて、当に道場に坐して諸仏の家に生ずべし」と。

【訳】『観無量寿経』にいう。「もし念仏しようとする者があるならば、その人は人の中でもとりわけ「分陀利華」(4)というべきであろう。観音菩薩・勢至菩薩はその念仏行者の良き朋友となって、まさに覚りの場所である極楽浄土におられて、我われはその弥陀の浄土に必ず往生することができるのである」と。

第十六観散善の観がいよいよ終わり、得益分（全七段）に韋提希・五百の侍女の益を明かす。そして釈尊の出世本懐たる『観経』一経を、阿難へ付属流通するための流通分（全七段）へと展開する。

この経文には、念仏行者のすがたを分陀利華（白蓮華）に譬えて讃え、観音・勢至の来迎と護念をうけて、二菩薩が念仏者の勝友となる現益を語るとともに、弥陀の浄土に往生する当益を語る。

法然は善導の分科によるその第五段全文を引用する。この経文を見る限り、標章に「雑善に約対して」と謳うほどのことをいっているわけではない。また標章には「念仏を讃歎する」といいながら、引用経文は念仏の行者を讃歎している。確かに念仏者は観音勢至によって「念仏を讃歎」されているとはいえるのだが、要はこの経文に対し、つぎの善導の釈文によって名づけられた標章の命名であると考えられる。

いずれにしても一経は流通に窮まる。ここに流通の経文とその釈文を引くということは、本章と次章とが本書の一つの眼目となることをいう。

(二)『散善義』第四流通分「王宮流通分」第五段

(1)　王宮流通の前四段

先にここでは、本文段に引用される第五段に至る四段までの善導の理解を追ってみたい。

先ず一段は、阿難が座より起って釈尊の前にすすみ出ていう。「世尊よ、この『経』をどのように名づけたらいいでしょうか。またこの経法の要を私はどのように受持すればいいのでしょうか」という一段である。善導は「一に爾時阿難従り已下は、正しく請発の由《ゆゑ》を明かす」とし、解釈は真に簡明である。釈尊が阿難よりこの経名とその要旨を請われた因由を明かす一段だという。しかしここで気をつけなければならないことは、通途の経典のように釈尊が阿難に対して付属流通せしめるという状況ではなく、阿難自らが座を起ち釈尊の前に進み出て、王宮会において今まで真の対告衆として聴聞しているにもかかわらず、釈尊から積極的に経名とその要諦を聞き出しているということである。それによってまさに今釈尊から語り出されようとするその二諦は、阿難が釈尊の経意を体し受持し、未来に積極的に流通しようとする出世本懐の『経』の宗要ということになる。経説が通常の阿難ではなく、特別な阿難であることを看て取っていることと、阿難請発の二つの内容がたいへん明確であるということが重要である。

第二段は、阿難の請発に対して釈尊が経名を述べる。すなわちこの経に「観極楽国土、無量寿仏・観世音菩薩・大勢至菩薩」と「浄除業障、生諸仏前（業障を浄除し、諸仏の前に生ず）」の二つの経名を名づけ、阿難に付属する一段である。善導は「二に仏告阿難従り已下は、正しく如来、依正を双《なら》べ標し、以て経の名を立て、又能く経に依って行を起こせば、三障の雲自づから巻くことを明かして、前の初めの問ひの云何名此経の一句に答へたまふ」という。この一段は正しく釈迦如来が一つに、極楽国土の依報と無量寿仏・観世音菩薩・大勢至菩薩の正報とを双べ標して経名を名づけ立てる。更に一つに、この経の説くところによって能く正業を起こすならば、必ず惑・業・苦の三障が自然に消巻する、という二つの経名を明らかにする。この釈尊の応答は、阿難が座より起って前に請発した初めの問（云何名此経）に答えられたのだ、と結ぶ。

この二つの経名を考えるとき、一つは依正の主を標して「観無量寿経」という経名となり、極楽と阿弥陀仏等を観照する法門であることを表している。自力行門の機を極楽の依正を観照する仏力異方便の教説によって、弥陀の弘願に帰入せしめようとする釈尊の経意を顕わす経名である。この経名によって、一切の衆生を救済しようとする弥陀の願意への手だてが用意されたことになる。二つには、この流通分に説く（つぎの第十二章の主題、流通分第六段）阿難に付属された弥陀の名号「南無阿弥陀仏」が、遐代に流通せしめられるためには必ずや正業である「一向専称弥陀仏名（一向に専ら弥陀仏の名を称せしむる）」によらなければならないし、それによって三障という業障が浄除され、「諸仏の前に（往）生する」という利益がもたらされる、という証果を表していることである。阿難の請発はまさしく、この二つの経名により衆生往生の因果を引き出したということになる。釈尊自らが、自らの経説の内容を二つの経名によって表現し、未来への弘通をはかったということが重要なのである。経名は『経』そのものの内容を物語るとともに、教法の宗要をも明確に提示しているということを、善導は確実に感じとっているのである。(5) このことに気づき、次章にも第六段を引用して善導の領解にしたがっている法然の姿勢は、第十六章私釈段において「偏依善導一師」と表現され、善導が神格化される背景をもっている。したがって法然においては、善導の理解を通さない『観経』理解はないのであり、三経への理解はないのである。

第三段は釈尊の文言としてはたいへん短いけれども、その仏語を聴く伝持者としての阿難にとってはまたたいへん重い内容となっている。釈尊はいう、「汝、まさに受持して忘失せしむることなかれ」と。阿難よ、この二つの経名とわが経意を体解し信受憶持して、決して忘失するようなことがあってはならない、と。善導はなぜ、このような短い文節を一段としたのであろうか。我われは分科の理由に耳を傾けなければならない。この流通分に至っては、勿論対告衆は阿難ただひとりである。その阿難に対し「汝」と語りかける釈尊の心中は、前の「当何名此経（何んが此の経を名づくべき）」よりも、「此法之要、当云何受持（此の法の要をば、云何が受持すべき）」のほうにその意図はあったのである。経名は自らが名づけるのであるから、その二つの経名だけで充足している。しかし、信受憶持は単に聴聞ではなく、受持である。この受持は阿難ひとりに掛かっている。釈尊は出世本懐としての本経を阿難ひとりに勅命しているのである。この「汝」は、つぎの第六段の釈尊が阿難へ呼びかける伏線となっている。更にこの第三段の釈尊の「受持」という呼びかけが、第六段の「汝好持是語（汝、好く是の語を持て）」の法の要を「持」することに連なっている。このような点に着目したことにより、善導は一科を設けたと考えられる。

善導の釈もまた簡潔である。「前の後ろの問いの云何受持の一句を答ふ」だけである。阿難が前の請発のなかで、あとに尋ねた「またこの経法の要を私はどのように受持すればいいのでしょうか」の一句に答えた一段である、と。この流通分が王宮会の流通であることを、善導は明確に押さえておきたかったのである。釈尊の出世本懐を受持した阿難の伝持者としての自覚は、偏に未来への流通にかかっている。

第四段の経文「此の三昧を行ずる者は、現身に無量寿仏及び二大士を見たてまつることを得む。若し善男子・善女人、但だ仏の名、二菩薩の名とを聞くすら、無量劫の生死の罪を除く。何《いか》に況んや憶念せんをや」を、善導はつぎのように総釈し、経文に添って四科にわたって釈する。

「行此三昧者」従り、下「何況憶念」に至る已来は、正しく比校して勝を顕はし人を勧めて奉行せしむることを明かす。即ち其の四有り。一には総じて定善を標して以て三昧の名を立つることを明かす。二には観に依って修行し、即ち三身を見たてまつる益を明かす。三には重ねて能く教を行ずる機を挙ぐることを明かす。四には正しく比校して勝を顕はすことを明かす。但だ三身の号《な》を聞くすら、尚ほ多劫の罪愆《ざいけん》を滅す。何《いか》に況んや正念に帰依して、証を獲ざらむや。[6]

経文は、「この三昧を行ずる者は、この身このままで阿弥陀仏と観音・勢至を見ることができる。もし善男子・善女人がただ南無阿弥陀仏や二菩薩の名号を聞くだけでも、無量億劫に積植した生死の罪を浄除することができる。ましてやその名号南無阿弥陀仏を憶念するに及んでは尚更のことである」と。三昧行者の見仏という現益はいうに及ばず、善男女が聞名するだけでも罪を除くことができる。なお名号南無阿弥陀仏を憶念すればそれ以上の現益がもたらされるという。この一段の注意を要する点は、三昧と聞名と憶念という『経』の用語である。いずれにしても念仏三昧の行者への讃歎と現益を語っている。

この経文に対し善導は、第四段を「正しく雑善と（内実を）比校して念仏が勝れていることを顕わすとともに、人に（名号を称することが勝れていることを）勧めて、奉行させることを明かす」一段であると総釈する。しかし経文を素直に読む限り、善導の総釈のようには読めないのが普通であろう。が今は、善導の読みをしておく。善導にも比校という言葉のもとに、衆生のうえに行じられる、また衆生を摂取するために万行成就した弥陀の一切の因行雑善と、弥陀に願行成就した名号念仏とを勝（劣）に配当し、更に一方の念仏が勝であるから（選択して）、その功徳を顕わすのである。勝なる功徳をもつ念仏（の一行）であるから、また人にも勧め奉行させるのである。このように釈尊は仰っているという理解である。この総釈は念仏の独勝性を顕彰するとともに、念仏の勧進と奉行を明かす。

短い『経』の一段ではあるが、善導は四科に分釈する。総釈した釈意の分割であるとともに自らの確認である。

一に「行此三昧者」の一句は、「総体的に先ず定善[7]を標示することによって、定善とは「三昧」の異名であり、ここに敢えて『（観仏）三昧』の名称を立てることを明かしているのである」という。これから説かれようとする流通分第六段の、予見とでも受け取れる善導の卓見である。すなわち総釈で雑善と念仏とを比較して勝なる念仏を選択したわけであるが、廃捨される雑善（仏を観念する三昧）をここでは定善行である「三昧」だと押さえる。

二に「現身得見、無量寿仏・及二大士」は、「この仏を観念するところの（定善として説く）三昧に依って修行を成就するならば、必ずや阿弥陀仏・観音・勢至の三身を見たてまつることができる、そのような利益を明かす」という。当然未来世一切の衆生にこのような定善としての観念の三昧を行じよ、というものではないと同時に、そうすればそのような利益がもたらされるというものでもない。観念の三昧を成就するとき見仏の利益があることを明かす、というだけである。したがって未来世一切衆生には仏身を観念する三昧が成就できないのであるから、ここにいう観仏三昧は名称のみであって実体がないということになる。穿つならば、釈尊の説いた正宗十六観は修行のための経説ではなく、極楽の依正を観照し衆生に欣慕させるために説いた異方便の観である、ということを示唆しているのである。「観に依って修行」するのは聖者であって、観仏三昧の「観」が衆生に行ずる観ではなく、弥陀の願行に成じられた三昧であることを気づかせようとする善導の経釈である。総釈に善導が「（選択のために）比校し」「（その一方の勝を）顕はし」そして「勧め」ることを「明かす」というのは、その辺の道理をいったものに他ならない。

三に「若善男子善女人」は、「（先の二には仏身を観念する三昧を修行しうる者の機根を明かしたのであるが、ここでは）重ねて、能く（『観経』能詮に説く異方便の観仏三昧の定散の機教ではなく、正しく今明かそうとする所詮の名号の）教えを行じる機を挙げる、そのことを明かす」という。善導には、第四段の冒頭「行此三昧者（この三昧を行ずる者）」という一方の機があり、そして今自ら「重ねて」というその三昧を行じられない機があることをここに明かしている。その機が『経』にいう「若善男子善女人」だというのである。善導のこの「重ねて」には、たいへん意味深長な含みがある。つぎの第四科への橋渡しがあり、仏意をいかに領解しようかとする流通分第五段への展開、更に『選択集』第十二章の主題である流通分第六段を視野に入れての考えである。

『観経』の対機は観仏三昧の行者ではなく、「若仏滅後、諸衆生等、濁悪不善、五苦所逼（若し仏の滅したまいし後、諸の衆生等、濁悪・不善にして、五苦に逼められん）[8]」という未来世一切の衆生が対機である。その対機がここに釈尊が発する「善男子善女人」という人であり、四科にいう「聞名」し「憶念」する人であり、五科にいう「念仏」する人である。その人は正しく、阿難に付属された名号の「教えを行じる機」である。この「重ねて」の一文字によって善導のなかにも、観仏三昧の行者を廃し念仏の行者を立てるという廃立の構造が看取できるとともに、究極において『観経』の対機はどこまでも未来世一切衆生であることを見逃してはいない。

四に「但聞仏名、二菩薩名、除無量劫、生死之罪。何況憶念」は、「正しく（念仏と雑善とを）比校して勝（れている念仏とその功徳）を顕証することを明かしている。ただ（阿弥陀仏・観音・勢至の）三身の（仏菩薩の）名号を聞くだけでも、なお無量多劫に積植した生死の罪愆《ざいけん》を除滅するのである。ましてやどんなにか正念に帰依することであるから、（往生と滅罪の）証を獲ないということがあろうか。必ずや証を得るのである」という。この箇所の善導の経釈にも、明らかに「比校」と「勝（劣）」とを使う廃立の考え方があることを看取できる。このような一見見逃してしまいそうな善導の言葉のもつ論理構造を、法然は確実に読み取っているということを忘れてはならない。

更に経文にある「憶念(9)」という仏語を、善導は「正念に帰依して」と置き換えていることにも注意をしておきたい。雑善である仏を観念する三昧とその益を先に明かし、今は先ず勝である名号（念仏三昧）とその証益を明かす。つぎに聞名に除罪の功能があることを明かし、最後に憶念における特に勝れた証益を明かす。この善導の記述を追うと、先ず第三・本願章にいう名号のもつ殊勝性をいい、つぎにその名号が行者の耳に届き、ただ聞くことにおいてだけでも除罪の功能があることをいう。したがって名号南無阿弥陀仏は釈尊が付属した弥陀の果号そのものであり、聞名は確かに「但聞」ではあるけれども、行者の自力を離れた耳に触れるところの領域である。このような領解のもとに続く『経』の「憶念」を翻じた善導の「正念に帰依して」は、当然未来世一切衆生である「善男子善女人」を対機とした他力の機に応じた領解でなければならない。

この「正念」は、善導以前の諸師が判ずるような自力に修する定散二善の行法としての正念ではなく、善導のいう三心が受領され三縁三義の念仏の行者にもたらされる正念に他ならない。そのような正念のうちに『観経』所説の依正二報を欣慕し帰依することとなるのである。善導におけるこの「正念」の使用は『四帖疏』だけでも十五箇所に及ぶ。代表的な二、三を挙げれば、二河譬に弥陀が念仏行者に対して喚びかける「汝一心に正念して直に来たれ。我れ能く汝を護らん。衆て水火の難に堕つることを畏れざれ(10)」や、第十章本文段に引く「然るに仏の願意に望むれば、唯だ勧めて正念に名を称せしむ(11)」、同じく私釈段のむすびに引いた答意「仏名は是れ一なれども、即ち能く散を摂して以て心を住せしむ。復た教へて正念に名を称せしむ(12)」などがそれである。弥陀が「一心正念に」と招喚し、「仏の願意に望む」で「正念に名（号）を称する」ことは、帰依の内実を示すものである。雑善である観仏三昧では証を獲ることはできない。「憶念（正念帰依）」においてはじめて証益を獲ることができるのである。

(2)　本文段第二文　王宮流通の第五段

第十一章本文段第二文として、つぎの流通分第五段の全文を引用する。


同じき経の『疏』に云はく。「若し念仏せむ者」といふより、下「諸仏の家に生ずべし」に至る已来は、正しく念仏三昧の功能、超絶して実に雑善を比類と為ることを得るに非ざることを顕はす。即ち其の五有り。

一には、専ら弥陀仏の名を念ずることを明かす。

二には、能念の人を讃ずることを明かす。

三には、若し能く相続して念仏する者は、此の人、甚だ希有なりと為《す》。更に物として以て之に方《なら》ぶべき無きことを明かす。故に分陀利を引きて喩へと為。

分陀利と言は、人中の好華と名づく。亦は希有華と名づく。亦は人中の上上華と名づく。亦は人中の妙好華と名づく。此の華、相伝して蔡華と名くる、是なり。

若し念仏する者は、即ち是れ人中の好人なり、人中の妙好人なり、人中の上上人なり、人中の希有人なり、人中の最勝人なり。

四には、専ら弥陀の名を念ずる者は、即ち観音・勢至、常に随ひて影護したまふこと、亦た親友知識のごとくなることを明かす。

五には、今生に既に此の益を蒙りて、命を捨て即ち諸仏の家に入ることを明かす。即ち浄土、是なり。彼こに到りて長時に法を聞き、歴事・供養して因円果満す。道場の座、豈にはるかならむや、と。

流通分に入り阿難は仏陀に対し、聞き来たった正宗分十六観に名づける経名とその宗要を尋ねた。それに対して仏は二つの経名をもって示す。そして阿難に「受持して妄失してはならない」と告げる。更に仏陀は畳み込むように、この『経』に二つの利益があることを明かす。いわゆる、観仏三昧を行じうる者におけるこの身において見仏の益があることと、「善男子善女人」という未来世一切衆生における聞名・憶念に除罪の益があることである。そしてこの第五段には、第四段の「善男子善女人」という未来世一切衆生に与えられた除罪の利益をもたらす聞名と憶念よりも、更に全非比校の名号を念仏する者には、「分陀利華」という嘉誉の称号が与えられ、二菩薩が勝友となる大利と、往生という証果があることを明かし讃歎するのである。

善導はこの第五段の経意を先ず総釈して、「正しく念仏三昧の功能、超絶して実に雑善を比類と為ることを得るに非ざることを顕はす」という。この総釈において気づくことは一つに、経文の「念仏」を「念仏三昧」と置き換えていることである。したがってここにいう「念仏」は、単に『選択集』第二章にいう五種正行のなかの衆生に修する第四称名を指すものではない、ということが明らかであろう。善導における念仏三昧の意趣は、以下のように全分に他力を指す概念である。その念仏三昧とその功能は、自力に修する雑善とはまったく比校比類することができないほど超絶しているとする。同次元で扱うべき性質のものではなく、また比較の対象とすべき性質のものではないのである。行者そのものに「功能」はありえないのであるから、功能が念仏三昧に付けられていることは明らかなことである。したがって念仏三昧の功能が、弥陀による名号の功用・力用ということである。

すなわち『無量寿経』では、阿弥陀仏の願行具足する報身の覚体とその内証・外用を念仏三昧というのであり、『観経』では善導のいう「今此の『観経』は即ち観仏三昧を以て宗と為し、亦た念仏三昧を以て宗と為す。一心に廻願して浄土に往生するを体と為す[14]」の念仏三昧である。その『観経』正宗分では、能詮の定散二善十六観[15]の観門である観仏三昧と、所詮の名号南無阿弥陀仏の弘願である念仏三昧の、両宗が併説されている。
二つに、全分に他力義を指す念仏三昧とその功能が、衆生の自力に修する雑善とまったく比類とすることができないのは、ここに明白なことである。この基盤には自らの『定善義』のつぎの文があることは必定である。

自余の衆行も、是れ善と名づくと雖も、若し念仏に比ぶれば、全く比校に非ず。是の故に諸経の中に、処々に広く念仏の功能を讃じたり。『無量寿経』の四十八願の中の如きは、唯だ専ら弥陀の名号を念じて、生ずることを得ることを明かす、と。又『弥陀経』の中の如きは、一日七日専ら弥陀の名号を念じて、生ずることを得、と。又十方恒沙の諸仏、虚しからずと証誠し給う。又此の『(観)経』の定散の文の中に、唯だ専ら名号を念じて生ずることを得と標す。此の例一に非ず。広く念仏三昧を顕はし竟んぬ。(16)

自余の衆行として修する(雑)善は、念仏と比較したときまったく比校の対象とはならない。なぜ比校することができないのかといえば、内容が異質であるからに他ならない。いわゆる自力(に修する行とその善)と他力(阿弥陀仏が衆生往生のために修する十願十行という一切の願行とその善)の分かれ目である。衆生が修しうるすべての善は果上の阿弥陀仏に始まるのであり、『無量寿経』に説くように根源的な善は法蔵菩薩の因中の願行に帰結するものである。そのような念仏の功能は浄土三部経にわたって、弥陀の名号南無阿弥陀仏とそれを正定業なるがゆえに念ずる、そのことによって往生の益を得ることが説かれている。弥陀正覚の構造とその力用こそが、念仏三昧というのである、と。
つぎに経文にしたがって全五科に分け解釈する。

一は、「若念仏者」を、阿弥陀仏の名号である南無阿弥陀仏を専ら念ずることを明かしているのであるという。

二は、「当知此人」を、三尊は南無阿弥陀仏を能く念ずる人を讃歎することを明かしているのであるという。

三は、「是人中分陀利華」を、もし能く南無阿弥陀仏を相続し念仏する者は、人中にあってもたいへん希有であるとする。更にこのような人は人として並び立つようなことがないことを明かす。このようなことからこの人を「分陀利」と譬えるのである。この分陀利とは、人のなかにあっても「好華」と名づけられる人であり、また「希有華」とか、「上上華」とか、「妙好華」と名づけられる人である。この華のことを古来より相伝して「蔡華」と名づけている。もし念仏する者は、まさしく人のなかにあっても（右の華に相対するように）「好人」「妙好人」「上上人」「希有人」「最勝人」と称せられるのであるという。

四は、「観世音菩薩、大勢至菩薩、為其勝友」を、専ら南無阿弥陀仏を念ずる者は、観音・勢至の二菩薩が常に随逐影護してくださること、また親友善知識のようであることを明かしているのであるという。

五は、「当坐道場、生諸仏家」を、今生においてすでにこのような現益を蒙り、命終においては諸仏の家である極楽浄土に回入することを明かす。弥陀の浄土に至って長時にわたって法を聞き、十方の諸仏を歴事し供養して、成仏のための因果がここにおいて円満成就するのである。どうして自らが成仏するさとりの世界、すなわち道場の座が遥かなものであるといえようか。決して遥かなことではないのである、という。

『観経』にいう尊い念仏者に譬えられる「分陀利華」は、他にも四『阿含経』や『大般涅槃経』[17]に仏陀釈尊の人中にあっての尊勝性をいう譬喩に用い、『大方等大集経』[18]菩薩念仏三昧分には念仏人のことを譬えていう。『観経』はこの後者の『大集経』の影響を引くのであろう。

善導は第一科で、『経』には単に「念仏者」となっている箇所を、「専ら弥陀の名を念ずること」といい換えていることに注意したい。「仏を念ずる」とは弥陀の名号南無阿弥陀仏を念ずることなのである。以下第二科にも「能念」といい、第三科にも「能く相続して念仏する」といい、第四科にも「専ら弥陀の名を念ずる」というのであるから、弥陀の「名号南無阿弥陀仏を念ずる」ことなのである。この全五段にわたって善導は、散善下上・下下品にいう衆生に行じられる「称」の語を一回も使っていない。このことは善導のいう「専ら」とか「相続して」という文字にも関係することで、遇縁に生きる衆生にとって「専」「相続」という属性はない。専らは観仏三昧に属する概念であって、専・相続が念仏三昧に属するのであれば、それは全分に弥陀の属性でなければならない。したがって、この「念」「相続」は弥陀の念仏三昧のうえに成り立つものであり、衆生に願力としてもたらされた「念」に他ならない。

善導が第三科で、「此の人、甚だ希有なり」とも「之に方ぶべき無」しともいうのは、「能く相続して念仏する者」を稀有とも無方ともいっているのではない。人間の分別を超え思慮の絶えた境界より大願業力・功力としてもたらされる念仏の一行が、今人に修習されることをもって希有とも無方ともいうのである。人のなす行業にも人のもつ資質にも何ら関係のないところに成立するのが、念仏の希有・無方である。

そのような希有・無方性をもった「この人」を釈尊は、「分陀利華」と呼ぶ。分陀利華は白蓮華であり、人間界にあっては比校のしようのない精華であり、霊瑞華のように会おうと思っても会いようのない希有な華なのである。無明に生きる人間のうえには決して成就しようのない華が、今「分陀利華」として成就する。

善導は更に分陀利華としての念仏者を四つの華の譬喩で讃える。いわゆる好華・希有華・上上華・妙好華であり、このような華を中国では古来より相伝されている名として蔡華という、とする。更に善導は、その蓮華に譬喩された念仏者を五種類の嘉誉で名づけ配当する。いわゆる好人・妙好人・上上人・希有人・最勝人である。

このように釈尊は念仏と念仏する者を讃歎して、自力に修する雑善も聞経も更に憶念も讃歎することなく、つぎの第六段へと経説を進めるのである、と善導は捉えている。衆生の三業に修する功を離れた、まさに第六段で付属される名号が衆生の声に出づる念仏とその行者となるとき、四種の華名、総じて蔡華となり、五種の嘉誉を与えられた念仏の行人となる。

善導は第四科では、先にもいったように「専ら」は弥陀の属性である。そして経の「念仏者」は弥陀の名号南無阿弥陀仏を念ずる者である。観音・勢至が念仏者を常随影護することを親友善知識のようであると譬えるのは、現益をいったものであり、念仏者に与えられる功徳をいったものである。

第五科では、今正しく現益を蒙って命終のときには極楽浄土に回入することができ、その浄土において念仏者として「長時聞法歴事供養」[19]し因円果満するのであるから、自らのさとり（成仏）は決して遥かなものではないと押さえるのである。

三　私釈段

（一）第一問答

私に問ふて曰はく。『（観）経』には「若念仏者、当知此人（若し仏を念ぜむ者、当に知るべし、此の人）」と等云ふて、唯だ念仏の者に約して之を讃歎せり。釈の家（善導）、何の意有りてか、「実非雑善得為比類（実に雑善を比類と為ることを得るに非ず）」と云ひて、雑善に相対して独り念仏を歎ずるや。

答へて曰はく。文の中に隠れたりと雖も、義の意、是れ明らかなり。知る所以は、此の『経』に、既に定散の諸善幷びに念仏の行を説きて、而も其の中に於て孤り念仏を標《あ》げて芬陀利に喩ふ。雑善に待するに非ずば、云何が能く念仏の功の余善諸行に超えたることを顕はさむ。然れば則ち

「念仏者即是人中好人（念仏する者は即ち是れ、人中の好人なり）」とは、是れ悪に待して美《ほ》むる所なり。

「人中妙好人（人中の妙好人）」と言は、是れ麁悪に待して称《ほ》むる所なり。

「人中上上人（人中の上上人）」と言は、是れ下下に待して讃《ほ》むる所なり。

「人中希有人（人中の希有人）」と言は、是れ常有に待して歎《ほ》むる所なり。

「人中最勝人（人中の最勝人）」と言は、是れ最劣に待して褒《ほ》むる所なり。

本文段第二文に引く善導の総釈と流通分第五段の経釈を、法然はどのように捉えているのであろうか。私釈段の冒頭は問答より始まる。先ず法然は第一問答の問で、確かに『観経』の経文を見る限りそこには念仏者についてのみ語り、念仏者だけを讃歎していると読める。しかし善導にはどのような真意があるか判然としないけれども、「実に雑善を比類と為ることを得るに非ざることを顕」わすといって、なぜ『観経』にはない名目「雑善」と相対させて、独り念仏だけを讃歎するのか、と問う。

これに対して法然自身の答は、念仏の独勝性というようなことは経文のなかに隠れているだけであって、釈尊の経意も善導の義意も明らかに読み取りうることができるのである。どのようなところからそのように明確にいえるのかといえば、『観経』には正宗分に異方便としての能詮の教えである定散諸善の観仏三昧とともに、所詮の念仏の行である念仏三昧の両宗が併説されていて、流通分に至って釈尊はその両宗のなかにおいて孤り念仏（三昧）だけを標げて付属し、その念仏者を今芬陀利に喩えて称讃している。このようなことは雑善と待比しないことには、

どうして能く念仏の功徳功力が余善諸行（余行）に超絶していることを顕わすことができようか。決して顕わすことなどできない、と。

法然は、経の聖意を推量すれば雑善と相対する真意が隠れていて、義趣としての聖意は念仏が絶対的な価値をもっていることを讃歎する意図は明らかである、とする。

この私釈の問答において法然自身は、明確な意図のもとに使用しているとはいい難いかもしれないが、隠・明の用語[20]を使い念仏（三昧）と雑善との関係をいい表している。いわゆる、能詮・所詮の関係である。正宗分の能詮（定散の諸善幷びに念仏の行）と所詮（念仏三昧）が、流通分では逆転して能詮（念仏三昧）と所詮（雑善＝余善諸行）となる。能所の関係とともに、標章の「約対」という相対的な関係が、本文段の善導の経釈を通じて、雑善とは超絶して比類の対象とはならない独勝的な念仏三昧の功能であることを明らかにしている。

以上の法然の答意は、善導でいえば流通第五段の総釈に相当する箇所である。善導自らが経文の「念仏（仏を念ずる）」を「念仏三昧」に置換している以上、『経』の「念仏」以下の仏語は念仏三昧とその功能を表記する内容だと受け取っている。念仏三昧が念仏者（念仏の行者）のうえにはたらく功能は超絶したものであり、念仏者のうえには念仏三昧が雑善としてははたらくものではないということである。当然のことながら、衆生が自力に修するのはどこまでも雑善であるけれども、念仏三昧が念仏者にはたらくのはすべて正定業なのである。

法然のこの総釈は「隠」「明」を使いつつ、それが能詮・所詮の関係にあり、更に比校の対象とはならない念仏三昧の独勝性を「独り」「孤り」と言葉を替えて、「念仏（三昧）の功（徳・功力）」の余善諸行（余行という雑善）に超（勝）え」ているものであるとする、善導の釈意を補足したものである。『選択集』の次章においても明らかになることであるが、釈尊が阿難に付属する名号南無阿弥陀仏は、衆生に修する余行という分際では計り知れない領域の行体であり、また善導以前の諸師たちが領解した衆生に修する観仏より顕現する極楽の依正（南無阿弥陀仏）でもないということである。第十六章私釈段で明かす、三聖（弥陀・釈尊・諸仏）が選択した南無阿弥陀仏なのである。

ここで法然の問答を再考してみよう。問では善導の「比類」という言葉をうけて、法然は先ず雑善と念仏とを相対的な関係に置く。しかし答では、雑善と念仏を隠と明（顕）との関係に置き換えている。しかも正宗分で説かれる異方便は「定散諸善並念仏行」であって、法然はそれを「余善諸行」とし、善導のいう「雑善」と規定しているのである。したがって善導がいう「雑善」というのは雑多な雑修雑行としての善行善根というものではなく、『観経』正宗所説の定散二善に明かされた行法行修としての善である。それは「定散諸善並念仏行」という表現に端的に表れていて、定散諸善も念仏行も並列的に置かれている。自力聖道門に修する行法として捉えるとき、「定散諸善並念仏行」も単なる雑善に過ぎないものになろうし、たとえ名は「念仏行（称名）」であっても「余善諸行（余行）」の域を出ることはない。第一問答の問においては一往「比類」を相対的な廃立の関係性のなかで捉え、答に至って法然は、善導が「比校」ではなく「比類」とした義意を透過することにおいて、『観経』開示の釈尊の真意を開顕しようとしている。

それでは、なぜ念仏が雑善に超過することになるのか、ということになる。再び法然の表記を考察する。問では雑善と念仏を「相対」という価値観のなかで敢えて捉えた。しかし雑善と念仏が「相対」の価値観では押さえることのできない尺度をもっていることを自ら吐露し、そのように善導の経釈を捉えてゆくのである。

先ず「定散諸善並念仏行」と併記することによって、正宗分所説の定散二善が善根という名の行法であることを認識させている。二に「孤」という言葉は相対的「独」と異なり、まったくの孤高・孤標の抜き出るさまをいうところから、念仏を余善諸行（余行）と同列に扱っていないことがわかる。三に、したがって念仏は、所説の余善諸行の功能とは比校の対象とはならないものであることを顕らかにする。以上のような論理的展開のなかで法然は、雑善と念仏とを隠と明（顕）との関係に結論づけるのである。

正宗分における雑善と念仏の関係は雑善が明（顕）で念仏が隠であり、しかし流通に至ってその関係は逆転し、念仏が明（顕）で雑善が隠となる。この隠・明の関係は法然においては能詮・所詮の関係にも転換することが可能であろう。『観経』の所説を自力聖道門所修の行法として受容したとき、濁悪不善の末代の凡夫にとってはまったく不堪の行法となろうし、極楽依正の十三観も観察所成の浄土となってしまう。これでは善導の古今楷定の真意が開顕することはない。釈尊による韋提致請の定善と仏自開の散善の二善の開示は、未来世の衆生に如説修行の観法を強いるものではなく、諸行雑善の衆機に極楽の依正を欣慕せしめ、調熟せしめられた念仏の行者がまさしく阿弥陀仏の弘願に帰入するためであったと知ることができる。法然は雑善・念仏を併せ説く定散の価値を、廃立より展開した隠明という傍正の論理で理解しようとする意図をもっていたことが知られるのである。

そうだからこそ以下のような五つの称号が念仏者に与えられるのである。『経』では念仏者を「分陀利華」の一華によって讃えるのであるが、善導は分陀利華が五つの華名によって讃えられる華であることを明かす。その華名のように念仏者もまた相対するように五つの華の「人」であることを明かす。

これをうけて法然も、雑善に含有する五つの概念を引いて今仮に待校するのである。その五つの待校とは、好人・悪、妙好人・麁悪、上上人・下下、希有人・常有、最勝人・最劣である。それぞれに「美・称・讃・歎・褒」の五つの文字を使い分けて、念仏者をほめている。

(二) 第二問答

問ふて曰はく。既に念仏を以て「上上」と名づけば、何が故ぞ、上上品の中に説かずして、下下品に至りて而も念仏を説くや。

答へて曰はく。豈に前に云はずや。念仏の行は広く九品に亘るとは。即ち前に引く所の『往生要集』に「其の勝劣に随ふて九品を分かつべし」と云ふ、是れなり。

加之、下品下生は是れ五逆重罪の人なり。而るに、能く逆罪を除滅することは、余行の堪へざる所なり。唯だ念仏の力のみ有りて、能く重罪を滅するに堪へたり。故に、極悪最下の人の為に而も極善最上の法を説くなり。例せば、彼の無明淵源の病には、中道府蔵の薬に非ずば、即ち治すること能はざるが如し。今此の五逆は重病の淵源なり。亦た此の念仏は霊薬の府蔵なり。此の薬に非ずば、何ぞ此の病を治せむ。

故に弘法大師の『二教論』に『六波羅蜜経』を引きて云はく。

「第三法宝といは、所謂る過去無量の諸仏の所説の正法、及び我が今説く所なり。所謂る八万四千の諸の妙法蘊、乃至有縁の衆生を調伏し純熟して、而も阿弥陀等の諸大弟子をして、一たび耳に聞きて皆悉く憶持せしむ。摂して五分と為。一には素怛纜、二には毘奈耶、三には阿毘達磨、四には般若波羅蜜多、五には陀羅尼門なり。此の五種の蔵は、有情を教化して、度すべき所に随ふて為に之を説く。

若し彼の有情、楽ふて山林に処し、常に閑寂に居して静慮を修すべき者には、彼が為に素怛纜蔵を説く。

若し彼の有情、楽ふて威儀を習ひ、正法を護持して、一味和合して久住することを得しむべきには、彼が為に毘奈耶蔵を説く。

若し彼の有情、楽ふて正法を説きて、性相を分別し、循環研覈して甚深を究竟すべきには、彼が為に阿毘達磨蔵を説く。

若し彼の有情、楽ふて大乗真実の智慧を習ひ、我法執着の分別を離るべきには、彼が為には般若波羅蜜多蔵を説く。

若し彼の有情、契経と調伏と対法と般若とを受持すること能はず、或ひは復た有情、諸の悪業を造らむ。四重・八重。五無間罪・謗方等経・一闡提等の種々の重罪、銷滅することを得て、速やかに解脱して頓に涅槃を悟らしむべきには、彼が為に陀羅尼蔵を説く。

この五蔵は、譬へば乳・酪・生酥・熟酥、及び妙醍醐の如し。契教は乳の如し。調伏は酪の如し。対法の教は彼の生酥の如し。大乗般若は猶し熟酥の如し。総持門といは、譬へば醍醐の如し。醍醐の味ひは乳・酪・酥の中に微妙第一なり。能く諸の病を除きて、諸の有情をして身心安楽ならしむ。

総持門といは、契経等の中に最も第一為り。能く重罪を除きて、諸の衆生をして、生死を解脱して速やかに涅槃安楽の法身を証せしむ」と已上。

此の中に、五無間罪といは、是れ五逆罪なり。即ち醍醐の妙薬に非ずば、五無間の病、甚だ療し難しと為。念仏も亦た然なり。往生教の中には、念仏三昧は是れ総持の如し。亦た醍醐の如し。若し念仏三昧の醍醐の薬に非ずば、五逆深重の病、甚だ治し難しと為。知るべし。


この第二問答における法然の答は明快である。先にいったようにもし念仏が「上上華」といい、念仏の行者が分陀利華といわれる「上上人」の法門であるならば、散善上品上生の段に説いておけばいいのではないか。なぜ最下の下品上生と下品下生の二段に至って念仏を説くのか、と自問を起こす。

それに対し法然は前にいっておいたはずだと。先ず第一の理由として、第四章（三輩章）において『無量寿経』所説の三輩九品の開合を論じた箇所で述べたように、『無量寿経』の三輩それぞれに「一向専念無量寿仏」と説かれているから、三輩を開いたこの『観経』九品の各にも隠れているけれども実際には念仏が説かれてあるのだ、と。『往生要集』を典拠として「念仏の行は広く九品に亘る」とする。念仏は下品の者にだけ通ずる行ではなく、ものの勝劣に随ってわかっただけであるすべての九品にわたる行である、と。

そして第二の理由として、三段論法を用いて証明する。先ず経説により下品下生を「五逆重罪の人」と位置づける。つぎにその五逆重罪を除滅する行法としては余行の堪えるところではなく、ただ念仏の功力・力用以外にすべての重罪を滅することは堪えられないことを規定する。したがって「極悪最下の人のために、しかも極善最上の法を説」かなければならないから最下の下品下生の段に説いたのである、とする。

法然が例するように、天台教学ではつぎのようにいう。確かに人間は、根源的に無明を淵源とする病をもつ。四苦八苦を根源態としてもち、無明より起こる五逆重罪を造作する人間には、すべての妙薬を府蔵（五臓六腑）する中道でなければこの無明を治癒することはできないのである。今この五逆罪こそ重病の淵源である、という。

そしてこの第一・第二の理由を総括して、法然はいう。この念仏（三昧）は、根源的に無明を淵源とする病をもつ衆生を治癒するためのすべての霊薬を府蔵する。この念仏という霊薬でなければ、どうして一切衆生の無明という病を治癒することができようか、と結ぶ。

この総括を、弘法大師空海の著書『弁顕密二教論』巻下[21]に収載される『大乗理趣六波羅蜜多経』第一[22]を引き、念仏が霊薬の府蔵であり、衆生のすべての諸病重罪を除いて身心に安楽を与え、生死を解脱して涅槃安楽の法身を証するのである、という殊勝性を強調する。

法然はこの『六波羅蜜多経』を引くことにより、摂取の対象である衆生を五無間罪（五逆罪）を修する者であり、その譬喩として摂取の法である念仏を「霊薬の府蔵」といい、「醍醐の妙薬」と位置づける。更に法然は「念仏も亦た然なり」と総釈し、以下この「念仏」を「念仏三昧」と置換する。往生教である浄土三部経のなかに説く「念仏三昧は是れ総持の如し、亦た醍醐の如し」という。総持（真言教学）・醍醐（天台教学）ともに聖道門の諸行として法然は本書第一章において廃した概念であるが、念仏三昧を譬えるのに五味（乳・酪・生酥・熟酥・醍醐）のなかでもっとも超絶した「微妙第一」の醍醐の味わいに対比させたかったのである。更に『経』の「総持門といは、譬へば醍醐の如し」と、念仏三昧の殊勝性を表現する譬喩として真言にいう総持を用いたことも特異なことといえるであろう。このなか敢えてここで聖道門の経典である空海の著述に引用された『六波羅蜜多経』を引く真意は、聖道門の顕密の最勝をもって念仏の殊勝性を強調したかったからに他ならない。これはつぎの第三問答の疏釈に、「阿伽陀薬」とか「王三昧」などと表記していることと軌を一にしている。

いずれにしても念仏を敢えて念仏三昧に置換して、「若し念仏三昧の醍醐の薬に非ずば、五逆深重の病、甚だ治し難しと為」とするのであるから、この念仏三昧は必定、衆生に修する称名（口称）を意味するものでないことは明白である。薬は施為されるものであり、衆生は趣求するものである。九品に通じ、最下の五逆深重の者には、念仏三昧の醍醐をもってする以外に救済の方途はないのである。

(三) 第三問答

所問に対する答は、第二問答だけでは不十分である。この第三問答に至って、経説としてもう一箇所下品上生の段に説かれる念仏には、どのような経意があるのかと疑問を呈するのである。

問ふて曰はく。若し爾らば、下品上生は是れ十悪軽罪の人なり。何が故ぞ念仏を説くや。
答へて曰はく。念仏三昧は重罪を尚滅す。何に況や軽罪をや。余行は然らず。或ひは軽を滅して重を滅せざる有り。或ひは一を消し二を消さざる有り。
念仏は然らず。軽重兼ねて滅し、一切遍く治す。譬へば阿伽陀薬の遍く一切の病を治するが如し。故に念仏を以て王三昧と為。

先ず第三問は、第二問に「下下品に至りて而も念仏を説くや」と問うたのであるから、この問のように『観経』下品上生にも説かれる念仏については答が出ていないと考えるのが至当である。したがってそのような意図から右のような下上品の念仏について問を起こしたものである。善導は下品上生の機を「正しく其の位を弁定することを明かす。即ち是れ十悪を造る軽罪の凡夫人なり[23]」と規定している。

第二問答でもそうであったように、問では「念仏」というものの、法然の答意に使用される念仏はすべて「念仏三昧」と置換されている。法然『選択集』において余行に対比される概念は、すべて念仏三昧と同義である「念仏一行」である。前問の法然の答意では、「余行の堪へざる所なり。唯だ念仏の力のみ有りて」といい、「念仏は霊薬の府蔵なり」「念仏三昧は是れ総持の如し」「念仏三昧の醍醐の薬に非ずば」といって、弥陀正覚の覚体とその功力・力用を念仏一行といい、念仏三昧と押さえている。

ここでも法然は、念仏三昧は下下品の五逆重罪をも除滅するのであるから、十悪軽罪を治癒するのは当然である。しかし衆生に修する余行においては、軽罪を滅しえても重罪を滅することはできないし、一罪を消除することができても二罪多罪を除滅することはできない。しかしながら、念仏三昧はそうではない。念仏三昧は軽重の差別なく九品の一切の罪を滅し、九品の一切を治癒する功徳があるとする。今生の罪だけではなく、過去未来の罪をも滅するのが念仏であるという。ここに法然は譬喩を用い、念仏三昧を「阿伽陀薬[24]」といって遍く一切の病苦を治癒する薬であることから、この念仏三昧を三昧中の王たる「王三昧[25]」という、とする。

凡そ九品の配当は、是れ一往の義なり。五逆の回心、上上に通ず。読誦の妙行、亦た下下に通ず。十悪軽罪・破戒次罪、各の上下に通じ、解第一義・発菩提心、亦た上下に通ず。一法に各九品有り。若し品に約せば、即ち九九八十一品なり。

加之、迦才の云はく。「衆生、行を起こすに既に千殊有り。往生して土を見るに亦た万別有り」と。一往の文を見て封執《ふしゅう》を起こすこと莫れ。其の中に念仏は、是れ即ち勝れたる行なり。故に芬陀利を引きて、以て其の喩と為。譬の意、知るべし。

加之、念仏の行者をば、観音・勢至、影と形との如くして暫くも捨離したまはず。余行は爾らず。又念仏する者は、命を捨てて已後、決定して極楽世界に往生す。余行は不定なり。

凡そ五種の嘉誉を流《つた》へ、二尊の影護を蒙る。此れは是れ現益なり。亦た浄土に往生して、乃至成仏する、此れは是れ当益なり。

『観経』序分の散善顕行縁（全五段）の第二から第五段にかけて、世尊は韋提希に告げる。「汝、今知るや不《いな》や。阿弥陀仏、此こを去ること遠からざることを。汝、当に念を繋けて、諦らかに彼の国の浄業を成じたまひし者《ひと》を観ずべし。我れ今、汝が為に広く衆《もろもろ》の譬へを説かむ。亦た未来世一切の凡夫の、浄業を修せむと欲する者をして、西方極楽浄土に生ずることを得しめむ(26)」といい、続けて三福を説く。世尊は自ら仏語をもって、広説衆譬として当に自説するところの散善所説の九品の機が、「未来世一切の凡夫」である、とここに領納される。

そこを善導は「散善の文は、都《すべ》て請へる処ろなし。但だ是れ仏の自開なり。次下の散善（顕行）縁の中に説きて《亦令未来世一切凡夫》と云《のたま》ふより已下、即ち是れ其の文なり(27)」と押さえる。そして「此の『観経』は仏、凡の為に説きたまひ、聖に干《かかはりあづか》らず(28)」とし、「此の『観経』の定善及び三輩の上下の文の意を看るに、総べて是れ仏、世を去り給ひて後の五濁の凡夫なり。但だ縁に遇ふに異なり有るを以て、九品をして差別せしむることを致す(29)」といい、「如来、此の十六観の法を説き給ふことは、但だ常没の衆生の為にして、大小の聖に干らず(30)」などとして、九品は五濁常没の一機の凡夫のすがたであって、ただ縁に遇う異なりのうえから九品に分けただけのことであるとする。

法然はこのような経意と釈意をうけて、九品の配当は一往の義だという。善導の十一門義のうえからもいえるのであるが、下下に説く五逆十悪の凡夫の回心も上上に通ずるのであり、また上上に説く具諸戒行・読誦経典・修行六念などの妙行も下下に通ずるのである。また下上品の十悪軽罪の凡夫人・下中品の破戒次罪の凡夫人も各上下に通じ、上中品の解第一義や上下品の発無上道心（発菩提心）なども上下に通ずるのである。このように一法（一品）に各九品があることから、九九八十一品があり、畢竟無数の品があることとなる、という。したがって決して一品に説く教行を固定的に考えてはいけないのであって、一機のうえの縁に遇う教行であって多少・長短・浅深を問題にするものではない。

このようなことは迦才も、衆生の起行にはすでに千もの種類がある。それによって往生することができるならば、それによって見る浄土もまた千差万別である、といっている。

法然は処々に「一往」の文言を用いる。九品の相互配当も一往の義であれば、引用した迦才『浄土論』[31]巻上の一文も一往の義である。その各の品に一往配当されている教行にも、その品そのものにも封執することを誡める。したがって、念仏が説かれる九品のなかの二つの箇所に封執《ふしゅう》してはならないのである。そのことよりも法然は、九品の往生に通ずる念仏三昧が勝行であるからこそ芬陀利華に譬えられるのである。それだけではなく、念仏の行者は観音・勢至に随逐影護され寸分も捨離されることがなく、命終の後極楽世界に往生することが決定していると力説したかったのである。ここにも「余行は爾らず」「余行は不定なり」として、念仏三昧と余行との相対的比校を否定している。

この念仏三昧には、いわゆる現当二世にわたって蒙る念仏行者への利益がある。念仏行者の現益とは二尊の影護を蒙り五種の嘉誉を留めることであり、当益とは浄土への往生ののち成仏に至ることである。

又、道綽禅師、念仏の一行に於て始終の両益を立つ。『安楽集』に云はく。「念仏の衆生を摂取して捨てざれば、寿ち尽きて必ず生ず。此れを始益と名づく。終益と言は、『観音授記経』に依るに、阿弥陀仏、住世長久にして兆載永劫なり。亦た滅度したまふこと有り。般涅槃の時、唯だ観音・勢至有《ましま》して安楽を住持し、十方を摂引したまふ。其の仏、滅度して亦た住世の時節と等同なり。然るに彼の国の衆生一切、仏を覩見する者有ること無し。唯だ一向に専ら阿弥陀仏を念じて往生せる者のみ有りて、常に弥陀、現に在《ましま》して滅したまはずと見る。此れは即ち是れ其の終益なり」と。已上

当に知るべし。念仏には此くの如き等の現当二世、始終の両益有り、知るべし。

先ず法然は総釈し、ここにも念仏を「念仏一行」と置換して、道綽の理解にも念仏一行に始終の両益があるとする。以下その証左に右の『安楽集』[32]を引くが、ここに引用された道綽の始終の両益と、法然がいう現当二世の利益との間には、少し概念の隔たりがあるように感ずる。

道綽の始益とは、阿弥陀仏は念仏の衆生を臨終の時にあたって光明摂取し捨てることをしない。したがって命終ののち必ず往生する、ことである。終益とは『観世音菩薩授記経』[33]の引用文の全文に証左を求めている。すなわち阿弥陀仏の寿命は住世長久であり兆載永劫であるけれども、また滅度されることがある。しかし阿弥陀仏が般涅槃[34]にはいられた時には、観音・勢至がおられてその安楽浄土を継承して住持するとともに、十方の衆生を摂引される。したがって阿弥陀仏が滅度されたからといっても、その化益においてまた弥陀が住世されている時とは何ら変わることなく等しいのである。しかし極楽浄土の一切の衆生は、阿弥陀仏をその浄土において観見する者はすでにない。ただ一向に専ら阿弥陀仏を念じて往生した者のみがあって、（化益に変化がないから）常に阿弥陀仏は現に世におられるものと思い、滅度されたとは思ってもいない。このようなことを衆生の終益という。

このように法然は、念仏の一行に始益と終益の二益があることを道綽『安楽集』をもって押さえるのである。しかし道綽に対して、法然における念仏の行者の現益とは、平生において「五種の嘉誉を流へ、二尊（観音・勢至）の影護を蒙」り「暫くも捨離」されないことであり、当益とは「命を捨てて已後、決定して極楽」「浄土に往生して乃至成仏する」ことである。

この両者に相違がないとは決していい難く、『安楽集』をもって証左したことには、表現用語とその形式の類似性をもって言及しているからに過ぎないように感じられる。したがって現当二世の利益の引文として、その証左には無理があるように思う。法然は念仏一行と余行との対比のなかで、絶対的な価値を有する念仏一行に現当二世の利益があることをいっているのであって、道綽のように臨終時の往生の得否や、往生以後の依正そのものの変容を語るものではない。確かにむすびの文として、念仏（一行）にはこのような「現当二世、始終の両益有り」と並列的に述べて、四益あるもののごとくいってはいるのである。

さて第一問答から第三問答に至る法然の文意は理解できるとしても、本文段所引の経・疏の文に善導が念仏と「雑善」とを比類したことをうけて、標章に念仏を雑善と約対することを謳ったものの、三問答の脈絡からは十分にその義意を尽くしているとはいい難いのではないか。

いずれにしても法然は、第一問答「雑善に相対して独り念仏を歎ずる」「隠れたりと雖も、義の意、是れ明らか」「孤り念仏を標《あ》げて芬陀利に喩ふ」「念仏の功の余善諸行に超えたる」、第二問答「念仏の力のみ有りて」「極悪最下の人の為に而も極善最上の法を説く」「念仏三昧は是れ総持の如し」、第三問答「念仏を以て王三昧と為」というように、約対・相対を援用しつつ選択義の相対性を排除して、念仏（一行）の殊勝性・絶対性を強調していることに気づかしめられる。衆生の行修の相対的価値観から、往生の生因としての絶対的な念仏観への移行を、このような文言によって明確に看取することができるのである。

四　第十一章のむすび

この十一章には他にさまざまな問題点が内包されている。いわゆる『選択集』（廬山寺草稿本）第十一章が成立に至る、法然の推敲過程を通して浮かび上がる第十一章成立[35]の思いである。この問題については先稿に譲るとともに、本書は延応本を底本としていることもあり、その対校と考察はのちの論攷を待ちたい。

本章の成立意図は、念仏三昧を善導のいう「雑善（定散二善として説く雑行諸善）」という対比概念と相対させることによって、その殊勝性・独勝性を発揚させることにあったのである。その念仏三昧を分陀利華に譬え、行ずる念仏行者を好人・妙好人・上上人・希有人・最勝人と名づけるのである。更に念仏三昧の功能は逆罪の軽重にかかわりなく除滅され、念仏三昧を「霊薬の府蔵」「総持」「醍醐の妙薬」とも譬え、究極的に「王三昧」と位置づける。

註

（1）『浄全』第二巻六八頁上一〜四

（2）「約対雑善讃歎念仏章」（行観『選択本願念仏集秘鈔』〈『浄全』第八巻四〇七頁下一二〉）、「約対雑善讃嘆念仏章」（明秀『選択本願念仏集私鈔』〈『西全』別巻第二巻一一五頁下三〉）、「約対雑善讃歎念仏章」（智通『選択集口筆鈔』第四巻二二丁右三）

（3）『大漢語林』（大修館書店）一〇八六頁

（4）分陀利華とは、原語プンダリーカの音訳。白蓮華。蔡華という。「此の華相伝して、蔡華と名づく」

（5）『浄全』第二巻二頁上一六〜三頁下一〇（第二釈名門）

（6）『浄全』第二巻七一頁上二〜七

（7）善導における定善とは「息慮凝心」。「正受と言ふは、想心都て息み縁慮並びに亡じて、三昧と相応するを、名づけて正受と為」（『浄全』第二巻四頁下一三〜一四）『観経』序分欣浄縁最後の第八段において、自力の韋提希が世尊に対して致請請求した別去行である定善（の行）をいう。しかし世尊は韋提の致請に反して致請なき散善を自開したわけであるから、当然その定善は未来世一切衆生の救済法としての意義をもつものではなく、散善をも含めた十六の観門は異方便としての性格をもってくる。『定善義』に幾重にも詳しく述べられている事項が、ここでは「定善を標して以て三昧の名を立つ」に極まる。

（8）ワイド版岩波文庫『浄土三部経』下五〇頁五〜六（定善示観縁第七段）

(9)　ここに使用される憶念とは、先の観仏三昧よりここに説く「ただ仏名、二菩薩の名を聞く」という聞名、聞名よりも憶念のほうが勝れていることを明かす、と次第するなかで用いられる。善導はこの憶念を「正念に帰依」することとしている。（ワイド版岩波文庫『浄土三部経』下一一五頁一四～一六）　中村元『仏教語大辞典』上巻一三四頁では「①記憶すること。心に念じてたもつこと。思い続けること。心にたもって忘れないこと。憶は憶持、念は明記不忘。②思い浮かべる。③特に心の中で阿弥陀仏の功徳を思い続けること。阿弥陀仏の本願を常に思い出して忘れぬこと。等」とある。

(10)　『浄全』第二巻六〇頁上六～七

(11)　『浄全』第二巻六八頁上二～三

(12)　『浄全』第二巻六七頁下一二～一三

(13)　功能とは、（結果を）生ずるはたらき。潜勢的な力。それが顕勢的になると作用となる。はたらき。功用。能力があること。効果。（中村元『仏教語大辞典』上巻二六一頁）

(14)　『浄全』第二巻三頁下一二～一四〈第三弁釈宗旨門〉

(15)　善導における観とは、「観と言ふは照なり。浄信心の手を以て、以て智慧の輝きを持して、彼の弥陀の正依等の事を照らす」（『浄全』第二巻三頁下一一～三〈第二釈名門〉）である。

(16)　『浄全』第二巻四九頁上一〇～一六

(17)　曇無讖訳『大般涅槃経』第三十三巻（『大正蔵』第十二巻五六四頁a七「亦名大分陀利」同五六四頁）

(18)　達磨笈多訳『大方等大集経』菩薩念仏三昧分第七巻（『大正蔵』第十三巻八五九頁b七）「彼念人中分陀利　調御丈夫功徳滿」

(19)　『玄義分』第二釈名門（『浄全』第二巻三頁下六～七）「既に彼の国に生じぬれば、更に畏るる所なく、長時に行を起こして果、菩提を極め、法身常住なること、比すれば虚空の如し」

(20)　ここに使用される隠・明（顕）の概念は、相対的な表記であるとはいい難い。隠に明の境界はなく、また明（顕）に隠の境界はない。各の境界を透過して表出される概念である。

(21)　『大正蔵』第七十七巻三七八頁c四～一七

(22)『大正蔵』第八巻八六八頁b二五～c一九
(23)『浄全』第二巻六七頁上一五～一六
(24) 阿伽陀薬とは、サンスクリット agada の音写。①無病・健康、さらに不死を意味する。②薬一般、特に解毒剤を意味する。不死の薬。この薬を服すれば病がなくなるという意。③普去と漢訳する。この薬は衆生の病疾を普く取り去るという意。(中村元『仏教語大辞典』)
(25) 王三昧とは、『大智度論』巻七(『大正蔵』第二十五巻一一一頁b二九～c一)に「云何名三昧王三昧。是三昧於諸三昧中最第一。自在能縁無量諸法。(云何が三昧を王三昧と名づくるか。是の三昧は諸の三昧の中において最も第一なりとす。自在に能く無量の諸法を縁ず)」とあり、道綽もこの文から『安楽集』巻上(『浄全』第一巻六七六頁上一五)に「此の念仏三昧は即ち是れ一切の三昧の中の王なるが故なり」と述べている。
(26) ワイド版岩波文庫『浄土三部経』下四八頁一〇～一五
(27)『玄義分』第五料簡定散両門(『浄全』第二巻五頁上五～七)
(28)『玄義分』第六和会経論相違門の第三返対破(『浄全』第二巻七頁下四～五)
(29)『玄義分』第六和会経論相違門の第三返対破(『浄全』第二巻八頁上一三～一五)
(30)『玄義分』第六和会経論相違門の第四出文顕証(『浄全』第二巻九頁上一〇～一一)
(31)『浄全』第六巻六三〇頁下一三～一四
(32)『浄全』第一巻六九六頁上四～一〇
(33)『大正蔵』第十二巻三五七頁a五～の取意の文。一巻・宋曇無竭訳
(34) 完全なニルヴァーナ。完全なさとり。仏が亡くなること。寂滅に入ること、すなわち生死を離れること。死。死滅。完全なやすらぎ。さとり。(中村元『仏教語大辞典』下一一一一頁二)
(35) 兼岩和広「廬山寺蔵『選択集』の原初形態～第十一章を中心として～」(『東海仏教』四十四)
林田康順「『選択集』第十一章の成立をめぐって――法然聖人による「人中分陀利華」釈説示の意義――」(『仏教論叢』四十七)

第十二章　釈尊不付属定散諸行唯以念仏付属阿難之文

釈尊、定散の諸行を付属せずして、
唯だ念仏を以て阿難に付属したまへる文

はじめに

第十一章において『観経』流通分前五段をこのように理解した法然は、念仏三昧の功能が「雑（余諸）善」と超絶して比類することのできない絶対的価値を有するものであることを証明した。その念仏三昧が功能として一切の念仏行者にはたらくとき、一つに専ら南無阿弥陀仏を念じることとなり、二つにその能念の人は讃歎されるのであり、三つにそのように相続する念仏の行者は希有であり、無方の存在であることから分陀利華（好華・好人、希有華・希有人、上上華・上上人、妙好華・妙好人、蔡華・最勝人）と称され、四つに専ら南無阿弥陀仏を念ずる者は二尊に常随影護され親友知識となり、五つに現当二世の両益をうけ因円果満するのである。

釈尊は正宗分に「定散の諸善ならびに念仏の行」という仏力異方便としての雑善を説いたけれども、その雑善は功力・功用において流通分に至って明かされる念仏三昧と相対し約対することは根源的にできず、孤り念仏三昧の功（徳）が余善諸行（余行）に超絶しているのである、と法然はいう。

念仏三昧の力用は罪の軽重を問わずすべてを除滅し、自力に修する一端の余行が堪えられるものではないのである。そこで「極悪最下の人のために極善最上の法」である念仏三昧が説かれるのであり、今まさに釈尊は未来世一切衆生のために弥勒・阿難・舍利弗に付属しようとするのである。法然は、念仏三昧が「霊薬の府蔵」であり、「醍醐の妙薬」であり、「総持」であり、「阿伽陀薬」であり、畢竟「王三昧」であるという。

このように結論づけた法然は、今この念仏三昧が『観経』流通分に至って阿難に付属されたのだと領解する。

一　標章

第十二章は「念仏付属章」とも単に「付属章」ともいわれる。

本章は標章より明らかなように、釈尊と弥陀との二尊の関係を、定散諸行と念仏（三昧）との廃立・能所などの関係性のなかで述べるものである。第一章聖浄二門の教判、第六章末法万年特留念仏とともに、更に進んだ法然の『観経』一経を通じた一代仏教観が表現された章として重要な箇所と考えられる。

いよいよ『観経』一経が終わろうとする流通分（第一段）に至って阿難は、釈尊に対し「世尊、当に何んが此の『経』を名づくべき。此の法の要をば、云何が受持すべき(1)」と請問した。その請に対し釈尊は、第二段にて「観極楽国土、無量寿仏・観世音菩薩・大勢至菩薩」と「浄除業障、生諸仏前」という二つの経名を与えた。それに引き続く第二問の「此の法の要をば、云何が受持すべき」に対して、釈尊が応答された流通分第六段の文に照準させるのが、この第十二章の主題である。

『観経』経説の次第を追うと、序分（定善示観縁）の最後の文「若し仏滅後の諸の衆生等は、濁悪不善にして、五苦に所逼《せめ》られん。云何が阿弥陀仏の極楽世界を見たてまつるべき(2)」の韋提希の請問に対して説き出されたのが正宗分である。確かに善導によれば「定善一門は韋提の致請、散善一門は是れ仏の自説なり[3]」、「定善の一門は韋提請し、散善の一行は釈迦開き給ふ。定散倶に回すれば、宝国に入る。即ち是れ如来の異の方便なり[4]」といって、定散の異なりはあるものの如来の正説である。

『観経』における善導以前の諸師の見解とは異なり、善導はこの正宗分十六観を、従来のような衆生に観仏を修するための観であるとは見ていない。すなわち『玄義分』釈名門にいうように「観と言ふは照なり。常に浄信心の手を以て、以て智慧の輝きを持して、彼の弥陀の正依等の事を照らす[5]」であって、釈尊が弥陀の正依等のことを照らすために清浄な信心をもって、末代一切の凡夫のために智慧の輝きを持する、そのような役割をもった観と見ているのである。それは衆生に観門の経説であることを過《あやま》たせないためであり、浄土を欣慕せしめるためであり、異方便として観門を説くのは当益としての帰入の浄土を聞かせるためであり、畢竟して願行成就の弘願を顕証するために他ならない[6]。

したがってこの「観」とは、観仏経典としての観ではなく、「彼の弥陀の正依等の事」を釈尊が未来世一切衆生のために観照する観仏三昧の観なのである。同じ言葉であっても根本的にその義趣が異なる。そこを宗旨門では、『観経』は即ち観仏三昧を以て宗と為し、亦た念仏三昧を以て宗と為す。一心に廻願して浄土に往生するを体と為す[7]」といっているのである。能詮としては観仏三昧を説く正宗分ではあるけれども、所詮は念仏三昧を顕証する経説となっている。釈尊は正宗分に全十六観にわたって説き来たった経説を、いわゆるその定散にわたる余善諸行（余行）を、従来の諸師たちが所判したような観仏や、衆生に修することを勧める余行として付属することなく、ただこの観門を付属し透過させることによって、弥陀の覚体とその功用である念仏（三昧）だけを阿難に未来への流通としたのである。

二　本文段

（一）第一『観無量寿経』流通分第六段

『観無量寿経』に云はく。「仏、阿難に告げたまはく。《汝、好く是の語を持《たも》て。是の語を持てといは、即ち是れ無量寿仏の名を持てとなり》」と。(8)

【訳】阿難よ、好く（今まで説き来たった正宗十六の観に説く）仏語を持《たも》ちなさい。(9)しかしながら、この仏語を持てとは畢竟、無量寿仏（阿弥陀仏）の名号である「南無阿弥陀仏」を持てということである。

第十二章の本文段に引かれる『観無量寿経』流通分第六段の要文は、一経の要旨をもっとも端的に表した経文である。阿難の「此の法の要をば、云何が受持すべき」との致請によってもたらされた釈尊の第二答である。この仏語は付属流通を主眼とするので、対告衆は阿難のみである。

釈尊は未来への流通のためには、在世の韋提希が第七観において見仏した住立の三尊も、定善観に説く極楽の正依二報も、散善観に説くその浄土に往生する九品の念仏行者も、極楽を観照し欣慕せしめる異方便として説く能詮の観門としてすべて廃し（隠し）、正宗分を説き終わった流通分に至って、「仏滅後の諸の衆生等」には偏に「持無量寿仏名」を阿難に流通することを立てる（顕らかにする）のである。

本文段に引用されたこの流通分第六段の構造を、再度考えてみたいと思う。

釈尊は先ず、阿難に「汝、好く是の語を持て」と付属する。いわゆる自らが正宗分に説き来たった十六の観門としての仏語を、「好く持て」といって一旦は阿難に付属しているのである。したがって、このような物言いをする釈尊の「是の（仏）語」である定散が、完全に廃捨されるといいうるであろうか。それどころか決して廃捨されうる定散ではないであろう。釈尊は間髪を入れることなく言葉を継いで、「この語を持て」というのは、「すなわちこれ無量寿仏の名（南無阿弥陀仏）を持て」ということなのである、といい換えて本質の内容となる「名号」を再度付属しているのである。付属の文言にいう「即是《チレ》」がある以上、この二つの事項は並列的でもなければ、対立的でもない、能所の関係性をもつものであろう。

この第六段の教説をそのままに読む限り、阿難は釈尊から異方便の能詮としての十六定散である観仏三昧（観門）と、所詮としての名号である念仏三昧の両方を付属され、未来への流通を委嘱されたということになる。したがって阿難はこの付属の語を聞いたとき、正宗十六の観門を聞くことによって所詮の名号が顕われるのであり、名号の謂われが開かれて十六の観門となると領解したのである。そしてこの「持つ」とはいかなることを指すのかは、つぎの善導による本文第二文と法然の私釈の領解をまたざるをえない。

（二）『散善義』第四流通分「王宮流通分」第六段

同経の『疏』に云はく。「《仏、阿難に告げたまはく。汝、好く是の語を持て》といふより已下は、正しく弥陀の名号を付属して遐代《げだい》に流通せしめたまふことを明かす。上来、定散両門の益を説きたまふと雖も、仏の本願の意に望むれば、衆生をして一向に専ら弥陀仏の名を称せしむるに在り」と。

【訳】『観経』の『疏』（『散善義』）につぎのようにいう。「《仏、阿難に告げたまはく。汝、好く是の語を持て》から以降は、正しく阿弥陀仏の名号である南無阿弥陀仏を阿難に付属して、遥か遠い世まで流通させようとすることを明かすのである。ここに至るまでの正宗分には定善・散善の両門の利益が広く説かれていたけれども、阿弥陀仏の本願の願意から推察するならば、釈尊は未来世一切の衆生に対して、一向に専ら阿弥陀仏の名号である南無阿弥陀仏を称えさせることにあるのだ（として、この流通に至って願行具足の名号南無阿弥陀仏を阿難に付属されたのである）」。

流通分第六段の経釈は善導浄土教の白眉といえる要文である。

善導における『観経』流通分のこの経文の発見は、「古今楷定」といわれる『観経』観をもたらしただけではなく、善導によって中国浄土教を独立させる一代仏教観を形成させている。それは本文段に引用した『散善義』の文として結実し、釈尊が三部経を通じて名号を付属していることの発見をもたらしている。

釈尊がなぜ弥勒・阿難・舎利弗に名号を付属したのかという根源的な根拠は、『無量寿経』所説の本願、とりわけ第十八念仏往生の願にある。善導には、その王本願に着目させるという発見をもたらしたのである。

『観経』を出世本懐の経典として説く釈尊の本意は、この『観経』所説の仏力異方便たる定散両門の施設にあることを経意とするのではなく、まさしく流通分における阿難への名号付属と遐代への流通をもってその経意とする。

これらの善導の発見は、後世法然が「偏依善導一師」を確立して選択思想へと展開させる決定的、根源的な出発点となっている。出世本懐として釈尊は阿弥陀仏の弘願を顕彰しなければならないというその経意が、仏力異方便の十六観門の施設を透過して流通分の名号付属に表出されてくる。「偏依善導一師」を標榜する法然は、善導のこの仏教観を継承し、釈尊の出世本懐をまさしく『観経』一経の教説に看て取ったのである。

この善導『散善義』の要文は法然による浄土宗立教開宗の文と目され、多くの法然伝のなかで引用され強調されるところとなっている。[10] 法然諸伝に伝えるように、もし法然に「立教開宗の文」というものが存在するのであれば、また「偏依善導一師」と憑依した法然浄土教が善導浄土教を継承したものであるのならば、大乗仏教より独立させた他力宗としての往生浄土宗の教判は、まさしくこの文に立たなければ出てくるものではない。

法然晩年の弟子のひとり鎮西義（筑紫義）義祖聖光房弁長（一一六二～一二三八）も、その著『徹選択本願念仏集』巻上に「師（法然）の云く。此れは是れ至極最要の文也。念仏の行者もっとも肝に染むべし[11]」といって、この文の重要性を指摘している。

さて、流通分第六文における善導の釈文はこれだけである。善導の釈文をそのままに読む限り、経文のように先ず「汝、好く是の語を持て」、そして「是の語を持てといは、即ち是れ無量寿仏の名を持て」とはなっていない。善導はただ「正しく弥陀の名号を付属して遐代に流通せしめたまふことを明かす」とだけ記すのみである。いわゆる善導の理解は、釈尊が阿難に付属し未来へ流通せしめたのは弥陀の名号（南無阿弥陀仏）だけであるとする。ただし善導の結論は、定散の施設を弥陀の本願という仏意に望み合わせるならば、衆生に称名せしめることにあるのだと結ぶ。この善導の領解を、法然はどのように継承しているのであろうか。

三　私釈段

『選択集』全十六章のなかでこの第十二章私釈段が量的にもっとも多く、法然が特に意を砕いて組織していることは客観的にも理解されるところである。

釈尊がこのように流通し、善導がこのように領解した四部八巻をもって「偏依善導一師」とする法然には、正宗分の定散二善十六観門の取り計らいが問題になってくる。序分定善示観縁の第五段に、「諸仏・如来に、異の方便有りて、汝をして見ることを得しめたまふ」として説き出だされる定散に、どのような意味をもつのかという法然の理解と位置づけである。

善導は「夫人は凡にして聖にあらず。聖にあらざるに由るが故に、仰ぎ惟んみれば聖力冥加して」といい、今説かれようとする定散には聖力が冥加されているという。そして異方便として説かれる定散には、聖力冥加されていることから、機の「心に依りて見る所の国土の荘厳は」、すべてその「功を仏に帰することを明かす（以上第五段の釈）」とする。いわゆるこの十六観門は、表相に仏語として説かれるだけの観行を求める観ではなく、衆生に十六の観門より弘願に入らしめる力用をもたらすための異方便の施設であることが判然とする。このような善導における定散の理解と、流通分に念仏三昧を付属する釈尊の経意を、法然はどのように理解したのであろうか。

以下に法然の定散観を見てゆく。

（一）定散について…定善…

私に云く。『疏』の文を案ずるに二行有り。一には定散、二には念仏なり。

初めに定散と言は、又、分ちて二と為。一には定善、二には散善なり。

初めに定善に付きて、其の十三有り。一には日想観、二には水想観、三には地想観、四には宝樹観、五には宝池観、六には宝楼閣観、七には華座観、八には像想観、九には阿弥陀仏観、十には観音観、十一には勢至観、十二には普往生観、十三には雑想観なり。具には『経』に説くが如し。縦ひ余行無しと雖も、或ひは多、或ひは一、其の堪えむ所に随ひて十三観を修して往生することを得べし。其の旨、『経』に見えたり。敢へて疑慮することと莫れ。

第十二章本文段（第二文）に引く善導『散善義』の流通分第六段の文についての法然の領解を考えると、「二行」有り。一には定散、二には念仏」というのであるから、正宗分には定散と念仏との「二行」が説かれてあるとの理解である。このような表記を見るとき、定散と念仏とはまったく並列的である。定散のなかに念仏があるというものではなく、念仏のなかに定散があるというものでもない。本章に至るまでにしばしば法然が表記した方法でいえば、能詮・所詮、隠・顕（明）の関係性であろう。法然の表相的表現においては、廃立の論理にて一方が完全に廃されて隠れてしまうものであろうが、決して廃捨されるものが全面的に廃されうるものではない。その「もの」とは「行」そのものであり、行の内実と行ずる者を扱うからに他ならない。その行を完全になしえる者となしえない者が存在する以上、なしえる者はなしえない者を完全に包括しなければならないのが浄土宗の行体系である。

そのように確信したのが、ここにいう法然の意図である。行をなしえない者は行を放棄する以外になく、もし行をなしえない者がする行があるとするならば、それは完全に行をなしえた者を讃歎し鑽仰する歓喜の修習の行以外にないのではないか。その行はすでに修習であって、衆生本来の行ではない。衆生の三業を離れているのであり、衆生の三業に非らざる行でもある。

そこで「上来、（全十六観にわたる）定散両門の益を説」き来たったことについて、先ずその定・散の義意を定義する。定とは定善であり、散とは散善のことである。はじめに定善とは、一に日想観より十三に雑想観に至る全十三観をいう。具体的には『観経』に説かれてあるから見ればいい。その全十三観の各に、たとえその観行を修するについて余行などの助けを借りなくても、観念・観察の行者は自らの堪不堪の力量に随って、一観あるいは多観を修することによって往生することができる。そのような教旨はすでに『観経』に説かれてあることだから、そのような見解にも敢えて疑慮を挟んではならないのである、と。

このような法然の『観経』正宗分の理解は、観仏三昧経典に連なる善導以前の諸師のものであって、まさしく諸行による往生を説いてさえいるようにも読み取りうる。しかし対機を「若仏滅後、諸衆生等（定善示観縁）」の凡夫とするうえにはまったく不堪の観行である。法然においては、暫く随他の者のために通途の『観経』観を述べたものに過ぎないのである。

いずれにしても堪えうる衆生が修する観行においては往生も可能であろうが、堪ええない凡夫と規定された「若仏滅後、諸衆生等」に開示された依正は、まったく別の価値をもった定善観にならざるをえない。いわゆる、釈尊が未来世一切衆生に対して施設する仏力による異の方便としての「観」であり、極楽の依正を観照する観仏三昧を説く「観」である。十三観のみならず定散の十六観門を通じて、極楽の依正を聞くことによって欣慕し、『無量寿経』所説の弘願に帰入してゆくための観照のための「観」である。

このことを十二分に承知したうえで、法然はこのような文言を述べていることにも注意しておきたい。いわゆる善導以前の諸師がいうように、定善では観行としての観仏三昧を、散善では称名という念仏三昧を説いている、ということではないのである。どこまでも十六観は、衆生を弘願に帰入させるための釈尊による異方便としての施設であり、衆生において修するための行を説く観ではない。この発見こそが善導の古今楷定といわれる所以である。

（二）定散について…散善…

つぎに法然は、散善を定義する。散善を分かって三福と九品にする。以下『観経』の三福の当該箇所の経文を出し、その各にしたがって釈義を施してゆく。

《三福》

次に散善に付きて二有り。一には三福、二には九品なり。

初めに三福といは、『経』に曰はく。「一には父母に孝養し、師長に奉事し、慈心にして殺さず、十善業を修す。二には三帰を受持し、衆戒を具足して、威儀を犯さず。三には菩提心を発し、深く因果を信じ、大乗を読誦し、行者を勧進す」と、已上経文。

孝養父母といは、之に付きて二有り。一には世間の孝養、二には出世の孝養なり。世間の孝養といは、『孝経』(12)等に説くが如し。出世の孝養といは、律の中の生縁奉仕《しょうえんぶじ》(13)の法の如し。

奉事師長といは、之に付きて又二有り。一には世間の師長、二には出世の師長なり。世間の師といは、仁・義・礼・智・信等を教ふる師なり。出世の師といは、聖道・浄土の二門等を教ふる師なり。縦ひ余行無しと雖も、孝養・奉事を以て往生の業と為るなり。

慈心不殺・修十善業といは、此に就きて二の義有り。一には、初めに慈心不殺といは、是れ四無量心(14)の中の慈無量なり。即ち初めの一を挙げて後の三を摂するなり。縦ひ余行無しと雖も、四無量心を以て往生の業と為るなり。次に修十善業といは、一には不殺生、二には不偸盗、三には不邪婬、四には不妄語、五には不綺語、六には不悪口、七には不両舌、八には不貪、九には不瞋、十には不邪見なり。

二には、慈心不殺・修十善業の二句を合して而も一句と為。謂はく、初めの慈心不殺といは、是れ四無量の中の慈無量には非ず。是れ十善の初めの不殺を指す。故に知りぬ、正しく是れ十善の一句なり。縦ひ余行無しと雖も、十善業を以て往生の業と為るなり。

質的な行の内容を区分する三福（世福・戒福・行福）のなかの、先ず世福(15)である。

三福と九品の関係であるが、善導は『散善義』のはじめに「三輩散善一門の義を解す」として以下「一には三福を明かして、以て正因と為す。二には九品を明かして、以て正行と為す。今三福と言ふは、第一の福とは、即ち世俗の善根なり。曾来《むかし》より未だ仏法を聞かず。但だ自ら孝養・仁・義・礼・智・信を行ず。故に世俗の善と名づく(16)」とする。すなわち第一の福である世福とは、世俗において修する孝養・五常などの世間的道徳の善根であって、世善という。

これをうけて法然は、第四章私釈段第三問答に「但し『観経』の九品と『寿経』の三輩とは、本是れ開合の異《い》なり」といい、この私釈段の続きの「九品」の条項では「九品といは、前の三福を開して九品の業とす」という。いずれにしても三福と九品とは開合の異名である、との認識である。以下に法然は、序分の三福の経文と九品の行業とを一つ一つ綿密に対照して、その開合の相状を明らかにする。

この三福は基本的に、『観経』序分散善顕行縁（全五段）第四段に「かの国に生まれんと欲する者、まさに、三福を修すべし」といって、釈尊によって説き出されるものであって、いまだ自力に執する韋提希の前に、釈尊が「我れ今汝が為に、広く衆《もろもろ》の譬へを説かむ」とし、「亦た未来世一切の凡夫の、浄業を修せむと欲する者をして、西方極楽国土に生ずることを得しめむと(17)」して、突如として説かれる不請の法門である。

したがって善導は、「此れ機縁未だ具はらざれば、偏に定門を説くべからず。仏更に機を観じたまひて、自ら三福の行を開きたまふことを明かす[18]」として、凡夫である「汝」韋提のみならず、「未来世一切の凡夫」を対機とする法門を説くには「機縁がいまだ具」わっていないと見る。それだからこそ決して今「定（善の観）門」を説いてはならないのである。釈尊は更になおそれらの機根・機縁を観じたうえで、この王宮会の序段においては自発的に先ず三福の行から開説しておこうとなされたのだ、と善導の釈は明かすのである。

この善導の釈意を見れば明瞭である。『序分義』では「三福の行」といって、『散善義』のように「三福の正因」とはいっていない。それは、いまだ自力に執する韋提に「三福が正因」であることを説いても領解することができないからである。三福はどこまでも「彼の国の浄業を成じたまひし者《ひと》（阿弥陀仏）が」成就した清浄なる行業であって、ここに汝韋提希や未来世一切の凡夫が修すべき行ではないのである。そこを釈尊は仏語としてこれから説くであろう定散を「広説衆譬（広く衆の譬へを説かむ）」といっているのである。韋提希や未来世一切の凡夫を済度するためには、異方便として広く衆の譬喩を説いて、弘願に帰入させてゆく以外に手立てはない。

したがってこの三福が、示観の領解を果たした（我が如きは今、仏力を以ての故に、彼の国土をみたてまつる）韋提希によって再び、「もし仏滅後の諸の衆生等は、濁悪不善にして、五苦に逼められむ。云何が阿弥陀仏の極楽世界を見たてまつるべき」という請によって、正宗に施設される十六の観門の九品として散善の観門に説かれることとなり、はじめて衆生の往生と仏の正覚のための「正因」となりうるのである。三福が、一切の衆生（九品の機）のために開示された浄業として、平等に正因となりうるのは散善の段に至ってからである。その三福の浄業が九品の各に配当されて説かれるということは、正行であるからであって、翻せば九品の機に修されるからその各には差別が設けられているのである。

三福といえば序分の領域であろうし、九品といえば正宗散善の領域となる。しかし確かに三福は右にもいったように序分における釈尊の「機縁未だ具はらざれば、偏に定（善の観）門を説くべからず。仏更に機を観じたまひて、自ら三福の行を開」くところの弘深な意密をもった自開の施設であり、九品は弘深の浄業が九品のうえに開かれた正行に他ならない。したがって法然の私釈段「散善」の段においては、三福も九品も両者が説かれていると領解しているから、最初にこの二つが併記して書かれているのである。

続いて右のような経文に説くそれぞれの三福が示され、この散善顕行縁第四段の最後は「かくのごときの三事、名づけて、浄業とす[19]」と結ぶ。いずれにしても、未来世一切の凡夫に帰入せしめるための異方便として、序分の三事が「浄業を成したまひし者」の行業として説かれることとなる。この三福が、正宗分散善の段に至って九品の行業として開示される。

受持三帰といは、仏法僧に帰依するなり。此に就きて二有り。一には大乗の三帰、二には小乗の三帰なり。
具足衆戒といは、此に亦た二有り。一には大乗戒、二には小乗戒なり。
不犯威儀といは、此に亦た二有り。一には大乗、謂く、八万有り。二には小乗、謂く、三千有り。

つぎに三福のなかの第二の戒福[20]である。戒福は戒善ともいう。仏教教団の定めた戒律を守ることで、仏教的道徳をいう。

善導は『散善義』冒頭に「第二の福とは、此れを戒善と名づく。此の戒の中に就いて、即ち人・天・声聞・菩薩等の戒有り。其の中に或ひは具受・不具受有り。或ひは具持・不具持有り。但だ能く廻向すれば、尽く往生を得[21]」

という。いずれにしてもこの戒善も凡夫にとっては、不回向の名号とちがって、回向という自力を用いなければ往生することが適わない行業であることに違いはない。また四乗などの保つべき戒であっても、具不具の差別がある以上、凡夫のうえに修すべき行ではなく、九品一機のうえに説かれた観門としての正行ということになる。

以下にこの三項を善導の『序分義』によって補足しておく。いまだ自力所執の韋提希の前にではあるけれども一往の義として自説され、散善の段に至って開かれる戒福の内容である。

「受持三帰」と言ふは、此れ世善は軽微にして、報を感ずること具さならず。戒徳は巍巍として、能く菩提の果を感ずることを明かす。但だ衆生の帰信、浅より深に至る。先ず三帰を受けしめ、後に衆戒を教ふ。「具足衆戒」と言ふは、然れば戒に多種有り。或ひは三帰戒、或ひは五戒・八戒・十善戒・二百五十戒・五百戒・沙弥戒、或ひは菩薩の三聚戒・十無尽戒等なり。故に具足衆戒と名づく。又た一一の戒品の中に、亦た少分戒・多分戒・全分戒有り。「不犯威儀」と言ふは、此れ身口意業、行住坐臥に、能く一切の戒のために、方便の威儀をなすことを明かす。若し軽重・麁細、皆な能く護持して、犯せば即ち悔過す。故に不犯威儀と云ふ。此れを戒善と名づく。(22)

受持三帰とは、世善（孝養父母・奉事師長・慈心不殺・修十善業）は確かに行としてはなし難いけれども軽微な内容である。世善を修したからといって具体的に果報を感ずるというものではない。しかしこの戒善の諸徳は山のように巍々としていて、よく菩提への果を感じさせることは明らかである。ただ衆生が仏法の大海へ帰入してゆく信というものは、その領解において浅いところより深いところへと進む。そのためには先ず三帰（仏法僧の三宝に帰依すること）をうけさせ、次第に衆の戒を教えてゆけばいい。

具足衆戒とは、その衆戒にも多様な種類がある。小乗戒としての三帰戒・五戒・八斎戒・十善戒・二百五十戒・五百戒・沙弥戒、または大乗戒としての菩薩の三聚浄戒・十無尽戒などである。このようなことから具足衆戒と名づける。また一つ一つの戒品のなかにも、少分戒・多分戒・全分戒などの区分がある。

不犯威儀とは、身口意の三業、行住坐臥において、よくすべての戒のために方便の威儀を保つことをいうのである。もし持戒において、軽重・麁細にかかわらず皆よく護持して、犯すことがあれば悔過すればよい。このようなことを不犯威儀という。これらを戒善と名づけるのである、と。

いずれにしても、この戒善にあっても定散に説かれる諸行には違いなく、衆生が修しうることのできる行ではないからこそ、釈尊は阿難に付属しなかったのである。ただ念仏の一行をもって付属したことを考えると、これら定散の法門は、本章私釈段の終わりに近い文にある「随他の前には暫く定散の門を開くと雖も(23)」という異方便の法門ということである。


発菩提心といは、諸師の意不同なり。天台には、即ち四教の菩提心有り。謂はく、蔵・通・別・円是れなり。具には『（摩訶）止観』に説くが如し。真言には、即ち三種の菩提心有り。謂はく、行願と勝義と三摩地と是れなり。具には『菩提心論』に説くが如し。華厳に亦た菩提心有り。彼の『菩提心義』及び『遊心安楽道』等に説くが如し。三論・法相に各菩提心有り。具には彼の宗の章疏等に説くが如し。又、善導の所釈の菩提心有り。具には『（観経）疏』に述ぶるが如し。発菩提心、其の言《ことば》は一なりと雖も、各其の宗に随ふて其の義不同なり。然れば則ち、菩提心の一句は、広く諸経に亘りて遍く顕密を該《か》ねたり。意気博遠にして詮測沖邈《せんしきちゅうばく》なり。

願はくは諸の行者、一を執して万を遮すること莫れ。諸の往生を求むる人、各須く自宗の菩提心を発すべし。縦ひ余行無しと雖も、菩提心を以て往生の業と為るなり。

深信因果といは、之に付きて二有り。一には世間の因果、二には出世の因果なり。世間の因果といは、即ち六道の因果なり。『正法念経』に説くが如し。出世の因果といは、即ち四聖の因果なり。諸の大・小乗経に説くが如し。若し此の因果の二法を以て遍く諸経を摂することは、諸家不同なり。且く天台に依らば、謂はく、『華厳（経）』には仏・菩薩の二種の因果を説く。『阿含（経）』には声聞・縁覚の二乗の因果を説く。『方等（経）』の諸経には四乗の因果を説く。『般若（経）』の諸経には通・別・円の因果を説く。『法華（経）』には仏因仏果を説く。『涅槃（経）』には又四乗の因果を説くなり。然れば則ち深信因果の言、遍普《あまね》く一代を該羅《がいら》せり。諸の往生を求めむ人、縦ひ余行無しと雖も、深信因果を以て往生の業と為べし。

読誦大乗といは、分ちて而も二と為。一には読誦、二には大乗なり。読誦といは、即ち是れ五種法師の中に転読・諷頌の二師を挙げて、受持等の三師を顕はす。若し十種の法行に約せば、即ち是れ披読・諷頌の二種の法行を挙げて、書写・供養等の八種の法行を顕はすなり。大乗といは、小乗に簡ぶ言なり。別して一経を指すに非ず、一切の諸の大乗経に通ず。謂はく、一切といは、仏の意は広く一代の説きたまへる所の大乗経を指すなり。而るに、一代の所説に於て已に結集せる経有り。未だ結集せざる経有り。又、已に結集せる経に於て、或ひは竜宮に隠れて人間に流布せざる経有り。或ひは天竺に留まりて未だ漢地に来到せざる経有り。而るに今、翻訳将来の経に就きて之を論ぜば、『貞元《じょうげん》入蔵の録』の中に、始め『大般若経』六百巻より『法常住経』に終わるまで、顕密の大乗経、総て六百三十七部二千八百八十三巻なり。皆須く読誦大乗の一句に摂すべし。

願はくは西方の行者、各其の意楽に随ふて、或ひは『法華（経）』を読誦して以て往生の業と為、或ひは『華厳（経）』を読誦して以て往生の業と為、或ひは『遮那』『教王』と及以《およ》び諸尊の法等を受持・読誦して以て往生の業と為、或ひは『般若（経）』『方等（経）』及以び『涅槃経』等を解説・書写して以て往生の業と為よ。是れ則ち、浄土宗の『観無量寿経』の意なり。

《第一問答》

問ふて曰く。顕密の旨、異なり。何ぞ顕の中に密を摂するや。

答へて曰く。此れは顕密の旨を摂すと云ふには非ず。『貞元入蔵の録』の中に、同じく之を編みて而も大乗経の限りに入れたり。故に読誦大乗の一句に摂するなり。

《第二問答》

問ふて曰く。爾前の経の中に何ぞ『法華（経）』を摂するや。

答へて曰く。今言ふ所の摂といは、権・実・偏・円等の義を論ずるに非ず。読誦大乗の言、普く前後の大乗の諸経に通ず。前といは『観経』已前の諸の大乗経、是れなり。後といは王宮已後の諸の大乗経、是れなり。唯だ大乗と云ふて権実を選ぶこと無し。然れば則ち、正しく『華厳（経）』『方等（経）』『般若（経）』『涅槃（経）』等の諸の大乗経に当たれり。

勧進行者といは、謂はく、定散の諸善、及び念仏三昧等を勧進するなり。

最後に三福のなかの第三の行福である。行福は行善ともいう。この行福は『観経』序分散善顕行縁では「三者発菩提心、深信因果、読誦大乗、勧進行者」とする行福で、総じて四項目あり、正宗分散善の段に至って上品の各に配当される。

善導は『散善義』冒頭に、「第三の福とは、名づけて行善と為す。此れは大乗心を発せる凡夫、自ら能く行を行じ、兼ねて有縁を勧めて、悪を捨てしめ心を持たしめて、廻して浄土に生ず」(24)という。すなわち第三の行福とは、行善のことである。行善とは大乗の菩提心を発した凡夫が自発的に上求下化の菩薩行そのものを行じ、有縁の者にも悪を捨てることを勧めて大乗菩提心を保持させ、そして回向して浄土に往生することとする。

以下にこの四項を先ず、善導『序分義』の散善顕行縁の文によって補足しておく。

発菩提心と言ふは、此れ衆生の欣心、大に趣きて、浅く小因を発すべからず。広く弘心を発すにあらざる自りは、何ぞ能く菩提と相ひ会することを得んといふことを明かす。唯だ願はくは我が身、身は虚空に同じく、心法界に斉しくして、衆生の性を尽くさむ。我れ身業を以て恭敬し供養し礼拝し、来去を迎送して、運度して尽くさしめむ。亦た我れ口業を以て讃歎し説法せんに、皆な我が化を受けて、言下に道を得ん者をして尽くさしめむ。亦た我れ意業を以て入定観察し、身を法界に分かちて、機に応じて度せんに、一りとして尽くさずといふこと無からむ。我れ此の願を発しぬ。運運増長して猶し虚空の如く、処として遍せざること無からむ。行流無尽にして、後際を徹窮するまで、身に疲倦無く心に厭足無からむ。又菩提と言ふは、即ち仏果の名なり。又た心と言ふは、即ち衆生の能求の心なり。故に発菩提心と云ふ(25)。

法然の私釈と善導『序分義』の釈との違いは、善導は衆生の発心の身口意における意義と菩提心の字義を述べるに対し、法然は顕・密と華厳・三論法相それぞれの菩提心の内容を挙げたうえで、自宗（浄土宗）の菩提心による発心を勧めている点である。しかしながらこの『選択集』には、法然による浄土宗の菩提心の語義を具体的に明らかにしてはいない。

明恵を代表とする諸師からの『選択集』批判の第一は、この発菩提心を余行として往生の行業から廃捨したことにある。今その廃捨した発菩提心を筆頭にする行福をここに取り上げるというのであるから、善導・法然の両師には聖道の諸師とはまったく違った意味がなければならない。

天台宗では智顗の『摩訶止観』(26)や荊渓湛然の『止観輔行伝弘決』（第一の四）(27)に四教の菩提心を説き、真言宗では不空訳の『金剛頂瑜伽中発阿耨多羅三藐三菩提心論』(28)に行願・勝義・三摩地の菩提心を説く。華厳宗では『大方広仏華厳経』（仏駄跋陀羅訳）第三十六巻(29)・第三十七巻(30)や、智儼の『華厳経内章門等雑孔目章』第二、(31)法蔵の『華厳発菩提心章』(32)、元暁の『遊心安楽道』(33)などにそれぞれ菩提心を説く。また唯識のほうでも菩提心を説く。最後に善導においても『観経疏』に諸宗諸師とは異なった菩提心観を縷々述べている。

発菩提心とは、無上の道すなわち菩提を求める心を発すことである。法然がいうように発菩提心の言葉は一つであっても、諸師諸宗によって菩提心のもつ内容も位置づけもまちまちである。この菩提心の一句をとってみても、広く諸経にわたり遍く顕密の教理に該当している。そのようなことであるから菩提心の義意は広博深遠であり、人智で詮釈し推測するにはあまりにも深広で遠く遥かなものである。諸の行者に願うことは、菩提心の一部分のみに執着して万徳を有する菩提心を廃遮してはならないということである。往生を求めようとする諸の行人には、各のよって立つ自宗に説かれる菩提心を発すことが肝要である。たとえ余行がなくとも、菩提心だけでも往生の業となるのである、と。

この段では、法然の菩提心の内容が具体的に述べられているとはいい難い。

また、善導における菩提心とはどのようなものであろうか。古今を楷定した善導の菩提心観も、自ずと聖道門諸師とは根本的に異なる他力浄土門としての菩提心観があるはずである。しかしまた反対に、聖道諸師が善導の著書を読むとき、その菩提心観も往生の行業として必要なものとして書かれていると読めるのであろう。

そして法然が、そのような善導の菩提心観をどのように見ていたのかということである。今一つに『逆修説法（法然聖人御説法事）』二七日の条には、諸宗の菩提心を述べたあとにつぎのように定義している。

善導の御意は、先浄土に生て、菩薩の大悲願行を満して後、生死に還入て普く衆生を度んと思ふ心を発菩提心と名と云へり[34]。

善導の菩提心とは、先ず名号によって弥陀の浄土に往生し、仏陀になるための菩薩としての大悲願行を浄土において成満して後、この生死の世界に還入して普く一切の衆生を済度しようとする、そのような発心を菩提心というのである、と法然は考えていたのである。この理解は、『散善義』回向発願心釈の「回向」を釈するなかで、「又一切の行者、行住坐臥に三業の修する所、昼夜時節を問ふことなく、常に此の解を作し、常に此の想を作す。故に回向発願心と名づく。又回向と言ふは、彼の国に生じ已りて、還りて大悲を起こし、生死に回入して、衆生を教化するを、亦回向と名づく[35]」とか、『往生礼讃』のいわゆる発願文に「彼の国に到り已りて、六神通を得て、十方界に入って苦の衆生を救摂せむ[36]」と善導がいっているのと軌を一にする。すなわち発菩提心を、浄土に往生した者が六神通を得て、自然に具有するところの衆生を救済する願行としての還相回向の概念として捉えている。したがって諸師のいう通途の菩提心ではは往生が顕証するものではないけれども、得生の後の行者の願行としての菩提心ならば、浄土を荘厳する解行として正因でないものはないのである。かの仏の本願に順ずるからであり、かの仏の本願の行であるからである。

つぎに行福の四項目のなかの第二「深信因果」である。仏教の根本教理であり、ものごとのすべての生成と消滅を成立させている因縁果の真理を深く信じることである。善導『序分義』の散善顕行縁の文によって補足する。

深信因果と言ふは、即ち其の二有り。一には世間の苦楽の因果を明かす。若し苦の因を作せば、即ち苦の果を感じ、若し楽の因を作せば、楽の果を感ず。印を以て泥に印するに、印壊して文成ずるがごとし。疑ふことを得ざれ。(37)

この善導の釈には「二には出世の苦楽の因果なり。出世の因果といは……」という文言が省略されている。この善導の釈による分類をうけて、法然は右に引く私釈を施す。先ず世間の因果とは、迷苦輪回の世界である六道における因果である。その内容は『正法念処経』(38)に詳しく説かれている。つぎに出世間の因果とは、さとりを求める四聖(声聞・縁覚・菩薩・仏)の因果である。その願行の因果については、多くの大乗経典や小乗経典に説かれている。しかし諸経を、この二つの因果の捉え方をもって包摂することについては、諸家によってまちまちである。今仮に天台宗にいう五時教判によってその因果を述べるならば、華厳時・阿含時・方等時・般若時・法華時(涅槃時)の次第でそれぞれの因果を説いている。このようであるから深信因果という一つの言葉であっても、釈尊一代の教説にそれらの因果を該包網羅しているのである。因果の理法をもって往生を求めようとする人は、たとえ余行がなくとも、この深信因果を往生の業とすることができるのである。

この深信因果にあっても、行福である以上衆生が信行すべき行法でないことは明白である。

つぎに行福の四項目のなかの第三「読誦大乗」である。善導『序分義』の散善顕行縁の文によって補足する。


読誦大乗と言ふは、此れ経教は之れを喩ふるに鏡の如し。数《しば》ば読み数ば尋ぬれば智慧を開発す。若し智慧の眼開けぬれば、即ち能く苦を厭ひて涅槃等を欣楽《ごんぎょう》することを明かす。[39]

文としては真に名句である。読誦大乗とは、大乗経典を読み誦することである。確かに『経』に説かれる釈尊の教説である教行は、迷苦を語ろうと悟道を説こうと一切の迷悟の因果を写す鏡に違いない。経教を読めば読むほど、尋ねれば尋ねるほど、自ずと自らの智慧が開発されて仏果への道筋は見えてこよう。もしその開きえた智慧の眼によってこの現実を直視したならば、確かに苦を厭い涅槃などを欣楽することになろうことは明白である、と。

この善導の釈に対し、法然の私釈は経論によって「読誦大乗」の字義を明らかにしているだけである。すなわち読誦大乗を読誦と大乗の二つに分類する。その読誦とは、『妙法法華経』[40]にいう五種法師（受持・読・誦・解説・書写）のなかの第二の転読と第三の諷頌（誦）との二師のことを、今この『観経』では挙げているのであるが、その他の受持・解説・書写の三師をも顕わそうとしているのである。もし世親『中辺分別論』巻下[41]にいう十種の法行（書写・供養・施与・聴聞・自読・取義・顕説・聞誦・思量・修習）に約対して理解するならば、披読と諷頌（誦）の二種の法行を挙げることとなり、書写・供養などの八種の法行をもここに顕彰するものである。

つぎに大乗とは、小乗経典と簡別する用語である。ここでは特別な一経だけを指していうものではなく、すべての諸の大乗経典に通じた用語である。ここにいう一切とは、釈尊の意楽としては広く一代に説くところの大乗経典を指すものである。しかしながら、釈尊一代の所説においてすでに弟子たちによって結集した経もあれば、まだ結集されていない経もある。またすでに結集している経であっても、龍宮に隠れたままで人間に流布していない経もあれば、インドに留まったままでまだ中国に来到していない経もある。

今ここでは、中国において翻訳され将来された大乗経典についてのみ論ずるならば、『貞元《じょうげん》新定釈教目録』第十九[42]の中には、『大般若経』六〇〇巻をはじめ『法常住経』に終わるまで、顕教密教の大乗経典の総数六三七部二八八三巻を載せている。これらを皆『観経』にいう「読誦大乗」の一句に包摂しているものと考えていいのである。西方への往生を願う念仏の行者に願うことは、各のその意楽に随って『法華経』を読誦して往生の業とするのもいいであろうし、『華厳経』を読誦して往生の業とし、『大毘盧遮那成仏神変加持経』や『金剛頂一切如来真言摂大乗現証大教王経』をはじめとして、諸尊の法などを受持し読誦して往生の業とし、あるいは『般若経』『方等経』『涅槃経』などを解説し書写して往生の業とするのもいいであろう。これこそ浄土宗にいう『観無量寿経』の経意なのである、と。

五種法師といい十種法行というのは、いずれにしても『選択集』第二章において雑行・助業に峻別され、称名をも含めた「正（定業）助（業）二行」に包括されるところの衆生が行ずる自力の行である。これらの行をもって衆生往生の行業とすると、ここに敢えていうことは、この章段が『観経』の領域であることから「随他の前には暫く定散の門を開くと雖も[43]」という釈尊が施設する異方便の観門ということを意図しているのである。このことはつぎの文にいう、法然自らが開宗する浄土宗立教の経意を述べる『観経』に説かれていることであるというのである。それは善導が『散善義』流通分にいう「上来雖説定散両門之益、望仏本願意、在衆生一向専称弥陀仏名」の文、この釈文こそ『観経』一経の経意を指すと法然は押さえるのである。

《法然の教判　その一》

ここに法然は二つの問答を設けて、前段の最後の文「是レ則チ浄土宗ノ観無量寿経ノ意也」をうけ、総合的には第一章・第二章の教判とともに自らの釈尊一代の教判をはかった箇所である。特に第二答は法然浄土教にとっては重要な教判論である。

先ず第一問答は、言葉が要約されているのでたいへんわかりにくい部分である。（顕密二教判という立場からいえば）顕教と密教とはその教旨において根本的に異なるものがある。（したがって密教がその方便としての顕教に収まるということは決してない）しかし先の『目録』では顕教（畢竟『観経』）のなかに密教が収摂されているのはどういう理由からかと問う。この問に対し法然は、この『目録』の意図は顕教密教それぞれの教旨についていったり、顕教に密教が収摂されることをいわんとした性質をもった目録でも、教判的価値観のもとに編集された目録でもない。『貞元目録』のなかでは、この二教を等同に編集するについて奇しくも「大乗経」という分類項目に限って入れているだけである。そのようなことから「読誦大乗」の一句に、顕密のすべての大乗経典を包摂するのである、と。

現今の教理史的学問の成果からいえばたいへん苦しい答意ではあるが、当時としては仕方がなく、このように顕密の教判が確立されていたのである。問題は第二問答である。「読誦大乗」の一句の従前の流れから推見すると、この箇所に及んでなぜ法然は『観経』を中心とする浄土教判を述べておかなければならないと考えたのか。確かに先の問答を顕密の立場、とりわけ密教からの提起とすると、第二問は顕教の代表としての天台教判からの問ということで、顕密を代表させての二問ではある。しかしなぜこの「読誦大乗」の私釈にという必然性がないように考えられる。いわゆる脈絡の不整合性という面においてである。[44]

第二問答は、天台教判が前提である。天台大師智顗の教判では釈尊一代の教えを五時（華厳・阿含・方等・般若・法華涅槃）に分類し、このうち『法華経』に至る以前のすべての経教を仮の教え、いわゆる爾前方便の権教と位置づけ、『法華経』を真実実教とする。このような天台教判による価値観からすると、『観経』は爾前の権教に包摂される。したがってそれら権教によって調熟され真実『法華』に至って開顕されることになるのであるから、『観経』に説かれる爾前の「読誦大乗」経典に『法華経』が収摂される道理はないことになる。

法然の答はつぎのようである。確かにこのような天台教判に立てばそのようになるのであろうが、今ここにいう「摂」というのは、天台の権・実・偏・円などに分類したうえで『法華経』を最勝の経教と位置づけようとする義趣で論じるものではない。『観経』にいう「読誦大乗」の言葉は、『観経』開設前後のすべての大乗経典の諸経に通ずることをいうのである。ただしここに「前」というのは『観経』以前の諸の大乗経典をいうのであり、「後」とは『観経』王宮会開設以後の諸の大乗経典を指す。ただ「大乗」というだけであって、天台教判にいう権教・実教を分別して選ぶということではない。『観経』にいう「大乗」とは、『華厳』『方等』『般若』（『法華』）『涅槃』などの四時に説かれた諸の大乗経典に当たるのである、と法然は理解する。

ところで、第二問答の文意をもう一度考えてみる。いわゆる第二問答は天台教判の立場からいった物の言いだけであろうか、というものである。答の文に『観経』がある以上、この答意はあくまでも浄土教判をいった文ではないのか。

すなわち問は、『観経』説示以前の経教のなかに、どうして『法華経』を摂在させるのかと問う。この問に対し法然は、このように答える。「読誦大乗」の言葉は、すべての大乗経典の諸経に通ずる。『観経』以前の諸大乗経典であろうと、『観経』の会座である王宮会以後に説かれた諸大乗経典であろうと、ただここには「大乗」といって権教実教を区別して選ぶことはしない。その大乗とは正しく『華厳』『方等』『般若』『涅槃』などの四時の諸の大乗経典に当たる、というものである。

　これは明らかに、出世の本懐を説こうとした『観経』一経を中心として組織された善導浄土教判(45)で、『観経』一経前後のすべての経典はすべて「大乗」に包摂されるのである。この大乗とは『選択集』第一章において聖道門に括られる大乗・小乗のなかの大乗そのものである。法然の仏教教判においては、まったく廃されるところの聖道門経典である。

　善導の所立でいうのならば、「如是我聞」を証信序とし、発起序よりなぜ化前序を別立したのかという法門をいう。この条文をこのように読むことをしなかったならば、「是《レ》則《チ》浄土宗《ノ》観無量寿経《ノ》意也」の一句は出てこないのである。またこの文は、勢観房源智が編集した『一期物語』にも出る。

　此の書（『選択集』）の中に、或ひは浄土門の諸行に約して比論する所ぞと云へり。或ひは浄土宗の観無量寿経の意を云ふなり云々。上人この意を述べて云はく。此の観無量寿経は若し天台宗の意に依らば爾前教なり。故に法花の方便と成る。若し法相宗の意に依らば別時意を演ぶることと成る。然るに浄土宗の意に依らば、一切の教行は悉く念仏の方便となる。故に浄土宗の観無量寿経の意と云ふなり。また云はく。聖道門の諸行は皆四乗の因を修し四乗の果を得る。故に念仏に比校するに及ばず。浄土門の諸行は是れ念仏に比校する時は、弥陀の本願にあらず。光明は之れを摂取せず。釈尊は付属したまはず。故に全非比校と云ふなり、と(46)。

これによっても『観経』所説前後の「一切の教行は、悉く念仏（一行）の方便となる」のであるという。このように領解（教判）することを「浄土宗の観無量寿経の意と云ふ」のである。聖道門の諸行は『観経』爾前の教行であることは当然であるけれども、たとえ浄土門（正明往生浄土之教・傍明往生浄土之教）に説く諸行であろうとも、畢竟正助二行であろうとも、それらは十六の観門に説かれる仏力異方便の教行なのである。流通分に至って釈尊が阿難に付属流通せしめたのは、衆生往生仏正覚を顕証する「名号」の一行に他ならない。十劫の昔に成就された果号であるこの名号は、衆生の行ずる行ではなく、弥陀の本願に誓われた行であり、弥陀が本願を成就しようとして中間に果遂した一切の万行を行体として具現した果上の名号なのである。この名号を衆生のうえに往生相として顕証するためには、すべての往生人の相態として説かれる『観経』九品に説く称名念仏という行相で具象する以外に手立てはない。それはすでに五種の嘉誉として称えられる往生人のすがたそのものである。それだからこそ、聖道門の諸行はいうに及ばず、浄土門の諸行といえども、絶対的な仏の願行である果上の名号・念仏と比校することはできないのである。願意をうけた釈尊の、三経共通の付属となっている。

つぎに行福の四項目のなかの第四「勧進行者」である。善導『序分義』の散善顕行縁の文によって補足する。

勧進行者と言ふは、此れ苦法は毒の如く悪法は刀の如し。三有に流転して衆生を損害す。今既に善は明鏡の如く、法は甘露の如し。鏡は即ち正道を照らして以て真に帰し、甘露は即ち法雨を注ぎて、竭《つ》くること無し。含霊をして潤を受け、等しく法流に会せしめむと欲することを明かす。此の因縁を為っての故に相勧むべし。(47)

人間の歴史を見れば苦法・悪法は確かに世を人心を毒中に堕とし、人とその心を殺傷する刀刃ともなりうる。そして人を欲界・色界・無色界の三有に流転させて身心を損害する。しかし今すでに釈尊によって善法が説かれ、曇りのない鏡のように正しい道を照らして衆生を真理に帰せしめて、法味は一切の衆生に甘露を注いで尽きることがない。命あるすべての生きとし生ける者はその法潤をうけ、平等にその法流に会うことができる。「勧進行者」とは、このような因縁をもっているからこそ互いに勧進しなければならないのである、と。このような善導の釈意をうけて法然は、「勧進行者」とは『観経』に能詮として説かれる定散の諸善、そして所詮として説かれる念仏三昧を、自らに愛楽するのみならず人にも勧進しなければならないのである、と結ぶ。

このような「及び念仏三昧等を勧進する」文言の底流には、すでに往生者としての念仏行者の自覚が存在し、菩薩行道が修習されていることを感じさせる一文である。

《九品》

次に九品といは、前の三福を開して九品の業と為。

謂はく。上品上生の中に「慈心不殺」と言は、即ち上の世福の中の第三の句に当たれり。

次に「具諸戒行」といは、即ち上の戒福の中の第二の句の「具足衆戒」といふに当たれり。

次に「読誦大乗」といは、即ち上の行福の中の第三の句の「読誦大乗」といふに当たれり。

次に「修行六念」といは、即ち上の第三の福の中の第三の句の意なり。

上品中生の中に「善解義趣」と等言は、即ち是れ上の第三福の中の第二・第三の意なり。

上品下生の中に「深信因果・発道心」と等言は、即ち是れ第三の福の第一・第二の意なり。

中品上生の中に「受持五戒」と等言は、即ち上の第二の福の中の第二の句の意なり。

中品中生の中に「或ひは一日一夜受持八戒斎」と等言は、又、同じく上の第二の福の意なり。

中品下生の中に「孝養父母・行世仁慈」と等言は、即ち上の初めの福の第一・第二の句の意なり。

下品上生といは、是れ十悪の罪人なり。臨終の一念に罪滅して生まるることを得。

下品中生といは、是れ破戒の罪人なり。臨終に仏の依正の功徳を聞きて、罪滅して生まるることを得。

下品下生といは、是れ五逆の罪人なり。臨終の十念に罪滅して生まるるを得。

此の三品は、尋常の時、唯だ悪業をのみを造りて往生を求めずと雖も、臨終の時に始めて善知識に遇ひて即ち往生することを得。若し上の三福に准ぜば、第三の福の大乗なり。

定善・散善、大概此くの如し。文に即ち「上来、定散両門の益を説くと雖も」と云ふ、是れなり。


つぎに三福を開した「九品の（行）業」についてである。三福と九品とが開合の異なりであることは先に述べた。散善段九品における各の行目の解説の重複を避けて、その一々の行目がどの品に相当するかを箇条的に整理した三福の総括である。三福の各の行目が左の図のように九品の各に配当されている。

	上品上生	上品中生	上品下生	中品上生
世福孝養父母				
奉事師長				
慈心不殺	慈心不殺			
戒福受持三帰				
具足衆戒	具諸戒行			受持五戒
不犯威儀				
行福発菩提心			発道心	
深信因果		善解義趣	深信因果	
読誦大乗	読誦大乗 修行六念	善解義趣		

中品中生				受持八戒	受持八戒	受持八戒			
中品下生	孝養父母	行世仁慈							
下品上生									臨終一念
下品中生									臨終聞法
下品下生									臨終十念

このなか下品の三品は善導がいうように、十悪軽罪の凡夫人・破戒次罪の凡夫人・五逆重罪の凡夫人であり、尋常の時はただ悪業だけを造って自らの往生を求める縁をもたない。しかし臨終の時に至ってはじめて善知識に遇い、その勧めによって往生することができる者たちである。

ここで注意を要しておきたいことは、法然は下品の上生（臨終一念）・中生（臨終聞法）・下生（臨終十念）の三品を、「若し上の三福に准ぜば、第三の福の大乗なり」として行福の「読誦大乗」に配当していることである。この文言は、たとえ散善第十六観に説かれるそれぞれの行相いかんにかかわらず、異方便としての観門に説く行目として扱っているということである。すなわち『選択集』第二章の正助二行に包摂される第四称名の行分である。

以上法然によって、定善と散善の大概が上のように述べられてきた。ここに至って法然の結論は再び、善導『散善義』流通分の文に帰結する。

正しく弥陀の名号を付属して、遐代に流通せしめたまふことを明かす。上来、定散両門の益を説くと雖も、仏の本願の意に望むれば、衆生をして一向に専ら弥陀仏の名を称せしむる在り。(48)

三経通じて釈尊が弥勒・阿難・舎利弗に付属し遐代に流通せしめたのは、阿弥陀仏の名号である。釈尊が正宗分十六の観門に説いた能詮の教行は流通分に至って一旦隠され、隠された能詮異方便の観門によって醸成されてくるのは、阿難への所詮としての名号の付属である。釈尊が名号を付属するに至る十六の観門より醸成する絶対的な価値基準は、弥陀の願意と衆生往生仏正覚を成就した覚体という成仏の因果に適っているかどうかであり、釈尊の経説にいう「観」の経意によって弘願が観照されている、ということの二点である。それによって、釈尊が異方便として施設した十六の観門の教行が、実は願意に契合するものであり、九品一機としてのすべての凡夫に「一向に専ら弥陀仏の名を称」することを示すことにあったということを、ここで再び序分の定善示観縁に引き続いて領解されなければならない事実である。

定善示観縁における韋提希の示観の領解を在世の回心と捉えるならば、この流通分における阿難への名号の付属は、正宗分十六の観門を聞の位にしか受領することができない、未来世一切の衆生に用意され開示された第二の回心の場と捉えることができよう。九品に説かれた教行が衆生によって往生のために修せられる行業ではなく、念仏の行者によって往生の行相として修習される教行であったのだということである。

《法然の教判　その二》

『選択集』第十二章の構造を見てみる。法然は釈尊一代の経教を未来世一切衆生の往生「行」としての価値体系のなかで分類する。ここで留意しておかなければならないことは、第十二章における法然の私釈は、『観経』一経をもって釈尊一代のすべての経説を往生行という価値判断で統括していることである。すなわち『観経』こそ未来世一切衆生を往生の機に調熟せしめ、『無量寿経』所説の弘願に帰入せしめる釈尊出世本懐の経典と位置づけたことである。本章の大略を図示すると次のようである。

- 往生行
  - 定散二善
    - 定善（十三観）
    - 散善
      - 三福（世福――孝養父母・奉事師長・慈心不殺・修十善業
        戒福――受持三帰・具足衆戒・不犯威儀
        行福――発菩提心・深信因果・読誦大乗・勧進行者）
      - 九品（上品上生～下品下生）
  - 念仏

　この図表からもわかるように、明らかに法然は標章に明記するように、経意と善導の釈文にのっとり念仏を定散諸善より分離させている。このことは本章の「念仏」の条で語られる三つの問答からなる論理の展開のなかで窺い知ることができる。

　ところで法然は『選択集』において、定散諸行と念仏との関係を廃立の論理のみで、救済の論理と『観経』構造を明らかにできるものとしたのであろうか。

　この図の意味しているもう一つの点は、法然の仏道遍歴のなかで、大きな価値転換ともいうべき方向をもたらされたときに発見された念仏宗の論理が込められていることである。代表的な仏教教判の一つに戒定慧の三学がある。今その三学を修する機というものを考えたとき、そのいずれの学をも修することのできない機であれば、すべての仏法はその機より漏れることとなる。無智を知れば知るほど、凡夫を自覚すればするほど、更にそのような認識をも持ち合わすことのない愚昧の下機であったならば、三学の法門はそのような機の埒外に存在する。自他の救済の道を指向する法然の論理は、すでに従来依用されたすべての教判に立っていないことを意味する。これは従来のすべての仏道教判と訣別し、行者の衆生往生の行法として捉える価値観に立っていないことを証明している。すなわち、末法という現今の時機に相応する往生行としての教法は、従来のすべての経教には見いだすことはできないということを意味する。

必然的にこのことは、法然における一代仏教の教判をまったく異なった価値観の体系のなかで組織し直さなければならないこととなる。従来の諸宗教判の他に、法然による浄土宗開宗に示された教判、いわゆる依用される往生行としての行体系が置かれたことになる。

(三) 念仏について

次に念仏といは、専ら弥陀仏の名を称する、是れなり。念仏の義、常の如し。

而るに今「正しく弥陀の名号を付属して、遐代に流通することを明かす」と言は、凡そ此の『経』の中に、既に広く定散の諸行を説くと雖も、即ち定散を以て阿難に付属し、後世に流通せしめず。唯だ念仏三昧の一行を以て即ち阿難に付属し遐代に流通せしむるなり。

ここに法然の念仏義が開顕する。本文段に引かれた流通分の経文と善導の経釈の二つとを比較しながら、法然の念仏理解を見る。特に付属された名号と、願意に契合する称名との関係、更に法然の私釈にも使用される念仏・念仏一行・念仏三昧・念仏三昧一行といった名目との関わりを考え合わせながら考えてみたいのである。

先ず法然は「念仏」を定義する。念仏とは先の法然の教判（その二）をうけて「専称弥陀仏名（専ら弥陀仏の名を称する）」、すなわち略して「称名」と規定する。

つぎの「念仏の義、常の如し」とは一体なにをいったものであろうか。常々法然が門弟たちに語っていた念仏義を指すものであろうか、庵室においてなされていた常念仏などの行相を指すものであろうか。いずれにしてもここにいう「念仏の義」は、法然の常の法義のなかで語り尽くされていたものであって、暗黙のうちに門弟には領解されうるものであったのであろう。しかし、自らの教義書にこのような文言を残すということについては、一種の奇異さを覚えるのは確かである。

今法然はここで、「念仏」に対する明確な定義をしておかなければならない必然性を感じ取っているのである。この「念仏」の項の直前に法然は、「定善・散善、大概此くの如し。文に即ち「上来、定散両門の益を説くと雖も」と云ふ、是れなり」と結んでいるけれども、筆者は三五三頁の私解で、善導の釈文「上来…」の前の文「正しく弥陀の名号を付属して、遐代に流通せしめたまふことを明かす」を含めて引いておいた。法然の私釈の文脈から考えたとき、この文以降から引いておかなければならないはずであると考えたからである。筆者の推意が、この「念仏」段の私釈に入った直後の念仏を定義する根拠の一文として引かれてくることで証されてくるのである。

「而るに今」以降の法然の私釈は、この『選択集』には章段を替えて幾重にも言及される、念仏義を押さえる根拠となる善導の文を押さえての法然の念仏観を述べた文言である。このような私釈によって、法然における浄土宗立教開宗の文として後世語られるのももっともなことである。

いわゆる流通分第六段「仏告阿難、汝好持是語。持是語者、即是持無量寿仏名（仏、阿難に告げたもう、「汝よ、好くこの語を持て。この語を持てとは、すなわちこれ、無量寿仏の名を持てとなり」）」に対して、善導が『散善義』において釈した文を、法然は再度ここに「念仏」を定義する根拠に引く。

すなわち、法然は善導『散善義』の経釈に則りつつ、以下のように私釈する。この『観経』正宗分にはすでに定散の諸行が仏力異方便の十六の観門として広く説かれていた。しかしまさに一経を終え阿難に付属し遐代に流通せしめようとしたその時、釈尊は説き来たった定散（の諸行）を阿難に付属しはするものの、後世に対してはその定散を衆生往生の生因として流通させることをしなかった。阿難に付属し遐代に流通せしめたのは、ただ「念仏三昧の一行」のみであった、と。

この私釈によって知られることは、法然は経文にいう「汝よ、好くこの語を持て」と「無量寿仏の名を持て」の二つが阿難に付属されていると領解している、ことが判然とするであろう。更に善導のその箇所の経釈を見るとき、阿難に付属されたのは弥陀の名号だけのように記され、遐代に流通せしめたのも名号だけのようである。しかしつぎの文に至って『観経』一経には、「定散両門（の益）」と「専称弥陀仏名」が併説されていることを明かしているのであるから、阿難に付属されたのはこの両者であることが明白である。しかしその両者を、弥陀の本願の願意と釈尊による十六観施設の経意に照らし合わせたとき、「弥陀の名号」を付属し遐代に流通せしめたものと領解されなければならないのである。

ここに法然は、善導の釈文「正明付属弥陀名号、流通於遐代（正しく弥陀の名号を付属して、遐代に流通することを明かす）」を出だして、この「名号」とは「念仏三昧（の）一行」のことであると言い換えたのである。したがって法然においては、「名号南無阿弥陀仏」はイコール「念仏三昧一行」のことである。第十八願にいう衆生の往生と法蔵の正覚とが同時に成就した、願行具足の果上の名号であり、十劫正覚の覚体そのものの名号を指して、「念仏三昧一行」という。この念仏三昧一行が阿難に付属され、遐代に流通せしめられることとなる、という。観仏三昧は今や隠れて、念仏三昧のみが顕らかとなる。その念仏三昧が一行という衆生の行相に顕われるとき、「念仏といは専ら弥陀仏の名を称する」こととなるのである。称名とは三縁三義が成就され、正しく十方衆生の往生を決定するところの行業に他ならないからである。

以上のことを踏まえ、第三・第四問答を通して考えてみたいと思う。

《第三問答》

問ふて曰はく。何が故ぞ、定散の諸行を以て付属・流通せざるや。

若し夫れ業の浅深に依りて嫌ひて付属せずば、三福の業の中に浅有り深有り。其の浅き業といは、「孝養父母・奉事師長」なり。其の深き業といは、「具足衆戒・発菩提心・深信因果・読誦大乗」なり。須く浅き業をば捨てて、深き業をば付属すべし。

若し観の浅深に依りて嫌ひて付属せずは、十三観の中に浅有り深有り。其の浅き観といは、日想・水想・是れなり。其の深き観といは、地観より始めて雑想観に終わるまで、総べて十一観、是れなり。須く浅き観をば捨てて、深き観をば付属すべし。

就中に、第九の観は、是れ阿弥陀仏観なり。即ち是れ観仏三昧なり。須く十二観をば捨てて、観仏三昧をば付属すべし。

就中に、同じき『疏』の『玄義分』の中に、「此の『経』は観仏三昧を宗と為《し》、亦は念仏三昧を宗と為《す》」と云へり。既に二行を以て一経の宗と為り。何ぞ観仏三昧を廃して念仏三昧を付属するや。

答へて曰はく。「仏、本願に意に望むるに、衆生をして一向に専ら弥陀仏の名を称せしむるに在り」と云へり。定散の諸行は本願に非ざるが故に、之を付属せず。亦た其の中に於て、観仏三昧も殊勝の行なりと雖も、仏の本願に非ざるが故に付属せず。念仏三昧は是れ仏の本願なり。故に、以て之を付属せり。

「望仏本願」と言は、『双巻経』の四十八願の中の第十八願を指すなり。「一向専称」と言は、同じき『経』の三輩の中の「一向専称」を指すなり。本願の義、具に前に弁ずるが如し。

たいへん長い問である。法然の教判（その二）を想起しながら、この問を考えてみたい。

先ず総問として、どうして釈尊は阿難に定散の諸行を付属し遐代に流通せしめなかったのか、と問う。法然は善導の教学を継承して、正宗分に説かれる定散の諸行を衆生が往生するための観門（如説修行の観）としては捉えなかった。定善示観縁第五段に釈尊が韋提希を通して未来の衆生に語りかけるように、「諸仏如来、有異方便、令汝得見（諸仏如来に、異の方便有りて、汝をして見ることを得しめたまふ）」として「若仏滅後、諸衆生等」に対して説き出だされるところの異方便の観門である。したがって異方便である以上、正宗分定散に説かれるように行ずる観ではなく、釈尊の別異なる方便によって詮せられる法門を説かんがための経説なのである。したがって定散として説く諸行を、衆生を往生せしめるための生因の行として付属しないのは当然である。定散に説かれる諸行が、未来の衆生にとって不堪の行業であることに言を待たないからである。

このような経意から、以下具体的に定散の各の観を出して、その行の浅深という尺度で廃立を語ってゆく。

もし衆生が修する行業の内実の浅深という尺度によって、浅い行業を嫌って付属しないというのならば、三福の行業のなかには「孝養父母・奉事師長」という浅い業があり、また「具足衆戒・発菩提心・深信因果・読誦大乗」という深い業もある。もしそのような浅深の尺度で付属を考えるのであれば、浅い業は捨てられ深い業が付属されるということになってしまう。

もし観行の浅深によって（浅い観行を）嫌って付属しなかったならば、定善十三観のなかには日想・水想という浅い観があり、また地観から雑想観に至る十一観は深い観もあるのであるから、浅い観を捨てて深い観を付属するということになる。とりわけ第九真身観は阿弥陀仏を観想する観であって、観仏三昧の最要であるから、真身観以外の十二観を捨てて、観仏三昧の最要である真身観を付属しなければならないということになる。

このことは善導の『玄義分』（第三弁釈宗旨門）のなかに、「今此の『観経』は即ち観仏三昧を以て宗と為、亦た念仏三昧を以て宗と為(49)」といっている。すでに善導がこの観仏三昧・念仏三昧の二行をもって『観経』一経の宗旨としているのであるから、どうしてここに観仏三昧を廃して念仏三昧だけを付属するというのであろう、と問う。

第三問答は、廃する定散諸行（観仏三昧）と立する名号（念仏三昧一行）との関係を論ずる。設問の意図は、もし衆生が修さなければならない往生の行業としての定散諸行であるならば、そこには必ず業や観の浅深という問題が起き、観仏と念仏の両三昧を説く『観経』にとって、必然的に深勝な観仏三昧を採立することになろう。しかしなぜここに殊勝の観仏三昧を廃し念仏三昧を付属したのか、というものである。

この問に対し法然は再三にわたって、『観経』流通分第六段（名号付属）の善導の釈「仏、本願の意に望むれば、衆生をして一向に専ら弥陀仏の名を称せしむるに在り」を引用して、問意の証拠とする。観仏三昧の修する行としての殊勝性を認めつつ、定散の諸行は弥陀の本願ではないから観仏三昧を廃し付属しないのであり、念仏三昧は弥陀の本願でありその行であるから、これを選択付属するとする。法然が第三章（本願章）に述べたように、念仏の根拠が『無量寿経』所説の四十八願のなかの第十八願に求められるからであり、善導の右の釈意によるからに他ならない。

この「望仏本願意」は『無量寿経』第十八願を指すのであり、「一向専称」も『無量寿経』の三輩段のなかの「一向専称（念）無量寿仏」を指すのである。本願の義趣については、詳細に第三章に弁明している、と法然はここの答意を結ぶ。この問答は、本願を根拠に両三昧を廃立の論理で結釈しているに留まる。

《第四問答》

問ふて曰はく。若し爾らば、何が故ぞ直に本願念仏の行を説かずして、煩はしく本願に非ざる定散の諸行を説くや。

答へて曰はく。本願念仏の行は、『双巻経』の中に委しく既に説く。故に重ねて説かざるのみ。又、定散を説くことは、念仏の余善に超過せることを顕はさむが為なり。若し定散無くば、何ぞ念仏の特《こと》に秀でたることを顕はさむ。例せば、『法華』の三説の上に秀でたるが如し。若し三説無くば、何ぞ『法華』の第一なることを顕はさむ。故に今、定散は廃の為に而も説き、念仏三昧は立の為に而も説く。但し定散の諸善、皆用《も》て測り難し。

しかしこの第四問答は、出世本懐の経教である『観経』の説相を通じて、定散の諸行（観仏三昧）と本願として成就されている念仏の行である名号（念仏三昧一行）との関係性のなかで論理を展開するものとなっている。この第四問答は第三問答をうけて、ではなぜ『観経』では正宗分の始めから直ちに本願として成就されている「念仏の行」を説かずに、本願ではない「定散の諸行（諸善）」を煩わしくも説いているのかと問う。

この問に対して法然は、二つの答を用意する。一つに、本願として成就されている「念仏の行」はすでに『無量寿経』に詳しく説かれているから、重複を避けて敢えて説かないだけだとする。これはもっともな根拠ではある。善導『玄義分』第一序題門にいう「弘願と言ふは大経に説きたまふが如し。一切善悪の凡夫の生ずることを得るは、皆な阿弥陀仏の大願業力に乗じて、増上縁と為さざることなし」[50]をうけた文言であることが判然とする。このような同様の論旨が『西方指南抄』中本に所収する「十七条法語」にも見える。

又云『玄義』に云く、「釈迦の要門は定散二善なり。定者息慮凝心なり、散者廃悪修善なりと。弘願者如大経説、一切善悪凡夫得生」といへり。予ごときは、さきの要門にたゑず、よてひとへに弘願を憑也と云り。[51]

善導『玄義分』序題門では、『観経』一経には釈尊所説の往生浄土の要門である定散二門と、その要門によって顕彰される阿弥陀仏別意の弘願が併説されているとする。その弘願とは『無量寿経』に説かれているように、一切善悪の凡夫が得生するところの因果である阿弥陀仏の本願、その大願業力に乗じて増上縁として往生することを指す。

善導の序題門を踏まえた法然のこの論旨は、つぎのようである。『観経』には予め要門（十六の観門）と弘願とが併説されている。しかし所説の定散を衆生往生の因行として捉えたとき、それはまったく「息慮凝心・廃悪修善」の衆生不堪の行法であって、法然のような凡夫には阿弥陀仏の救済を蒙ることは不可能である、とする。この領解は、序分欣浄縁から定善示観縁に展開される韋提希の回心の展開と軌を一にする。欣浄縁での韋提希による能請の別所求・別去行は自力の領域であり、示観の領解という回心がなされない以上、定散二善の分別においては併説の弘願に会うことはできない。今示観の領解を経た凡夫は、未来世の一切衆生に付属し流通された『無量寿経』所説の弘願である本願「念仏（三昧）一行」に帰する以外に救済の方途がないことに気づくのである。

法然の第一答で明らかになったことは、定散二善の要門と弘願念仏の一行が同所同時に併説されることを指摘しつつ、「弘願」である本願念仏の行の所在を『無量寿経』所説の第十八願に求めたことである。[52]

つぎに第二答として、釈尊が『観経』正宗分に十六観門の定散諸行を説く本意は、弘願である念仏の行が定散として説かれる余善に超過することを顕彰し顕在化するためであるとする。弘願である本願念仏の行は、この定散を説かない限り絶対に顕らかにすることができないばかりか、「特に秀でたること」を顕らかにすることもできないというのである。この例証として、『法華経』第四法師品に[53]已・今・当の三説を立てて、『法華経』が三説のうえに秀でたもっとも勝れた一代の経説であり、この三説がなければ、どうして『法華経』が第一であることを顕証しえようか、と示した例を出すのである。

この二答を締めくくり、したがって今観仏三昧である定散の諸行は廃するために説かれるのであり、念仏三昧は本願であり、本願所成の行であるからであり、未来への流通のために立しなければならないから説かれるのである、と結ぶ。今この出世本懐の経教である『観経』の定散諸善の説相が、観仏三昧の経として位置づけられるなら結果的に廃されなければならない。しかし、その定散が極楽の依正を観照する法門として説かれることにおいては、釈尊の本意である念仏三昧が付属されることとなり、採立し顕在化するのであると結論づける。最後に法然は「ただし」と書き置きをして、釈尊の説く定散の諸善というものは、すべからく皆その「用」ということに関して測り難いものがある、ともいい添えている。

この「用」ということについて、『西方指南抄』中末に所収する「四箇条問答」につぎのような法語が見える。

まづ行者をもて本願の体とすと云は、法蔵菩薩の本願に、成仏したらむ時の名、一声も称してむ衆生を極楽に生ぜしめむと願じたまへるがゆへに、今信じて一声も称してむ衆生は、かならず往生すべし。この能称の行者の往生するところをさして、行者をもて本願の体とすとはこころうべきなり。

問、我仏に成たらむ時の名を称せむものを生ぜしめむと、本願には立たまへるがゆへに、名号を称する者を、やがて本願の体ともこころうべしや。

答、これについて与奪の義あるべし。与て云へば、行者の正蓮台にうつりて往生するところをもて本願の体とし、奪云へば、往生すべき行者なるがゆへに、当体能称の者をさして本願の体とすべし。行者について、本願の体と云時は、別に用の義なし。蓮台に託して、往生已後の増進仏道をもて用とす。これは極楽にての事也。次に名号をもて本願の体とすと云は、これも成仏の時の名を称せむ衆生を生ぜしめむと願じたまへるがゆへに、信じて名を唱てむ衆生は、かならず生ずべければ、名号をもて本願の体と云也。名号を唱つる衆生の往生するは名号の用也(54)。


弥陀が願成就することにより、釈尊によって説かれる依正の諸荘厳（十六の観門）の用は、極楽を観照し、衆生をして欣慕せしめるはたらきをもち、畢竟名号により衆生往生仏正覚の道理が顕証することとなる。「往生の業成は、念をもて本とす。名号を称するは、念を成ぜむがため也(55)」とあるのと軌を一にする。

第三問答から第四問答にかけての論理の展開を、もう一度ふり返って考えてみる。

第三の答文において法然は、本願に非ざるという理由から廃捨し付属しなかった定散の諸行に、「亦其の中に於て」とわざわざ断りつつ、定散の両門には観仏三昧・念仏三昧の両三昧が説かれているという。非本願のもとに一旦廃捨された定散諸行に両三昧が説かれているとするこの矛盾を、どのように解決すればいいのであろうか。そしてなおかつ定散諸行の経説を通して説かれる両三昧のうち、観仏三昧は非本願として廃捨し、念仏三昧を本願として採立付属するというのはどのような論理なのであろうか。

これをつぎのように図示することによって、その矛盾を解決する一途を見いだすことができるのではないか。

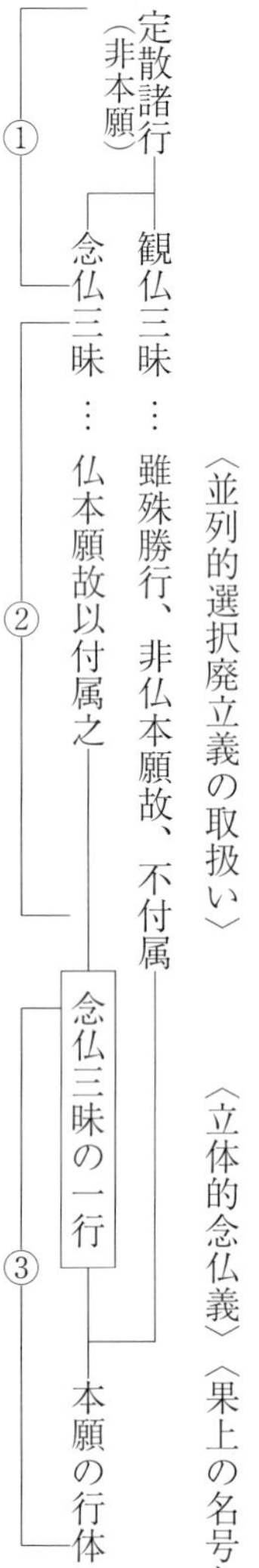

この図がもっている構造は、先ず①本願・非本願という廃立の論理においては、定散諸行をもって説かざるをえない両三昧は一旦廃捨しなければならないという図式である。この論理はすでに『選択集』第一・聖浄二門章において、聖浄二門難易廃立の教判で明らかにされた構造である。またこの①の構図を『観経』の説相で見るならば、序分において韋提希が致請した自力定散の分である。ただしかし、釈尊は耆闍の会座を隠しわざわざ王宮に出現した本意として、未来へ名号を付属し流通することとの意密をもっていることから、韋提希の苦悩を除く機縁を通して、必ずや正宗分に未来世一切衆生への救済の方途を仏語として説かざるをえない必然性が隠されていることになる。

そこで②において、非本願である定散を通して両三昧が説かれることになる。法然がいうように、正宗所説の定散は「殊勝の行」である。なぜ殊勝の行であるのかといえば、法蔵因位の昔衆生救済のために五劫の思惟を果たし、中間に兆載永劫の万行を果遂したところの、願力所成の依正二報として果上した願行の総体そのものだからである。これは因位別願に酬報した果上の依正荘厳である。

今『観経』において果上の依正荘厳の内実としての定散諸行が、なぜ未来世一切の衆生の前に開示されなければならないのか。それは偏に仏力異方便として施設される十六の観門を透過することによって、観仏三昧念仏三昧為宗の経意に邂逅せしめるために他ならない。自力定散はあくまでも非本願のゆえに廃捨しなければならないが、今両三昧為宗として施設された定散には、十方の衆生をしてその定散の意義を、いわゆる意密としての仏力異方便の意義を照知せしめることになるのである。

衆生が十六観門の意義を照知せしめられる意楽としては、願力所成の依正二報を如説修行の果遂の浄土として欣求させるのではなく、罪悪生死の凡夫を平等に救済する往生果遂の浄土として欣慕させることに他ならない。またその依正荘厳をして自力所執の我らを観照し、他力への回心をはからしめることが、『観経』施設という釈尊の出世本懐の経意であったのである。

それだからこそ①の非本願とした定散諸行の意義が今②への展開のなかで転化され、改めて釈尊の意密の定散施設として十六観門が再生することになる。ここに再び釈尊による選択がはたらく。それは衆生往生の生因としては、観仏三昧を非本願として廃捨し、念仏三昧を本願として摂取し付属しなければならないという、異方便の観門を通して三聖による選択の論理がはたらいていることである。これは衆生に本願への邂逅を促すために他ならない。

①から②への釈尊所説の定散を、並列的取捨である廃立の論理で推し進めるには限界がある。最終的にすべての衆生を阿弥陀仏の弘願に帰入せしめ、阿弥陀仏と一体不二をはかることにおいて、第十八願「若不生者不取正覚」の成就と顕証が必要になってくるからである。法然はこのような論理の展開を、「念仏三昧」という並列的廃立の構造から、包括的な「念仏三昧の一行」という独自の用語をもって説明する。すなわち③への展開である。

すでに非本願として廃捨されるための定散①も、定散を通してしか説くことのできない十六観の両三昧②も、そして正宗分所説の定散の諸行諸善が衆生往生の現成である願力所成の依正荘厳③であったということも、すべて流通分における「名号付属流通」として導き出されてくる。

この論理の展開が、第十二章私釈段「散善」の項に結実してゆく。

《廬山寺草稿本第十二章第五問答の意図》

(一) このような法然の思考次第を追う順序として、草稿本廬山寺蔵『選択集』のみに起草され、禿庵文庫本などのそれ以降に成立する書写本・印字本の諸本には削除された、この私釈段に続く五七四文字について、法然の論理の展開を追うなかで少し考察をしてみたいと思う[56]。

「今《マ》定散為《ハニ》レ廃《ノ》而《モ》説《キ》、念仏三昧為《ハニ》レ立《ノ》而《モ》説《ク》」に続き、「但《シ》定散《ノ》諸善皆用《テ》難《シ》レ測《リ》」との間の五七四文字が[57]、どうして清書段階で削除されなければならなかったのか。『選択集』成立史のなかでは大きな疑問の一つである。

ここでは歴史的に、また書誌学的に考察を加えようとするものではない。思うに、ひとが一つの文章を成稿しようとするとき、一つの論旨の展開のなかでさまざまな添削を加える。この削除された五七四文字も何らかの法然による理由や意図がはたらき、その意志によって削除されたはずなのである。そうでなければせっかく書かれたこれほどの分量の原稿が『選択集』成立史上から消え去ることはないであろう。

ではその理由は何であろうか。この教学的理由を本文の構成を分析しつつ考えてみたい。

ただ私は、この「五七四文字が付加され」、「真観房感西の付加したものである[58]」とする説には肯首しかねる。その論拠に『東宗要』巻五や『選択要決』『選択私集鈔』巻八を引用するのは不適当であろうし、また的を射たものではない。すでに第十二章草稿段階に第二筆感西自筆の本文としてある原稿であり、なおかつ消去や訂正といった手法の削除ではなく、明らかに何らかの意図を感じさせるその箇所全体を大きく括弧でくくった成稿段階への削除なのである。それがどうして「付加」なのであろうか。またたとえ『東宗要』巻五に『広選択』にこの五七四文字が所収されているという後世の証左のみで、この五七四文字の存在の典拠に『選択私集鈔』巻八の「広本は真観房後日初心者のために、聊か勘文を加ふ」をあてるのは、いささか強引で不適当な論証である。

そのような傍証よりも、この省略されるに至った第五問答の義趣から、それは明らかに読みとることが可能ではないか。すなわち『選択集』撰述の精神、廃立教判からの逸脱である。逸脱というよりも、第四章以降の諸所で示される廃助傍の三義を、『観経』所説の定散観とその所詮としての念仏観のうえに法然は見てとっていたのである。決して二者択一的教判である廃立の論理からでは解決できない構造であり、なお『無量寿経』所説の弘願が「両三昧為宗」として施設されるとする『観経』構造を、廃立の論理だけでは説明することができない、と感じとっていたからに他ならないのである。

(二)

問曰。双巻・観経二経の前後、互に是非有りて、古今諍せり。然るに今何の決智を得て、寿経の前説を定めん乎。就中大阿弥陀経と、双巻経与、是れ同本異訳也。然るに彼の大阿弥陀経に云く。「阿闍世王太子和久、二十四願経を聞、願を発す」。□（此）観経に云く。「一太子有りて阿闍世と名く」。王及び太子の前後応に知るべし。此の如んば説は観経是れ前なるべし。[59]

問う。『無量寿経』『観経』の説時の前後については、互いに是非があり古今論諍がある。しかし今どのような決智を得れば、『無量寿経』のほうが前説であると定めることができるであろうか。とりわけ『無量寿経』の同本異訳である『大阿弥陀経』には「阿闍世王」といい、『観経』には「有一太子、名阿闍世」の文言があることから考えるならば、『観経』の説時が先であろう。阿闍世の太子と王の表記より、寿観の前後を知ることができる。このようであるから、当然『観経』が前説でなければならない、と問う。

これに対し法然は、「二経の前後実に知り難しと雖も、道理を以て推験せば寿経は是れ前説なり(60)」として、三つの根拠（一には「仏と行者との修因感果の理」、二には「仏身観中念仏衆生の理」、三には「法蔵比丘の四十八大願等の理」）を挙げて、『無量寿経』の説時が先であることを論証する。そして結論として、

故に知ぬ。観経所説の念仏は寿経自り起る。所以は大経は是れ念仏の根本なり。本願を説が故に。観経は是れ念仏の枝末なり。本願に依るが故に。然則定散諸行を説くと雖、本願に非るが故に以て付属せざる者也(61)。

と結ぶ。この文のもつ意義は、諸行と念仏との関係を、難易・勝劣といった衆生の往生「行」としての次元で捉えていた二元的理解から、根本・枝末という一つの体系のなかで捉えようとしている、という点である。三つの「前後」関係性のなかでの諸行（定散）・念仏では、何ら選択の域を出るものではない。

しかしこの文は、『無量寿経』で説かれた本願である念仏が真理であることを、『観経』に至って説かれ裏付けられた、と理解される。『無量寿経』は本願を説くところから念仏の根本であり、『観経』はその本願である念仏を敷衍するために説いた枝末、と法然は考えたのである。そうなると行としての並列的な諸行・念仏の廃立関係から、『観経』所説の定散諸善は廃立の論理によって廃されるべき定散二善ではなく、念仏の根本である『無量寿経』より必然性をもって説き出だされた釈尊自開の仏語の定散という意味がそこに与えられてくる。

したがって同等価値をもった行法のなかから単に廃捨されなければならない定散の立場から、枝末という『観経』所説の定散の性格は、念仏の根本である『無量寿経』から「本願に依って」阿弥陀仏選択の念仏がその真実功徳を開顕するために必然的に説き出された仏語となってくる。その両者に何ら差別的主従関係をもたらすものではない。『観経』所説の定散が、『無量寿経』より本願を開顕せんがために必然性をもって説き出だされたとき、それは明らかに仏語の定散となり、「定散諸行を説くと雖も、本願に非ざるが故に」流通分において付属されるところの定散ではなくなり、その定散を透過し所詮の本願である念仏（無量寿仏名）のみが枝末として残ることとなる。諸行と念仏はこのような能所の関係をもたらし、定散そのものが、念仏の根本である『無量寿経』の枝末としての役割を担うとともに、仏語の定散をして衆生を帰入せしめる立場をもつことになる。このような論理はすでに廃立を超えているといわざるをえない。

この『選択集』は法然の理念として、選択の論理で一往構成され、論理的に貫かれなければならない。しかし『選択集』の条々において時に、その理念は乗り越えられ助走を余儀なくされて、法然の思想性を拡大している。それが法然思想の奥深さであろうが、この『選択集』は選択の論理を超えた思想を反映したとき、このように私釈段からの削除という決断をもたらす。この『選択集』には、根本・枝末という一つの体系のなかで語られる論理を避けて通らなければならない必然性をもつ。

このようなことから、第五問答は削除されたのだと考えられる。その証左につぎの定散の条項に移る文言には違いないけれども、「但定散諸善、皆用難測」の一条が残った、否残されたのであろう。

《定善》

先の最後の文「但し定散の諸善、皆用《も》て測り難し」をうけて、法然はつぎに定散の意義を説く。

しかしここで気づかされることは、法然は先に定善十三観と散善（三福・九品）の各の行目を私釈しておきながら、再びここでなぜ定散を改めて私釈しなければならないか、である。留意しつつ、以下の定散の条項を読む。

凡そ定善といは、夫れ依正の観、鏡を懸けて而も照臨し、往生の願、掌《たなごころ》を指して而も速疾なり。或ひは一観の力《ちから》、能く多劫の罪愆《ざいけん》を祛《さ》け、或ひは具憶の功、終に三昧の勝利を得。然れば則ち往生を求む人、宜しく定観を修行すべし。就中《なかんずく》に、第九の真身観は、是れ観仏三昧の法なり。行、若し成就しぬれば、即ち弥陀の身を見たてまつる。弥陀を見たてまつるが故に、諸仏を見たてまつることを得。諸仏を見たてまつるが故に、現前に授記せらる。此の観の利益、最も甚深なり。

然るを今『観経』の流通分に至りて、釈迦如来、阿難に告命して、往生の要法を付属流通せしむるに因《ちな》みて、観仏の法を嫌ふて尚阿難に付属せず。念仏の法を選びて即ち以て阿難に付属したまふ。観仏三昧の法すら、尚以て付属したまはず。何に況や日想・水想等の観に於てをや。然れば則ち、十三の定観は皆以て付属せざる所の行なり。然るに世の人、若し観仏等を楽ふて念仏を修せざるは、是れ遠くは弥陀の本願に乖《そむ》くのみに非ず。亦た是れ近くは釈尊の付属に違す。行者、宜しく商量すべし。

【訳】定善とは極楽の依正二報を顕わした観であって、鏡を懸ければ（すべてのものごとが映るように、）十三の観はまさしくその浄土を照写し臨場して見せしめるのである。衆生が往生したいと願うことも、この観察が成就すれば自らの掌を自らの指で指すようでまことに速疾である。また（全十三観のなかの）一観だけを観察するその功力をもってすればよく多劫の罪愆《ざいけん》を払い除き、あるいはつぶさに（十三観を）憶念する功徳によっては終に、観仏三昧の功力によって成就する勝利をも得ることができる。そのようなことであるから、往生を求めようとする人は（堪えうることができるならば）そのままに定善の観を修行すればいいのである。とりわけ第九真身観は、観仏三昧の極みの法門である。この観行がもし成就することができたなら、弥陀の真身を見ることができる。弥陀を見るのであるから、すべての諸仏をも見ることができる。諸仏を見ることができたなら、三昧現前のうちに授記されるのである。この観行（を修し成就することによって得られる）利益はもっとも甚深である。

しかしながら今『観経』の流通分に至って、釈尊は阿難に告命して、往生の要法を付属流通させるにあたって、このような観仏三昧の法門を嫌ってなお阿難に付属することをしなかった。ただ念仏三昧の法門のみを選んで阿難に付属された。勝れた観仏三昧の法門をもってさえ付属することをされなかったのであるから、当然なことではあるが日想観や水想観などの観においては尚更のことである。ということで、（勝れた行法には違いないけれども）十三の定善の観法は皆付属されない行法である。しかし世の人は、もし観仏三昧などを楽って念仏を修さないならば、遠くは弥陀の本願にそむくことになるだけではない。近くは釈尊の付属に違反することとなる。このことを念仏の行者は、正しく商量しなければならない、と。

説のごとく観行を修する観法いわゆる観仏三昧を、ここに再び法然は明確に否定をする。確かに堪えうる人が修するうえには、それぞれの観に記すように多劫の罪愆を消除し、弥陀の依正を観見することも可能なのであろうが、この『観経』の対機である「若仏滅後、諸衆生等」にはまったく不可能な観法である。

そこで法然は「然るを今」と私釈を継ぎ、往生の要法にはこの観仏の法をまったく廃捨し、念仏の法を選択して阿難に付属流通せしめたと領解する。言外ではあろうが、在世の韋提希が光台に見たように、滅後の衆生にとっては十六の観門を聞かなければ（観行しなければ、ではない）、流通分における釈尊の付属流通は生きてこないのである。その付属の背景に弥陀の本願の願意が横たわっているのは論を待たない。

それだからこそ法然は、定善の冒頭に鏡の譬喩を設けている。「鏡」とは定善十三観である。その「鏡を懸けて而も照臨」すとは、定善示観縁の「以仏力故、当得見彼清浄国土、如執明鏡、自見面像（仏力を以っての故に、当に彼の清浄国土を見ること、明鏡を執りて、自ら面像を見るが如くなるを得べし）」を指したものである。十六の観門を透過しない限り、流通分における往生の要法である念仏の法の付属とはならないのである。「十三の定観は皆以て付属せざる所の行」であって、末代の衆生が修習する行は念仏三昧の法門以外にはない。念仏三昧の法門とは、流通分に至るまでは観を通した予説の領域を出ることはない。それは散善の段といっても観門に他ならないからであり、第十一章私釈段第二問答でいうように「極悪最下の人の為に而も極善最上の法を説」いておかなければならないからであり、滅罪において「軽重兼ねて滅」することを説いておかなければならないからである。

《散善》

次に散善の中に、大小持戒の行有り。世、皆以為《おもへ》らく。持戒の行は是れ入真の要なり。破戒の者は往生すべからずと。又、菩提心の行有り。人、皆以為らく。菩提心は是れ浄土の綱要なり。若し菩提心無くは、即ち往生すべからずと。又、解第一義の行有り。此れは是れ理観なり。人、亦た以為らく。理は是れ仏の源なり。理を離れて仏土を求むべからず。若し理観無くは往生すべからずと。又、読誦大乗の行有り。人、皆以為らく。大乗経を読誦して、即ち往生すべし。若し読誦の行無くは往生すべからずと。

此れに就きて二有り。一には持経、二には持呪なり。持経といは、『般若』『法華』等の諸の大乗経を持《たも》つなり。持呪といは、随求・尊勝・光明・阿弥陀等の諸の神呪を持つなり。

凡そ散善の十一は、人皆貴ぶと雖も、其の中に於て此の四箇の行は、当世の人、殊に欲ふ所の行なり。此等の行を以て殆《ほとん》ど念仏を抑ふ。

【訳】つぎに散善段のなかには、（多くの行目が説かれているなかで）大乗小乗にわたる持戒の行が多く説かれてある。世間では一般的に、持戒の行は真実真理に入るための要諦であり、破戒の者は往生することができない、と思われている。また、菩提心の行も仏道を修するうえで必須の行である。人のなかでは一般的に、菩提心は浄土へ往生するための綱要であり、もし菩提心がないならば、浄土に往生することはできない、と思われている。また、解第一義の行も多く説かれてある。解第一義は理観である。人の間では一般的に、真如真理は仏の源であり、真理を離れて仏土を求めることはできない。もしこの理観を修することがないならば往生することはできない、と思われている。また、大乗経典を読誦する行も説かれてある。人のなかでは一般的に、大乗経典を読誦して往生することができるのであり、もし読誦の行がないならば往生することはできない、と思われている。

読誦大乗について二つの義趣がある。一つには持経であり、二つには持呪である。先ず持経とは、『般若経』『法華経』などの諸の大乗経典を読誦し持《たも》つことである。持呪とは、随求陀羅尼・尊勝陀羅尼・光明真言・阿弥陀真言などの諸の神呪（陀羅尼・総持の呪文）を称え持つことである。

およそ散善に説かれる十一の行目（世福四・戒福三・行福四）は、当今の人は皆一往に貴ぶけれども、そのなかにおいて特にこの四箇の行（持戒・菩提心・解第一義・読誦大乗）は、当世の人が殊に楽欲するところの行である。現在はこれらの行が仏教界を席捲しており、ほとんど念仏の行を抑えて広まることがない、と。

散善九品に明かされる種々の行法、とりわけ四箇の行が法然当世と従前の絶対的な価値をもった行法であり、それに比して現今に念仏の行の甚勝性を説いても抑圧され広まることがないと法然はいう。確かに行の殊勝性を考えたとき四箇の行に勝る行も少ないのであろうが、ここでは行の殊勝性を問うているのではない。そして従来の教判のなかで諸行と念仏との優劣を語ろうとしているのでもない。いかに勝れた行法であろうとも、機にとってまた時においてそれらの諸行が堪えうるか否かの価値観に立っているのが、法然の浄土教判である。行者に修する行果をもって往生の正否を尋ねるのか、それとも弥陀の因中に修する願行具足の名号に往生の得否を尋ねるのかの、「行」観の捉え方の違いをいっているのである。

この定善にしろ散善にしろ、本章における先の定散の私釈で十分にその釈意が充足しているように筆者は感じ取っているが、なぜここに重ねて定散の私釈をしなければならなかったのか。法然の時期に代表される実践的学匠として、実範・貞慶・明慧などからの批判を想定しつつ、またこのような代表的な四箇の行を出して行としての殊勝性を顕彰しつつ、なお他力義によって末法の時機を救済しなければならないという強固な意志をもっていたのである。

倩《つらつ》ら『経』の意を尋ぬれば、此の諸行を以て付属流通せず。唯だ念仏の一行を以て即ち後世に付属流通せしむ。知るべし。釈尊、諸行を付属したまはざる所以《ゆへ》は、即ち是れ弥陀の本願に非ざるが故なり。亦た念仏を付属したまふ所以は、即ち是れ弥陀の本願なるが故なり。

今又、善導和尚、諸行を廃して念仏に帰せしむる所以は、即ち弥陀の本願為るの上に、亦た是れ釈尊の付属の行なればなり。故に知りぬ。諸行は機に非ずして時を失へり。念仏往生は機に当たりて時を得たり。感応、豈に唐捐《とうえん》ならむや。

当に知るべし。随他の前には暫く定散の門を開くと雖も、随自の後には還りて定散の門を閉づ。一たび開きて以後永く閉ぢざるは、唯だ是れ念仏の一門なり。弥陀の本願、釈尊の付属、意此れに在り。行者知るべし。

亦た此の中に遐代といいは、『双巻経』の意に依るに、遠く末法万年の後の百歳の時を指すなり。是れ則ち遐《とを》きを挙げて邇《ちか》きを摂するなり。然れば、法滅の後すら猶以て然なり。何に況や末法をや。末法已に然なり。何に況や正法・像法をや。故に知りぬ。念仏往生の道は正像末の三時、及び法滅百歳の時に通ずといふことを。

【訳】よくよく『観経』の経意を尋ねてみるならば、釈尊は阿難に定散の諸行をもって付属し流通させなかった。ただ念仏の一行をもって後世に付属し流通させた。ここに知っておかなければならない。釈尊が定散の諸行を付属されなかった理由は、諸行が弥陀の本願に適う行ではないからであり、また念仏の一行を付属された理由は、念仏一行が弥陀の本願の行であるからである。

今重ねて善導和尚が、定散の諸行を廃して念仏一行に帰せようとされる理由は、弥陀の本願の行であることは元より、また念仏一行こそ釈尊が付属される行であるからである。そのようなことから知られることは、諸行は凡夫という機に対しては不適切な行であり、末法という時を見失っている。それに対し念仏一行によって往生することは、凡夫という機に対しても相応しく末法の時に得た教法ということである。念仏一行は時機相応であり、衆生の機感と仏の応化とが相通じて融合する感応道交の教理であり、どうして空しくまた俄《にわか》に棄《す》てておくようなこと（唐捐）があっていいといえようか。（決して念仏一行のような時機相応、感応道交の教理を空しく棄ててはならないのである）

よって知られることは、釈尊の応化が他者の意に随うとき（随他意）には暫くその一機に対して定散十六の観門を開くことはあっても、（現今の末法というとき、未来世一切の凡夫という機を鑑みたとき、）釈尊は自らの意楽に随って（随自意）後には還って自力定散の諸行の門を閉じられ（、ただ他力念仏一行のみを示され）た。一たび開かれて以後、法滅の世まで永く閉じることがないのは、ただ念仏の一門だけである。それは弥陀の本願の行だからであり、釈尊が末代に付属された行だからであり、そのような願意・仏意を窺うときその本意がここに在ると考えるのである。念仏の行者はこのことを知っておかなければならない。

またこのなかに善導が「遐代」というのは、『無量寿経』の経意によれば、遠く末法万年の後の（法滅）止住百歳の時を指すと考えればいいのである。これは遐《とお》い時代の利益を挙げて邇《ちか》い時代の者を摂するという意味である。そのようであるから、法滅の後でさえなお（念仏による往生の道は）流通しているのであるから、どうして末法の時に流通していないといえようか。このように末法の世にも念仏一行による往生の道がすでに流通しているのだから、ましてや正法の世や像法の世においては疑うまでのことはないのである。したがって念仏往生の道は、正像末の三時の時ばかりではなく、あらゆる経道が滅尽した法滅の世の百歳の時にまで通ずるということが知られるのである。

法然は『観経』の経意を、正宗分所説の定散を通して流通分に名号（念仏の一行）が付属流通される背景は先ず

『無量寿経』第十八願にあるとみとめ、その原理を願文が成就される因果にあるとみとめた。本願として成就された念仏の一行とは、本章「念仏」の項にて法然は「念仏といは、専ら弥陀仏の名を称する」ことであると定義した。衆生往生仏正覚（若不生者不取正覚）を成就した仏体とその果号である名号南無阿弥陀仏には三縁三義・一切の願行が具足していることから、衆生に「称」されることによって顕証される。

更に善導の釈意を踏まえ、弥陀の願意により釈尊が付属する「行」であるからだとする。その背景にこの行は時機相応であり、弥陀と釈尊の仏々相念として感応した教理であり、弥陀と衆生が感応道交する教行であると押さえる。

法然は、釈尊の仏意として「暫く」随他意の門として十六観門の教行を開くけれども、随自意の後には「還って」定散諸行の門を捨閉され、弥陀成仏の過去より未来法滅百歳の時に至るまで、その劫載を貫くのは真実念仏の一行（一門）だけであると指摘する。

四　第十二章のむすび

『選択集』の主題の重要な一つは流通である。十六章のうち流通分を引用しているのは、『無量寿経』段の第五章（念仏利益章）・第六章（特留念仏章）、『観経』段の第十二章（念仏付属章）、『阿弥陀経』段の第十六章（名号付属章）の四章である。三経いずれもが名号を付属し、弥勒・阿難・舎利弗をして遐代に流通せしめている。

正宗の所説が畢竟名号南無阿弥陀仏に具象され、往生を念仏行者のうえに顕証するのが願意と仏意に契合した称名であると確信したのが、善導であり法然であった。三経とも流通分の付属を透過しない限り、正宗所説の願力所成の依正二報も、願行具足の称名正定業も再生することはない。

註

（1）ワイド版岩波文庫『浄土三部経』下八〇頁二〜三
（2）ワイド版岩波文庫『浄土三部経』下五〇頁五〜七
（3）『玄義分』（『浄全』第二巻四頁上八〜九）
（4）『般舟讃』（『浄全』第四巻五四六頁上一六〜一七）
（5）『玄義分』（『浄全』第二巻三頁下一〜三）
（6）『浄全』第二巻三四頁上八。この正宗分の経説は偏に「加備を蒙らざれば、云何が彼の国を見たてまつるべき」ために説かれる。
（7）『玄義分』（『浄全』第二巻三頁下一三〜一四）
（8）ワイド版岩波文庫『浄土三部経』下八〇頁一六〜一七
（9）阿弥陀仏の名号を常に記憶し憶念して、把持し続けること。『阿弥陀経』に説く「名号を執持すること」と対応する。さらに、未来に向かって説き伝える意味も「持つ」の語に含められよう。このことは、次に阿難が復説することによって裏づけられる。（ワイド版岩波文庫『浄土三部経』下一一六頁一一〜一三）
（10）醍醐本『法然上人伝記』所収の一期物語、『法然上人行状絵図』巻一・巻五、『知恩伝』巻下、『法然上人伝（十巻伝）』巻七、『四巻伝』巻一等
（11）『浄全』第七巻九〇頁上一六
（12）『孝経開宗明義章』『論語』。仏典では『大乗本生心地観経』（『大正蔵』第三巻二九七頁上七）、『父母恩重経』（『大正蔵』第八十五巻一四〇三頁中一三）に詳説。
（13）『四分律行事鈔』巻下「三道俗化方篇第二生縁奉訓法」（『大正蔵』第四十巻一四〇頁）、『四分律行事鈔資持記』巻下三頁（『大正蔵』第四十巻一四〇七頁）

（14）　四無量心とは、四梵住ともいう。四つの広大な心。四つのはかりしれない利他の心。慈（友愛のこころ）・悲（他者の苦しみに対する同情）・喜（他者を幸福にする喜び）・捨（すべてのとらわれを捨てること）の心を無量に起こし、無量の人びとをさとりに導くこと。
（15）　世福とは、世間の道徳。人天の楽の果報を目的とする三界内の善根で、三界の迷いを離れる出世無漏の聖道に対する。世善に同じ。
（16）『浄全』第二巻五四頁下三～六
（17）　ワイド版岩波文庫『浄土三部経』下四八頁一三～一五
（18）『浄全』第二巻二九頁五～六
（19）　ワイド版岩波文庫『浄土三部経』下四九頁三～四
（20）　戒福とは、戒律を守る福。戒善とは、戒を守ることによってもたらされる善。前生に五戒をたもてば、この世で人間に生まれ、また十善をたもてば、天上に生まれると考えられた。（中村元『仏教語大辞典』上一六五・一六四頁）
（21）『浄全』第二巻五四頁下六～九
（22）『浄全』第二巻三二頁上一〇～下一
（23）『昭和新修法然上人全集』三四三頁一七～一八
（24）『浄全』第二巻五四頁下九～一〇
（25）『浄全』第二巻三二頁下一～一一
（26）『大正蔵』第四十六巻六頁上七～
（27）『大正蔵』第四十六巻一七一頁上～中
（28）『大正蔵』第三十二巻五七二頁下四～
（29）『大正蔵』第九巻六三一頁中～
（30）『大正蔵』第九巻六三五頁上二五～中五
（31）『大正蔵』第四十五巻五四九頁上二二～中一七

(32)『大正蔵』第四十五巻六五一頁上一五～中二七
(33)『浄全』第六巻六一四頁上五～
(34) 高田本『西方指南抄』上（『法全』一八一頁四～五）
(35)『浄全』第二巻六〇頁下一四～六一頁上一
(36)『浄全』第四巻三六〇頁上一三～一四
(37)『浄全』第二巻三一頁下一一～一三
(38)『大正蔵』第十七巻所収（全七十巻）
(39)『浄全』第二巻三一頁下一三～一五
(40)『大正蔵』第九巻三〇頁c一〇（第四法師品第十「受持読誦解説書写妙法華経乃至一偈」）、同四八頁b一六～一七（法師功徳品第十九「受持是経。若読若誦若解説若書写」）
(41)『大正蔵』第三十一巻四六一頁a二五～b三「何者十種法行。書写供養施 聴読及受持。広説及読誦 思惟及修習。大乗法修行有十。一書写。二供養。三施与他。四若他読誦一心聴聞。五自読。六自如理取名句味及義。七如道理及名句味顕説。八正心聞誦。九空処如理思量。十已入意為不退失故修習」
(42)『大正蔵』第五十五巻九〇六頁b五（円照の貞元十五年撰述になる大蔵経目録全三十巻）
(43)『昭和新修法然上人全集』三四三頁一七～一八
(44) この疑問を呈すれば、公胤が『浄土決疑抄』三巻を著して法然の『選択集』を批判したことに似る。『法全』所収「一期物語」四四六頁四～一一。
(45)『法事讃』（『浄全』第四巻二五頁上一七～下三）「如来、五濁に出現して、随宜方便して群萠を化す。或ひは多聞にして得度すと説き、或ひは少解をもって三明を証すと説き、或ひは福慧双びに障を除くと教へ、或ひは禅念し坐して思量せよと教ゆ。種々の法門、皆解脱すれども、念仏して西方に往くに過ぎたるは無し」。この文によって善導は、『観経』前後の大乗の経教がすべて随宜方便の説であると断定した教判をもっていたことがわかる。
(46)『法全』四四七頁一〇～一七
(47)『浄全』第二巻三一頁下一五～三二頁上二

(48)『浄全』第二巻七一頁下二～四
(49)『浄全』第二巻三頁下一二～一四
(50)『浄全』第二巻二頁上一〇～一一
(51)『真宗聖教全書』第四巻一三二頁七～九
(52) ただし弘願の行体は、『観経』第七華座観「住立空中」の三尊の所説として顕在している。
(53)『大正蔵』第九巻三一頁b一六～一八「我所説経典。無量千万億。已説今説当説。而於其中。此法華経最為難信難解」
(54)『真宗聖教全書』第四巻一三〇頁六～一三一頁三
(55)『真宗聖教全書』第四巻一三一頁一四
(56) 拙稿「證空初期教学の淵源とその背景」(『西山禅林学報』第二十五号、一九九八年三月)二〇～三〇頁
(57)『法全』三四二頁五～三四三頁二
(58) 大橋俊雄『法然　一遍』一四九・三八四頁
(59)『法全』三四二頁五～八
(60)『法全』三四二頁八
(61)『法全』三四三頁一～二

第十三章　以念仏為多善根、以雑善為小善根之文

念仏を以て多善根と為《し》、雑善を以て小善根と為《す》る文

はじめに

第十三章から第十六章までの四章は『阿弥陀経』に依拠する章段で、『阿弥陀経』を中心としてそれに関する数種の注釈書を引用依拠し、念仏による摂取の果成を明らかにする。

『無量寿経』における弥勒への名号付属、『観経』における阿難への名号付属が、『阿弥陀経』に至っては正宗分に名号のみを説くこととなる。二経の流通分が『阿弥陀経』の正宗分となり、なお善導『法事讃』下巻をもって、『選択集』第十六章には『阿弥陀経』流通分にも更に究極的に名号付属と押さえられてゆく。

本章の名号は、『選択集』第三・本願章私釈段の第二問答によって導入される法然の二義、いわゆる「一には勝劣の義、二には難易の義」とした「勝劣の義」の勝において「名号は是れ万徳の帰する所」によって導き出される多善根である。当然のことながら雑善「余行は是れ劣」であり、小善根である。

ところで『選択集』を遡る八年前の、東大寺講説の『阿弥陀経釈』における法然（五十八歳）の考え方の一端を窺う。

経の来意とは、上の観経の中に始めには広く諸行を説ひて、遍く機縁に逗じ、後には諸行を廃す。ただ念仏一門なり。然るに猶を彼の経、諸行の文は広く、念仏の文は狭し。初心の学者、迷ひ易く是非決し難し。故に今此の経、諸行往生を廃し、また次にただ念仏往生を明かす。念仏の行に於ひて決定の心を生ぜむ為なり[1]。

【訳】『阿弥陀経』の来意として、先ず『観経』の説相次第を述べて、たとえ流通分において阿難に念仏一門が付属流通されたとしても、正宗分における諸行を説く文の広さに目を奪われ、かえって念仏を説く文の量的狭さに気を取られて、初心の学者であれば必ず（諸行・念仏の比重の）是非を決着することは困難であろう。そのようなことであるから、『阿弥陀経』でははじめから諸行往生について説くことはせず、ただ念仏往生についてのみ説いているのである。それは念仏一行について往生するのだという、そのような決定心を生じさせるためである、と。

『阿弥陀経』正宗の教説はそのような次第をもち、ただ念仏三昧の一行を説くと位置づけられる『阿弥陀経』にもかかわらず、ここに至ってなぜこの経にも念仏と雑善とを対比し、多善根・小善根といった廃立の考え方が導入されるのかという疑問が湧いてくる。この問に対する答は、本文・私釈に至って解決されるものであろうが、比校することのできない多・大・勝善根である念仏一行の前には、すでに衆生に行ずる小善根は問題とはならない。すでに信が決定し念仏の行者となった『阿弥陀経』の現今、一切の行相が信の行相なのである。

一　標章

第十三章を「念仏多善根章事[2]」「念仏多善根章[3]」「名号大善章[4]」ともいう。

この標章を見るとき、二つの概念が混在していることに気づくであろう。いわゆる念仏は多善根であるとともに大善根であり、雑善は少善根であるとともに小善根なのである。法然が恣意的に用いたものかどうか判然とはしないけれども、『選択集』第三・本願章勝劣義をも含めれば、多少と大小と勝劣の三つの相対的概念を混在させた表記である。面白くも不思議な標章であり、このような三つを相対させることによって、念仏と雑善を比校させて明確に廃立の論理を用いる。

この標章より看取されることは、名号による得生へ導かんがために「少善根・福徳の因縁」をもって往生することは不可であることを示し、そのために、念仏の一行である名号の執持を勧めた文言となっている。『経』にあるように、自らに修する少善根や福徳の因縁などの雑善をもって往生の生因とすることはできない。因中の願行が具足し一切の内証外用が摂在する万徳所帰の名号こそ、多善根であり大善根であり勝善根なのであって、この念仏一行以外に衆生が往生する生因はありえないことを示さんとしたものである。

二　本文段

（一）『阿弥陀経』

『阿弥陀経』に云はく。「少善根・福徳の因縁を以て、彼の国に生まるることを得べからず。舎利弗、若し善男子・善女人有って、阿弥陀仏（の名号）を説くを聞きて、名号を執持して、若しは一日、若しは二日、若しは三日、若しは四日、若しは五日、若しは六日、若しは七日（の間）、一心にして乱れざれば、其の人命終の時に臨みて、阿弥陀仏、諸の聖衆と現じて其の前に在します。是の人、（命）終わる時に心顛倒せずして、（命終わるや）即ち阿弥陀仏の極楽国土に往生することを得[5]」と。

【訳】『阿弥陀経』にはつぎのようにいう。「少ない善根や福徳の行修の因縁などをもって、阿弥陀仏の浄国に往生することはできない。舎利弗よ、もし善男子や善女人があって、釈尊が阿弥陀仏の名号を説かれるのを聞いて、それによって名号南無阿弥陀仏を執持して、もしくは一日より七日の間に至るまで、一心であって乱れることがないならば、その善男子善女人は自らの命が終わる時に臨んで、阿弥陀仏や観音・勢至の諸の聖衆たちが応現してその念仏行者の前に顕在してくださる。この人は、命終わる時に心が顛倒することなく、命が終わるや阿弥陀仏の極楽国土に往生することを得るのである」と。

「小善根」を法然はどのように考えているか、先の『阿弥陀経釈』「念仏往生」の「簡小善」項によって見る。

念仏往生
- 念仏往生
  - 引証勧進
- 修因
  - 感果
- 発願
  - 念仏
- 簡小善
  - 正修念仏

大小の義は諸師異説あり。云々　今善導に依らば雑善を以て、名づけて小善と為す。云々[6]

善導の釈意によって雑善を小善根と位置づけ、したがって念仏は大善根・多善根・勝善根である。

また『阿弥陀経』に出る「善男子・善女人」であるが、経文からみれば教説を聞くことのできる善人のように受け取ることができるが、当該箇所において釈する善導の見方はどこまでも「滅後の一切の造罪の凡夫」[7]である。しかし『観経』においては、法然が第十一章本文段に引用した流通分にいう「若念仏者当知。此人是人中分陀利華（若し念仏せむ者は当に知るべし。此の人は是れ人中の分陀利華なり）」であり、『観経』流通分に至っては多「善」根を修する「善」男女であることも事実である。

右にある「其の人命終の時に臨みて」の文であるが、決して臨終の時だけに関わる「名号の執持」ではない。善導は『阿弥陀経』の右の文を釈してつぎのようにいう。

護念経（『阿弥陀経』）の意は、また諸の悪鬼神をして便りを得しめず。また横病横死、横さまに厄難有ることなく、一切の災障自然に消散す。不至心なるを除く。此れまた是れ現生護念増上縁なり。[8]

『阿弥陀経』の経意として、「一心に専ら阿弥陀仏を念じて往生を願ず」るとき、六方の諸仏聖衆は常に平生臨終に関わりなく、「悪鬼神の便り」はなく、「横さまに厄難有ることなく」「一切の災障自然に消散」し、行人を現生に護念するという。

また「執持名号」の文であるが、基本的には前文の「名号を説くを聞」くことであり、名号の原理構造と内証外用を自らの内面において思惟し思念することを持続的に維持することである。善導はつぎに引く本文段（第二文）の文のように「弥陀を念ぜしめて、専らにして復た専らならしむ」[9]といい、法然は前頁の『阿弥陀経釈』「正修念仏」の項によれば「是れ一心に彼の仏名を称念す。之を名づけて念仏と為」[10]という。いずれにしても執持とは、弥陀の名号を称念することという理解である。その名号を称念しうるところに、衆生における平生・臨終の証果が現成していることを忘れてはなるまい。なぜなら願行具足の名号を称念されるところに、機の善悪も、一念一声も、多念多声も、時節の久近も、分別することはないからである。称念そのものが正定業であり、衆生の往生を窮満させることに他ならないからである。すでに果上の覚体を表象する正定業となっているからである。

このなか「一心」について法然は『要義問答』[11]で、『無量寿経』の三心・『観経』の三心を『阿弥陀経』の一心に融合した理解を示している。

(二) 善導『法事讃』

善導、此の文を釈して云はく。「極楽は無為涅槃の界なれば、随縁の雑善は恐らくは生まれ難し。故に如来、要法を選んで教へて弥陀を念ぜしめて、専らにして復た専らならしむ。七日七夜、心に間《ひま》無かるべし。長時の起行も倍《ますます》皆然なれば、臨終には聖衆、華を持て現じたまふ。身心踊躍して金蓮に坐す。坐する時に即ち無生忍を得。一念に迎へ、将《ひき》ゐて仏前に至る。法侶、衣を将《も》て競ひ来たりて著せしむ。不退を証得して三賢に入る」[12]と。

【訳】善導は『法事讃』にこの文を釈してつぎのようにいう。「極楽は無為涅槃の境界であるから、縁に随って行ずるような雑善（随他意の法門）によって往生することは恐らく難しいであろう。だから釈尊は、流通分に至って自ら要法を選んで、舎利弗に阿弥陀仏を念ぜしめることを教えて、七日七夜の間、専らのうえにもまた専らに弥陀の名を執持させるのである。心に間《ひま》などがあってはならないのである。長時にわたる起行もますます皆そうであるならば、臨終の時には聖衆たちが蓮華を持って応現してくださる。身心はまことに歓喜踊躍しており、金色の蓮台に坐るのである。坐する時には直ぐさま無生忍が得られる。名号の一念に迎えとられ、引接されて仏前に至る。法友伴侶は、衣をもって競って着てその者に着せしめようとする。そうすれば、不退転を証得して三賢（十住・十行・十回向）の菩薩の位に入るのである」と。

『法事讃』とりわけ下巻は、『阿弥陀経』の経文の次第により七言の讃文を施して転経してゆくのが特徴である。本文段引用の『阿弥陀経』一節にも、前一行とそれ以後の二つに分節はされるものの、極めて流麗な讃文が施されている。したがって善導『法事讃』においては二つに分けられた文節ではあるが、法然にはこの箇所には一つにして引用している。

さて本章の標章は、「以念仏為多善根、以雑善為小善根之文」である。確かに善導『法事讃』の文には小善根である「随縁の雑善」という文言があり、それに対比するのは釈尊により選択された要法である多善根の「念弥陀（仏名）」がある。今章の「はじめに」で書いたように、なぜ『阿弥陀経』の章段に至ってまでも法然は、この経文の一節を捉えて「随縁の雑善」と比校しなければならなかったのか。

この章は『無量寿経』『観経』の章段のように、基本的には相対的比校の多少・大小・勝劣を語る領域ではないのである。相対的比校を超えた「自余の衆行も是れ善と名づくと雖も、若し念仏に比すれば全く比校に非(13)」ざる多・大・勝をもった善根、いわゆる正定業である念仏一行の本質をいわんとしたものである。『経』の「執持名号、若一日（乃至）若七日、一心不乱」も『釈』の「専らにして復た専らならしむ。七日七夜、心に間無かるべし。長時の起行も倍皆然なれば」というのも、弥陀大悲の引接からすれば念仏行者の相対的比量を問題とするものではなく、一切の願行を成就した正定業が行者のうえに行相として顕在したことが大切なのである。このうえに顕われる行者の行相は、すべて第十一章にいう五種の嘉誉ということである。

弥陀成仏の因果といい衆生往生の因果という原理的な教理は基本的には真に重要ではあるけれども、現実的な衆生の往生の現成ということを考えれば、一切の諸善を廃し念仏一行のみを出だして、全非比校の念仏一行が功能超絶していることを明かしている『阿弥陀経』が、選択本願念仏の名にいちばん相応しいのかもしれない。

三　私釈段

私に云はく。「少善根福徳の因縁を以て、彼の国に生まるることを得べからず」といは、諸余の雑行は彼の国に生まれ難し。故に「随縁の雑善は恐らくは生じ難し」と云ふ。「少善根」といは、多善根に対する言《ことば》なり。然れば則ち、「雑善」は是れ少善根なり。念仏は是れ多善根なり。故に『龍舒の浄土文』に云はく。「襄陽の石に刻《ゑ》れる『阿弥陀経』は、乃ち隋の陳仁稜が書ける所なり。字画、清婉にして人多く慕《ねが》ひ玩《もてあそ》ぶ。《一心不乱》といふより下に、《専ら名号を持《たも》ちて以て名を称するが故に、諸罪消滅す。即ち是れ多善根福徳の因縁なり》と云へり。今の世に伝はれる本に此の二十一字を脱せり已上」と。

啻《ただ》、多少の義有るのみに非ず。亦た大小の義有り。謂はく、雑善は是れ小善根なり。念仏は是れ大善根なり。亦勝劣の義有り。謂はく、雑善は是れ劣善根なり。念仏は是れ勝善根なり。其の義、知るべし。

【訳】『阿弥陀経』に「少善根福徳の因縁を以て、彼の国に生まるることを得べからず」というのは、諸余の雑行をもってしては弥陀の浄国に往生することは難しいということである。だから善導は『法事讃』に「随縁の雑善は恐らくは生じ難し」といっている。「少善根」とは多善根に対する言葉である。したがって「雑善」は少善根であり、念仏は多善根である。だから『龍舒浄土文』[14]にはつぎのようにいう。「襄陽の石に刻まれている『阿弥陀経』は、隋の陳仁稜が書いたものである。字画は真に清婉であって、多くの人々は思慕しての手本として習玩している。《一心不乱》から下に、《専持㆓名号㆒、以称㆑名故、諸罪消滅。即是多善根福徳因縁》と（いう二十一文字を）伝えている。今の世に伝わっている（鳩摩羅什訳の『阿弥陀経』）経本にはこの二十一字が脱けている」[15]と。ただこの浄土文のみならず、念仏と雑善には多少の義意が有るだけではない。また大小の義意も有る。雑善は小善根であり、念仏は大善根である。また勝劣の義意も有る。雑善は劣善根であり、念仏は勝善根である。そのような三義を知っておかなければならない。

法然のこの私釈段の意図は、本文段の二文だけではなく、法然自らが取得した宗像の『阿弥陀経』碑文と『龍舒増広浄土文』との校合によって、標章に謳う多善根とは根源的に弥陀の名号であり、その名号を称名念仏する正定業によって行者の諸罪が消滅し、福徳の因縁となりうることを他の一文によって証明したかったのであろう。

標章にいう雑善とは、本章に至るまで必ずや常に名号・念仏一行と対比された余行と、その概念は一にする。生きるなかで縁に触れ、縁に催されて衆生のうえに修せられ、また衆生の機縁に随いその求めによって説示された法門にいう行を、余行という。すなわち自力に機根のうえに修せられる余善諸行、善導でいえば「自余の衆行」を指す。

このことは、第十四章の標章（六方の恒沙の諸仏、余行を証誠せずして、唯だ念仏を証誠したまふ）によっても歴然とする。『阿弥陀経』には「少善」根といい、つぎの善導『法事讃』には随縁の「雑善」といっているところから、善導の用語に集約して雑善といっているのであって、概念としての語義は本来「余行」である。本文段『法事讃』の私釈のところでもいったことであるが、『選択集』第一章の仏教教判において聖道門大乗より独立した往生浄土門を建立した以上、易行という語義はもつものの、行修という範疇を超えた。そしてなお第二章の浄土教判において、雑行は廃捨されるものの、助業をも包括する正助二行という浄土門依用の行相が示された。第三章に至って、第一章第二章で述べられた聖道門の諸行・浄土門の諸行（雑行・五種正行）が実は「余行」であって、真実他力の行である念仏一行のみが往生の生因であったことが明かされてゆく。いまだ回心がはかられる以前の教判の体系のなかで雑行・五種正行、広義には諸行がいかほど明かされようとも、本願の教旨が明かされないうちは随縁の雑善なのである。

本章の標章に先ず「念仏を以て」と書き出すことは、真実他力の行体である念仏一行が、全非比校の多・大・勝の善根であることを述べ、以下に雑善という余行が相対的自力に修する少・小・劣善根であることを表象させているのである。

ここに注意を要することは、現行『阿弥陀経』に欠落している『龍舒浄土文』の二十一文字（専持名号、以称名故、諸罪消滅。即是多善根福徳因縁）のことである。先ず「専ら名号を持して」というのであるから、衆生の救済の原理は願行具足した弥陀の名号にあるのである。その名号が「名を称する」という正定業に出ずることによって、「若不生者、不取正覚」が成立し、名号の功能徳用として諸罪が消滅し、多善根として福徳の因縁となりうるのである。

四　第十三章のむすび

大小の義と勝劣の義の二つは、それぞれ第三章（本願章）と第五章（念仏利益章）とに『無量寿経』を引いて述べられていた。本章には多少の義をもって『阿弥陀経』によって総括される。それぞれの多・大・勝の三義をもって、念仏一行の全非比校性を顕証することが明かされたのである。法然はこの三義が成就していることを、敢えて『龍舒浄土文』の二十一文字を私釈段に引くことによって糾明し、完結しようとしたのではないか。

むすびに「其義応知」として、自力に修する踈雑の行はいずれにしても少であり、小であり、劣の善根には違いなく、往生の生因になることはない。それに比して執持名号の行こそ多であり、大であり、勝の善根なのだということを押さえておくのである。『観経』の諸罪消滅が、『阿弥陀経』には一切説かれていない。『阿弥陀経』一経は、すべてが正定業の当体を顕わす経である。したがって本来この二十一文字は不必要なのであろうが、「多善根」の一点を完結させるために敢えて導入したものと考える。相対的な三義であっては、また一念一声や長時の起行といった分別も、『阿弥陀経』の経意としては意味をなさない。

註

（1）『阿弥陀経釈』（『法全』一三三頁一一～一三）

（2）行観『選択本願念仏集秘鈔』（『浄全』第八巻四一九頁下三）、明秀『選択本願念仏集私鈔』（『西全』別巻第二巻一三九頁上五）

(3) 智通『選択集口筆鈔』第五巻一八丁右二
(4) 尭恵『選択私集鈔』第七巻二一丁左五
(5) ワイド版岩波文庫『浄土三部経』下一四〇頁五～一四
(6) 『阿弥陀経釈』(『法全』一三五頁九)
(7) 『観念法門』(『浄全』第四巻二三五頁下三～一〇)に『阿弥陀経』を引用してつぎのようにいう。
『弥陀経』に云ふが如き、六方に各の恒迦沙等の諸仏有って、皆舌を舒べて遍く三千世界を覆ふて成実の言を説く。若しは仏の滅後の一切の造罪の凡夫、ただ心を廻して阿弥陀仏を念じて、浄土に生ぜんと願ずれば、上百年を尽くし下七日一日十声一声等に至るまで、命終はらんと欲する時に、仏と聖衆と自ら来たりて迎接して、測ち往生を得しむ。(以下略す)
『浄全』第二巻所収『散善義』五八頁上八～下一
『弥陀経』の中に説きたまはく。釈迦、極楽の種々の荘厳を讃歎し、また一切の凡夫を勧めて、『一日七日、一心に専ら弥陀の名号を念ずれば、定んで往生を得』と。次下の文に云まはく。『十方に各の恒河沙等の諸仏有まして、同じく釈迦能く五濁悪時・悪世界・悪衆生・悪見・悪煩悩・悪邪・無信の盛んなる時に、弥陀の名号を指讃して、《衆生称念すれば、必ず往生を得》と勧励したまふを讃じたまふ』と。即ちその証なり。また十方の仏等、衆生の、釈迦一仏の所説を信ぜざることを恐畏れて、即ち共に同心同時に、各の舌相を出だして、遍く三千世界に覆ひて、誠実の言を説きたまはく。『汝等衆生、皆この釈迦の所説・所讃・所証を信ずべし。一切の凡夫、罪福の多少、時節の久近を問はず。但だ能く上み百年を尽くし、下も一日七日に至るまで、一心に専ら弥陀の名号を念ずれば、定んで往生を得。必ず疑ひなし』と。
(8) 『観念法門』(『浄全』第四巻二二九頁上七～九)
(9) 『法事讃』(『浄全』第四巻二一頁上一六)
(10) 『法全』一三五頁一一
(11) 『法全』六二六頁一～八
(12) 『浄全』第四巻二一頁上一五～下二

(13) 『浄全』第二巻四九頁上一〇～一一

(14) 十二巻(『大正蔵』第四十七巻・『浄全』第六巻)。宋の王日休編。編者は盧州龍舒の人で龍舒居士と号したことから、この名が出た。彼が読んだ蔵経本や多くの伝記のなかから浄土教に関連した要文を抜粋して、浄土往生の資糧としようとしたもの。以下略(『浄土宗大辞典』第三巻四五五頁C)

(15) 王日休『龍舒増広浄土文巻第一』の末尾に「阿弥陀経脱文」という一項がある(『浄全』第六巻八四四頁下一〇～一四)。そのなかの一節である。襄陽に石刻されている『阿弥陀経』の全文を記した碑が福岡県宗像市田島の宗《むな》像《かた》神社にある。明治三十九年四月国宝指定。

第十四章　六方恒沙諸仏、不証誠余行、唯証誠念仏之文

六方の恒沙の諸仏、余行を証誠せずして、唯だ念仏を証誠したまふ文

はじめに

『阿弥陀経』章段の第二である。前章にも触れたことであるが、『阿弥陀経』は正宗分・流通分の一経を通して専ら念仏一行を説く。すでに衆生によって自力に修し行じられる一切の行業はなく、ただ偏に名号として成就された願行具足の依正の荘厳と、一切衆生の往生を現成する生因である念仏の一行が説かれているのみである。

念仏一行は、多・大・勝の絶対的な価値をもつ全非比校の善根である。すでに相対の範疇は超え、「十方衆生」は「十方（世界念仏）衆生」の一類となって光明名号に摂化されている。この念仏一行がただ弥陀・釈尊のみの選択ではなく、六方諸仏によっても証誠される選択であることを、『阿弥陀経』を引用した善導と法照の著によって証明しようとした章段である。この章によって三聖による選択が成立することとなる。自力に修する一切の余行は証誠されることなく廃捨され、ただ他力による念仏一行のみが証誠されて修習されることを意図して設けられた一章である。

一　標章

本章は、「念仏証誠章[1]」「諸仏証誠念仏章[2]」「証誠章[3]」などと呼ばれる。

この標章を見ても『選択集』を一貫し把捉している教義綱要として、念仏（一行）の対比概念として余行を用いていることが歴然とするであろう。

阿弥陀仏が十方衆生を救済する根源的な原理は、因位に四十八願を建立し、中間に六度という一切の万行を成就し、十劫の昔より果上の覚体となっていることである。その別願酬因の報身阿弥陀仏の名号を南無阿弥陀仏というのであり、その名号には一切の願行が成就され、一切の内証外用を内包する果上の名号ということである。その果号が現在の我われに現成されるためには、「乃至十念」という十声の称名念仏に顕証される以外にはない。それは正定業だからであり、三縁三義が成就されているからであり、本願に成就されているからであり、本願として成就されている行だからである。化仏・菩薩はその声を尋ねて我ら十方の衆生に至り趣き、迎接されてゆくのである。[4]

このように領解されたとき、標章のもつ意義は、衆生によって自力に修し行ずる一切の行業は余行であるから不証誠であり、他力により修習される生因の行業は念仏一行そのものであるから、「唯」だ諸仏によって証誠されるものとなる。

『阿弥陀経』には六方段にわたって恒沙の諸仏によって「汝等衆生、当信是称讃、不可思議功徳、一切諸仏、所護念経〈汝等衆生よ、当に是の、〈阿弥陀仏の〉不可思議の功徳を称讃する、一切諸仏に護念せらる〈と名づくる〉経を信ずべし〉[5]」といい、阿弥陀仏の正覚の内実とその功徳を説いた『阿弥陀経』を証誠して、一切の衆生に対し名号の執持を勧信し護念をはかる。そこには余行の証誠は微塵もなく、ただ六方の諸仏による念仏と経説の証誠があるだけである。

標章の「唯」は相対的比校の至上・最上・最高のという意ではなく、全非比校の「唯」一である。

法然にとって『選択集』より少し以前の著書である『阿弥陀経釈』には、『阿弥陀経』には偏に念仏往生が説かれているのであるが、二つに分科し、一に念仏往生、二に引証勧信とするなか、二の引証勧信につぎのようにいう。

- 念仏往生
  - 念仏往生
  - 引証勧信
    - 来意
    - 正引証勧信
      - 一は自証の知見を以て勧信し
      - 二は多仏の証を引きて勧信し
      - 三は現当の利益を示して勧め
      - 四は我仏と為りて讃ぜらるることを挙げて勧め
      - 五は惣結して勧む

> 多仏の証を引きて勧信すとは、他方世界六方恒沙の諸仏を引きて、助成し勧信する也。助成とは、云々　諸仏の助成を用ひて勧信するに、略して三意有り。一は一仏多仏、二は共化不共化、三は一方有縁衆生に約す。(6)

法然は『阿弥陀経』になぜ多仏の証誠があるのかという理由に、証誠という諸仏の助成によって行者を勧信するためであるとする。それに三義があり、一に「一仏多仏」では、阿弥陀仏という一仏に大願業力という一切衆生を摂取する強力をもっているのはよくわかるのだが、ここでは六方恒沙の諸仏による証誠の衆力という「多」による助成をさせて信を生ぜしめるのであるという。二に「共化不共化」では、諸の有情の類は無始よりこのかた種姓が法爾としていていろいろなものに繫属されている。一仏の教化に会う者もあれば多仏に遇う者もいる。それらは一つとして共通な者はいない。したがって六方恒沙の諸仏の証誠による勧信を出すことによって、一切を摂しようとしているのであるという。三に「一方有縁衆生に約す」では、一方にだけしか縁のない衆生のために各六方諸仏の証誠があるという。

いずれにしても、名号に顕証される弥陀の正覚を説く『阿弥陀経』が、諸仏によって証誠される。その証誠によって念仏行者には名号の執持という信が勧められ、護念があるということをいわんとしたのである。

この『阿弥陀経』は、『法華経』の会座に出る多宝塔涌出の仏でも、『金光明経』に出る四方四仏の証誠でもない。このような諸経の証誠とは異なり、釈尊が『観経』流通分において弥陀の名号を付属流通して讃歎したように、六方の諸仏は自らの本国において、釈尊が説くように六方の諸仏も同心同讃に言説して証誠するものである。釈尊の教説が至誠真実であるから諸仏もその誠実の言説を説いて、同心同讃に証誠し勧信し護念するのである。

弥陀一仏で十二分であるものの、六方諸仏による証誠という互いの助成を施説し、三聖同心の証誠を説く釈尊の、『阿弥陀経』開説の深意をくみ取らなければならない。この深意をくみ取らない限り「執持名号」の真意も伝わらないのである。六方諸仏の証誠は弥陀の名号を証誠するのであり、執持名号によって十方衆生の往生が現成していることを証誠するのである。

先の第十三章において述べたように、多・大・勝が成就された「執持名号」こそ末代の衆生が出離する行の本質本体であり、諸仏が同心同讃に証誠・勧信・護念する内実である。すでに執持名号された行者に、行相として三業に出るのは「三心既具無行不成」の正定業のなにものでもない。

二　本文段

第十四章本文段が他の章と異なる大きな特徴は、直接『阿弥陀経』の経文を引くことなく、善導の書から五文と法照『浄土五会法事讃』の一文の、全六文にも及んでその書のなかで引証された『阿弥陀経』領解の文を引用していることである。

(一)『観念法門』

善導の『観念法門』に云はく。「又『弥陀経』に云ふが如きは、六方に各恒河沙等の諸仏有《ましま》して、皆、舌を舒べて三千世界に覆ひて、誠実の言を説きたまふ。若しは仏の在世に、若しは仏の滅後に、一切造罪の凡夫、但だ回心して阿弥陀仏を念じて、浄土に生まれむと願ずれば、上百年を尽くし、下七日・一日・十声・三声・一声等に至るまで、命終はらむと欲《す》る時に、仏、聖衆と自ら来たりて迎接したまふて、即ち往生することを得。上の如きの六方等の仏、舌を舒べて、定めて凡夫の為に証を作したまふ。《罪滅して生まるることを得》と。若し此の証に依りて生ずることを得ずば、六方の諸仏の舒べたまへる舌、一たび口より出でて已後、終に口に還り入らずして自然に壊爛《えらん》せむ」と(7)。

【訳】善導の『観念法門』につぎのようにいう。「また『阿弥陀経』にいうように、六方世界の各に恒河沙ほどの諸仏がおられて、皆三千大千世界を覆うようにして舌を舒べ、至誠真実の言葉を説いておられる。もしくは釈尊が世に在《お》いでになり、もしくは釈尊が滅度された後に、多劫の罪を造る一切の凡夫が、ただ回心して阿弥陀仏を念じてその極楽浄土に生まれたいと願うならば、上は百年を尽くし、下は七日・一日・十声・三声・一声などに至るまで、まさにその行者の命が終わろうとする時に、阿弥陀仏は聖衆とともに自ら来たって迎接されるのであり、即座に往生することができる。上に述べたような六方などの諸仏は、広長の舌相を舒べて、必ずや凡夫のために《（阿弥陀仏の名を称念することによって）一切の罪は消滅して、弥陀の浄土へ生まれることができる》と証誠の言葉を作されるのである。もし諸仏の証誠によって往生することができないならば、六方の諸仏が誠実の言葉を舒べられるその舌は、ひとたび口より出た以後、終にはもとの口に還り入ることはなく自ずと壊爛（壊《くず》れ爛《ただ》れる）であろう」と。

この文は、善導『観念法門』に述べる第五証生増上縁の第八文の全文である。この文が引かれる理由は他の章と同様に、法然の浄土教は善導の教学によって成立している。第十六章私釈段に「偏依善導一師」と謳い、祖師としての善導を神格化して受容し、その著書を「弥陀の直説」としていることによる。また本文を一読して領解されるように、『阿弥陀経』六方段が要領よく纏められてあり、経文を引用するより善導の領解の文を優先したということである。

善導の理解として大切な点は、『経』の「善男子善女人」が在世・滅後の一切造罪の凡夫と捉えられ、その凡夫にとって先ず回心がはかられ、そのうえに称名の修習がなされ、そして臨終には迎接を蒙り往生を果たすという領解である。六方諸仏の証誠はすべからく、滅罪のうえ凡夫の往生に証を与えるためである。『観経』が発起し、流通にて釈尊ひとり讃歎して「若念仏者、当知此人、是人中分陀利華（若し念仏する者は、当に知るべし。此の人は、是れ人中の分陀利華なり）」といい、得益した九品の機は、『阿弥陀経』に至って諸仏によって同心同讃に証誠され、

「若有善男子善女人、聞説阿弥陀仏、執持名号（若し善男子善女人有りて、阿弥陀仏を説くを聞き、名号を執持す）」と讃歎されているのである。

善導は続けて「若し此の証に依りて生ずることを得ずば」という。この六方諸仏の証誠によって在世滅後の一切造罪の凡夫が往生しなかったなら、一切諸仏の舌は壊爛するはずだと、真に厳しくその証誠を確信している。(8)

（二）『往生礼讃』後序

同じく『往生礼讃』に『阿弥陀経』を引きて云はく。「東方の恒河沙の如き等の諸仏、南・西・北方及び上・下、一一の方に恒河沙の如き等の諸仏、各本国に於て其の舌相を出だして遍く三千大千世界に覆ひて、誠実の言を説きたまふ。《汝等衆生、皆是の一切の諸仏の護念したまふ所の『経』を信ずべし》と。云何が護念と名づくる。若し衆生有りて阿弥陀仏を称念すること、若しは一日及び七日、下十声、乃至一声・一念等に至るまで、必ず往生することを得。此の事を証誠したまふが故に、護念経と名づく」と。(9)

【訳】同じく善導の『往生礼讃』に『阿弥陀経』を引いてつぎのようにいう。「東方世界の恒河沙のような諸仏たち、そして南方・西方・北方および上方・下方の一つ一つの方角におられる恒河沙のような諸仏たちは、それぞれの本国において自らの広長の舌相を出して遍く三千大千世界を覆うようにして、至誠真実の言葉《汝ら衆生よ、皆この一切の諸仏たちが護念する『阿弥陀経』を信じなさい》と説くのである。（また『阿弥陀経』を）どうして「一切諸仏所護念経」と名づけるのかといえば、もし衆生がいて、阿弥陀仏の名である南無阿弥陀仏をもし一日から七日に及び、下は十声から一声・一念などに至るまで称念することができたなら、必ず浄土に往生することができる（、と説いているからである)。このことを証誠されるところから「護念経」と名づけるのである」と。

『往生礼讃』最末尾の文である。六方諸仏が『阿弥陀経』を証誠し護念するのは偏に、在世滅後の一切造罪の衆生に対して信を勧めるためである。善導はこの「護念」という義意を、衆生が七日乃至一声一念に至って南無阿弥陀仏を称念し、そのことによって往生することを諸仏が証誠すること、としている。これによって善導においては、言説の証誠と意運の護念の義意は本来一つである。

しかし、法然はこの証誠(第十四章)と護念(第十五章)とを章を分けて述べているので、その二者に異なりがあるとは考えられるが、次章の私釈段においてそれは明かされるであろう。法然は、諸仏による証誠・勧信・護念によって衆生の往生が現成していることを、この文によって示そうとしている。

(三)『往生礼讃』日中礼讃の文

又云はく。「六方の如来、舌を舒べて証したまふ。《専ら名号を称すれば西方に至る》と。彼《か》こに到りて、華開きて妙法を聞かば、十地の願行、自然に彰る」[10]と[11]。

【訳】また善導『往生礼讃』につぎのようにいう。「六方の諸仏如来たちは、広長の舌相を舒べて《弥陀の名号である南無阿弥陀仏を専ら称するならば、西方極楽浄土に往生することができる》と証誠する。その浄土に到って蓮華が開き、そして直接弥陀の妙法を聞くことができたならば、菩薩としての十地の位において修する願と行とは自然に彰われるのである」と。

日中礼讃の、弥陀を礼讃する偈文である（この直前の偈文は、第七章私釈段に引用されている）。六方諸仏の証誠の本意は、偏に衆生による念仏往生にある。この娑婆においては難行苦行であろうとも、浄土に往生すれば十地の願行さえも容易に修習することができ、諸仏が証誠する言説のもとには成仏の道理さえもあるのである。

（四）『散善義』深心釈の就人立信の文

同じく『観経の疏』に『阿弥陀経』を引きて云はく。「又、十方の仏等、衆生の釈迦一仏の所説を信ぜざらむことを恐畏して、即ち共に同心同時に各舌相を出だして、遍く三千世界に覆ひて誠実の言を説きたまふ。《汝等衆生、皆応に是の釈迦の所説・所讃・所証を信ずべし。一切の凡夫、罪福の多少、時節の久近を問はず。但だ能く上み百年を尽くし、下も一日七日に至るまで、一心に専ら弥陀の名号を念ずれば、定めて往生することを得。必ず疑ひ無きなり(12)》」と。

【訳】同じく善導『観経疏（『散善義』）』に『阿弥陀経』を引いてつぎのようにいう。「また十方世界の諸仏たちは、衆生が一仏としての釈尊の説くところを信じないことを恐《おそ》れて、釈尊と諸仏はともに同心同時に各の広長の舌相を出して、遍く三千大千世界を覆うように至誠真実の言葉を説かれる。《汝ら衆生は、皆この釈尊の所説・所讃・所証を信じなければならない。一切の凡夫に対し、罪福の多少や時節の久近を問うことはない。ただ能く上は百年を尽くし下は一日・七日に至るまで、一心に専ら阿弥陀仏の名号を念ずるならば往生することは決定している。これは必ずや疑いのないところである》」と。

この時代に風靡した摂論学派の批難に対して、善導自らが経証として述べた深心釈における『阿弥陀経』領解の一段である。釈尊が『観経』に定散二善・三福九品として説く極楽の依正二報を証讃して衆生に欣慕させ、また『阿弥陀経』前段において、多・大・勝の善根としての「執持名号」を勧称していることで十分ではあるのだが、一切造罪の凡夫がただ一仏（釈尊）の所説だけでは信用しないことを畏れ見越して、互いに同心同時に証誠し合うことで、釈尊の「所説・所讃・所証」が真実であることをいい、凡夫への信をはかっているのである。

確かに『観経』序分の定善示観縁第一段（仏告阿難及韋提希。諦聴諦聴、善思念之。如来今者、為未来世一切衆生、為煩悩賊、之所害者、説清浄業）に進み、善導はこれから説かれるであろう経説を「曠劫にも聞くこと希れなり。如今《いま》始めて説きたまふ[13]」と位置づけている。たとえ釈尊であろうとも一仏の証讃より多仏の証讃の助成を求めたのである。

この文のなかで善導は、一切衆生の往生の条件として「罪福の多少、時節の久近」を問題視していないことを看取することができるであろう。ただ第十八願文に誓われているように、衆生往生の決定の行相は、必ずや「一心に専ら弥陀の名号を念ず」ることによって顕証されるのであるという。

本文段第四文として引かれたこの文の前後に、善導はつぎのように述べる。

縦《たと》ひ釈迦、一切の凡夫を指勧して、「此の一身を尽くして、専念専修すれば、命を捨てて已後、定むで彼の国に生ず」とのたまはば、即ち十方の諸仏も、悉く皆な同じく讃《ほ》め、同じく勧め、同じく証したまはむ。何を以ての故に、同体の大悲なるが故に。一仏の所化は、即ち一切仏の化なり。一切仏の化は、即ち一仏の所化なり。即ち『弥陀経』の中に説きたまはく。釈迦、極楽の種々の荘厳を讃歎し、また一切の凡夫を勧めて、「一日七日、一心に専ら弥陀の名号を念ずれば、定むで往生を得」と。次下の文に云《のた》まはく。「十方に各の恒迦沙等の諸仏有《まし》まして、同じく釈迦能く五濁悪時・悪世界・悪衆生・悪見・悪煩悩・悪邪・無信の盛んなる時に、弥陀の名号を指讃して、《衆生称念すれば、必ず往生を得》と勧励したまふを讃じたまふ」と。即ち其の証なり。（ここに本文段の第四文が入る）是の故に一仏の所化は、即ち一切仏、同じく其の事を証誠したまふ。此れを人に就いて信を立つと名づく。(14)

釈尊と諸仏がなぜ互いに同讃同勧同証するのかといえば、同体の大悲を具有しているからであると。この大悲とは偏に凡夫のための無縁の慈悲であって、互いの証誠は各の正覚とその「所説・所讃・所証」を証誠するためだけのものではなく、衆生に勧称させることを究極の目的としている。したがって一仏の所化は一切仏の所化でもあり、一切仏の所化は一仏の所化でもある。その証誠に不真実はないのである。

（五）『法事讃』

同じく『法事讃』に云はく。「心心に念仏して疑ひを生《な》すこと莫れ。六方の如来、《虚しからず》と証したまへり。三業に心専らにして雑乱無ければ、百宝の蓮華、時に応じて見ゆ」と。(15)

【訳】 同じく善導の『法事讃』につぎのように言う。「一心一心に念仏して疑いを生《な》してはならない。六方世界の諸仏如来は、《（釈迦の所説・所讃・所証は）決して虚しいものではない》と証誠されている。身口意の三業において、心を専一にして（善悪の修因に障えられるような）雑乱がないならば、百宝に厳飾された蓮華は時に応じて（自らの往生・成仏の姿として）見ることができる」と。

ここに引用された『法事讃』の直前にも「四十八願、慇懃に喚ぶ。《仏の願力に乗じて西方に往け。》娑婆永く別れなば、更に何をか憂ふ。罪と福と時との多少を問ふことなく[16]」といい、「弥陀仏の大願強力に乗じ」る条件として一切の「造罪福善とその時の多少」が問題となっていないことが看取されるであろう。というよりも、善導にとって疑慮を生じるのは、衆生が現世にて積植しなければならないと思っている「罪福と時の多少」にあると、考えていたということであろう。したがって、往生の要件として一切衆生の機根という願行を問題としないことに思いが至るならば、疑慮は起こらないのである。疑慮のない衆生の三業は、「三心既具、無行不成」の真実清浄の正定業である。

ここにいう「百宝の蓮華」は、『観経』上品下生・下品上生に説く「百法明門」ではなく、下品下生に説く「如是至心、令声不絶、具足十念、称南無阿弥陀仏。称仏名故、於念念中、除八十億劫、生死之罪、命終之時、見金蓮華、猶如日輪、住其人前（是くの如く至心に、声をして絶へざらしめ、十念を具足して、南無阿弥陀仏と称せしむ。仏の名を称するが故に、念念の中に、八十億劫の生死の罪を除く、命終の時、金蓮華の、猶し日輪の如くに、其の人の前に住まるを見る）[17]」に代表される厳浄の蓮華をいい、自らの往生相を異方便の観として「見る」のである。

（六）『浄土五会法事讃』

法照禅師の『浄土五会法事讃』に云はく。「万行が中に急要為り。迅速なること浄土門に過ぎたるは無し。但だ本師金口の説のみにあらず。十方の諸仏、共に伝へ証したまふ」と。[18]

【訳】　法照《ほっしょう》禅師の(19)『浄土五会念仏略法事儀讃』につぎのようにいう。「(釈尊一代において衆生を悟入せしめる教行として)万行(諸善が説かれたそ)のなかにあって差し迫って重要なことで、(更に衆生の往生において)迅速である法門は、この浄土門の他に過ぎた教行はないであろう。ただ本師釈尊が金口として説かれたというだけではない。十方世界の諸仏たちが自らの本国において、共に伝え証誠しておられるからである」と。

法照の文を読む限り、証誠についてなお補強しようとするのであれば善導の先の五文だけで十二分なように思われる。確かに前半は教判をいわんとした文言であろう。法然は修すべき教行としての「聖道門の諸行」にすべての万行を包括して廃捨していた。更に「浄土門の諸行」においては雑行を先ず廃捨し、進んで五種正行のなかで助業をも傍らにした。畢竟その第四称名正定業でさえ正助二行と一括して、本願に邂逅するまでの衆生の三業に修する行としていた。他力の行である念仏一行に回心してこそ、その正定業が生きてきもし、本願として裏打ちされた本願の行たりうるのである。

そのような法然の教判(廃立)を前半の二偈において収斂させ(20)、後半の二偈において念仏一行を釈尊・諸仏の互いの同心同讃の証誠によって確立させる文として採用したのであろう。たとえ後善導といわれた法照の『浄土五会法事讃』であっても、また簡潔に要を得たこの第六文であっても、筆者はこの箇所には不用であると考える。

三　私釈段

《第一問答》
私に問ふて曰はく。何が故ぞ六方の諸仏の証誠、唯だ念仏の一行に局《かぎ》るや。
答へて曰はく。若し善導の意に依らば、念仏は是れ弥陀の本願なり。故に之を証誠したまふ。余行は爾らず。
故に之無し。

この第一問答は私訳も不必要なほど、法然『選択集』の思想を凝縮した文言といえる。先ず問は、『阿弥陀経』六方段においてなぜ六方諸仏は念仏一行だけを証誠するのか、と自問する。つぎの答意にもあるように、また『選択集』の第三章以降のすべての章において使用される対比概念でもあるように、弥陀の覚体と願行具足の徳用を表し他力の概念である「念仏一行」と、衆生に修する自力の概念をもつ「余行（これは一切衆生の往生を誓願し成就しようとした法蔵菩薩の中間に修する一切万行でもある）」によって、問答が設定される。『阿弥陀経』は正宗・流通を通じてすべてが念仏一行のみに終始する。たとえ六方段であろうと、たとえ六方諸仏の証誠であろうとも、すべてが念仏一行のみについて語るのが『阿弥陀経』の経意である。しかし、敢えて法然は『阿弥陀経』には「唯だ念仏の一行に局る」のかと問う。その答意は真に簡潔であり、第三章（本願章）の本文段・私釈段の要約そのものである。

法然の答意は終始善導の著の意楽による。確かに『無量寿経』『観経』には正行・雑行合わせて併説されていたが、それらは畢竟「一向専念無量寿仏」であり、「望仏本願意、在衆生一向専称弥陀仏名」であった。そして本書にはしばしば使用される今「善導の意に依らば」である。第十六章私釈段に表出する善導鑽仰・善導崇拝に依拠する、善導の著による論理の確定である。念仏一行がただ阿弥陀仏の本願であるからであり、本願の行であるからである。その一点によって諸仏は証誠するのであり、よって余行による衆生の往生は絶対にありえないのである。このようなことから『阿弥陀経』には一切の余行を説くことはない。

《第二問答》

問ふて曰はく。若し本願に依りて念仏を証誠せば、『双巻』『観経』等に念仏を説く時、何ぞ証誠せざるや。

答へて曰はく。解するに二の義有り。

一に解して云はく。『双巻』『観経』等の中に本願念仏を説くと雖も、兼ねて余行を明かす。故に証誠せず。此の『経』には一向に純《もっぱ》ら念仏を説く。故に之を証誠したまふ。

二に解して云はく。彼の『双巻』等の中に証誠の言《ことば》無しと雖も、此の『経』に已に証誠有り。此れに例して彼を思ふに、彼等の『経』の中に於て説く所の念仏に、亦た証誠の義有るべし。文は此の『経』に在りと雖も、義は彼の『経』に通ず。

故に天台の『十疑論』[21]に云はく。「又『阿弥陀経』『大無量寿経』『鼓音声陀羅尼経』[22]等に云《のたま》はく。《釈迦仏、此[23]の『経』を説きたまふ時、十方世界[23]に各[23]恒迦沙[23]の諸仏有《ましま》して、其の舌相を舒べて遍く三千世界[23]に覆ふて、一切衆生、阿弥陀仏を念じて仏の本願に乗ずれば、大悲願力[24]の故に決定して極楽世界に生まるることを得と証誠[25]したまへり》」と。

第一問答に続く、諸仏の証誠という点について問答を起こす。もし本願を根拠に念仏一行を証誠するというのであれば、『無量寿経』『観経』などにも念仏一行を説くのであるから、どうしてその二経においても諸仏の証誠が説かれていないのか、と問う。確かにその二経に諸仏の証誠はなく、ただ釈尊による名号の付属流通が説かれているだけである。この問に法然は二つの答を用意する。

第一義は、『選択集』の『無量寿経』章釈・『観経』章釈の論拠の展開のなかでの答意であり、真に正鵠を得ている。この二経には、本願念仏を説くだけではなく余行も併説されているので、諸仏たちは混乱や疑いを畏れて証誠をしなかったのである。この『阿弥陀経』には一切余行を説くことなく、ただ一向に純粋なまでに弥陀の覚体とその行の本質である念仏一行を説くので、諸仏は意を得とばかりに証誠を果たすのである、と。この一答は『選択集』を貫く、諸仏の証誠を本願・非本願の一点で選択する廃立の論理である。

第二義は、確かに『無量寿経』『観経』などには諸仏による証誠の言葉はない。しかしこの『阿弥陀経』にはすでに諸仏の証誠がある。ということは、この証誠に準じて先の二経の仏意を窺えば、その二経のなかにおいて説く念仏にも、また諸仏証誠の義趣が（経文には隠れてはいるけれども）あるのではないか、否必ずやなければならない。諸仏証誠の経文はこの『阿弥陀経』にだけあるけれども、証誠の義趣は『無量寿経』にも『観経』にも共通している、というのである。この一答は、隠顕の考え方を用いつつ三経互融した論理である。

法然はここに論証として天台智顗の『浄土十疑論』[26]を引くが、なぜ第一章に「傍明往生浄土之教」として一旦廃捨した論書を引いたのであろうか。確かにこの『浄土十疑論』の文によって、『大無量寿経』畢竟『観経』にも諸仏による証誠があることの典拠にしたかったからだと考えられる。敢えてこのような教判段階で傍明と位置づけた論書を引いてまでも、三経通じて諸仏の証誠があることへ導入したかったのであろう。

四　第十四章のむすび

『阿弥陀経』正宗分おける第二の問題「証誠」はここに結ぶ。法然は本章において、自力に修する余行は証誠されることなく、他力念仏一行による衆生の往生を、三経通じて諸仏たちが証誠することを論証した。絶対的な善根をもち、諸仏から証誠される念仏の一行は、次章においては更に諸仏たちによって「護念」される行法となる。

註

(1) 行観『選択本願念仏集秘鈔』(『浄全』第八巻四二二頁下一三)

(2) 明秀『選択本願念仏集私鈔』(『西全』別巻第二巻一四一頁下一)、智通『選択集口筆鈔』第五巻二二丁右七

(3) 善偉堯恵『選択私集抄』第八巻初丁右二

(4)「化仏菩薩尋声到、我故持華迎汝来」(『般舟讃』)〈『浄全』第四巻五四五頁上五〉

(5) ワイド版岩波文庫『浄土三部経』下一四一頁七～九など

(6)『法全』一三九頁六～七

(7)『浄全』第四巻二三五頁下三～九

(8) 善導は本文段のこの文に引き続いて、つぎのようにいう。「又敬って一切の往生人等に白す。若し此の語を聞きて、即ち声に応じて悲しみて涙を雨ふらし、連劫累劫に身を粉にし骨を砕きて、仏恩の由来を報謝して、本心に称《かな》ふべし。豈に敢へて更に毛髪も憚かるの心有らむや」と。(『浄全』第四巻二三五頁下一一～一三)

(9)『浄全』第四巻三七六頁上一一～一七

(10) 善導『般舟讃』(『浄全』第四巻五三〇頁上一五)には「瓔珞経中説漸教、万劫修功証不退(『瓔珞経』の中には

漸教を説く。万劫の修功は不退を証す）」とあり、『瓔珞経』に説く菩薩の階位（十信・十住・十行・十回向・十地）の十地を指すものである。十地とは、歓喜地・離垢地・発光地・焰慧地・難勝地・現前地・遠行地・不動地・善慧地・法雲地の十段階。一般的には『十地経』『華厳経』十地品による。この日中礼讃偈の背景には、『無量寿経』第二十二願の「（前略）超出常倫、諸地之行現前、修習普賢之徳（常倫〈の菩薩〉に超出して、諸地の行現前し、普賢の徳を修習せんものを除く）」があり、普賢の願行を修習する徳を讃えている。

(11)『浄全』第四巻三七二頁上一五～一六
(12)『浄全』第二巻五八頁上一三～下一
(13)『浄全』第二巻三二頁上九～一〇
(14)『浄全』第二巻五八頁上五～下二
(15)『浄全』第四巻三〇頁上一～三
(16)『浄全』第四巻二九頁下一六～三〇頁上一
(17) ワイド版岩波文庫『浄土三部経』下七八頁一〇～一四
(18)『浄全』第六巻六八三頁下一七～六八四頁上一
(19) 八世紀中頃、生没年不明。善導後身と尊称された中国唐中期の浄土教者で、五台山・太原・長安地方に五会念仏の法を宣揚した。著書に『浄土五会念仏誦経観行儀』三巻（巻中・下敦煌で発見、『大正蔵』第八十五巻所収）、『浄土五会念仏略法事儀讃』一巻（『浄全』第六巻所収）。
(20) 法然が見ることのなかった善導『般舟讃』には、「観経弥陀経等説　即是頓教菩薩蔵（『観経』『弥陀経』等の説は、即ち是れ頓教菩薩蔵なり）」（『浄全』第四巻五三〇頁上一六）という。
(21) 天台智顗の撰とするが、非撰説もある。望月信亨『浄土教之研究』四五四頁四～四六三頁二
(22) 底本には「声」ではなく「王」であるが、正式名は『阿弥陀鼓音声王陀羅尼経』という。『大正蔵』第十二巻三五二頁
(23) 底本には「此」の字なし。「世界」の字なし。「各」の字なし。「迦」の字なし。「三千」と「世界」の間に「大千」の字あり。

(24)　底本には「仏の大悲本願力に乗ずるが故に」とあり。
(25)　底本には「誠」ではなく「成」である。
(26)　『浄全』第六巻五七三頁上一～五

第十五章　六方諸仏護念念仏行者之文

六方の諸仏、念仏の行者を護念したまふ文

はじめに

三章にわたって『阿弥陀経』正宗分における三つの問題を取りあげる。いわゆる念仏一行が多善根であること、釈尊の教説が諸仏によって証誠されること、そしてその念仏行者が諸仏によって護念を蒙ることの三点である。本章は、三つ目の諸仏護念への関説である。

本章本文段には、経典としての『阿弥陀経』は引かれていない。振り返れば、第一章（聖浄二門章）・第二章（正雑二行章）は教判を主題としているから経典を引くことはない。専ら拠り所とする相承人師の章疏と、法然自身が確立する教判へ導入を意図する章疏の概念が選択され、二つの章に記された論理はまったくの廃立である。第九章（四修章）は、三心発得の後に念仏行者のうえに行ぜられる正定業（三心既具無行不成）としての四修を述べるのであるから、これもまた経典を引くことはなく、章疏で十分である。四修は一代の教行、畢竟は法蔵菩薩の中間における聖道・浄土に分別したところの一切の作業を本質としている。更に第十四章（念仏証誠章）・第十五章（念仏護念章）では、念仏行者にとってすでに三心といい、念仏一行の行相といい、往生者としての得益がもたらされた今、釈尊の言説（弥陀正覚の因果＝南無阿弥陀仏）が証誠されることといい、諸仏に念仏の行者が護念されることというも、得益の果分であるから敢えて経証を引くこともなく、善導の章疏で十二分なのである。

釈尊・諸仏の互融の証誠は、すでに障礙のない念仏行者への護念に極まるといっても過言ではない。

一　標章

本章は「念仏護念章」[1]とも「護念章」[2]ともいう。標章そのままに、六方にある恒沙の諸仏は、念仏の行者をいく重にも囲遶して護念することをいう。すでに弥陀によって三縁三義が成就され、三心が具足されているから、隠顕にわたり念仏衆生の「六根は常に（念仏一行の法）道に（契）合し、三塗は永くその名さえ絶たれている」[3]。しかし第十四章において、諸仏の「誠実の言」による証誠によって念仏行者の疑慮が対治され除かれたとしても、生きたこの身をもっている以上、なお横病横死を除き、悪鬼神の便りを得させてはならないために、諸仏による護念があることを述べたものである。

また『選択集』を振り返ったとき、阿弥陀仏の正覚の本質に関わる章や釈尊の教説によるその証誠勧信に関わる章は縷々述べられていたけれども、今は諸仏による意向を明確にする意味で、第十四章・第十五章が組まれたものといえる。確かに『阿弥陀経』を通読するとき、諸仏によって念仏行者を証誠・勧信・護念[4]することが大きな主題であることに気づく。このことについて善導は自らの章疏に多く関説している。それは本章の本文段・私釈段を見て歴然とするであろう。法然自らの私釈というものはほとんどなく、すべてが善導の章疏に尽くされている。

二　本文段

（一）『観念法門』の文

『観念法門』に云はく。「又『弥陀経』に説くが如きは、若し男子女人有りて、七日七夜、及び一生を尽くすまで、一心に専ら阿弥陀仏を念じて往生せむと願ずれば、此の人、常に六方恒迦沙等の仏、共に来りて護念することを得。故に《護念経》と名づく。護念の意《こころ》は、亦た諸の悪鬼神をして便りを得しめず。亦た横病横死、横《よこさま》に厄難有ること無くして、一切の災障、自然に消散せむ。不至心をば除く」と。(5)

【訳】『観念法門』につぎのようにいう。「また『阿弥陀経』に説くように、もし善男子善女人が有って、七日七夜からその一生を尽くすまで、一心に専ら阿弥陀仏を念じて往生しようと願うならば、この念仏行者は、常に六方恒迦沙などの諸仏が（行者のところに）共《ともな》って現来して（この行者を）護念することを得るのである。このような経意を説くことから、この『経』を《（一切諸仏所）護念経》と名づける（と、善導は『阿弥陀経』を要約する）。（『阿弥陀経』の本質である）護念の仏意は、また（念仏行者に対して娑婆での）諸の悪鬼神に対して便りを得させないことと、また（念仏行者に起こる不意の）横病横死や横《よこさま》に(6)厄難が有るようなことをなくして、一切の災害障難を自然に消散させることにある。ただし至心(7)でない者を除く」と。

善導『観念法門』に、念仏の行者には五種増上縁（一滅罪増上縁、二護念得長命増上縁、三見仏増上縁、四摂生増上

縁、五証生増上縁）の功徳があることを挙げる。その第二「護念得長命増上縁」（本文は「現生護念増上縁」という、全九文）の第五文として全文をここに挙げる。この護念得長命増上縁は、全部で九文引かれている。内訳は『観経』三文、『阿弥陀経』二文、『十往生経』、『般舟三昧経』行品、『灌頂経』、『浄度三昧経』各一文である。

本文段の第一文の前半は『阿弥陀経』の要約であり、後半はその経意を明かす。法然が善導のこの文を挙げた理由は、『阿弥陀経』を端的に要約していることに加え、念仏の行者には諸仏による護念の力用を蒙り、護念得長命増上縁の徳が具わっていること、一切の災障が自然に消除されることを示すためである。

『阿弥陀経』の二文のなかのもう一文は、つぎのようである。

又諸の行者に白す。但だ今生日夜相続して専ら弥陀仏を念じ、専ら『弥陀経』を誦し、浄土の聖衆荘厳を称揚礼讃して、願生を欲する者、日別に誦経すること、十五遍二十三十遍已上の者、或ひは誦すること四十五十百遍已上の者、願じて十万遍を満じて、又弥陀浄土の依正二報荘厳を称揚礼讃し、又三昧道場に入るを除きて日別に弥陀仏を念ずること一万して畢命相続する者、即ち弥陀の加念を蒙りて罪障を除くことを得。又仏と聖衆と常に来りて護念することを蒙る。既に護念を蒙れば、即ち延年転寿長命安楽を得と。因縁一一に具には『譬喩経』『惟無三昧経』『浄度三昧経』等に説くが如し。（『浄全』第四巻二二九頁下一一～二三〇頁上二）

この二つの文によっても念仏行者には、「弥陀の加念を蒙」ることによって一切の障礙なく罪障が除かれること、弥陀と聖衆が常に行者のもとに来たって護念を蒙ることの二点を述べ、この護念を蒙ったならば必定「延年転寿長命安楽」が得られるとしている。『経』には「聞説阿弥陀仏、執持名号」といって、この護念の前には行者の一切の災障と機根を简ぶことをしていないし、それこそが本願力の由縁でもある。
したがって諸仏による護念を蒙ることによって弥陀の別願を成就することとなり、念仏の行者は現身に往生者となったことを証することでもある。そこを善導は「延年転寿長命安楽」というのである。

(二)『往生礼讃』の文

『往生礼讃』に云はく。「若し仏を称して往生する者は、常に六方恒沙等の諸仏の為に護念せらる。故に《護念経》と名づく。今既に斯の増上の誓願有り、憑むべし。諸の仏子等、何ぞ意を励まざらむや(8)」と。

【訳】善導『往生礼讃』には、つぎのようにいう。「もし阿弥陀仏の名号南無阿弥陀仏を称することによって往生を決定する者は、常に六方恒河沙などの諸仏によって護念されている。そのようなことから《(一切諸仏所)護念経》と名づける。今すでに、この(五種にわたる)増上(縁)となる誓願が具わって有る、偏に憑まねばならない。諸の仏子たちよ、どうして自らの意を励まさないということがあろうか」と。

前章の第十四章本文段の第二文として引用された続きの文、『往生礼讃』最末尾の文である。『往生礼讃』には「問ふて曰く。阿弥陀仏を称念礼観するに、現世に何の功徳利益有る」と問を起こし、「答へて曰く。若し阿弥陀仏を称すること一声すれば、即ち能く八十億劫の生死の重罪を除滅す。礼念已下もまた是の如し(9)」として、以下『十往生経』『観経』『無量寿経』『阿弥陀経』を引証して、現世において受ける功徳利益を述べるなかの『阿弥陀経』第三文にあたる。

この文も前後二段に分かれるが、前半は『阿弥陀経』を要約し、後半は善導による『阿弥陀経』の経意を明かす意楽である。すでに五種増上縁といい、三縁（親縁・近縁・増上縁）三義（身偏・心偏・無障礙）が成就されているのは明らかであり、衆生のうえに南無阿弥陀仏と一声称念された今、一切の障礙なく八十億劫の生死の重罪が除滅される。諸仏による護念という力用を蒙り、増上の誓願を憑むばかりである。彼此の三業はすでに相捨離することはなく、念仏行者の意楽はただ三業のうえに起行・作業として成就してゆくのである。

三　私釈段

私に問ふて曰はく。唯だ六方の如来のみ有《まし》まして行者を護念したまふや、如何。

答へて曰はく。六方の如来のみに限らず。弥陀・観音等、亦た来りて護念したまふ。故に『往生礼讃』に云はく。

『十往生経』に云はく。「若し衆生有りて、阿弥陀仏を念じて往生を願はば、彼の仏、即ち二十五の菩薩を遣はして行者を擁護せしむ。若しは行、若しは坐、若しは住、若しは臥、若しは昼、若しは夜、一切の時、一切の処に、悪鬼神をして其の便りを得しめず」と。

又『観経』に云《のたま》ふが如し。「若し阿弥陀仏を称礼念して、彼の国に往生せむと願はば、彼の仏、即ち無数の化仏、無数の化観音・勢至菩薩を遣はして、行者を護念せしむ。復た前《さき》の二十五の菩薩等と百重千重に行者を囲遶《いにょう》して、行住坐臥を問はず。一切の時処に、若しは昼、若しは夜、常に行者を離れたまはず。今既に斯の勝益有り、憑むべし。願はくは諸の行者、各の須く至心に往かむことを求むべし」と。

又『観念法門』に云はく。

「又『観経』の下《しも》の文の如きは、若し人有りて、至心に常に阿弥陀仏及び二菩薩を念ずれば、観音・勢至、常に行人の与《ため》に勝友知識と作《な》りて随逐影護したまふ」と。

又云はく。

「又『般舟三昧経』の行品の中に説いて云《のたま》へるが如し。「仏の言《のたま》はく。『若し人、専ら此の念弥陀仏三昧を行ずれば、常に一切の諸天、及び四天大王・龍神八部、随逐影護し愛楽して相《あい》見ることを得。永く諸の悪鬼神の災障・厄難をもて横《よこさま》に悩乱を加ふること無し』と。具には護持品の中に説くが如し」と。

又云はく。

「三昧の道場に入らむを除きて、日別《にちべつ》に弥陀仏を念ずること一万して、命畢《おわ》るまで相続する者、即ち弥陀の加念を蒙りて罪障を除くことを得。又、仏と聖衆と常に来りて護念したまふことを蒙る。既に護念を蒙りぬれば、即ち年を延べ寿を転ずることを得」と。

私釈段には、法然の問答を一つ載せるだけである。本文段の善導『観念法門』と『往生礼讃』によって、現世において念仏行者には六方諸仏による護念を蒙ることが証されたが、肝心の極楽の正報による護念はないのであろうか、という率直な疑問を起こす。これに対して法然は、「(護念ということについては) ただ六方世界の恒河沙の諸仏如来だけにあって、念仏の行者を護念されるのであろうか」と自問する。それに対して「(否、そうではない。護念は) 六方如来だけに限った専有のものではない。阿弥陀仏も観音・勢至、極楽の聖衆なども、また来迎来現して護念されるのである」と簡潔に自答する。

第十七願（諸仏称揚の願・名号成就の願・諸仏称名の願）に、衆生を救済する功徳を成就し未来に恵施する名号がすでに果号として成就されているところから、諸仏は必ずや咨嗟称揚することは明白である。更に互いにその正覚を讃歎し護念することも『阿弥陀経』に明らかである。また本章に至るまでも、第七章（光明摂取章）において三縁・摂取の利益があることが明らかにされている。

また『観経』第十二観（普往生観）には「無量寿仏、化身無数、与観世音大勢至、常来至此行人之所（無量寿仏、化身無数にして、観世音・大勢至とともに、常に此の行人の所に来至す）[10]」といい、念仏の行者のところに来至することを述べている。

敢えて重複を避けたいところであろうが、標章・本文段にわたって「六方」と銘打っているところから、六方の諸仏だけが護念するものではなく、極楽の正報による護念もあることを明確に示そうとしたものであろう。

法然はこの自答を証左するために、善導の『往生礼讃』と『観念法門』とを以下のように引く。

先ず『往生礼讃』の一文である。

「『十往生経』に云はく。「若し衆生有りて、阿弥陀仏を念じて往生を願はば、彼の仏、即ち二十五の菩薩を遣はして行者を擁護せしむ。若しは行、若しは坐、若しは住、若しは臥、若しは昼、若しは夜、一切の時、一切の処に、悪鬼（悪）神をして其の便りを得しめず」と。

又『観経』に云《のたま》ふが如し。「若し阿弥陀仏を称礼念して、彼の国に往生せむと願はば、彼の仏、即ち無数の化仏、無数の化観音・勢至菩薩を遣はして、行者を護念せしむ。復た前《さき》の二十五の菩薩等と百重千重に行者を囲遶《いにょう》して、行住坐臥を問はず。一切の時処に、若しは昼、若しは夜、常に行者を離れたまはず。今既に斯の勝益有り、憑むべし。願はくは諸の行者、各の須く至心に往かむことを求むべし[11]」と。

【訳】『十往生経』にはつぎのようにいう。「もし衆生があって、阿弥陀仏を念じて往生を願うのであれば、阿弥陀仏は、即座に二十五菩薩を遣わして念仏の行者を擁持護念される。行住坐臥、昼夜、一切の時処にわたって、悪鬼悪神には衆生を悩乱するような便りを得させることなく、擁護されるのである」と。

また『観経』にも、つぎのようにいう。「もし行者が阿弥陀仏を称礼念して、極楽国土に往生しようと願うならば、阿弥陀仏は、即座に無数の化仏・化観音・化勢至菩薩を遣わして、その行者を護念される。また前の二十五菩薩などと百重千重にわたって行者を囲遶して、行住坐臥を問うことなく、昼夜にわたって、一切の時処に、常に行者を離れられることはない。今すでにこの勝益を蒙り、また憑むとすることである。諸の行者に願うことは、それぞれに必ずや至心に往生しようと求めなければならない」と。

法然は、善導『往生礼讃』に引いた『十往生阿弥陀仏国経』と『観経』の二経を例証して、念仏の行者（十方一切の衆生）が阿弥陀仏を称礼念して往生を願うとき、阿弥陀仏は化仏・化観音・化勢至・二十五菩薩を遣わして、時処諸縁を問うことなく、百重千重に囲遶し、その行者を随逐して護念擁護するところの経証とした。このような経文であることから、念仏とその行者には勝れた利益があることは明らかなのである。それぞれの行者は至誠心そのままに往生を求めればいいのであり、悪鬼神が便りを得ようはずはない。

つぎに『観念法門』からの引用で、三箇所の文からなっている。

「又『観経』の下《しも》の文の如きは、若し人有りて、至心に常に阿弥陀仏及び二菩薩を念ずれば、観音・勢至、常に行人の与《ため》に勝友知識と作《な》りて随逐影護したまふ(12)」と。

又云はく。

「又『般舟三昧経』の行品の中に説いて云《のたま》へるが如し。「仏の言《のたま》はく。『若し人、専ら此の念弥陀仏三昧を行ずれば、常に一切の諸天、及び四天大王・龍神八部、随逐影護し愛楽して相《あい》見ることを得。永く諸の悪鬼神の災障・厄難をもて横《よこさま》に悩乱を加ふること無し』」と。具には護持品の中に説くが如し(13)」と。

又云はく。

「三昧の道場に入らむを除きて、日別《にちべつ》に弥陀仏を念ずること一万して、命畢《おわ》るまで相続する者、即ち弥陀の加念を蒙りて罪障を除くことを得。又、仏と聖衆と常に来りて護念したまふことを蒙る。既に護念を蒙りぬれば、即ち年を延べ寿を転ずることを得(14)」と。

まず、五種増上縁の第二現生護念増上縁の第二文の引用である。『観経』流通分第五文「若念仏者、当知此人、是人中分陀利華。観世音菩薩、大勢至菩薩、為其勝友。当坐道場、生諸仏家（若し念仏せむ者は、当に知るべし。此の人は是れ人中の分陀利華なり。観世音菩薩・大勢至菩薩、其の勝友と為りて、当に道場に坐して諸仏の家に生ずべし）」を釈した善導の『散善義』の当該の第四文に「専ら弥陀の名を念ずる者は、即ち観音・勢至、常に随ひて影護すること、亦た親友知識の如くなることを明かす」をいう。

もし人があって、至誠心を具するままに常に阿弥陀仏および二菩薩を念ずるならば、観音菩薩・勢至菩薩は常に行人のために勝れた善友・善知識となって随逐影護されるのである、と。

つぎに同じく現生護念増上縁の第六文からの抄出の引用である。『般舟三昧経』の行品と護持品とに説く利益について示す。『観念法門』に引用する「行品」としての文に、つぎのような一文が先にある。「仏、跋陀和に告げたまはく。若し人有りて、七日七夜道場の内に在りて、諸縁の事を捨てて、睡臥を除去して、一心に専ら阿弥陀仏の真金色の身を念じて、或ひは一日三日七日、或ひは二七日五六七七日、或ひは百日に至り、或ひは一生を尽くして至心に観仏し、及び口称心念すれば、仏即ち摂受したまふ。既に摂受を蒙る。定んで知りぬ。罪滅して浄土に生ずることを得べし」。そして右の文に続く。

行品[15]と護持品（『経』は擁護品[16]という）に、釈尊はつぎのようにいう。「もし人があり、専らこの念弥陀仏三昧を行ずるならば、常に一切の諸天、および四天大王・龍神八部が行者を随逐影護し、愛楽して、互いに相見えることができる。永く諸の悪鬼悪神が災難障礙や厄難をもたらして、横さまに悩乱を加えるようなことはない」と。

これらは皆現生に弥陀・諸天・四天王・天部などの護念を蒙ることをいっている。

三つに、同じく現生護念増上縁の第九文からの抄出の引用である。この引用文の前に、つぎのような文がある。「又諸の行者に白す。但今生日夜相続して、専ら弥陀仏を念じ、専ら『弥陀経』を誦し、浄土の聖衆荘厳を称揚礼讃して、願生を欲する者は、日別に誦経すること十五遍、二十三十遍已上の者、或ひは誦すること四十五十百遍已上の者、願じて十万遍を満たして、又弥陀浄土の依正二報荘厳を称揚礼讃し、又」と右の文に続く。善導は『譬喩経』『惟無三昧経』『浄度三昧経』などに説く現生の利益だと断りつつ、つぎのようにいう。

三昧を修するための道場に入る者を除いて、日別に阿弥陀仏を念ずること一万遍して、畢命まで相続する者は、阿弥陀仏の加被護念を蒙って罪障を除くことができる。また仏と聖衆と常に来て、行者を護念することを蒙る。すでにそのような護念を蒙ったならば、即座に年を延べ寿を転じ（長命安楽）することができる、と。

四　第十五章のむすび

この章の私釈段は、私釈といいながら最初の問答の文言のみで、ほとんど私釈はなかった。すべてが善導の疏文で占められて、護念の義趣を明かしているのが大きな特徴である。善導の証道による、護念の義意である。

註

（1）行観『選択本願念仏集秘鈔』（『浄全』第八巻四二五頁上一三）、明秀『選択本願念仏集私鈔』（『西全』別巻第二巻一四四頁上一四）、智通『選択集口筆鈔』第五巻二五丁左五

（2）亮恵『選択私集鈔』第八巻一五丁右七

（3）善導『往生礼讃』（『浄全』第四巻三六九頁下一四）

（4）法然における護念とは「護念とは喩へば魚子の魚母に念ぜらるるが故に、摂養増長するが如し。行者も亦爾なり。諸仏の護念を蒙るが故に、信根堅固増長を得るなり」（『阿弥陀経釈』〈『法全』一四〇頁一〇～一一〉）とある。

（5）『浄全』第四巻二二九頁上五～九

（6）横病横死の厄難とは、憂喜善悪などの諸事において、この世を出離し往生を得るに際し障りとなること。

（7）ここにいう至心とは、基本的に『無量寿経』の「至心信楽欲生我国」の至心であり、『阿弥陀経』の「一心不乱」の一心であり、善導『往生礼讃』などにいう「至心帰命阿弥陀仏」の至心である。安心のない者、四得十三失の十三失の者である。

（8）『浄全』第四巻三七六頁上一七～下二。延応本には「断」となり、また六方恒沙に「河」、および末尾の「去」はない。

（9）『浄全』第四巻三七五頁下九～一一

（10）ワイド版岩波文庫『浄土三部経』下六七頁一〇～一一
（11）『浄全』第四巻三七五頁下一二～三七六頁上二
（12）『浄全』第四巻二二八頁下一〇～一一
（13）『浄全』第四巻二二九頁上一〇～一七（抄出）
（14）『浄全』第四巻二二九頁下一六～二三〇頁上一
（15）『般舟三昧経』巻上行品（『大正蔵』十三巻九〇四頁中二三～九〇六頁上一一）
（16）『般舟三昧経』巻中擁護品（『大正蔵』十三巻九一二頁中一八～九一三頁中二七）

第十六章　釈迦如来以弥陀名号慇懃付属舎利弗等之文

釈迦如来、弥陀の名号を以て
慇懃に舎利弗等に付属したまふ文

はじめに

十方世界の一切の念仏行者が、阿弥陀仏・観音勢至をはじめ六方諸仏・諸天に至るまでの発遣を得て、一切の時処を分かつことなく護念され、また勝友善知識となって随逐擁護された今、釈尊は『無量寿経』『観経』に引き続き、三度《みたび》『阿弥陀経』によって弥陀の名号を舎利弗等に付属しようとする。

法然浄土教の特色の一つは、三経の流通分に着目した点にある。『選択集』において三経の流通分を扱った章段は、第五章（念仏利益章）・第六章（特留念仏章）（以上『無量寿経』の章）、第十一章（約対雑善讃歎念仏章）・第十二章（念仏付属章）（以上『観経』の章）、第十六章（名号付属章）（『阿弥陀経』の章）の五章を数える。『選択集』全十六章のうち、五章までもが流通分に、特に付属に焦点を当てて考察しているということは、法然『選択集』にその浄土教の主題が存在しているということである。釈尊が自ら説き来たった正宗分の教説を閣いて、弥勒・阿難・舎利弗に対して何を付属し、未来へ流通せしめたのかという一点に注目すれば、浄土三部経の要諦が領解できる。

釈尊が弥勒・阿難・舎利弗に付属し流通したのは、三部経を通じて阿弥陀仏の六字の「名号」南無阿弥陀仏である。すなわち、因中の願行が完全な状態で成就され、光明・寿命の無量が成就され、一切の内証・外用が具足し万徳が帰していて、そのような名を十方の諸仏によって咨嗟されており（第十七願）、第十八願の「若不生者、不取正覚」が衆生往生・弥陀正覚の果（上の名）号として十劫の昔に成就され、そして釈尊によって弥陀救済の対象である未来世一切の十方衆生に流通された、衆生の往生業としての「名号」である。

法然が三部経を通じた流通分における釈尊のこの経意（名号付属）に、いかに着目していたかが理解できるであろう。

一　標章

『選択集』最終章に三度《みたび》『阿弥陀経』によって名号の付属を謳《うた》い、釈尊にとって三経ともに、三師それぞれに慇懃に付属し、未来世一切衆生への流通が「名号」であったことを指摘し、本章の結論とする。

浄土三部経の教説は、釈尊による阿弥陀仏正覚の因果と衆生往生の因果を説くことにある。そして弥陀正覚の内実を推究すれば、三部経それぞれの正宗分に説く釈尊仏語による教説に極まる。今ここに三経における正宗の教説を略述することは煩として避けるが、『選択集』各章にそれぞれ述べられていたように、釈尊によって説かれた弥陀の依正荘厳は、すべからく三輩九品の往生人を欣慕《ごんも》せしめ、帰入せしめるための観門の施設であった。そしていかなる「往生之業」によって衆生の往生が現成《げんじょう》されるのかといえば、釈尊の選択を弥陀の願意・諸仏の証誠によって推し量ったとき、前頁の「はじめに」で書いたように、阿弥陀仏正覚の果号として成就された「名号」以外に、弥勒・阿難・舎利弗に付属し未来に流通する全非比校の絶対的価値をもった「往生之業」はないのである。その南無阿弥陀仏の六字の「名号」である念仏一行が、衆生の「往生之業」として現成し顕証されるためには、正定業としての称名念仏に発露《ほっろ》する以外にはない。それは「順彼仏願故（彼の仏の願に順ずるが故に）[1]」だからであり、「意云称名念仏是彼仏本願行也（意の云く。称名念仏は、是れ彼の仏の本願の行なり）[1]」だからである。

本章の標章は、釈尊の教説による正宗の経意（能詮としての顕説）が、流通に至って「弥陀の名号をもって慇懃に舎利弗等に付属（所詮としての顕説）」することとなって、表出した表題となっている。

この三部経流通分を釈尊による所詮としての顕説とするとき、第一章の聖浄二門判・傍明正明二教判、第二章の正雑二行判・正助二業判、そして正定業・助業が一括された正助二行といったそれぞれの教判に示された概念が、いずれも衆生の三業に修する自力の行業判であったことに収斂《しゅうれん》されることに気づかされるのである。

このようなことから、法然における浄土教教判の究極は、正定業・助業を一括する正助二行（余行）に対比する概念であり、まったくの衆生による自力の概念を含むことのない分斉である、「念仏一行」という「名号」が、三部経を通じて釈尊によって流通分所詮の顕教として、三師に付属し流通されたという一点に帰着することになる。このことは法然の教判においてまったく、衆生の三業に修する自力の行業判から、阿弥陀仏果（上の名）号として果遂された他力の行業判への大きな転換がもたらされているということである。

このような『選択集』の表記として、第三章（本願章）に至ってはじめて法然は私釈段にて、本願の願意を透過することによって「称名念仏一行」という名目を用いる。名号＝念仏一行が畢竟衆生のうえに「称名」という弥陀の行業となって発露し、正しく衆生の往生を顕証し決定する正定業となりうるのである。第二章までの自力教判に用いられた用語「正助二行」を、法然は第十六章私釈段に至ってどのようにいい換えているのであろうか。

ここで再び標章について言及しておく。標章の「舎利弗等」の「等」の一字についてである。法然は標章に、

「等」という複数を意味する一字を入れた。この法然の真意は、どこにあるのであろうか。

一つに、『阿弥陀経』の対告衆は舎利弗一人である。古来『阿弥陀経』は「無問自説」経といわれ、衆生（舎利弗）の請求を待つことなく、釈尊は舎利弗を対告衆として三十六回にもわたって語りかけ、自らの出世本懐を語り終えるのである。それに対し智慧第一の舎利弗でさへ返問することなく、ただ聞くのみで、まるで愚に徹しているかのようにさえ見える。これは釈尊によって説かれた念仏三昧一行である名号が、正宗・流通にわたって六方諸仏によって証誠讃歎される法であり、また『観経』には異方便の依正二報の観として証讃される所詮の法であり、そのいずれもが衆生のほうより修し計らうところの行法・行体ではないからである。智慧第一の舎利弗でさえ、未来への付属流通の対告衆としての一切凡夫のひとりに徹することを了としているのである[2]。これは衆生による自力の功能を一切排除していることを意味する。

二つに、対告衆は舎利弗ただ一人であり、その舎利弗にさえ釈尊からの付属流通の仏語が流通分には置かれていない。したがってこのことは法然が、『阿弥陀経』正宗の教説を未来世一切の衆生への付属流通と見ていた証左ではないのか。更に三経の結経、畢竟釈尊一代の布化の結語と考えていたのではなかろうか。そのようなことから、単に祇園精舎の大衆のみを指すものではなく、「等」を入れた法然の真意の一端を管窺するならば、『阿弥陀経』は、舎利弗のみならず未来世一切の凡夫への付属流通を意図した経典であることをいわんとして、敢えて「等」を入れて標章としたものであろう。

本章の標章は、他に「舎利弗付属章[3]」「慇懃付属章[4]」ともいう。

二　本文段

本文段には『阿弥陀経』の流通分全文と、善導『法事讃』の当該箇所の釈文を引く。

（一）『阿弥陀経』流通分の文

『阿弥陀経』に云《のたま》はく。「仏、此の『経』を説きたまふこと已《おわ》りて、舎利弗、及び諸の比丘、一切世間の天・人・阿修羅等、仏の所説を聞きて歓喜し信受して、礼を作して而も去りにき(5)」と。

『阿弥陀経』はこの一段を流通分とし、一経の結語とする。一般的に『経』の末尾に置く流通分は、釈尊によって正宗分に説かれた内容やその所詮を対告衆に対して付属し、未来に対して流通することを目的とする。一方『無量寿経』と『観経』の流通分は、各弥勒と阿難に対して念仏一行である「名号」を付属している。

しかしこの『阿弥陀経』の流通分の一段を見る限り、対告衆として舎利弗がいるにもかかわらず、名号のみならず釈尊が付属し流通する文言そのものさえ見ることはできない。『阿弥陀経』における釈尊の教説は、すべて正宗分によって終了している。この流通分はいわば、結集者によって『経』の体裁を整えるために付け加えられた一段ともいいうる部分であり、仏語とはいい難い。

このような危惧から法然は、顕証し補強するためにつぎの善導『法事讃』の文を引用したものであろう。したがって標章の文言も明らかに、『阿弥陀経』流通分の能詮としての経相から取ったものではなく、正宗分能詮の教説より顕われるところの、流通分における結集者の所詮の経意を読み取った標章となっている。
このような付属について古来諸師の間では、さまざまな所見が出されている(6)。

(二)『法事讃』の文

善導の『法事讃』に、此の文を釈して云はく。「世尊の説法、時、将に了《おわ》りなむとして、慇懃《おんごん》に弥陀の名を付属したまふ。五濁増の時には、疑謗のもの多くして道俗相ひ嫌ひて聞くことを用いず。修行すること有るを見ては瞋毒を起こし、方便して破壊し、競ひて怨《あだ》を生《な》さむ。此くの如きの生盲闡提の輩《ともがら》、頓教を毀滅して永く沈淪す。大地微塵劫を超過すとも、未だ三途の身を離るることを得べからず。大衆同心に皆所有《あらゆ》る破法罪の因縁を懺悔すべし(7)」と。

【訳】善導の『法事讃』には、『阿弥陀経』流通分の経文を釈してつぎのようにいう。「世尊の説法が、まさに終了《おわ》ろうとするその時、慇懃に阿弥陀仏の名号「南無阿弥陀仏」を舎利弗に付属(し、未来への流通を指授)された。(今時のように末法)五濁(劫濁・見濁・煩悩濁・衆生濁・命濁)が増盛する時には、(この三部経の教旨を)疑い誹謗する者が多くなるのであって、出家者も在俗の者もともに相嫌って素直に聞くことさえしなくなる。たまたま修行する者が有るのを見るに至っては邪な瞋恚の思いを起こし、いかなる方便をもってしても破壊してしまうし、なお競って怨みの心さえも生むに至る。このような生まれながら真理に疎く、また闡提(8)の輩《ともがら》などは、頓教(9)の教えである念仏の法門を毀損し滅却した罪によって、永く(迷苦の世界である生死に)沈淪することになる。(そのような生盲闡提の輩は)大地微塵劫(10)を超過することがあっても、いまだ三途(地獄・餓鬼・畜生、三悪道、三塗)の境界からこの身を離れ去ることはできないのである。そのようなことであるから、大衆《だいしゅ》(11)は同じ心をもって皆、（今日に至るまで造ってきた）あらゆる法を破り法を謗った罪の因縁(12)を懺悔しなければならない(13)」と。

善導は『法事讃』に、『阿弥陀経』流通分の経意をこのように簡潔に領解し表現している。すなわち『阿弥陀経』の流通分の経相には「名号付属」の経文は見えないけれども、正宗分能詮としての釈尊の正説に対し、流通分には必ず釈尊の所詮の経意として「慇懃に弥陀の名（号）を付属」することが隠されていると領解している。すなわち正説そのものに、流通として慇懃に付属する義趣が内包されているということである。

また『観経』のように耆闍の大衆に復説するような二会をもたないことから、正説そのものが「舎利弗等」への付属流通となっている、ということである。

まことに端的で明快な一言でいい切っている。善導においては、三部経流通分に共通して「名号の付属」が経意として謳われてあるのであり、「名号」こそ未来へ流通されなければならない万機普益の教理である、と確信しているのである。

また、善導の領解が余りにも「世尊ノ説法、時、将ニ了リナントシテ慇懃ニ付二属シタマフ弥陀ノ名ヲ一」と簡潔明快であるから、却って、この釈文に深意さえ推見することとなる。すなわち、世尊の説法が将に了る時とは世尊にとってどのような意義が存し、またその「時」とはいつを指すものなのであろうか。更に、その説法が将に了らんとするその時に、世尊が自ら慇懃に「舎利弗等」に付属する弥陀の名（号）に、三経通じて、または結経としての『阿弥陀経』に、その「時」と随伴する形でどのような意義が存するのであろうか、というものである。

本文段に引用した『法事讃』の文に続く善導の釈文はなく、また法然にもこの釈文に対する領解の文が私釈段にはないので、このような問に答は見いだしえない。ただ法然は標章に、無問自説の『経』であるからこそ対告衆としての「舎利弗」に対し、敢えて「等」の一字を入れたそのことに、『法事讃』を通した深い領解が潜んでいると見るのである。

三　私釈段

先の十五章までのように、冒頭「私云」として標章・本文段を敷衍する法然による私釈段が始まるかに見える。しかし、この私釈段の内容から見れば決して本文段の二文について言及し私釈しているとはいい難い。古来本章私釈段の有無が論じられるところである。

(一) 総釈

私に云はく。凡そ三経の意を案ずるに、諸行の中に念仏を選択して以て旨帰と為《す》。

【訳】私（法然）はこのように考えている。およそ浄土三部経の経意を勘案すれば、（釈尊が往生のための行として説いたさまざまな）諸行のなかにおいて、（弥陀と釈尊と諸仏の総意がただ衆生往生の行業としてその諸行を廃捨し、衆生の正しく往生を決定する行業として）念仏（一行）を選択し、（もってその念仏一行こそが往生浄土を目的とする浄土宗）旨の帰結である、と。

法然は、この「念仏一行」をもって三経の経意の帰結としている。

第十六章私釈段は、そして『選択集』の総意は、この一行の総釈に尽きる。『選択本願念仏集』と表題を標し、内題に「南無阿弥陀仏　往生之業念仏為先」と認めた廬山寺草稿本の法然直筆の真意は、この一行に窮まる。

ここに用いられた「諸行」は、広くは聖道門の諸行・浄土門の諸行に通ずる諸行であろうが、狭義には浄土門に明かされるさまざまな諸行を指すと考えていい。更に、『選択集』各章の標章等に「念仏一行」と対比する概念として使用されていた、自力教判を包括する「余行」と同義語と考えてもいいものである。

したがってその自力教判に収斂される諸行・余行に対するのは、この総釈に示されるようにまったくの他力教判を意味し、弥陀・釈尊・諸仏より選択された「念仏一行」ということである。衆生の功力を一切排除した、弥陀の力用（弥陀の正覚の内実である救済概念としての大願強力とその功用）を意味する念仏（一行）である。

「選択」の用語の語義は、第三章（本願章）私釈段に明確に定義されていた。ここに用いたのは、その総括としての使用と考えられる。この念仏（一行）とは、三経通じてその流通分に付属され流通された「名号」を意味する。法然には表題の「選択本願念仏」を意味し、その「選択本願念仏」とは畢竟、内題の六字の名号「南無阿弥陀仏」なのである。

六字の名号「南無阿弥陀仏」こそが、衆生の往生浄土を目的とする浄土宗の旨帰、帰結である。

（二）八種の選択本願念仏について

先づ『双巻経』の中に三つの選択有り。一には選択本願、二には選択讃歎、三には選択留教なり。

一に選択本願といいは、念仏は、是れ法蔵比丘、二百一十億の中に於て選択する所の往生の行なり。細《くわ》しき旨、上《かみ》に見えたり。故に選択本願と云ふなり。

二に選択讃歎といは、上の三輩の中に菩提心等の余行を挙ぐと雖も、釈迦、即ち余行を讃歎したまはず。唯だ念仏に於て而も讃歎して、「無上の功徳」と云《のたま》ふ。故に選択讃歎と云ふなり。

三に選択留教といは、又上に余行諸善を挙ぐと雖も、釈迦、選択して唯だ念仏の一法を留めたまふ。故に選択留教と云ふなり。

次に『観経』の中に又、三の選択有り。一には選択摂取、二には選択化讃、三には選択付属なり。

一に選択摂取といは、『観経』の中に定散の諸行を明かすと雖も、弥陀の光明、唯だ念仏の衆生を照らして摂取して捨てたまはず。故に選択摂取と云ふなり。

二に選択化讃といは、下品上生の人、聞経と称仏との二行有りと雖も、弥陀の化仏、念仏を選択して、「汝、仏の名を称するが故に諸罪消滅せり。我、来たりて汝を迎ふ」と云へり。故に選択化讃と云ふなり。

三に選択付属といは、又、定散の諸行を明かすと雖も、唯だ独り念仏の一行を付属したまふ。故に選択付属と云ふなり。

次に『阿弥陀経』の中に一の選択有り。所謂る、選択証誠なり。已に諸経の中に於て多く往生の諸行を説くと雖も、六方の諸仏、彼の諸行に於ては証誠せず。此の『経』の中に念仏往生を説くに至りて、六方恒沙の諸仏、各舌を舒べて大千に覆ふて、誠実の語を説きて、而も之を証誠したまふ。故に選択証誠と云ふなり。

加之《しかのみならず》、『般舟三昧経』の中に又一の選択有り。所謂る、選択我名なり。弥陀、自ら説きて言はく。「我が国に来生せむと欲はむ者は、常に我が名を念じて、休息せしむること莫かれ」と。故に選択我名と云ふなり。

本願と摂取と我名と化讃と、此の四は是れ弥陀の選択なり。

讃歎と留教と付属と、此の三は是れ釈迦の選択なり。

証誠といは、六方恒沙の諸仏の選択なり。

インド以来の浄土教教理史において、法然浄土教の最大の特色といえば、「選択」思想の発見である。ここでは表題に示した『選択本願念仏集』の「選択」が、三聖の仏意により、四経の経意から帰納するところの、八種類の義趣を内包していることを簡略に明かす。

法然によって示された浄土宗所依の経典は、浄土三部経である。一切経のなかよりこの三部を選び取る作業は、善導の三昧発得者としての宗教的人格とその著書を通して、法然の宗教的確信のなかから確立された卓見であり、一種の教相判釈である。釈尊一代の出世本懐の究極を、この三部の経典に見取っている証左である。

この一段は、諸経に示されたあらゆる仏道修行のなかから選び取られた自力による解脱行ではなく、仏意によって選び取られた他力としての往生行を、第三章から第十六章に引用した浄土三部経と『般舟三昧経』に説く選択の思想を総括することによって、選択された念仏のもっている義意を明らかにする。右の私釈を略説し、その出章を示すとつぎのようである。

先ず『無量寿経』のなかに説く三つの選択である。それは、一つに選択本願、二つに選択讃歎、三つに選択留教である。

一、選択本願：念仏は、法蔵菩薩が本願（別願）を建立するなかで、世自在王仏より覩見した二百一十億の諸仏の刹土のなかから善妙なる行を選択するところの往生行である。（第三・本願章）

二、選択讃歎：釈尊は『無量寿経』三輩段、『観経』九品段で菩提心などの余行をも説くけれども、釈尊はそれ

ら余行を讃歎することなく、ただ念仏だけを（選択して）「一念大利無上功徳」と讃歎する。（第五・念仏利益章）

三、選択留教：確かに上の章において余行諸善を挙げてはいるが、釈尊はただ念仏という一つの教法のみを選択して、末法・法滅以後にまで留め付属する。（第六・特留念仏章）

つぎに『観経』のなかにまた、三つの選択がある。一つに選択摂取、二つに選択化讃、三つに選択付属である。

四、選択摂取：『観経』のなかにおいて定散の諸行を明かしているが、阿弥陀仏の光明はただ念仏の衆生のみ（を選択して）光照し摂取して捨てることがない。（第七・光明摂取章）

五、選択化讃：下品上生の人が臨終に経を聞き（聞経）、南無阿弥陀仏と称える（称仏）二つの行をするけれども、化仏・化観世音・化大勢至は称仏名（念仏）のみを選択して、「汝、仏の名を称するが故に諸罪消滅せり。我、来たりて汝を迎ふ」と讃歎する。（第十・化仏讃歎章）

六、選択付属：釈尊は『観経』において定散の諸行を説いたが、ただ独り阿難には念仏一行のみを（選択して）付属する。（第十二・念仏付属章）

つぎに『阿弥陀経』のなかに一つの選択がある。いわゆる選択証誠である。

七、選択証誠：すでに諸経のなかにおいては多く往生するための諸行を説いているけれども、六方の諸仏はそのような諸行を証誠することはない。この『阿弥陀経』のなかに「執持名号」と念仏による往生を説くに至って、六方恒沙の諸仏は、各舌を舒べ三千大千世界に覆うほど誠実の語を説き、更にその教説を証誠する。（第十四・諸仏証誠章）

浄土三部経だけではなく『般舟三昧経』のなかに、また一つの選択がある。いわゆる選択我名である。

八、選択我名：阿弥陀仏は自ら「我が国に来生せむと欲はむ者は、常に我が名を念じて、休息せしむること莫か

れ」[14]と説いて勧める。（第十六・名号付属章）

以上を簡略に示すとつぎのようになる。

《四経による八種選択》

『無量寿経』に説く三選択……選択本願・選択讃歎・選択留教

『観無量寿経』に説く三選択…選択摂取・選択化讃・選択付属

『阿弥陀経』に説く一選択……選択証誠

『般舟三昧経』に説く一選択…選択我名

本願と摂取と我名と化讃と、此の四は是れ弥陀の選択なり。讃歎と留教と付属と、此の三は是れ釈迦の選択なり。証誠といいは、六方恒沙の諸仏の選択なり。

以上を整理するとつぎのようになる。

《三聖による八種選択》

弥陀の選択…第一選択本願・第四選択摂取・第五選択化讃・第八選択我名

釈尊の選択…第二選択讃歎・第三選択留教・第六選択付属

諸仏の選択…第七選択証誠

(三) 八種選択の結論

然れば則ち、釈迦・弥陀、及び十方の各恒沙等の諸仏、同心に念仏の一行を選択したまへり。余行は爾らず。故に知りぬ。三経共に念仏を選びて以て宗致と為すのみ。

【訳】そのようなことであるから、釈尊と阿弥陀仏、それに十方の各に在す恒河沙数等の諸仏は、まったく同心に念仏の一行を選択されたのである。余行を選択されたのではない。したがって三部経には共通して究極、念仏一行を選ぶことによって、浄土宗旨の（目的である衆生の往生の）極致とすると知られるのである。

これが、法然による八種選択本願念仏の結論である。『選択集』一書に一貫して使用される「余行」に対比する概念は、「念仏一行」である。法然は往生のために自力に修する一切の行業を余行と規定し、善導の釈を継承した五正行を合した正定業・助業の「正助二行」さえも、余行に包括した。第二章私釈段では、正定業を「五種の中の第四の称名」と規定し、助業を定義するなかでこの「第四の称名」をわざわざ「第四の口称」と置き換えて、衆生の上に行ずる教判の位の行業と位置づけている。五番の相対においても各相対ごとに「正助二行」と明記し、衆生による自力の行業とする。

続く第二章私釈段の第一問答において、法然は、その「第四の口称（称名）」が正定業になりうるのは、つぎの第三・本願章を透過しなければ正定業となりえないことを、まことに短い一つの問答ではあるが第三章に先駆けて設けて予説している。

その問は、「何が故ぞ五種の中に独り称名念仏を以て正定の業とするや」というものである。この問はつぎの答意をうけて問いかけている。この問に「五種の中に独り称名を以て」と問いかけていないことに留意しなければならない。五種正行の第四称名（口称）が「称名念仏」となって、正定業となりうるのは、つぎの二つの答意がその根底に横たわっているからである。すなわち、「彼の仏の本願」だからであり、「意の云はく、称名念仏は、是れ彼の仏の本願の行」だからである。だから「順ずる」のであり、「乗じ」るのである。称名念仏と表記するとき、すでに本願に順じ本願の行となっているのである。この真意は「其の本願の義、下に至りて知るべし」と、第三・本願章に明かしていることを述べて、速やかにつぎの五種雑行の説明に移行している。

八種の選択本願念仏を三聖・四経によって図示すると、つぎのようになる。

《『選択集』の構図》

〈三聖による選択〉	〈八種選択〉	〈四経による選択〉
阿弥陀仏の選択	選択本願（第三章）	『無量寿経』
	選択摂取（第七章）	『観無量寿経』
	選択我名（第十六章）	『般舟三昧経』
	選択化讃（第十章）	『観無量寿経』
釈尊の選択	選択讃歎（第五章）	『無量寿経』
	選択留教（第六章）	『無量寿経』
	選択付属（第十二章）	『観無量寿経』
六方諸仏の選択	選択証誠（第十四章）	『阿弥陀経』

（四）三重の選択（三選の文・略選択）

計也《はかりみれば》、夫れ速やかに生死を離れむと欲はば、二種の勝法の中に、且く聖道門を閣きて選びて浄土門に入るべし。浄土門に入らむと欲はば、正雑二行の中に、且く諸の雑行を抛《なげう》ちて選びて正行に帰すべし。正行を修せむと欲はば、正助二業の中に、猶助業を傍らにして選びて応に正定を専らにすべし。正定の業とは、即ち是れ仏名を称するなり。名を称すれば必ず生まるることを得。仏の本願に依るが故に。

- 往生行
  - 聖道門の諸行（閣く・第一章）
  - 浄土門の諸行（選ぶ）
    - 雑行（抛つ・第二章）
    - 正行（五種正行）（選ぶ・帰す）
      - 助業（傍らにする）
        - 一、読誦正行
        - 二、観察正行
        - 三、礼拝正行
        - 五、讃歎供養正行
      - 正定業（選ぶ・専らにす）
        - 四、称名正行（第三章等）（仏名を称する）

この八十一文字は多くの注釈諸家によって「三選の文」とも「略選択」とも称され、法然浄土教の教判を端的に表した『選択集』一書の要諦である。

この文を今二つに分けるならば、一つは「計也」から「選入浄土門」までの『選択集』第一章（聖浄二門章）における第一重の聖浄廃立であり、二つは「欲入浄土門」から「必得生依仏本願故」までの第二章（正雑二行章）における第二重の正雑廃立・第三重の正助廃立である。第一章は『十住毘婆沙論』などを依用した仏教教判であり、

第二章は善導『散善義』を依用した浄土教教判である。この三重の教判を経て、「称名必得生依仏本願故（名を称すれば必ず生まるることを得。仏の本願に依るが故に）」に結釈する。

この略選択の文において留意しておきたいのは、本章の「標章」で言及しておいたように、『選択集』第二章までの浄土教教判に用いられた、衆生の三業のうえに行じられる自力を内容とする「正助二行」を、法然は第十六章私釈段に至って「正助二業」と置換していることである。そのうえで更に「猶助業を傍らにして選びて応に正定（業）を専らにすべし」として、弥陀に親・近・無間・不回向・純じ、「彼此三業不相捨離」する四正行さえも傍らにして、正定業である「仏名を称する」ことを専らにせよというのである。そしてその「名を称（称名）」して「必ず生まるることを得」る根拠は、「仏の本願に依る」からであると結する。この第十六章に至ってはじめて「正助二行」が、弥陀の三業として親近し捨離することのない「正助二業」へと転換されてくるのである。

（五）善導崇拝…『選択集』撰述の基本的態度…

従前は三聖・四経によって八種選択を明らかにしたが、その八種選択が善導という人師の領解によって導き出されたものであることを、これよりは法然の論拠により実証してゆく。法然所立の浄土宗義が、なぜ「善導一師」によらなければならないのか、ということである。

それと同時に、法然による浄土宗義の建立は善導以外の人師によることはない、との表明でもある。第一章の教判の章を除いて、すべからく法然浄土教の根幹は、善導とその著書による。翻っていえば、善導以外の人師の浄土教義を透過することがあっては、法然の浄土宗義は存在し成立しえないということである。以下四問答によってその真意を明かす。

第一問答　「偏依善導一師」論…浄土一宗を立てた善導による…

問ふて曰く。華厳・天台・真言・禅門・三論・法相の諸師、各浄土の法門の章疏を造れり。何ぞ彼等の師に依らずして、唯だ善導一師を用ゐるや。

答へて曰く。彼等の諸師は、各皆、浄土の章疏を造ると雖も、而も浄土を以て宗とせず。唯だ聖道を以て其の宗と為。故に彼等の諸師に依らざるなり。善導和尚は偏へに浄土を以て宗と為《し》て、聖道を以て宗とせず。故に偏へに善導一師に依る。

【訳】問：華厳・天台・真言・臨済・三論・法相などの諸師も各の浄土法門の章疏を造っているけれども、どうしてそのような章疏を造った彼らに依らずに、ただ善導一師を用いるのか。

答：彼ら諸師は各の皆浄土の章疏を造ってはいるけれども、浄土門をもって「宗」としていない。ただ聖道門に立脚して宗としている。だから彼ら諸師によることはない。善導だけが偏えに浄土門をもって「宗」とし、聖道門をもって宗としていない。だから、偏えに善導一師によるのである。

この第一問答は、聖道門・浄土門のどちらに立脚して浄土章疏を造っているかが問題視されている。これは『選択集』第一章の教判による諸師・善導の選択であり、法然が善導による第一の表明である。したがってこの四つの問答を推見すれば、三聖・四経による八種選択とは内容的に本質的に異なるとはいえ、ここに法然による九番目の選択善導（選択祖師）があるともいえる。

浄土宗開宗にあたっての法然による「偏依善導一師」という意思表示は、その浄土教学の精神的教義的根幹をなすものである。所依経典の浄土三部経にしろ、以下『選択集』各章を構成する所依章疏に至っても、その浄土宗義として領解する教学の根底は、三昧発得者である善導の教学なのである。善導の著書四部八巻を透過した三部経理解、とりわけ観経宗とまでいわれ、古今を楷定した『観経』一経を透した善導の浄土教義が、法然にとってはもっとも正しい往生浄土之教なのである。

確かに明恵が『摧邪輪』においていうように、善導の各の著書とりわけ『具疏』における疏文の一々を取りあげて、法然の不領解未領解批判を繰り広げても、総体的な、あるいはその根幹となる教義から敷衍する教義理解を透さない限り、それは批判とはなりえない。したがって明恵のように、善導の釈文をもって法然批判をするという立場も頷くことはできるが、善導の釈文を透過して法然の浄土教義を理解し、法然の教学の背景には総体的な善導浄土教が横たわっているという立場もあるということである。

このような立場の違いが、法然の門弟の時代に至って分派してゆく一つの要因になるのであろう。

第二問答　三昧発得の得否…三昧発得者である善導を採る…

問ふて曰く。浄土の祖師、其の数又多し。謂く、弘法寺の迦才、慈愍三蔵等、是れなり。何ぞ彼等の諸師に依らずして、唯だ善導一師を用ゐるや。

答へて曰く。此等の諸師は浄土を宗とすと雖も、未だ三昧を発せず。善導和尚は、是れ三昧発得の人なり。道に於いて既に其の証有り。故に且《しばら》く之を用ゐる。

【訳】問：浄土の祖師も数多い。例えば弘法寺の迦才・慈愍三蔵などがそれである。どうして彼らの諸師によらないで、ただ善導一師を用いるのか。

答：これらの諸師は往生浄土門を宗としているけれども、まだ三昧発得をしていない。しかし善導和尚は三昧発得の人である。証道においてもすでにその証得がある。したがってここにおいて善導和尚を用いるのである。

第一問答は諸師と善導との相対であったが、以下の三問答は祖師と善導との相対である。第二問答は、浄土門の祖師のなかにあって三昧発得の得否を問題とする。この文によって法然は、第一章に浄土宗の師資相承の血脈譜を挙げていたけれども、その祖師たちが決して同列に扱う人師ではないということを明確に示している。したがって法然においては、その各の祖師たちの浄土教教理も同質ではないことが歴然と認識されているのである。

この答意で問題になるのは「且用之」である。この「且」は第二義の字義「かりに・とりあえず・かりそめ」といった意味ではなく、第一義の字義「且《かつ》」に重きを置いたものであり、「はた・語勢を強める語・そもそも・いったい」[15]という意味になろう。今は師資相承の浄土の祖師とその教義を各別に分け隔てするものではなく、貴びつつ偏執の思いを避けた物言いである。「浄土宗義のここにおいては」という意味になろう。その疑問は以下の問答と、『散善義』後序を挿入して善導礼讃していることから解決することができよう。「用之」という言葉を用いたのも、やはり相通ずるものがある。

第三問答　師の善導によって、弟子の懐感によらない

問ふて曰く。若し三昧発得に依らば、懐感禅師は、亦た是れ三昧発得の人なり。何ぞ之を用ゐざるや。

答へて曰く。善導は是れ師なり。懐感は是れ弟子なり。故に師に依りて弟子に依らざるなり。況や師資の釈、其の相違甚だ多し。故に之を用ゐず。

【訳】問：もし三昧発得によるならば、懐感禅師もまた三昧発得の人である。どうして懐感を用いないのか。答：善導は懐感の師である。懐感は善導の弟子である。ゆえに師によって弟子によらないのである。また師資の間の浄土教義の解釈においても、経釈の相違はすこぶる多い。したがって懐感を用いない。

第三問答は、たとえ三昧発得者である懐感であろうとも、ここに立教浄土宗の祖師と所判は弟子によることなく、師の善導一師によるとの表明である。たとえ同じ三昧発得者であろうと、ここに法然浄土教の根拠が、善導とその教学によって成立するものであると宣言しているのである。したがって、法然においては両者の三昧発得が同質の内容ではなく、また三昧発得のうえに著された書であろうとも、その教学に優劣という選択のはからいをもっていたということである。

その理由の一つに、懐感の著書『釈浄土群疑論』には、弟子とはいえ善導の教義と乖離した領解が散見され、決して憑依するに足る教義とはいえないのである。第七巻末尾から二番目の問答に出る「闇中闇室」における念仏三昧を修することなどはその例で、なぜ「闇中に処在して、諸の光隙を閉じ、励声に大念する[16]」のかと問えば、「乱想すれば成じ難し。或ひは室を掩《おほ》ひて独居し、或ひは目を閉じて視を絶ちて、茲の恬静《てんじょう》に因れば、思事成ずることを得。此れも亦斯の如し。乱心住《とど》め難ければ念仏三昧現前するに由しなし。故に其の闇室に為《よ》って斯の三昧を行ずるなり[17]」といい、調鷹の法の譬えを出して、三昧の発得は五欲六塵を離れるという修因の功によらなければ成就するものではないといい切っている。三昧発得について善導には、このような状況も方法もない。

その他にも、第十八願の願名、「唯除五逆誹謗正法」への理解、浄土観など、その理解の相違には枚挙に遑がない。

第四問答　師の道綽は三昧発得者ではないから依用しない…『新修往生伝』の採用…

問ふて曰く。若し師に依りて弟子に依らずば、道綽禅師は、是れ善導の師なり。抑《そもそ》も又、浄土の祖師なり。何ぞ之を用ゐざるや。

答へて曰く。道綽禅師は是れ師なりと雖も、未だ三昧を発せず。故に自ら往生の得否を知らずして善導に問ふて曰く。「道綽、念仏す。往生を得てむや否や」と。導、一茎の蓮華を弁じて、之を仏前に置かしめて、「行道七日せむに萎《しぼ》み悴《かし》けずは、即ち往生することを得ん」と。之に依りて七日、果然として華萎み黄《きば》まず。綽、其の深詣を歎じて、因《ちな》むで請すらく。「入定して観ずべし。当に生ずることを得べきや否や」と。導、即ち入定して、須臾《しゅゆ》に報《こた》へて曰はく、「師、当に三の罪を懺じて方《まさ》に往生すべし。一には師、嘗《むかし》、仏の尊像を安じて簷《えむ》牖《いう》の下に在《お》いて、自らは深房に処せり。二には出家の人を駆使策役す。三には屋宇を営造して虫の命を損傷す。師、宜しく十方の仏の前に於て第一の罪を懺じ、四方の僧の前に於て第二の罪を懺じ、一切衆生の前に於て第三の罪を懺ずべし」と。綽公、静かに往《むかし》の咎を思ふに、皆「虚しからず」と曰《い》ふ。是こに心を洗ひ、悔謝すること訖《おは》りて導に見《まみ》ゆ。即ち曰はく、「師の罪滅したまへり。後に当に白き光有りて照燭すべし。是れ師の往生の相なり」と。〈已上、『新修往生伝』〉爰《ここ》に知りぬ。善導和尚は、行、三昧を発し、力《つと》め、師の位に堪へたり。解行、凡に非ざること、将に是れ暁らけし。況や又、時の人の諺に曰はく、「仏法東行してより已来、未だ禅師のごとくに盛徳なるは有らず」と。絶倫の誉れ、得て称すべからざる者歟。

【訳】問：もし師によって弟子によらないというのであれば、道綽禅師は善導の師である。というより、道綽禅師は浄土の祖師でもある。どうして道綽を用いないのか。

答：道綽禅師は確かに善導の師ではあるけれども、まだ三昧発得をしていない。したがって（『新修往生伝』には）自ら往生の得否を知らないことから、そのことを（弟子である）善導に問う（つぎのような物語がのせられてある）。「私、道綽は念仏している。これによって往生を得ているのであろうか、いないのであろうか」と。善導は、一茎の蓮華を用意して、これを仏前に置かせて、「念仏行道を七日にわたって行じて蓮華がもし萎《しぼ》み悴《かし》けないならば、往生することを得るでしょう」と。善導の言葉によって（道綽が念仏行道を）七日にわたって行じたならば、果たして蓮華は萎むこともなければ、黄《きば》むこともなかった。道綽は善導の深く達した思いを讃歎し、これによってつぎのように請願した。「（私は）禅定に入って観じなければならない。本当に往生することができているか、いないかを」と。善導はすぐさま禅定に入って、須臾《しゅゆ》の内に師の道綽に報《こた》えてつぎのようにいった。「師よ、ここに三つの罪を懺悔するならば往生することができるでありましょう。一つには師よ、嘗《かつ》て仏の尊像を安置するについて窓の軒庇《のきひさし》の下に在《お》いて、ご自身は奥まった房舎に居られたこと。二つには、出家の人々を駆使し策役したこと。三つには、屋宇を営造するについて虫たちの命を損傷したこと。師よ、必ずや十方の仏の前において第一の罪を懺悔し、四方の僧の前において第二の罪を懺悔し、一切衆生の前において第三の罪を懺悔されるといいでしょう」と。道綽公は静かに往《むかし》の罪を思って、すべて「事実である」と仰った。ここに心を洗い、三つの罪を悔謝し終って、再び善導と会った。そこで善導は師の道綽につぎのように申し上げた。「ここに師の罪は滅しました。後日必ずや白い光が輝いて師を照燭《てら》すでありましょう。これは師の往生の相です」と。〈以上『新修往生伝』〉

この伝記によって知ることができる。善導和尚は行について三昧発得をし、力《つと》めは師匠としての位に堪えるものである。解行についても非凡であることは、ここに暁らかであり、（善導の優位は言をまたない）。ましてや時の人々の諺《ことわざ》につぎのようにいう。「仏法が東漸し当地に布行して以来、いまだ善導禅師のように隆盛な威徳をもった方はお出にならなかった(18)」と。絶倫の誉れというものは善導に備わり与えられたような物言いで、敢えて私どもが称讃しなければならないものでもなければ、称讃しうるものでもないであろう。

この第四問答も祖師と善導における三昧発得の有無が基準である。『新修往生伝』と時の人の諺を出して善導の三昧発得者としての威徳を顕彰する。すなわち師位を超えた善導一師の選択である。たとえ浄土の祖師であり、浄土門を勧める教行であっても、その領解が余行自力による修因によるものであるならば憑依するに足らないのである。善導はひとり「某今欲出此観経要義楷定古今（某《それがし》、今此の『観経』の要義を出だして、古今を楷定せむと欲す(19)）」と宣言して、『玄義分』に「今此観経中十声称仏、即有十願十行具足。云何具足。言南無者即是帰命、亦是発願廻向之義、言阿弥陀仏者即是其行。以斯義故必得往生（今此の『観経』の中の十声の称仏は、即ち十願十行有りて具足す。云何んが具足す。南無と言ふは即ち是れ帰命、亦た是れ発願廻向の義、阿弥陀仏と言ふは即ち是れ其の行なり。斯の義を以ての故に必ず往生を得(20)）」と釈義する。本来衆生に修すべき一切の願行を名号南無阿弥陀仏に具足すると釈義した善導は、まさしく古今の通釈を楷定したのであり、名号南無阿弥陀仏の念仏一行こそまったくの他力の行であると規定したのである。

この領解を継承した法然は、ただ偏に善導一師によると表明し、一切の他師とその教義に憑依しないことをこの第四問答によって明らかにした。したがって善導が、『観経』一経の経意を一僧指授によって『観経疏』を著して『観経』宗を標榜したように、法然もまた善導憑依の『観経』宗なのである。善導教義に則り、『観経』一経によってすべての仏道の体系と、他力による十方衆生の救済を組織したのが、法然の浄土教である。

（六）法然における善導とその著書『観経疏』への憑依

加之《しかのみならず》、『観経』の文疏を条録せし刻《とき》、頗《すこぶ》る霊瑞《りょうずい》を感じ、屢《しばし》ば聖化に預かる。既に聖の冥加を蒙りて、然も経の科文を造る。世挙《こぞ》って『証定《しょうじょう》の疏《しょ》』と称す。人、之を貴ぶこと、仏の経法の如し。

【訳】それだけではなく、（善導が）『観経』の文疏（玄義分・序分義・定善義・散善義）を条録していた刻《とき》、はなはだ霊瑞を感じ、たびたび聖者の化導に預かる。すでにそのような聖者の冥加を蒙って、なおそのうえに『観経』の科文さえも指授を蒙って造られる。世の人びとは挙《こぞ》って（その『観経疏』のことを）『証定の疏』と称讃する。（この『証定疏』に出会った）人は、『観経疏』を釈尊の説かれた経法のように珍重し貴ぶことである。

ここに法然は、つぎに引く『散善義』の奥書に記す善導が体験した三昧発得の条項を要略して述べ、法然自らの文言によって善導礼讃を綴る。法然は、『散善義』の「有一僧而来指授玄義（一の僧有りて、来りて玄義を指授す）」の聖化の「聖」とは、弥陀であると確信をしている。更にその「聖の冥加を蒙」ったからこそ古今の通釈を楷定しえたわけであり、その指授による『観経』一経の科文によって著された『四帖疏』こそ、世の人びとから『（弥陀よりこの科文・条録が）証（誠され、これによって十方衆生の往生がまさしく決）定（するところの）疏』と命名されたのである。

法然は「人（、之を貴ぶこと）」とはいいつつ、善導の著書をまったく経典と同一視・同価値化し、その教義を経法と同質・同体と見ている。したがって上来、法然が第二章より引き来たった善導の著書には、そのような意味も意図もあったのである。

以下『散善義』奥書によって善導における三昧発得の霊験を挙げ、法然浄土宗開宗とその教学の基壇をなす、自らの善導憑依の根拠を明確にし、位置づけを与えるのである。更に、時の人びと（九条兼実をも含めた門弟たち）に、聖者善導とその著書をして信服せしめるとともに、三昧発得の状況を認知せしめようとしている。

法然がつぎに引く『散善義』の後序一段の前には、つぎに引く善導による慟哭告命の一文が置かれている。

> 竊《ひそ》かに以《おもんみ》れば真宗《しんしゅう》遇ひ難く、浄土の要、逢ひ難し。五趣をして斉《ひと》しく生ぜしめむと欲す。是《ここ》を以て勧めて後代に聞かしむ。但だ如来の神力、転変無方なり。隠顕、機に随ひて、王宮に密かに化す。是に於て耆闍の聖衆、小智、疑ひを懐く。仏、後に山に還りたまふに、委況をうかがはず。時に阿難、為に王宮の化、定散両門を宣ぶ。異衆《いしゅ》、此れに因《よ》って同じく聞きて、奉行《ぶぎょう》して頂戴せずといふことなし。

【訳】よくよく考えてみれば、浄土真実の宗旨に遇うことは難しく、ましてやその浄土真実の要諦（要門）ともなれば、なお逢うことは難しい。（生死流転を繰りかえす）五趣（五悪趣ともいう。地獄・餓鬼・畜生・人間・天上）の衆生に対して、浄土の要諦（要門）を説いて斉しく往生させてやりたいと思うのである。このような趣旨であるから、浄土真実の教行（『観経』正宗所説の十六観門）を先ず聞くことを後代の者たちに勧めたい。ただ釈迦如来の神力は、転《うた》た変化して方位に定めなどないのである。隠義・顕義（能詮・所詮、表・裏）といった釈尊のはからいは、あらゆる機に随って伴うものであり、（『観経』一経においては）王宮一会において密かに（その隠顕の）化導化益が施されたのである。このようなことであるから耆闍会の聖衆大衆は、（耆闍を没し王宮に出現した釈尊の意図をはかりかね）賢《さか》しらの小智をもって疑いを懐くのである。しかし釈尊は、（その疑いをよそに王宮の化導を終えて）のちに再び耆闍崛山に還ってこられた。しかしながら、（耆闍の聖衆は耆闍を没せられた）委しい状況が聞けるのかと思っていたら、そうではなかった。そこで阿難は（その疑いを晴らし、更に王宮会のみの化導ではなかったのだということを締めくくるため、釈尊と同坐し黙認を得つつ、釈尊になり代わって）、耆闍の聖衆大衆のために王宮会での化儀の要諦、すなわち定散両門を宣説したのである。（王宮と耆闍という）異なった二会の聴衆は、これによって同じ教説を聞くこととなり、偏に奉行して頂戴しないということはなかった。

浄土三部の経行がありながら、釈尊による出世本懐の真実の経行とは領解されずに釈解されていた。そのような通釈では、決して「真宗遇ひがたく、浄土の要、逢ひ難」いのである。釈尊による名号の付属流通がなければ、そして善導による古今楷定がなければ、阿弥陀仏の弘願による救済の手だては顕露することはない。その根源は、偏に釈尊による三経通じた名号の付属流通の経意にあり、善導の古今楷定なくしては領解されなかったのである。四五四頁に引いた後序冒頭の一文に続き、以下は『散善義』の末尾までをそのまま『選択集』に全文を引用する。

（七）法然が善導の三昧発得の文を『選択集』に引用した真意

即ち彼の『疏』の第四の巻の奥に云はく、「敬って一切の有縁の知識等に白す。余は、既に是れ生死の凡夫にして、智慧浅短なり。然るに仏教は幽微なれば、敢へて輙《たやす》く異解を生ぜず。遂に即ち心を標し、願を結して、霊験《りょうけん》を請求す。方《まさ》に心を造《いた》すべし。

尽十方虚空遍法界の一切の三宝、釈迦牟尼仏・阿弥陀仏・観音・勢至、彼の土の諸の菩薩・大海衆及び一切の荘厳相等に、南無し帰命したてまつる。

某《それがし》、今此の『観経』の要義を出だして、古今を楷定せむと欲す。若し三世の諸仏・釈迦仏・阿弥陀仏等の大悲の願意に称《かな》はば、願はくは夢の中に於て、上《かみ》の所願の如き一切の境界の諸相を見ることを得しめたまへ、と。仏像の前に於て、願を結し已《をは》りて、日別に『阿弥陀経』を誦すること三遍、阿弥陀仏を念ずること三万遍して、至心に発願す。

即ち当夜に於て見らく。西方の空中に上の如きの諸相の境界、悉く皆顕現す。雑色の宝山《ほうせん》、百重千重に、種々の光明ありて、下《しも》、地を照らすに、地、金色の如し。中に諸仏菩薩有《ましま》して、或ひは坐し、或いは立し、或ひは語し、或ひは黙す。或ひは身手を動かし、或ひは住して動ぜざる者あり。

既に此の相を見て、合掌して立ちて観る。量《やや》久しくして、乃ち覚む。覚め已りて欣喜に勝《た》へず。於《ここ》に即ち義門を条録す。

此れより已後、毎夜に夢の中に、常に一《ひとり》の僧有り。来りて玄義の科文を指授したまふ。既に了《をは》れば、更に復た見ず。後の時に本を脱し竟已《をは》りぬ。

復た更に至心に、七日を要期《ようご》して、日別に『阿弥陀経』を誦すること十遍、阿弥陀仏を念ずること三万遍、初夜・後夜に、彼の仏の国土の荘厳等の相を観想して、誠心に帰命すること、一《もっぱ》ら上の法の如くす。

当夜に即ち見らく。三具の磑輪《がいりん》、道の辺《ほと》りに独り転ず。忽ちに一人の、白き駱駝《らくだ》に乗りて来れる有り。前に見《まみ》えて勧むらく。「師、当に努力《つとめ》て決定して往生すべし。退転を作《な》すこと莫れ。此の界は穢悪にして苦多し。貪楽に労《つと》めざれ」と。答へて言はく、「大いに賢者の好心の視誨を蒙れり。某《それがし》、畢命を期《ご》と為して、敢へて懈慢の心を生ぜず」と。云々。

第二の夜に見らく、阿弥陀仏、身は真金色にして、七宝樹の下《もと》に在《ましま》して、金蓮華の上に坐したまへり。十僧囲遶して、亦た各の一の宝樹の下に坐せり。仏樹の上に、乃ち天衣有りて挂《かか》り遶《めぐ》れり。面《おもて》を正して、西に向かひ、合掌して坐して観ず。

第三の夜に見らく、両《ふた》つの幢杆《どうかん》あり、極めて大きく高く顕はれて、幡《はた》、懸《かか》りて五色なり。道路縦横にして、人観るに礙《さわ》り無し。既に此の相を得已りて、即便《すなは》ち休止《くし》して七日に至らず。

上より来《このかた》、所有《あらゆ》る霊相は、本心、物の為にして己身《こしん》の為にせず。既に此の相を蒙れり、敢へて隠蔵せず。謹みて申べ呈《あら》はす義を以て後に、末代に聞かしめむ。願はくは、含霊をして之を聞かしめて信を生ぜしめ、有識の観《み》る者をして西に帰せしめむことを。此の功徳を以て衆生に回施す。悉く菩提心を発して、慈心をもって相向かひ、仏眼をもって相看て、菩提まで眷属として、真の善知識と作り、同じく浄国に帰して、共に仏道を成ぜむ。

この義、已《すで》に証を請ふて定め竟んぬ。一句一字も、加減すべからず。写さむと欲する者は、一《もっぱ》ら経法の如くすべし。知るべし」と。〈已上〉

【訳】すなわち、善導の『観経疏』の第四の巻（「散善義」）の奥書にはつぎのようにいっている。

一切の有縁の知識の方々に敬い申し上げる。私は、紛れもなく生死に沈淪する凡夫であり、智慧に至っては浅短この上ないのである。しかしながら釈尊の教理（仏教）はまことに幽微であって、敢えてそう輒《たやす》く異なった見解など生まれようはずもない。

そこで詰まるところ、ひたすら心を標し願を結んで、霊験《りょうけん》を請求するばかりである。どうか（私のこのささやかな）心を届けなければと思う。（私善導は）尽十方虚空遍法界の一切の三宝、釈迦牟尼仏・阿弥陀仏・観音菩薩・勢至菩薩、極楽国土のすべての菩薩・大海衆および一切の依報荘厳の諸相などに南無し帰命いたします。

私は今この『観経』の要義を採出し、古今（に行われているさまざまな註釈に対して）楷定しようと欲《おも》う。もし（過去現在未来の）三世の諸仏・釈迦仏・阿弥陀仏などの大悲の願意に称《かな》うものであるならば、願わくば夢のなかにおいて、上に願うところ（霊験＝極楽国土のすべての菩薩・大海衆及び一切の依報荘厳の諸相）のように、一切三宝の境界とその諸相を見ることができますように。

仏像の前において願うところを結しおわり、日ごとに『阿弥陀経』を三遍読誦し、阿弥陀仏を三万遍念じ、そして至心に発願するのである。

そこで、その夜において（つぎのような諸相を）見る。西方の空中に先のような諸相境界が、ことごとく皆顕現する。雑色の宝山は百重千重にも折り重なり、種々の光明があり、（その光明は）下に向かっては大地を照らし、その大地は金色のようである。なかには諸仏諸菩薩がおいでになり、坐ったり立ったり、あるいは説法したり黙っていたり、あるいは身手を動かしていたり住して動かない者がある。

すでにこの諸相境界を見て、合掌して立ち観ていて、少しばかり久しくしてそして目覚めた。目覚めおわって欣《よろ》喜《こび》を押さえることができなかった。そこでここに義門（義理を表した法門）を条録する。

これから以後、夜ごとの夢のなかに、常に一人の僧侶が現れ来て、（私＝善導に『観経』の）玄義と科文（序分・定善・散善）を指授された。すでに（指授が）終わると、更にまた（その方を）見ることはなかった。その後に及んで本書を脱稿し終えることができた。

また更に至（誠）心のうちに七日の期日を要して、日ごとに『阿弥陀経』を十遍誦し、阿弥陀仏を三万遍念じ、初夜と後夜には、阿弥陀仏の極楽国土の荘厳などの諸相を観想して、（至）誠心に帰命すること、偏に先に述べた法のようであった。

その夜には更に（つぎのような諸相を）見る。三具の磑輪が、道のほとりにコロンと転んでいる。にわかに一人（の僧侶が）現れて、白い駱駝に乗って来て、私と目の前に向き合って（つぎのように）勧める。「師よ、当然のことながら努めて往生は決定しているのである。退転するようなことがあってはならない。この娑婆世界は穢悪であって苦悩が余りにも多い。骨を折ってまで貪楽してはならない」と。（その言葉に対し、つぎのように私は）答えていった、「大いに賢者の私への好心の視誨を蒙りました。私は命を終えるまで、敢えて懈慢の心を生じさせるようなことは決して致しません」と。

二日目の夜には（つぎのような諸相を）見る。阿弥陀仏の身体は真金色であって、七宝樹のもとにある金蓮華の上においでになり坐っておられる。十人の僧侶が囲遶して、また各の一本の宝樹のもとに坐っている。仏がおいでになる宝樹の上には、天衣があってその宝樹にかかり遶《めぐ》っている。顔を西に向かって正しくし、合掌して坐って観るのである。

三日目の夜には（つぎのような諸相を）見る。二つの幢杆《どうかん》は、極めて大きく高く顕われて、幡《はた》は懸《かか》って五色である。道路は縦横に走り、人は何の障りもなく観ることができる。すでにこの諸相を見終わって、そうして休止《や》んで七日に至ることはなかった。

上より述べてきたすべての霊相の本心を尋ねるならば、生きとし生けるもののためであって、自身（善導）のために霊相が顕われたのではない。すでにこの諸相（の観見）を蒙って、敢えて包み隠す（隠蔽）ものではない。謹んで申べ、かつ義理（義）をあらわして、のちに末代の者のために（この義を）聞かせおきたいだけである。願わくは、生きとし生けるもの（含霊）にはこれ（『観経』正宗分定散二善の十六の観門に説かれる極楽の依正二報）を聞くことによって信心を生じ、もし有縁の善知識（有識）があってこの諸相を観見しようとする者には、西方浄土に帰入させたいのである。この功徳をもってすべての衆生に回施する。すべての生きとし生けるものは菩提心を発して、慈心をもって相向かいあい、仏のような眼差しをもって相看あい、菩提に至るまで眷属としてあり続け、真の善知識となって、同じく清浄の国土（浄国）に帰命し、ともに仏道を成就したいものである。

ここに条録したすべての義理（義）に関しては、すでに証明を請うたものであり、決定した条録である。（この条録に関しては決して）一句一字も加減してはならない。もしも写そうと欲う者は、偏に経法のようにしてもらいたい。どうか知っておいて頂きたい、と。〈已上〉

法然が、善導『散善義』の自らの三昧発得の一段の条文を、『選択集』一書を書き終え結ぶに際し、善導と同じ末尾に収載した意図はどのようなものであったであろうか。法然は『選択集』を撰述する建久九年という年の初めから三昧発得の体験をしている。このことは、醍醐本『法然上人伝記』等に収められている法然の著書『三昧発得記』につぶさに語られているところである。

時間的経緯のなかでは、法然は先ず善導の著書四部八巻の通読を通して、この『散善義』の三昧発得の箇所に出会っているだろう。その精読という深層を透過して法然の浄土教理解の深化がはかられ、その教義的一面として善導を三昧発得者として位置づけてゆく精神的作業が行われてゆくのである。そのような深層の部分に留まっていた宗教者善導が、法然の浄土教思想のうえで中枢に、なおかつ表相の教義綱要として表れてくるのが『逆修説法』であり、この『選択集』である。いわゆる善導の師資相承譜化であり、「偏依善導一師」化という神格化である。

法然の深層においては、善導の三昧発得という事実とその具象的内容が表記されている『散善義』後序の体験が、常に横たわっていたであろう。『選択集』法然の私釈の文を借りれば、この『四帖疏』は「玄義を指授」した「弥陀の応現」によって書かれた「弥陀の伝説」なのである。『四帖疏』は「善導は是れ弥陀の化身」として説いた「弥陀の直説」なのである。法然の宗教的精神性においては、このような『四帖疏』に出会うためには尋常であってはいけないのであり、領解するためにはなお尋常の浄土教者であってはならなかったのである。

そのような意味において法然は、この『選択集』を撰述するにあたり、浄土教者としての自らの精神とその情況を、究極の状態にまで昇華させていったであろうことは想像に難くないのである。

《善導三昧発得の意義》

善導の三昧発得を記述した箇所は、さまざまな要素や内容を含んでいる。今その記録の次第にしたがって、善導の三昧発得がもっている意義を考えてみたい。

先ず、未来世「一切の有縁の知識等に」対しての表白である。善導にとって未来世一切の衆生は、三部経に説くごとく阿弥陀仏による済度の対象であって、すべて「有縁の知識」である。しかしながら「余（善導）」に代表されるように未来世一切の衆生は、「既に是れ生死の凡夫」であって、「智慧浅短」の者に他ならない。また『観経』定善示観縁に説くように「汝是凡夫、心想羸劣」の機根そのものであり、ここは善導の著書に一貫する凡夫としての自覚の表明となっている。このような凡夫であるからこそ、「幽微」な釈尊の教理に対して「異解を生」ずるだけの智慧を持ち合わせていないという表白になる。

必然的に「『観経』の要義」をここに撰述するためには、「心を標し願を結して」聖化の「霊験を請求す」ることとなる。その霊験を請求する対象とは、「尽十方虚空遍法界の一切の三宝、釈迦牟尼仏・阿弥陀仏・観音・勢至、彼の土の諸の菩薩・大海衆及び一切の荘厳相等」である。これらはつぎに述懐される三昧発得の諸相と同様である。これら一切の三宝への帰命がはかられ、自らの所願が述べられる。

善導の所願とは、「此の『観経』の要義を出だして古今を楷定」することである。まことに大胆な所願であるといわざるをえない。古今に流布し行われている『観経』理解のすべてを楷定して、自ら独自の要義をここに著すというのである。

善導以前とその当時の代表的な『観経』注釈書としては、慧遠（五二三～五九二）の『観無量寿経義疏』、智顗（五三八～五九七）に仮託される『観無量寿仏経疏』、吉蔵（五四九～六二三）の『観無量寿経義疏』が存在する。これらの聖道諸家による『観経』理解を全面否定して、未来世一切の凡夫の救済を願意とし、未来世一切の凡夫への開示を経意とし、三世の諸仏によって証誠する、三聖の仏意による『観経』理解を要義として開宣しようとする。

善導の浄土教者としての秀でたところは、この所願を開陳するだけではなく、必ず「三世の諸仏・釈迦仏・阿弥陀仏等の大悲の願意に称《かな》」うものであるということを誓約していることである（法然の八種選択の三聖による選択もこのような背景がある）。善導のこの物言いは、このような三聖の願意に称う教説が『観経』一経の内に説かれている、ということを明確に表現している。

更に善導は、自らの楷定によって撰述された『観経』の要義が、三聖の「大悲の願意に称」うならば、私（善導）が見る「夢の中に於て」先に表した所願（尽十方虚空遍法界の一切の三宝、釈迦牟尼仏・阿弥陀仏・観音・勢至、彼の土の諸の菩薩・大海衆及び一切の荘厳相等）のように、「一切の境界の諸相を見ることを得」させて下さいと発願する。「願はくは……を得む」と、その言葉は穏やかではあるが、善導自らの楷定によってもたらされた『観経』要義に対して、絶対的な自信を窺わせる一段である。

しかし善導の胸の内なる発願だけで、境界諸相の見仏見相が実現するわけではない。そこには願行が併足されなければならない。善導の採った行法とは、仏像の前に結願をして、『阿弥陀経』を日誦三遍、念南無阿弥陀仏を三万遍、そして至心に発願する、というものである。この善導の四種の行法の先ず一つは結願。これは先に述べられていた、三聖の大悲の願意に称うことが根源としてあり、古今を楷定して『観経』の要義を出だすにあたり、「尽十方虚空遍法界の一切の三宝、釈迦牟尼仏・阿弥陀仏・観音・勢至、彼の土の諸の菩薩・大海衆及び一切の荘厳相等」が、自らの夢のなかに「霊験」として見られることを願うのである。

二つは、『阿弥陀経』の誦経。以下の記述もそうであるけれども、善導の場合自らの往生相を証誠し顕現する『経』として『阿弥陀経』を引き合いに出す。『無量寿経』でも『観無量寿経』でもないのである。

三つは、念仏。釈尊が三経を通じて未来に付属流通せしめた名号南無阿弥陀仏を、衆生の往生と弥陀の正覚が成就した果（上の名）号として念誦することである。また遍数としての三万遍がどのような意味をもち、なぜ三万遍なのかはわからない。以下も三万遍である。日常生活としての限界の数値であろうか。

四つは発願。以上の三種の行法を総称する意味において、ここに「至心に発願す」という。至誠心のままに諸相境界が霊験として顕現してくることを、ここでは願うのである。

《三昧発得の諸相》

その夜には先ず、結願をした内容そのままが顕現する。いわゆる西方の空中に諸相境界がことごとく顕現したのである。この箇所の善導の表記について注意しなければならないことは、「顕現」である。顕現とは「はっきりと現れること、明らかにあらわし示すこと」で、基本的にこちらが見ようと思って見る（観察）ものではなく、霊験として現れるものであり、顕わし示されてくるものである。したがって善導は夢中において、このような諸相境界を見ることができ、合掌しつつ立って観る（観と言ふは照なり[21]）ことができたのである。そして今夢から覚め、法悦のうちに欣喜する。

このような聖化を蒙った法悦と欣喜のうちに善導は、義門（具体的には『観経疏』のうち『序分義』『定善義』『散善義』を指す）を条録する。

それ以後、毎夜夢のなかに一僧が来臨して（『観経』の）玄義を指授する。玄義の科文を指授され終わったあとには、もう再び諸相境界を見ることはなくなった。それがあって以後、この『玄義分』を脱稿し終えた、と記す。

更にまた別に七日間の期日を決めて、至心に日ごとに『阿弥陀経』を十遍誦し、南無阿弥陀仏を三万遍念ずると、その夜の初夜・後夜には阿弥陀仏の国土の依報荘厳の諸相を観想することができた。ただ偏に至誠心のままに阿弥陀仏に帰命することであった、と記す。その帰命とは、「尽十方虚空遍法界の一切の三宝、釈迦牟尼仏・阿弥陀仏・観音・勢至、彼の土の諸の菩薩・大海衆及び一切の荘厳相等に南無し帰命」することである。

善導は、「七日を要期」した内容を三夜にわたって記す。

第一夜の夢には、白い駱駝に乗った一人の者との対話の内容を載せる。善導には、往生に際して畢命まで懈慢することはないとの誓約である。この駱駝上の一人とは、法然のなかでは当然阿弥陀仏に他ならない。「努力て決定して往生すべし」の金言は、善導を大きく欣喜させるとともに、大いなる誓言として確固たる楷定をもたらしたであろうことは想像に難くない。

第二夜の夢には、遂に阿弥陀仏が登場し、宝樹の下にある金蓮華の上に真金色の阿弥陀仏が坐す。その周りには十人の僧が囲繞し、仏樹の上に天衣が飛遶している。それを善導はただ顔を正しくして、西に対峙し合掌して観るのである。善導にとってこの極楽の依正の諸荘厳の観想は、このうえなく欣喜をもたらすとともに、自らの結願に十二分に充足を与えるものであったであろう。

第三夜の夢には、極楽の依報の諸荘厳の様子が簡潔に語られている。そして、最初は「七日を要期して」別時に三昧発得を再び期したのであろうが、三夜の諸相境界を見終わったとき、すでに休止して終に七日に至ることはなかった、と正直に発得の内容を留めている。

善導は体験した以上の三昧発得を締めくくり、つぎのように激白吐露して『散善義』一巻を閉じる。以下の条文は全体に三つの内容に分かれるであろう。

先ず最初は、虚心坦懐に自己の心情を述べる条文である。この三昧発得にあたって自らが観想し観見したすべての諸相境界（霊相）は、その本質をいうのならば自己のためのものではなく、人びとのためのものであるということである。したがって、蒙ることのできた三昧発得という体験とその霊相を敢えて自己のものとして隠蔵させるものではない。ここに一僧指授のもとに、玄義・科文としてのちに至って述べ表し脱稿した。この『観経』一経の真実の領解の次第を、一部四巻にして末代に流通し聞かせおきたいと願うのであると述懐する。

つぎに、この『観経疏』一部によって明かされる『観経』一経の真実とその領解を通して、未来世一切の衆生には往生の方途とその利益が決定していることを知らしめておきたいのである。善導はそれを知るために、つぎのようにいう。一つに、未来世一切衆生（含霊）にはこの『観経疏』を聞かせて自ずと信を生じさせ、識有るもの（有識）には極楽の依正を観見させて、その西方浄土を欣慕し帰入させたいと願う。二つに、この『観経疏』に明かされる真実の教行が聞かれ領解されたとき、自ずと信が生じ浄土への願生心が芽生えるのである。そのような功徳がはかられるのも、すべて弥陀の大願強力として一切衆生に回施されているからである、と。

最後に善導は、未来世一切の衆生はことごとく浄土への願生心（菩提心）を発して、慈心と仏眼をもって互いに相向かい合って、菩提に至るまで真実の眷属・善知識となって、ともに等しく極楽浄土に帰入するまでこの仏道を成就したいものである、と結ぶ。

そして善導の『散善義』というよりも、『観経疏』全体の総括ともいうべき一文が最後に結し述べられている。私（善導）が古今を楷定して著した『観経』における真実の要義は、すでに三聖の願意に称《かな》って証定され、霊験を請求しえて、一僧指授のもとに伝えられた玄義科文であるから、すべての義理は決定している。そのように著された書物であるから、本文の一句一字をも加減してはならない。もしこの書物を書写しようと思うならば、偏に経典に説かれた教法のように扱われなければならない、というものである。

この善導の激白は凄まじいものがある。自らの三昧発得の真実性、その発得に顕現し霊験する諸相境界への憑依、一僧の指授よりもたらされる玄義科文の信憑性、その条録への絶対的な自信、更に古今を楷定し開顕された『観経』における真実の経教、その経教は未来世一切の衆生に敷衍されなければならないという使命、仏道を成就するため眷属・知識の在り方等々、そのような混然とした三昧発得者としての宗教者善導の気概を感じ取るのである。

《法然における善導観・『観経疏』観》

法然は『選択集』を締めくくるにあたり、善導『散善義』の後序のほぼ全文をここに引き、自らが開宗しようとする浄土宗にとって、またこの『選択集』を自宗の拠り所とする立教の典籍と位置づけようとする浄土宗にとって、三昧発得の宗教者善導とその著書『観経疏』が、絶対に忽《ゆるが》せにすることのできない必要不可欠の宗教指南であることを、内外に表明しておきたかったのである。法然開宗の浄土宗は、善導と『観経疏』によって立教した宗旨であることを、この一文を置くことによって宣明している。

法然は、善導の文言に示す感得された三昧発得の境地と、それを通して語られる信仰の絶対的な自信に深く共鳴をした。この共振・共鳴は一種の宗教体験、あるいは回心といってもいいであろう。第三者が理解できるものではなく、本人のなかで醸成され、あるとき忽然と意識上にあがってくる神秘体験ともいうべき宗教的確信である。

では、法然が『選択集』第十六章私釈段において「偏依善導一師」と標榜し表明した善導観は、法然の思想歴程のなかでどのように推移し構築されていったのであろうか。法然における善導観の推移を、その他の著書を通して今少し辿ってみる。

法然は源信の『往生要集』に出会うことにより浄土教への通入を果たした。しかしそれは浄土教への方向性をもたらすものであっても、天台浄土教の域を出るものではなかった。『往生要集』的天台浄土教の法然を善導の浄土教に導いたのは、遊学のときの奈良の大寺で脈々と受け継がれていた南都浄土教との出会いであった。学匠との直接的な出会いも法然の多くの伝記を見ると幾たびかあったであろうが、蓄積されていた南都浄土教の学匠たちが著した書物との出会いのほうが大きかったのである。とりわけ法然に思想的影響を与えたのは、永観《ようかん》（一〇三三～一一一一）の『往生拾因』（一巻）であり、珍海《ちんかい》（一〇九一～一一五二）の『決定往生集』（一巻）であった。

『往生要集』所引の『往生礼讃』「若し能く上の如く念々相続して、畢命を期とする者は、十は即ち十ながら生じ、百は即ち百ながら生ず」の出会いから、これらの著書に引かれた善導『観経疏』との出会いこそ、法然を善導浄土教に入らしめる決定的な動機となったのである。

法然の著述で先ず「善導」などへの傾倒を示す文言が見られるのは、『往生要集釈』の末尾である。善導『往生礼讃』の「十即十生、百即百生云々」の文を引いた後、私に云く。恵心、理を尽くすと雖も、往生の得否を定め給ふには、道綽善導を以て指南と為す所なり。また処々に多く彼の師の釈を引用す、見るべし。然れば則ち恵心を用ふるの輩《ともがら》は、必ず善導道綽に帰すべし。(22)

として、恵心僧都源信に導かれつつ道綽・善導への傾倒と先達化を始めている。

つぎに『三部経大意』では『法事讃』を引き、善導の阿弥陀仏への神格化の端緒が見られる。

阿弥陀如来、善導和尚となのりて唐土に出て云はく。如来出現於五濁　随宜方便化群萠　或説多聞而得度　或説少解脱三明　或教福恵双除障　或教禅念坐思量　種々法門皆解脱　無過念仏往西方　上尽一形至十念　三念五念仏来迎　直為弥陀弘誓重　致使凡夫念即生とをせられき。釈尊出世の本懐、唯此事に有と云ふべし。(23)

この一文の主語は阿弥陀仏であるから、弥陀が善導と名のって唐土に出生し『法事讃』に七言の偈文として、そのように仰せられたということであるから、善導というより阿弥陀仏への讃歎が主体である。

しかしすでに東大寺において浄土三部経を講説した文治六年（一一九〇）の『阿弥陀経釈』には、『選択集』第十六章私釈段の「善導一師」に関する四問答と同一文の先行する文が見られる。その第二問答の答意に「善導和尚は是れ三昧発得の人なり。道においてすでに証を得。故に且くこれを用ゆ」(24)として、善導を三昧発得の境地に住する勝れた宗教者と見なしている。その四問答と『新修往生伝』に続く法然の私釈の文も、『選択集』に先行して同一文が成立しているのであるから、この時期にはすでに善導への確固たる信仰が確立していたと考えて差し支えない。

そして『選択集』撰述の建久九年（一一九八）には、以下のような善導信仰へと帰結する。『選択集』全十六章にわたって、法然の浄土教を貫く根源的な土壌は、第一章に所依経典として明かし、第三章から第十六章までの本文段と私釈段を組織する浄土三部経と善導の著書である。

とりわけ、その浄土三部経をどのように領解するのかという浄土教者としての法然の立場は、徹頭徹尾その浄土教学も宗教的人格においても、善導とその教旨に則るという「偏依善導一師」であった。以下の文言は、法然の善導讃歌であり、善導礼讃であり、善導崇拝であり、善導教旨の神聖化である。

静かに以れば、善導の『観経の疏』は、西方の指南、行者の目足なり。然れば則ち西方の行人、必ず須く珍敬すべし。就中《なかんずく》に、毎夜の夢の中に僧有りて玄義を指授す。僧といは、恐らくは是れ弥陀の応現なり。爾れば謂ふべし、此の『疏』は是れ弥陀の伝説なりと。何に況や、大唐の相伝に云はく、「善導は是れ弥陀の化身なり」と。爾らば謂ふべし、又此の文は是れ弥陀の直説なりと。既に「写さむと欲はむ者、一ら経法の如くせよ」と云へり。この言、誠なるかな。仰いで本地を討ぬれば、四十八願の法王なり。十劫正覚の唱へ、念仏に憑み有り。俯して垂迹を訪《とぶら》へば、専修念仏の導師なり。三昧正受の語、往生に疑ひ無し。本迹異なりと雖も化道是れ一なり。

【訳】静かに（今、ここに引文した『散善義』後序の三昧発得と善導の確固たる確信の条文のみならず、古今が楷定された）善導の『観経疏』のことについて考えてみれば、（この書はすべての浄土願生者にとって）西方（浄土へ）の指南

（の書）であり、念仏行者にとっての目足（となる書）である。そういうことであるから西方（浄土への往生を願う）念仏行者（行人）にとって、この書は必ずや珍敬されなければならない。

特に、（先の善導の文に留められた）「夜ごとに夢の中に（常にひとりの）僧が有って（『観経』の）玄義を指授した」というこのひとりの僧というのは、恐らくはこれ阿弥陀仏の応現である。そういうことであるから、この『観経疏』は阿弥陀仏の伝説であるといっても過言ではない。まして中国唐代の相伝につぎのようにいっている。「善導はまさしく阿弥陀仏の化身である」と。そういうことであるから、またこの『観経疏』の文言は阿弥陀仏の直説といってていいのである。

したがって善導自身もすでに「（この『観経疏』を）写そうと思う者は、偏に経典の教法のように扱いなさい」といっている。この（善導の）言葉は真実の誓言であるのだ。（このような次第を総じて考えてみたとき）瞻仰の思いで（善導の）本地を討ねるならば、四十八の別願（を発された）法王そのものである。更に十劫（の昔に）正覚を成就され、（今その成就された願文には）念仏に憑みかけるとき（衆生の往生が成就するので）あると絶唱しておいでになる。俯観してその垂迹を訪ねたならば、専修念仏の導師なのである。三昧発得によって正しく（一僧より）授受された仏語そのものであり、（我ら未来世一切衆生の）往生について何ら疑うところがない。本地と垂迹と（その言葉と内容に）異なりがあるように思うけれども、（衆生を往生への）仏道に化導化益してゆく本質は本来一つである。

善導は垂迹としては専修念仏の導師ではあるが、本地は四十八願を建立し成就した法王としての阿弥陀仏なのである。更に大唐の伝いわゆる『類聚浄土五祖伝』に引かれた慈雲の『西方往生略伝』を引用しつつ、善導を阿弥陀仏の化身として仏格の位にまで引き上げている。したがって三昧発得のうえ、一僧指授によって説き出された善導の書は弥陀の直説に他ならない。

特にここで注意を要したいのは、「僧といは、恐らくは是れ弥陀の応現なり」の一文である。善導の「毎夜に夢の中に、常に一の僧有り。来りて玄義の科文を指授したまふ」の一僧を、法然は宗教的直感によって阿弥陀仏であると断定している。これは正しく善導もさることながら、法然自らも三昧定中にこの『選択集』を執筆しているのだという、善導と同質の三昧発得者としての自信と確信からもたらされた確定の言語である。

更に善導をなぜ弥陀の化身とするのかという疑問は、ただ慈雲の善導伝を信じたという次元のものではないであろう。法然にとって善導は「三昧正受」した人であり、「三昧発得之人也。於道既有其証」る人であり、すでに仏陀と同格の位に見ていたのである。当然その善導によって著された『観経疏』は、弥陀という一僧指授のもとに著されているから弥陀より伝説された書であり、弥陀の直説ともいえる書と考えていた。

その善導によって指授楷定された『観経』一経によらなければ、大乗の教理とその仏道、否、釈尊一代の仏教教理とその仏道の、真実の開顕はなしえなかったのである。『観経』がなぜ釈尊によって興起されなければならなかったのかという真実の経意は、三昧発得者・一僧指授の善導の楷定を待つことによって、ここに開顕することができたのである。

このように推移した法然における晩年の善導観は(25)、直接的にこの『選択集』成立に決定的な影響を及ぼしたといえよう。法然の浄土教とその信仰は、徹底した絶対的な善導という宗教的人格に基づいた背景をもつ。

《『選択集』撰述の霊瑞》

是に於て貧道、昔茲の典を披閲して、粗素《ほぼ》意を識る。立ちどころに余行を舎《とど》めて、云《ここ》に念仏に帰す。其より已来、今日に至るまで、自行化他、唯だ念仏を締《こと》とす。然る間、希に津《みち》を問ふ者には、示すに西方の通津を以てす。適《たま》ま行を尋ぬる者には、誨《おし》ふるに念仏の別行を以てす。之を信ずる者は多く、信ぜざる者は尠なし。当に知るべし。浄土の教、時機を叩いて、行運に当れり。念仏の行、水月を感じて昇降を得たり。

【訳】ここにおいて私（貧道）は、昔この（善導の『観経四帖疏』という）典籍（に出会い、そのすべて）を披閲しえて、ほぼ（善導浄土教の）素意を識ることができた。すぐさま余行を捨てて、今（私は）念仏一行に帰することとなる。それからずっと今日に至るまで、自らが行じ、また他の者たちを化導するについては、ただ念仏一行を仕事のようにしている。

そのようなわけで、稀《まれ》に（この穢土より浄土へ往生するための）渡し場（津）を問う者には、西方（浄土へ）の通（行が確実な念仏一行という）渡し場（津）があることを示すようにしている。たまたま（浄土へ往生するための）行（法）を尋ねる者には、念仏一行という特別な行（法）があることを誨《おし》えるようにしている。そうすればこれを信じる者は多く、信じない者は少ない。

知っておかなければならないであろう。浄土の教え（教行・教理）は、（末法という）時・（煩悩具足の凡夫という）機を叩くことによって（その教と時機とが互いに呼応し）、（念仏一行という真理の）運行（行運）が成り立っているのである。そして南無阿弥陀仏という念仏の一行は、（釈尊がさまざまに施設した教説という）水（十六の観門）に月（という真理そのものとしての念仏一行）を（機に）感じさせることによって、（行運といい）昇降（という真理の行相）がわかることとなるのである、ということを。

簡潔ではあるが法然は、一部四巻あるいは四部八巻揃った善導とその著書との出会いを述懐する。その出会いを通して「貧道」と謙遜しつつも、釈尊によって『観経』が発起されなければならない縁由と、善導浄土教の全容と真髄を感得したことを告白する。三昧発得者善導とその著書への帰入という回心によって、法然は明快につぎのように断言をする。『選択集』第三章以来終章に至るまで、その標章に謳っていた「余行」と「念仏一行」との峻別である。いわゆる、衆生によって自力に行修される一切の行業である余行をたちどころに捨てて、阿弥陀仏によって他力に願行ともに具足された南無阿弥陀仏の念仏一行に帰する、というのである。この一条の文言こそ、浄土宗を開宗する法然の宣言といっても過言ではない。なぜなら、「其より已来、今日に至るまで、自行化他、唯だ念仏を縡とす」というのであるから。

更に法然は言葉を重ねていう。以来、往生浄土の津を問う者には、先ず西方への通津そのものを示し、そして浄土への往生行を尋ねる者には、念仏一行という別行を誨《おし》えてきた、と。念仏一行は、衆生のはからいで行修する通途の行ではない。阿弥陀仏の正覚に、衆生の往生のための一切の願行が成就された、南無阿弥陀仏という特別な行法なのである。このように有縁の人びとに誨示《かいじ》したとき多くの者は信じ、かえって信じない者は少なかったと述懐する。

すなわち『選択集』第二章に明かされた口称といい、第四称名という、行修することによって往生の道が開かれてくる天台的自力難行の道は、ここに至って結せられて、法然によって閉じられたといってよい。それはつぎの文言によって明らかになる。

「浄土之教叩時機而当行運也。念仏之行感水月而得昇降也」の一文は法然浄土教の白眉といっていい名文である。『選択集』はこの一文によって成立しているといっても過言ではない。法然浄土教は『観経』浄土宗であり、善導浄土宗であり、『観経疏』浄土宗である。『観経』一経の教理を、ひいては全仏教の教理を善導『観経疏』に則り、浄土三部経の体系を、一切の仏教経典の体系を構築し[26]、これほど簡潔にして要を得て表現することのできた法然を偏に鑚仰したいと思う。

釈尊によって施設され説かれる浄土の教理というものは、時機を得て、時機を選び、時機によらなければ、決して顕露するものではない。今韋提希夫人という凡夫の機を得て、三毒の煩悩が露呈し、自力偏執の機根が顕らかになった定善示観縁の時を待たなければ、真実の教説は仏力異方便の十六の観門として施設されないのである。

善導『序分義』化前序「一時」の一句を釈して、「洪鐘響くと雖も、必ず扣《たた》くを待ちて、方《まさ》に鳴る。大聖の慈を垂るるに、必ず請を待ちて、当に説きたもふべし[27]」の条を想起させる。鐘は鳴ることをもってその生命とする。すなわち、法をうける性をもち、仏陀に成る性をもつのが万機ならば、大聖の機を叩く慈悲によって音色は大響ともなり、また小響ともなって鳴るのである。いずれにしても鐘はひとりでは鳴らない。鐘は撞木の慈を待って、撞木の強弱大小という施設そのものの音色となって四方に鳴りわたるのである。阿難による王宮会の復説、欣浄縁の通去行・別去行、示観の領解を経た韋提希の未来への致請を得て、大聖釈尊の慈は正宗十六の観門として垂れることになる。時機を得てまさに説かれることになる。

その施設された説示こそ釈尊による出世本懐としての浄土の教説であり、浄土の教理として未来に付属流通されて行運する道筋なのである。この行運を待たなければ、未来世一切衆生の往生が顕露し顕証することはない。

釈尊はここに正宗十六の観門として施設する。しかしこの正宗分を釈迦如来は『観経』序分の定善示観縁に、先ず、阿難と韋提希に「清浄業を説かん[28]」と告げ、つぎに、阿難に対して今から説くであろう教説を「まさに受持して、広く多衆のために、仏語を宣説[28]」せよといい、三に、その仏語によって西方極楽世界を観ることはすべて「仏力」(28)であるといい、四に、その西方極楽世界は自力で観ることができないから、他力という「異の方便」(28)という仏語によって見させるという。

善導は『玄義分』に、釈尊によって施設された「日想水想より乃至十三観以来を悉く異方便と名づく」(29)といい、その異方便である十三観を「此の観門」(29)と呼ぶ。更に『般舟讃』に「定善の一門は韋提請し、散善の一行は釈迦開き給ふ。定散倶に回すれば宝国に入る。即ち是れ如来の異の方便なり」(30)といい、定善十三観のみならず定散正宗分十六観ともに異方便としての観門であると呼ぶ。

この十六の観門は、釈尊によって説かれた「仏語」であると同時に、法蔵菩薩によって衆生の往生が果遂された阿弥陀仏の「清浄業」を未来世一切衆生に開示し顕証するための「異方便」でもある。衆生の側からいえば、釈尊によって施設された十六の観門を「欣慕」(31)することによって往生浄土を願い、「仏力」によって極楽の依正を聞くくらいに見仏を果たす観門でもある。

阿弥陀仏の法体そのものは、衆生にとって手の届くことのない夜の大空にあるままである。その月は万徳所帰の徳性として森羅万象、一切の衆生を平等に照らすところの、時空を超えた現象界への月光をもち、その月光によって現象界にまで行運されるのが月の法性法体そのものではなく、弥陀の法体を具象する果上の名号としての念仏一行である。今まさに時機という水面を得て、釈尊は極楽の依正二報である定散二善十六の観門を水面に映すことができた。これによって、衆生には直接手にとって弥陀の法体を観ずることはなくても、釈尊による観門の施設（水面に映る月）を透過することによって、未来に付属流通された名号念仏一行（月光）が水面に顕露するのである。衆生はただ水面に映る月を「感じて」、念仏一行（月光）そのものが衆生往生仏正覚の真理を届け、この時機のなかでその行運といい昇降という道理を成り立たせていることを領解するばかりである。

写ろうと思い映る月影ではなく、映そうと思い写す月影ではない、自ずと機にその水面に浮かぶ月影を愛《め》でる思いが宿りきて、念仏一行が正定業という称名の行相（月）となって発露してくるのである。そのとき機の水中を突き抜けて水底にも月光は届き、水面をもった器そのものが念仏行者となっているのである。

《法然の三昧発得》

法然は、『散善義』後序に記した善導の三昧発得に関する一条を、なぜ『選択集』第十六章の末尾に至って転載しようとしたのか。そしてその後に綴る「偏依善導論」「偏依『四帖疏』論」によって善導の神格化を導き、それによって自らの『選択集』をどのように位置づけようとしたのであろうか。

善導『散善義』後序にいう、古今を楷定して『観経』の要義を出だそうとして霊験を請求し、その顕現を得て義門を条録し、更に三昧発得のうちに一僧指授のもとに玄義・科文を脱稿したということと、そのあとに続いて法然が説く善導論の内容とは直接には関係がないように感じられる。しかし法然の意図はそうではなく、実はまったく同一の次元・事象で語られる思想内容なのである。

それは先述のように、一、善導の著述との出会い、二、善導の三昧発得を通して、三、善導の神格化と、四、善導の著書の仏語化がなされ、五、善導を信仰原理とした浄土宗の開宗、さらに六、『選択集』撰述に際しての法然浄土教の理論化、七、法然自らの三昧発得を通じての善導への帰一化・同体化・同質化がなされ、八、『浄土三部経』『観経疏』『選択集』の同格化がはかられていくといった次第と方向性が看取できるのである。

法然の三昧発得については種々のところに記されている。[32]法然における三昧発得の時期は、建久九年（一一九八）正月一日から元久三年（一二〇六）正月五日の、いわゆる六十六〜七十四歳のときである。その内容といえば、念仏三昧のうちに極楽の依正二報を観見するというものである（「三昧発得記」[33]）。

ここに記された法然の三昧発得をいかに考えるか、ということである。法然自らは「愚痴の法然」「十悪の法然房」「三学非器」といった自覚をもち、一切の行を廃捨した体験をもつ。ただ念仏一行が衆生往生・弥陀正覚の本願の行として別出され、一切衆生のうえに開示されたことを知った。法然が仏教通説の三学の一つ定（三昧）学を修し発得したとは、法然の教学上どう理解し位置づければいいのであろうか。それに法然は自らの著述や法語・消息に、三昧発得のことを一切語ってはいない。これらについては過去賛否両論が出され、さまざまな意見がなされている。

「三昧発得記」に記された内容を見るとき、法然は極楽の依正二報の荘厳を観仏三昧によって観見した、とは一言もいっていない。いわゆる「又上人在生之時、発得口称三昧常見浄土依正[34]」というように、口称念仏三昧の深化のなかで「自然として」観見されたものとして記されている。観見しようと思って得られたものではなく、本文記述のごとく仏の方より顕「現[35]」したものという受け取り方がなされ、「随意任意任運現之」ずるものなのである。

このような体験をした法然は必然的に、『選択集』第十六章私釈段の文言（四問答）を表記してくる。法然における自らの三昧発得と『選択集』撰述との関係は、相乗的作用をもって表面化してきたものと考えていいであろう。いわゆる前述のように「善導和尚是三昧発得之人[36]」としての神格化である。それに三昧発得者である善導によって条録された『観経四帖疏』こそ、「弥陀の応現」たる「弥陀伝説」としての「弥陀の直説」「三昧正受の語」の確証である。

善導がそうであったように、九条兼実より懇請された浄土要文の撰集を執筆するにあたり、法然は自らを善導にオーバーラップさせたであろう。自ら構築してきた浄土教学の集大成をこの一書において表現するためには、尋常であっては許されない。法然にとって三昧発得、特に善導教学を継承する口称念仏三昧に対する発得に非常な関心を抱いていたことは事実である。そうでなければ、第十六章私釈段の「偏依善導一師」を含む四つの問答、「静かに以れば、善導の『観経の疏』は……」以下の善導崇拝の讃仰の文言は表白されないであろう。

『選択集』成立に一年を要して撰述された建久九年の四月八日には、「没後起請文」を書くほど身体的に衰弱した時期もあった。三昧発得の記事として挙げられるのは、正月一日・二日、二月四・六・七日、二月二十五日より二十八日、そして病気で中断し再び九月二十二・二十三日の都合四期に分けられる。この間には病気により間断した時機はあったであろうが、執筆は続けられたのである。なおかつ、法然自ら「三昧発得記」なる自筆稿を書き始めている。[37]

このような法然の情況下に撰述された『選択集』は、客観的にも三昧発得の定中に製作された一書ということができる。それらを総合したとき、

（一）口称念仏三昧の深勝性の表明
（二）三昧によって仏の方より依正が顕現したという確信
（三）発得による善導釈意の真実性の確認とその顕彰化
（四）『選択集』が定中に執筆されたことにより、必然的に善導『疏』との同等同質の価値化
（五）法然による「三昧発得記」の執筆は、自らにおける証得の自受法楽のためである
（六）法然獲得の選択本願念仏義の真実性を示す

以上のようなことがいえるであろうか。いずれにしても法然にとってこの時期この三昧発得は、顕現した瑞相が有相であろうとまた無相であろうと、「記」を書き綴った元久三年（七十四歳）まで絶対的な価値をもっていたこと

は否定できない。

法然は善導『散善義』の末尾のように『選択集』末尾に自らの三昧発得を記すことはしなかったが、建久九年に三昧発得がなされている事実から、この『散善義』の引用全文を通じて自らの三昧発得を代弁する意図が潜在したのであろう。この『選択集』は尋常ならざる宗教的境地において執筆された、善導『観経疏』と同質同等の教理を顕在化させたものである、ということを内外に示す意図が存在したのである。善導と法然とは五〇〇年の歳月が隔たっているものの、互いの三昧発得の体験を通じて、その歳月の時空を超えた師資間に教学の相承を果したという自覚とともに、この『選択集』に善導教学を著しえたという自信があったのである。

《『選択集』撰述の動機》

而るに今、図らざるに仰せを蒙れり。辞謝するに地《ところ》無し。仍《よっ》て今慭《なまじ》ゐに念仏の要文を集めて、剰《あまつさ》へ念仏の要義を述ぶ。唯だ命旨を顧みて、不敏を顧みず。是れ即ち無慙無愧の甚だしきなり。

【訳】それなのに今、思いがけなく（九条兼実殿下より「浄土の要文集」を造るようにとの）仰せを蒙ることとなった。（私は）辞退する立場の者ではない。そういうわけで今、すべきでないのかもしれないけれど念仏の要文（ばかり）を集め、そればかりか念仏（について）の要義さえをも述べることとした。ただただ拝命したご意向を顧みるばかりで、（私の）才能の乏しさを顧みないばかりなのである。これはまったく、天に慙じることもなく人に愧じることもできない、はなはだしい（私の恥ずかしい性分）である。

九条兼実は法然を折々自邸に別請して受戒している。その時々に浄土の教えも聴聞し、浄土法門に馴染んでいたことが大きな要素として考えられる。最初のころ兼実は、法然を持戒堅固の聖としての性格から重用したことであろうが、次第に浄土の法門に惹かれていったことも事実である。

ところが法然は、建久八年（一一九七・六十五歳）から病気がちになり、草庵に閉じこもってどこへも出向くことがなくなっていた。これを心配した兼実は、遺憾として幾たびか使いをたてて様子伺いをしたようである。そのなか兼実は、一時の平癒を待って浄土の法門に関する著述を懇請し、常備しておきたいと願うようになった。これが法然における『選択集』撰述の直接的動機である。この辺の事情を醍醐本『法然上人伝記』所収の「一期物語」には、

或時上人有瘧病種々療治一切不叶、于時月輪殿下大歎之云、我図絵善導御影於上人前供養之、此由被仰遣安居僧都許……（中略）……当初上人御不例気出来給、聊御平癒之時、従月輪禅定殿下、為御形見、集要文可給之由被仰、依之造此書、令進覧給。[38]

とあり、『行状絵図』第十七巻[39]によって元久二年（一二〇五・法然七十三歳）のことのようにも思われる。また『行状絵図』第十一巻によると、

建久八年上人いささかなやみ給事有りけり。殿下ふかく御歎ありける程に、いく程なくて、平癒し給にけり。上人同九年正月一日より草庵にとぢこもりて別請におもむき給はざりければ、藤右衛門尉重経を御使として、

浄土の法門、年来教誡を承るといへども、心腑におさめがたし、要文をしるし給はりて、かつは面談になずらへてかつはのちの御かたみにもそなへ侍らむと仰られければ[40]

として、法然は建久八年病にかかり、しばらくして快癒はしたものの衰弱の様態は誰の眼にも明らかであった。また『行状絵図』より先に成立した『選択疑問答』（建治三年九月・一二七七）にもこの辺の事情を伝えている。

建久八年丁巳上人に謁し、同九年に集を撰せらるの根源は、月輪禅定殿下の厳命に云く「度々浄土の法門を聴聞せしむと雖も、公私忽劇の間即ち施し即ち廃す。庶幾くは書籍に載せて廃意に備へんと欲す云々[41]」

この正月一日からの籠居は別時念仏であろう。『西方指南抄』所収「建久九年記」によると、建久九年正月一日から二月七日までの三十七日間別時念仏を修し、浄土の依報を感得している。しかし続く「二月廿八日、病により て念仏これを退す[42]」と記すことから、別時念仏から続いて病気が起こったことがわかる。

起草の年は不明なものの「四月二十六日」付けの門弟津戸の三郎への書状が[43]、この辺の事情を端的に物語っている。これによると別時念仏を始めた正月早々風邪をひき、これが二月十日ごろには高熱が出て、今でいう肺炎を併発したのであろうか。満行を間近に控えていたものの無理がたたり、この書状の頃には瀕死の状態であったと考えられる。しかしさまざまな治療の末ようよう快復に向かったと記している。この結果四月八日に、『没後遺誡』という遺言の形になって、自らの死後の葬儀や追善、それに房舎や資財の相続について起草しておきたいという思いに至ったものと考えられる。法然は余命幾ばくもないことを覚っていたのであろう。

また「三昧発得記」においても、建久九年二月十日ごろから七月ごろまで再び病におかされ体調を崩しはじめ、いよいよその容態は悪化し、四月八日には法然自ら『没後遺誡』の一書まで作って没後のことをいい残す、としている。

それに法然にとって病のなかにあっても、政治的失意のなかで晩年を過ごす兼実の心中は痛いほどわかることであったし、兼実もまた法然に先立たれることは奈落に落とされるに等しかった。兼実の致請と法然の病は啐啄同時であったといえよう。

このような背景が重なり、法然をして浄土宗の綱要を記しておきたいとの意志がはたらいたものと考えられる。法然は撰述へ渾身の力をこめて執筆に当たった。したがって『選択集』は兼実の懇請の詞にあるように多分に形見としての性格を有するとともに、自身入滅後における浄土宗義の依憑とすべき意図をもって撰述したことが察せられる。

またもう一つの兼実における動機として考えられることは、長男良通の文治四年（一一八八）二月二十日、二十二歳での早世であり、建久七年（一一九六）のいわゆる建久七年の政変により、対立していた源通親・高倉範季らによって一門すべてが政界を追われたことが大きな伏線としてある。

この要請は今までの授戒といった行儀とは異なって、法然にとって少なからず動揺をもたらしている。『選択集』以前に成立している法然の著述とは、性質も意図も異なる著書となることは明らかなことである。要請は、権勢者であった九条兼実への進覧本という性格をもっているのであり、浄土要文の撰集ということは、浄土宗教義の綱要として教相判釈をはじめ立教の要旨が示されねばならない。更にここに示される教旨が、今までに成立している聖道諸宗の人師の眼に触れるとき、必ずや新たな浄土宗への糾弾の契機となるであろうことは、当の法然がもっともよく知っていた。

しかし建久八年、法然はその懇請に応じて構想を練り始める。

翌建久九年（一一九八）正月、九条兼実から正式に要請を受け、春三月頃より着手し始めた。この年『選択本願念仏集』一巻の完成はみた[44]。これは単に念仏者であり権勢者九条兼実の要請・進覧に留まることなく、法然には立教開宗の書の撰述という意図のもとに書いていることは明らかである。

建久九年を要して撰述された『選択集』は、四月八日の奥書をもつ「没後起請文」を記す病気中断の時期もあったが、法然の自筆稿「三昧発得記」が示すように、自ら三昧発得の期間であったことがもっとも特徴的である。『行状絵図』には撰述後としながらも、善導の来現を伝承させて『選択集』の権威づけをはかっている。

此書を選進せられてのち、同年五月一日上人の夢の中に、善導和尚来応して、汝専修念仏を弘通するゆへに、ことさらにきたれるなりとしめしたまふ。此書冥慮にかなへる事しりぬべし、ふかく信受するにたれり[45]。

その他の撰述の動機として、既成仏教教団の学僧や念仏聖たちが法然の下に慕い集まってくるということは、その門弟門下の者たちの多様な領解を通して、法然浄土教思想にさまざまな傾向を内包し波及してゆくということである。法然にとって、そのための教旨的対応は急務であった。

法然の選択廃立の宗義に対して、既成仏教教団からの批判の声が次第に高まりつつあった。そのような状況のもとで、法然は選択本願念仏の教義を体系化し、明確に顕わす教義書の必要性を感じていたのも確かであろう。

また『選択集』の成立史のことであるが、どのような次第で完成本たる高覧本へと成立していったのか。その九条兼実への高覧本は、廬山寺草稿本から数えると何本目の清書本になるのか。その間に法然常備のものも含めて、写本の体裁をもった『選択集』は何本が成立したのだろうか。これらの疑問も、諸本の成立史を鑑み今後明らかにしていかなければならない課題である。

《『選択集』の行方》

庶幾《こひねが》はくは、一たび高覧を経て後、壁の底に埋《うづ》みて、窓の前に遺すこと莫れ。恐らくは、破法の人をして悪道に堕せしめざらむがためなり。

【訳】願わくは、あなた（九条兼実）さまによって一たびご高覧を経ましたのちには、壁の底に埋め込み下さって、（再び人の眼に触れる）窓前机上に遺すようなことをなさいませんように。（なぜかと申しますと、この『選択集』に著された浄土宗の教えに無理解な方々がおられて）恐らくは、（ここに顕わされた釈尊の真実の経法を批難することによって）破法の罪を犯す人が現れてまいります。そうすれば必ずその方を悪道に堕さしめることになってしまいます。そうならないように、どうぞ（そのような方には）お見せにならないようになさって下さい。

この一文の意図は単に、九条兼実に対してのみ草した文言ではないであろう。またここまで書き来たった『選択集』の教理に対して、法然が自らの謙譲を綴った文でもない。その後の『選択集』流伝と刊行の歴史を鑑みても、成立直後から門弟を中心として書写と付属が開始されているのであるから、この『選択集』は決して非公開とか、書写に対して不許他見といった性格の書ではない(46)。

『選択集』も聖道門諸師の読み方によれば、法然が述懐憂慮するように「恐らくは、破法の人をして悪道に堕せし」めることになるのであろう。これは『選択集』撰述の会座に直接連なり編集に関与した者でない限り、伝わらないものがあろう。また精読するだけであったり、写得するだけの者であっては、決してまた絶対に伝わらない執筆時の筆者独特の気魄というものがある。いずれにしてもこの『選択集』一書だけでは決して集約されることのない、所詮としての大きな教義を含んでいることも見逃してはならないであろう。

註

（1）『選択集』第二章私釈段第一問答の問「何が故ぞ五種の中に独り称名念仏を以て正定の業と為るや」に対しての答意。

（2）善導は『法事讃』（『浄全』第四巻二〇頁下九）に、『阿弥陀経』「又舎利弗、極楽国土、衆生生者、皆是阿䟦致。其中多有、一生補処。其数甚多。非是算数、所能知之。但可以無量無辺、阿僧祇劫説。舎利弗、衆生聞者、応当発願、願生彼国。所以者何。得与如是諸上善人、倶会一処。舎利弗、不可以少善根、福徳因縁、得彼国」を釈して、「釈迦如来の、身子（舎利弗）に告げ給ふは、即ち是れ普く苦の衆生に告ぐるなり」として、『阿弥陀経』の対告衆として舎利弗のみならず、舎利弗への告命は「普く苦の（未来世一切）衆生に告」げることであると認識している。法然はこの善導の釈意をうけて「等」の一字を入れたものと考えられる。

（3）行観『選択本願念仏集秘鈔』（『浄全』第八巻四二八頁上一一）、明秀『選択本願念仏集私鈔』（『西全』別巻第二巻一四六頁上一五）、智通『選択集口筆鈔』第五巻二七丁左七

（4）尭恵『選択集私集鈔』第八巻一三丁右七

（5）ワイド版岩波文庫『浄土三部経』下一四五頁一〇～一二

（6）ワイド版岩波文庫『浄土三部経』下一八三頁の注には、「諸師はこの点に関して、訳経家の省略と見たり、あるいは、本経は浄土の他の二経の結論たる「執持名号」を、一経全体の叙述としているから、言外に本経の首尾こと

ごとく付属・流通の経典に外ならないと見る者もいる」としている。

（7）『浄全』第四巻二五頁下七～一一

（8）闡提とは、一闡提の略。生死を欲して出離を求めない者。先天的に仏になる可能性を持たぬ者。何とも教化されえない者。真理の存在そのものを否定するニヒリストをさす。（中村元『仏教語大辞典』下八四三頁a）

（9）頓は直《すみやか》頓の意。頓教とは、一定の段階をふまず、直接的、飛躍的に高い宗教的立場を説く教えの意。天台宗で立てる化儀四教の一つ。漸進・誘引の方法を用いないで、端的に大乗の深い道理を説くこと。ここでは狭義に、浄土の法門という意味である。

（10）大地微塵劫は、この大地を粉微塵にしたその数ほどの長い時間。きわめて長い時間のこと。（中村元『仏教語大辞典』下九一八頁b）

（11）大衆とは、①大勢の人びとの集会。集会の人びと。多勢の仲間。②特に、出家衆行者である比丘の集団。③生死の世界に住んでいる人びと。ここでは③の意に取ればいいであろう。（中村元『仏教語大辞典』下九一九頁a）

（12）善導は『般舟讃』にも「此の七重の鉄門の内に入れば、何れの時何れの劫にか回還することを得ん。罪人入り已れば門皆閉づ。一一の身満ちて相妨げず。一たび臥して八万長時劫なり。皆破法罪の因縁に由る」という。（『浄全』第四巻五三九頁下八～一〇）

（13）この文のあとの『法事讃』には、「衆等、心を回して浄土に生ぜんと、手に香華を終りて常に供養せよ」の一文がある。

（14）『大正蔵』第十三巻八九九頁a二八～b一に「即問。持何法得生此國。阿彌陀佛報言。欲來生者當念我名。莫有休息則得來生」、また三巻本『般舟三昧経』同九〇五頁には「即問。持何法得生此國。阿彌陀佛報言。欲來生者當念我名。莫有休息則得來生。」とある。

（15）『大漢語林』（大修館書店）二二五頁c

（16）『浄全』第六巻一〇五頁下一四～一五

（17）『浄全』第六巻一〇六頁上二～四

（18）法然撰『類聚浄土五祖伝』第三位善導禅師六伝（『浄全』第九巻四二五頁上四～四二八頁上一七の中の第二『瑞

応伝』の条項四二五頁下六）
(19)『浄全』第二巻七二頁上一〇
(20)『浄全』第二巻一〇頁上一六～下二
(21)『浄全』第二巻三頁下一　第二釈名門六字釈
(22)『往生要集釈』（『法全』二六頁一一～一三）
(23)『三部経大意』（『法全』四三頁三～七）
(24)『阿弥陀経釈』（『法全』一五七頁一七）
(25)このような善導観は門弟への消息などにも散見される。「大胡の太郎実秀が妻室のもとへつかはす御返事」（『法全』五一二頁四～五）、「大胡太郎実秀へつかはす御返事」（『法全』五一八頁五～一〇）、「鎌倉の二位の禅尼へ進ず御返事」（『法全』五二八頁二～三）、「熊谷の入道へつかはす御返事（五月二日付）」（『法全』五三五頁七～一〇）、「正如房へつかはす御文」（『法全』五四四頁一三～一五）、「津戸三郎へつかはす御返事（十月十八日付）」（『法全』五八六頁一一～五八七頁二）
(26)法然の善導信仰といい、『観経疏』憑依といい、「偏依善導一師」と表記された善導論は、たとえ諸師他師によって論難論破されようとも、生涯崩れることはなかった。それは浄土の教行、畢竟『観経』の教理が善導においてしか古今楷定されなかったことを、法然がもっともよく領解していたからに他ならない。たとえ明恵が『摧邪輪』巻上に「唯だ我れ念仏宗に入るに善導道綽等の所製を以て依憑と為す。此の『選択集』に於いて、設ひ何れの邪義有ると雖も、若し善導等の義に相順するものならば、何ぞ強ちに汝を嘖むるや。然れども善導の釈を披閲するに、全く此の義無し。汝自らの邪心に任せて、善導の正義を黷す」（『浄全』第八巻六九〇頁上四～七）と批判しても、聖道門の諸師による通途の批判に対する応答は、すでに『選択集』第一・第二章の教判によっていい尽くされている。聖道門（の諸行）には大乗・小乗がすでに包摂されていて、更に浄土門（の諸行）に説く雑行・助業・正助二行という自力余行に対比する、第三章以降に説く念仏一行の他力義が開顕された今、このような諸師の批判は正鵠を得るものではなかった。このような諸師他師の批判に屈し、法然は「偏依善導一師」を崩して「傍依諸師」に進んだことも生涯なかったのである。

(27)『浄全』第二巻一五頁上六～七
(28)ワイド版岩波文庫『浄土三部経』下四九頁九～五〇頁二
(29)『浄全』第二巻一三頁上四～六
(30)『浄全』第四巻五四六頁上一六～一七
(31)『散善義』(『浄全』第二巻五六頁上一七～下一)「釈迦仏、此の観経の三福九品定散二善を説いて、彼の仏の依正二報を証讃して、人をして欣慕せしめ給ふ」
(32)『醍醐本法然上人伝記』、『知恩講私記』、『源空聖人私日記』、『四巻伝』巻第一、『高田本』下巻、『知恩伝』、『弘願本』、『拾遺古徳伝』巻五、『増上寺本』下巻、『九巻伝』巻第三下、『勅伝』第七巻、『十巻伝』巻第四など。
(33)「三昧発得記」の原本が江戸時代初期(元禄年間)まで二尊院に所蔵されていたといわれる(中野正明『法然遺文の基礎的研究』二七二～二七三頁)が、これが事実とすれば、江戸時代初期まで禅林寺の本寺として本山義系本山としての性格を有していた二尊院に所蔵されていたことは、西山本山義系の所有であったことが十分考えられる。しかし現在は伝承されていない。これはまた「三昧発得記」の異本の一つとして数えられる「二尊院縁起」(原本は存在しない。元禄八年に大串元善が書写した副本が現在伝わっている)に載せられたものが、この原本からの引用である可能性も十分考えられる。仁空実導の『浄土希聞抄』第四巻二〇丁右に、つぎのようにある。
　近縁は見仏なれば、行者が又仏の三業を見奉るにて有故に、かくて弥よ「彼此三業不相捨離」の謂は成ずるなり。之付念仏の行者なればとて、見仏するものもさのみいかが有べしと覚れども、機随平生にも見仏する事も有べき也。法然上人は三昧発得してたびたび見仏し給ける事勿論なり。自ら其旨を記し置給へる事也。正本二尊院に之有云々。
(34)醍醐本『法然上人伝記』(『法全』七八九頁)
(35)この短い「三昧発得記」のなかで一度も「観」を使用せず、すべて「現(十一回)」と「見(四回)」を使っている。
(36)『法全』三四八頁
(37)しかしこの建久九年の三昧発得の現相は日、水、地、樹、池、楼の依報に限られる。

(38)『法伝全』七七六頁上三～七七九頁下一〇
(39)『法伝全』八二頁三～
(40)『法伝全』四九頁一二～一六。他に『九巻伝』第三巻上・『十巻伝』第四巻等を参照。
(41)『浄全』第七巻六二五頁上一七～下三（鎮西義良忠撰）
(42)『真聖全』第四巻一二八頁三
(43)『法全』五五五頁
(44)『九巻伝』（『法伝全』三六三頁下一〇～四頁上一）
(45)『法伝全』五〇頁三～六
(46)高橋正隆「不可他見考」（『文芸論叢』第十三号、一九七九年九月）

終章　選択本願念仏集　南無阿弥陀仏　往生之業念仏為先

選択本願念仏集　南無阿弥陀仏
往生の業は念仏を先と為す

はじめに

筆者は「終章」として、敢えて『選択集』の表題と内題についての稿を置いた。それは勿論『選択集』の本文全体を領解したあとに、なぜ法然がこのような表題を命名したのか、なぜこのような内題を書く必然性があったのか、といったことに筆者なりの答が出し易いからに他ならない。

更に筆者は、草稿本といわれる廬山寺本『選択集』の表題と初丁の体裁を見るとき、この二十一文字が全十六章段のすべてが書き終えられたのちに、法然自らの手によって最後に書かれた表題であると考えている。このようなことから、『選択集』撰述の意図と内容はこの二十一文字に窮まると考える。

一　選択本願念仏集

『選択本願念仏集』の七文字の表題には、二つの主語と二つの動詞がある。「選択」と「集」という二つの動詞がある以上、そこには二つの主語がなければならない。先ず「選択」の主語は、第十六章により阿弥陀仏であり、釈尊であり、諸仏の三聖であることは明らかである。法然は第十六章私釈段にて、八種の選択をしたのが三聖であると明確に規定している。

表題がもつ意味は、「三聖によって選択されたところの本願としての念仏」であり、「三聖が選択した本願という念仏」である。更にこの表題がもっともいいたいのは「念仏」である。三聖がなぜ諸経のなかから選び尽くした四経によって念仏をたてたのかは、『選択集』各章の組織によって明らかにされた。自力に修する「余（善諸）行」とはまったく比校することのできない独勝性をもつのが、法蔵の因中に一切の願行が成就され、今果上の阿弥陀仏となった覚体の本質を指す念仏三昧であり、念仏一行である。その覚体の本質である念仏三昧・念仏一行を、万徳所帰の功徳として釈尊の手によって衆生界に付属流通されたのが、六字の名号南無阿弥陀仏である。本願を成就した成仏という果上が一切の本源であり、衆生往生の根源なのである。

法然における「念仏（一行）」の語義は、阿弥陀仏の本願成就の総体、畢竟第十八願の願意である。煩悩熾盛《しじょう》のままに罪悪を限りなく重ねる人間の生涯という遇業において、なしうるすべての余善諸行を認めたうえで、その人間がなしたすべての善悪の因果に関わりなく、一切の衆生を往生の機として転じ、昇降しようとする全分的なはたらきを念仏というのであり、自力に行修する一切の余行に超絶した「全非比校」を念仏というのである。

『選択集』全十六章にわたって考察してきたように、法然が各の標章や私釈に標《しる》した「念仏」という名目とその語義は、すべからく「念仏一行」と同義であった。阿弥陀仏本願の内実を念仏一行というのである。この絶対的な真理としての念仏三昧一行の「月」を、四季の風雨に波立つ煩悩熾盛の凡夫という現象界の「水」面に投影させるには、弥陀のもつ徳性である光明無量・寿命無量という慈悲智慧としてはたらく大願強力としての「光」線が必要であった。衆生の水面に映った月影は、空にわたる月そのものではない。その水面に投影された月を、釈尊によって未来世一切衆生のために付属し流通された仏語「南無阿弥陀仏」というのである。一切衆生に分け隔てなく、遍くこの南無阿弥陀仏が時空を超えて投影されているのである。衆生にとってはわが水面に映し出されているこの南無阿弥陀仏を、ただ示観（他力）として領解するだけである。

『観経』では、釈尊によって能詮の正宗分十六観と説かれ、所詮流通分の名号「南無阿弥陀仏」と説かれる。水面が波立とうが波立つまいが、未来には絶えず衆生の前に顕現し、衆生の心想に投影し、衆生そのものを光明摂取している。『無量寿経』願文に誓われた「十方衆生」とは、本質的に水面をもつ機を指すのであり、『観経』では「未来世一切衆生」といい、畢竟「（十方世界）念仏衆生」という。

つぎに「集」の主語は、この書を著した法然自身である。さまざまな諸経論とりわけ浄土三部経と、「偏依善導一師」と標榜した善導の四部八巻のなかから、念仏に関する要文を集めて編集した法然その人が主語である。

二　南無阿弥陀仏

浄土三部経の流通分を通じてともに、釈尊が弥勒・阿難・舎利弗に対して付属し、未来に流通するよう教授したのは六字の名号「南無阿弥陀仏」である。この『選択集』でいえば、『無量寿経』段第五章（念仏利益之文）・第六章（末法万年後余行悉滅特留念仏之文）において念仏が留められ、『観無量寿経』段第十二章（釈尊不付属定散諸行唯以念仏付属阿難之文）において念仏が付属され、『阿弥陀経』段第十六章（釈迦如来以弥陀名号慇懃付属舎利弗等之文）において名号が付属されている、と法然は標章している。

しかし第十二章で明らかにしたことであるが、善導は『散善義』に、

「仏、阿難に告げたまはく。汝、好く是の語を持て」といふより已下は、正しく弥陀の名号を付属して遐代に流通せしめたまふことを明かす。上来、定散両門の益を説きたまふと雖も、仏の本願の意に望むれば、衆生をして一向に専ら弥陀仏の名を称せしむるに在り。(1)

という。すなわち、『観経』流通分に「仏告阿難、汝好持是語……」というのは、釈尊が阿難に対し弥陀の名号南無阿弥陀仏を付属し、末代に流通するよう指示した一段である。確かに釈尊は正宗分十六観にわたって定散両門とともにその利益を説きはしたけれども、阿弥陀仏の本願としての願意を望んだとき、この『観経』流通分に至って自らの経意として（また正宗分の所詮として、その名号が衆生においてどのような身口意の行相に顕わされたならば、もっともその願意に契合《かな》うのかを考えたとき）、未来世一切の衆生には正定業である一向に阿弥陀仏の名号南無阿弥陀仏を称えさせるのがいいであろうと考え、ここに標《しる》し置くのである、と善導は理解している。

法然もこの善導の釈意をうけて、十二章「念仏」の私釈段にて、「既に広く定散の諸行を説くと雖も、即ち定散を以て阿難に付属し後世に流通せしめず。唯だ念仏三昧の一行を以て即ち阿難に付属し遐代に流通せしむるなり」として、この流通分にいう「名号」とは「念仏三昧一行」のことであるとの領解である。更に第三問答の答意では、「念仏三昧は是れ仏の本願なり。故に以て之を付属せり」といい、「念仏三昧（一行）」とは弥陀の本願そのものを指すといい、その本願とは「四十八願の中の第十八願を指すなり」と結ぶ。

ここまでの論理は、果上の阿弥陀仏の本質としての本願あるいは願意そのものの理解である。しかし、善導の

「望仏本願（仏の本願に望む）」を法然は、弥陀の本願の願意を釈尊の経意として未来世一切衆生の往生の行相として降ろすとき、『無量寿経』の三輩段に説く「一向専念（善導でいえば「一向専称」）」だという（『観経』では九品にわたって説かれる「称南無阿弥陀仏」を指す）。そこを法然は「念仏」の私釈段冒頭に「念仏といは、専ら弥陀仏の名を称する、是れなり」と定義する。いずれにしても、三輩九品の散善観門として説かれる行相である。

法然は「念仏」の条を結して言う。「唯だ念仏の一行を以て即ち後世に付属流通せしむ。（中略）亦た念仏を付属したまふ所以は、即ち是れ弥陀の本願なるが故なり。今又、善導和尚、諸行を廃して念仏に帰せしむる所以は、即ち弥陀の本願為るの上に、亦た是れ釈尊の付属の行なればなり」と。釈尊が「念仏一行」を付属しなければならない背景には『無量寿経』所説の本願の願意があり、その願意を衆生の身口意に契合《かな》わせるためには、正定業である称名の行相をもってしたのである。

三　往生之業念仏為先

この『選択集』自体にも「往生之業念仏為先」と「往生之業念仏為本」とがある。現在浄土宗義系は「先」を採り、親鸞義系は「本」を採る。

釈尊には一代における教化の法門として、衆生を利益する聖道諸教の多くの法門を阿難を通じて残しておきたかったに違いない。しかし今法然の『選択集』にあっては、それらすべての一代諸教は「聖道門」と一括されて廃捨されることとなる。更に未来世一切衆生の往生浄土のために、大乗より独立させた「往生浄土門」がたてられることとなる。この往生浄土門がなぜ大乗仏教より独立しなければならなかったのかという背景を考えるとき、未来世一切衆生の「往生」という視点があったからに他ならない。法然にとって、その往生という視点の本質は「他力」である。

釈尊の教説には、法然の教判に示された「往生浄土門」のなか、とりわけ「正明往生浄土之教（正しく往生浄土を明かすの教え）」として採用された所依経典に浄土三部経がある。そこには、往生を目的としたさまざまな行法が説かれていた。しかし、これら正雑二行、とりわけ五種正行、畢竟第四称名（口称）という、衆生によって行修され、回向される行法が、果たして完全な他力の行たりえようか。第四称名が正定業でありえるのは、阿弥陀仏の本願が成就されている真理（順彼仏願故）があるからであり、その真理を今釈尊によって名号付属という形にしたからである。更に釈尊が弥陀の願意を考えたとき、自らの施設する『観経』正宗分十六の観門において、衆生の往生を「称名」という行相に顕わしうることが至高最善であることを知っていたからに他ならない。

「称名」は衆生が往生のために行ずべき行ではなく、衆生のうえに弥陀の念仏一行がもっとも顕現し、衆生の往生相としてもっとも顕証し易く、善導のいう正定業という行相に他ならないからである。衆生に対してあらゆる行による往生の道を閉ざした、完全な他力という道を開示するために示さなければならなかった釈尊の仏力異方便という選択である。

この往生浄土宗とは、阿弥陀仏等三聖によって選択されたところの、韋提希によって別選所求された願力所成の仏土に趣くための、他力の行すなわち「念仏の一行」をもって宗致とするのである。他力の行であるからこそ乱想の凡夫が報土に往生することができるのであり、それを存知するからこそ釈尊はこの念仏一行を阿難に付属したのである。しかしながらよくよく考えるならば、廃捨した聖道門の諸行も、浄土門に挙げられた雑行・正行も、それらすべての行業は、一切の凡夫が往生するために完遂された法蔵菩薩の因中の願行に他ならないのである。

特にそれら浄土門に説かれる定散の諸行は、能詮として、全分な他力である念仏の一行をよく詮ずるところの教行となる。十方衆生が、自らの往生の因果という阿弥陀仏の行業の因果を顕わすためには、願行具足する南無阿弥陀仏の念仏一行によらなければならないのである。畢竟その念仏一行は、再び第二章浄土門の教判に立ち返って、三縁三義が成就された正定業である「称名」をもって衆生のうえに発露することとなる。この「称名」は、衆生の往生が具現し顕現し、顕証されたすがたそのものに他ならないのである。

法然がこの内題に、「往生之業念仏為先」といって「往生之業称名為先」といっていないことに留意をしたい。『選択集』各章にわたって、衆生が自力に行修する行を「余行」といい、弥陀の覚体の本質とその徳性を「念仏一行」といっていたことに思い至らなければならない。称名は、釈尊の観門の施設によって顕彰され、本願に裏打ちされた衆生の往生相である。法然が第二章私釈段第一問答において、「何が故ぞ五種の中に独り称名念仏を以て正定の業と為るや」と設問し、「彼の仏の願に順ずるが故に。意の云く、称名念仏は、是れ彼の仏の本願の行なり」とした答意に思いを馳せたい。

「順彼仏願故」は善導と共通した法然の認識である。仏願に順ずる背景には、すでに善導による「念声是一」の結釈があり、念仏一行が釈尊による名号付属、畢竟称名へと顕証される必然性を認識したうえでの答意である。更に第二意は「意の云く」としつつ、法然独自の理解である。この「意」は、仏意とも経意とも善導の意とも取りうる。少なくとも『選択集』の執筆の形式から、法然自身でないことは明らかである。が、ここに「称名念仏是彼仏本願行也」と明文化した以上、それら三意を穿っての法然の意楽といって差し支えない。

この法然の第二意「称名念仏是彼仏本願行也（称名念仏は、是れ彼の仏の本願の行なり）」を、どのように受け取るかである。ここで第二章を再説するわけではない。これに答を与えてくれるのは、第三章私釈段の第二問答の法然の答意である。

「何が故ぞ、第十八の願に、一切の諸行を選び捨てて、唯偏へに念仏の一行を選び取りて往生の本願と為たまふや」と問を起こし、この答えに「一には勝劣の義、二には難易の義」があるとする。はじめにこの第一の義「勝劣」を説明するのに「念仏は是れ勝、余行は是れ劣なり」とする。法然のこの文によって、ここにいう「一切の諸行」とは自力に行修する「余行」のことであり、「念仏」とは他力の行である「念仏一行」であることが判然とする。引き続き法然は「念仏は是れ勝」たる理由を説明をするのであるが、私釈は「念仏（一行）は」と始まらずに「名号は是れ万徳の帰する所なり」と書き出されることから、法然にとって「念仏一行」は「名号」であり、この二つが同義語であることが明確である。

したがって念仏一行である弥陀の覚体が、釈尊の選択によって三経通じて弥勒・阿難・舎利弗に付属流通された未来世一切衆生への名号と敷衍され、願意に則ったとき十方衆生には必定、称名という往生の行相に出づるのであり、出づる衆生の往生相を「称名念仏一行」というのである。このことは、第二の義「難易」を説明する段に明かされる。「弥陀如来、法蔵比丘の昔、平等の慈悲に催されて、普く一切を摂せむが為に造像・起塔等の諸行を以て往生の本願としたまはず。唯だ称名念仏の一行を以て其の本願としたまへるなり」という。法然は畢竟、本願成就の名号は衆生の称名によって成就されるというのである。

衆生が自らの往生を現生に決定するための行業は、称名念仏一行を措いて他にはない、と法然は内題に結する。門弟の教学に至る以前に、法然の場合、「念仏為先」も「念仏為本」も意識のなかでは同質ではなかったであろうか。源信の『往生要集』に遡る以前に、善導教学を憑依した法然にとって、この三聖と四経による選択本願念仏一行こそ、自力に行修する余行とは全非比校の完全な他力義を宣揚する教義ではなかったであろうか。

現実に生きて在る一切の罪悪生死の凡夫のうえに、往生の真実をいかに顕現し現成してゆけばいいのかということを、法然がこの二十一文字に表明したものであると考える。

善導の宗教的人格に始まり善導浄土教に帰結してゆく法然の浄土教は、善導浄土教に選択の論理を導入したこと、その三種の選択を三部経と三聖を重層的に配置し構築したことに大きな特色をもつ。更に従来の称名思想を、完全な他力という念仏思想に完成させたことに大きな意義をもつ。

註

（1）『浄全』第二巻七一頁下二～四

あとがき

『選択本願念仏集』撰述八〇〇年の年初（一九九八）、五十嵐隆明宗務総長（のちに永観堂禅林寺第八十八世法主）よりお電話を頂いた。「四月から一年間、本山にて毎月二回、宗門の教師を対象に『選択集』を講義するように」との特命であった。お引き受けはしたものの、『選択集』全十六章を二十四回（実際は八月二回分を休講とした）で完講できうるかとの心配とともに、実際のところ不肖にできうる能力があるのかという疑問であった。そのためには、自作の基本的な資料となるテキストを作って聴講の方に配布し、それをもとにして講義に臨みたいと考えた。『選択集』のもっている諸問題を提起し、善導・法然と次第する浄土宗義を概説するとともに、更に証空以下の代表的な浄土宗における『選択集』解説書四本（行観『選択本願念仏集秘鈔』・明秀『選択本願念仏集私鈔』・尭恵『選択私集鈔』・智通『選択集口筆鈔』）の比較研究も合わせて講じた。一年の講義を曲がりなりにも無事終え、あとには数百頁の講本とともに多くの資料が残された。

その後この講本をいつか纏めたいと思いつつ、長い歳月が流れた。その間多くの方々にご迷惑をお掛けしたことも承知している。平成二十一年暮れ『般舟讃私講』（思文閣出版）を書き終えたとき、つぎに何をしようかと思うこともなく、二十二年年明けから、残された『選択集講本』の原稿を本格的に纏め始めた。二年余の月日を要し、ここに書き終えることができた。昨年の法然上人八百回御遠忌に間に合うべく試みていたが、個人的な諸事が重なり結果的に二年余を費やすこととなった。

したがって中断する期間がたびたびあり、それも長期に中座した期間が二、三度ある。最初の頃の稿の進め方と、中ほどのものと、終章に近い頃のものとは、明らかに原稿のスタイルが変化している。この稿を一書にすることに躊躇するけれども、今となっては致し方がない。ただ寛恕を願うばかりである。ただ悪い面だけではなかった。時に通途の理解ではどうしても納得いかず、稿が停滞するたびに多くのヒントを得たのも事実である。その度に私は善導の著書に帰っていった。

この書には、法然の門弟門下の教義、更にそれらの流義の末書の教学については、敢えて一切関説しなかった。法然が宣言した「偏依善導一師」の善導とその教義への信仰という本旨を尊重し継承し、法然が使用した語句については可能な限り善導の著書に帰り、善導の教学から法然が継承した教学を見るという視座を貫いた。したがって本文でも述べたことであるが、法然の浄土教学は徹頭徹尾『観経』教学であり、『観経疏』教学であり、善導教学なのである。法然門弟の教学、その門流の教学研究については、別に機会を改めたい。残された稿についてはまだ手つかずの部分が多く、徐々に進めていこうと考えている。

この拙著の出版をお許し下さった法藏館には、心よりお礼を申し上げるとともに、二年余の間、ひたすらお待ち下さった編集長戸城三千代氏には甚深の謝意を申し上げます。

まだ二十歳頃のことである。ただ未学のまま聴講し指導を蒙った恩師　稲垣真哲・森　英純両勧学に慚愧の思いで献本させて頂きたい。今日まで温かい慈声をお掛け下さった有縁の方々の学恩の一端に報いることができれば、これにすぐる喜びはない。

＊　＊　＊

追記

この二年余は、私事になって大変恐縮だが、波瀾万丈の歳月であった。この期間に起こった公私の出来事を回顧しつつ記せば、先ず、我が宗の播磨地方に伝承する二十一年に一度の輪番高祖善導忌を厳修したあと、伽藍総仕上げとして山門と鐘楼の改築を終えた。その後二人の子供たちはそれぞれの伴侶を得て、巣立っていった。もっとも人生の転機を与えたのは、平成二十二年十一月の三度目の大手術である。入院期間も含め、多くの臓器を採ったことから暫く法務や実生活に戻れなかった。その年末、子が我が弟子になるべく東京より退社して帰山し、得度・法脈相承・宗学院入学となった。二十三年秋には、約束していた二百五十余の受者を得て五重相伝を厳修した。二十三年初秋に完稿間近だったものの五重会の準備に忙殺され、引き続く晩秋に再び腫瘍が見つかり、二十四年年明けの四度目の手術となった。今退院後に、残されていた原稿を書き終えることができたことは、私にとって万感の思いがある。遺稿という思いも折りに走った。しかし、ここに約束していたことをなし終えるまで命を頂いたことをただ感謝している。今日満中陰である実の母の命には間に合わなかったけれども、この寒中に生まれた新たなる命もある。

そして間に合わなかったが、里にあってこの書の完成を待っていてくれていた母にお供えをしたいと思う。最後に何かと気遣ってくれる荊妻節美に感謝の念を表したい。

平成二十四年（二〇一二）三月二十日

雲龍山南窓下

大塚靈雲

大塚靈雲（おおつか　りょううん）
1951年滋賀県大津生まれ。74年3月龍谷大学文学部仏教学科卒業。同大学院修士課程中退。75年西光寺住職。元京都西山短期大学専任講師。現在，浄土宗西山禅林寺派宗学院・宗学研究所・布教講究所・住職研修会各講師。学階審査会委員。准已講。證空教学研究所代表。著書，『般舟讃私講』（思文閣出版），『独り占めせず』（白馬社），歌集『香烟』『栴檀』『梵音』（西光寺），共著『法然上人とその門流』（浄土宗宗務庁），『西山国師絵伝』（法藏館），『西山のおしえ』（禅林寺派宗務所），その他論文・解題・目録・編集など多数。

選択本願念仏集私講

二〇一三年七月三一日　初版第一刷発行

著　者　大塚靈雲
発行者　西村明高
発行所　株式会社 法藏館
京都市下京区正面通烏丸東入
郵便番号　六〇〇－八一五三
電話　〇七五－三四三－〇〇三〇（編集）
〇七五－三四三－五六五六（営業）

装幀　山崎　登
印刷・製本　亜細亜印刷株式会社

ISBN 978-4-8318-7701-7 C 3015